国際特許管理の
日本的展開

GEと東芝の提携による生成と発展

西村成弘 著

有斐閣

目　次

序章　日本の特許管理形成史を考える意義 —————— 1

1　本書の課題と視角 …………………………………… 1
特許管理の定義（1）　　特許管理の内容（2）　　法人特許の成長（4）　　特許管理形成の国際的契機（5）

2　本書の特徴と意義 …………………………………… 6
特許制度と特許管理（6）　　グローバル経営史（9）　　GEの国際経営と特許（13）　　日本の電気機械産業史（15）

3　本書の構成 …………………………………………… 16
第Ⅰ部の構成（16）　　第Ⅱ部の構成（17）　　第Ⅲ部の構成（18）

4　資　料 ………………………………………………… 19

第Ⅰ部　第1次グローバル経済と国際特許管理

第1章　GEの国際経営と特許管理 —————— 24

はじめに　24

1　前身企業の国際経営 ………………………………… 24
エジソン社（25）　　トムソン＝ヒューストン社（27）

2　ヨーロッパへの展開 ………………………………… 28
提携企業の形成（28）　　国際特許管理契約の締結（30）

3　特許管理の組織化 …………………………………… 34
特許管理組織の形成（34）　　GE研究所の設立（37）

まとめ　40

第2章 日本における電球事業と特許管理 ——— 43

はじめに　43

1 電球特許の国際出願 …………………………………… 43

　日本への出願（43）　電球特許からみる競争（46）　タングステン電球の開発と日本特許（49）

2 GEによる特許管理 …………………………………… 57

　米英独におけるタングステン電球特許の管理（57）　日本におけるタングステン電球特許の管理（59）　タングステン電球特許裁判（61）

まとめ　64

第3章 技術導入と特許管理の発生 ——— 68

はじめに　68

1 東京電気における特許管理 …………………………………… 68

　初期の経営と研究開発（68）　GEからの技術導入（72）　研究開発と特許管理（78）

2 芝浦製作所における特許管理 …………………………………… 84

　芝浦製作所の経営（84）　提携以前の研究開発と特許（86）　GEからの技術導入（87）　研究開発と特許管理（91）

まとめ　95

第II部　国際特許管理契約下における日本企業の成長

第4章 国際特許管理契約の締結 ——— 100

はじめに　100

1 GEの国際経営戦略と組織の展開 …………………………………… 101

　国際電機市場と経営戦略（101）　IGECによる国際経営の展開（105）

2 日本特許の管理 ……………………………………………………… 116

　　国際特許管理契約（116）　　特許管理の組織能力（120）　　特許
　　管理の展開（131）

　ま と め　140

第 **5** 章　技術移転と技術交流 ——————————————— 146

　は じ め に　146

1 両大戦間期における経営発展 …………………………………… 147

　　東京電気の経営拡大と研究開発組織（147）　　芝浦製作所の技術
　　経営（150）

2 技術交流と特許管理 ……………………………………………… 152

　　グローバルな技術交流網のなかの日本（152）　　技術導入と研究
　　開発（155）　　特許部門の役割（164）

　ま と め　169

第 **6** 章　日本企業による特許管理の展開（1）電球 ——— 172

　は じ め に　172

1 1920年代・30年代の特許係争 ………………………………… 173

2 国産電球運動と審判事件 ………………………………………… 175

　　東京電気による産業集中（175）　　国産電球運動（177）

3 特許プールの形成 ………………………………………………… 182

　　電球産業統制と権利調整（182）　　アウトサイダーとの係争
　　（186）

　ま と め　188

第 **7** 章　日本企業による特許管理の展開（2）真空管 ——— 191

　は じ め に　191

1 真空管と基本特許 192
    真空管事業の形成（192）　真空管特許の出願状況（194）
    基本特許の権利行使（197）

2 多極管の時代 200
    基本特許の期間延長（200）　多極管の出現と基本特許（201）
    中小真空管メーカーと審判事件（203）

3 基本特許失効後の特許管理 204
    基本特許の失効（204）　新規参入企業との特許係争（206）

    まとめ　207

第*8*章　日本企業による特許管理の展開（3）重電機器 ── 211

はじめに　211

1 重電機器特許をめぐる権利調整 212
    販売カルテル（212）　審判事件（213）

2 重陽会の設立 217

    まとめ　221

第Ⅲ部　第2次世界大戦と国際特許管理の展開

第*9*章　日米開戦と敵産処分 ── 224

はじめに　224

1 開戦直前のGEの対日事業 225
    日本事業の基本構造（225）　東京芝浦電気による特許管理
    （227）

2 敵産処分と戦時経営 233
    敵産管理法と工業所有権戦時法（233）　戦時経営と特許（239）

    まとめ　241

目次　v

第 10 章　占領政策と GE 特許 ——— 243

はじめに　243

1. 工業所有権に関する戦後措置 ………………………… 244
2. GE による工業所有権回復過程 ……………………… 249
   現状把握と権利保護の要請（249）　特許権回復に影響を与えた占領政策（255）　回復請求と回復措置（262）

まとめ　265

第 11 章　間接的な管理から直接的な管理へ ——— 269

はじめに　269

1. 国際協定の再編 ………………………………………… 270
   反トラスト法訴訟（270）　ヘロッド報告（271）　新協定の必要性（273）
2. 新協定の締結と展開 …………………………………… 277
   ヨーロッパ企業との交渉（277）　東京芝浦電気との新協定（279）　戦後協定の戦略的意味（282）
3. 国際特許管理の新展開 ………………………………… 284
   出願の再開（284）　出願処理の方法と組織（286）

まとめ　290

終 章　グローバル経営の進化と特許管理 ——— 295

1. 特許管理の展開にみる国際的契機 …………………… 295
   GE の国際特許管理と日本企業（295）　日本企業における特許管理の展開（297）
2. 組織された技術的対話 ………………………………… 299
   グローバル経営の進化をみる視点（299）　技術と知識のグローバル化の歴史的位相（301）

3 残された課題 ……………………………………… 302

あとがき　305

初出一覧　309

参考文献・資料一覧　311

索　引　323
　　事項索引　323
　　企業・団体名索引　328
　　人名索引　332

序章

日本の特許管理形成史を考える意義

1 本書の課題と視角

特許管理の定義

　本書は，日本における特許管理の形成と展開を，その契機である多国籍企業の国際特許管理の展開の上に位置付けて，明らかにしようとするものである。具体的には，東京電気株式会社，株式会社芝浦製作所，1939年に両社が合併して以降は東京芝浦電気株式会社における特許管理の形成と展開を，提携企業であるアメリカのゼネラル・エレクトリック社（General Electric Co., 以下 GE）の国際的な特許管理との関係において解明することを，課題としている。本書が分析対象とする期間は，日本が工業所有権保護同盟条約（パリ条約）加盟を契機に特許法を改正し外国人による特許出願が可能になった1899年前後から，GE の国際特許管理が再編された1950年代までである。

　本書は，経営管理の1つである特許管理の展開を通して，企業経営の進化を把握しようとするものである。その際，特許管理を，特許制度を利用して利潤の最大化を図るために，人をして権利・技術・情報などを制御・統制せしめること，と定義する。また，国際特許管理を，国境を越えて行う特許管理と定義する。特許管理の対象は，したがって，自社および他社の特許権のみならず，技術が体化した製品，研究開発・生産・販売などの業務に携わる人々，それらの人々が保有する情報，あるいは各種媒体に客体化された情報にまで及ぶ。本書では，特許権のほかにも実用新案権の管理をも扱っているが，他の工業所有

権(あるいはより広く知的財産権)の管理も、本書の定義に含めることが可能である。歴史的にみても、日本企業における工業所有権管理は特許の管理を中心に形成されたため、本書は管理の対象として実用新案権を含める場合にも、特許管理という語を用いる。

特許管理の内容

特許管理の対象は、上記のように多岐にわたっているが、その中心は特許である。特許とは、第1に、特定の技術の排他的使用権である。権利は、特許明細書に記載されている請求項(クレーム)や、発明者・権利者・出願日・登録日といった事項によって構成され、特許法に基づきその排他的効力を他者に対して及ぼすものである。特許は、同時に、特定の技術が一定の形態をもって客体化されている技術情報でもある。特許明細書には特許の対象となる技術を説明する情報が一定の範囲と様式で記載されており、その情報に基づき技術者あるいは生産者が製品を生産することで技術は実現される。[1]このように、特許管理の対象である特許には、権利と技術情報という二重の性格が不可分に含まれている。したがって、特許管理の中心的な内容は、権利と技術情報のやりとりあるいは交換を、制御・統制することとなる。

権利の交換と技術情報の交換は、それぞれ2つのレベルで行われる。

権利の交換においては、まず技術者(発明者)と企業(管理者)との間で交換が行われる。技術者は、研究開発活動により生み出した発明に対して特許を受ける権利を、何らかの対価と引き換えに企業に引き渡す。[2]企業は、譲渡された特許を受ける権利に基づき出願を行い、権利を設定し保護を行う。もう1つの交換は、企業と企業との間の権利の交換である。たとえば、特許権の譲渡や売買、特許ライセンス供与の形態で企業間において交換される。

技術情報の交換においても、第1に技術者と企業(管理者)との間で技術情報の交換が行われる。技術者は職務上なしえた発明を企業(管理者)に通知する。他方で、技術者は特許管理を担当する部門に蓄積されている先行技術の情報(明細書等)を伝えられ、自らの職務とする研究開発活動に活かす。もう1つの交換は、企業と企業の間での技術情報の交換である。

権利の交換と技術情報の交換の両方において、1つ目の交換が内部的なものであるとすれば、2つ目の交換は対外的なものといえる。したがって、特許管

理は，企業内外の権利と技術情報のやりとりや交換を，制御・統制するものとして構造化できる。

　以上のような権利と技術情報のやりとりは，特許管理の抽象的な内容であるといえる。一方，具体的な特許管理は，その時々の経営環境に直面した企業が選択する成長戦略によって方向性や役割が与えられたものである。本書が主たる分析対象としている第2次世界大戦以前においては，日本企業の経営課題は，先進的な外国企業の技術を導入・消化し，製品の国産化と技術力の向上を図ることであった。日本の電機企業は欧米企業と技術提携を行い，複数のチャネルを通して技術導入を行い，同時に自主技術の開発にも取り組んだ。そのなかで特許管理は，外国からの技術導入と技術交流を促進する目的をもって編成された。

　特許管理は，組織内部で各業務としてルーチン化され，実現される。特許管理業務は，専任の部門において行われる業務と，企業全体で行われる業務に分けられる。前者の業務には，特許文献の整備，先行技術の調査，明細書作成などの特許出願業務，特許料金納付管理をはじめとする保全業務などがあり，後者の業務には，研究部門，設計・生産部門，購買部門，販売部門との連携による特許情報の管理，発明奨励や提案発掘活動，異議・無効審判申立など第三者特許の対策，第三者からの権利侵害防止対策，ライセンス，技術供与，共同研究，委託研究に関する契約の締結などがある[3]。本書は，これらの特許管理業務のうち，企業内部における出願処理，職務発明取扱制度，発明奨励制度の創設と運営，訴訟やライセンスといった権利行使にかかわる業務に着目し，それらの形成と展開を明らかにする。

　また，本書では，特許担当者の任命，特許管理部門の設置，特許管理部門の企業組織における位置の変遷といった，特許管理にかかわる組織の展開を明らかにする。なかでも，トップ・マネジメントに直結した特許部門の設置は，特許管理が単に専任部門によって処理される業務にとどまるのではなく，購買・生産・販売・研究開発などすべての業務を含んだ全社的な意思決定にかかわるものとして行われるようになることを示している。したがって，本書では，トップ・マネジメントに直結した特許部門の設置を，特許管理の確立の1つの指標として捉える。

法人特許の成長

　特許管理という用語は，日本では 1950 年代頃から使われるようになった。その嚆矢は，日本企業がアメリカから経営管理手法を導入する取り組みのなかで，日本生産性本部が専門視察団を欧米に派遣し，特許管理手法の導入を図ったことである。その後，調査団に加わった井上一男（東京芝浦電気），五月女正三（三菱化成工業）ら企業の特許管理担当者が中心となり，特許管理の実務書が何編か編まれた。これら実務書によって特許管理という用語が知られるようになり，企業経営における特許管理の重要性が注目されるようになった。

　しかし，1950 年代まで特許管理という用語が存在しなかったことは，それ以前に日本企業が特許管理を行っていなかったことを示すものではない。実際には，多くの企業で特許管理という用語によって意識的に業務が組織される以前に，すでに一部の企業では特許管理が行われていた。その一端は，特許全体に占める法人特許の増加にあらわれている。法人特許の出現は，企業が自らの名義によって特許権の保有を開始し，それらを組織的に活用しはじめたことを示す1つの現象である。

　日本において法人による出願が可能となったのは，1899 年の特許法改正以降である（特許庁，1984，588）。前述のように，このときの改正はパリ条約への加盟に対応して国内法を整備する目的で行われ，外国人による出願も認められるようになった。しかし，制度が整備されたとしても，しばらくの間は法人が特許権を取得することは少なく，特許はほとんど個人によって取得・保有されていた。特許全体に占める法人権利者の割合が 10％ を超えたのは，1924 年以降である。1920 年代後半以降その割合は次第に高くなり，37 年には約 30％ に，日米開戦から第2次世界大戦終結までには 40％ を超えるまでになった。戦後になるとその割合はさらに高くなり，1971 年の日本人出願に占める法人の比率は約 60％，80 年には約 80％ となった（特許庁，1984，588）。最新の割合をみると，2013 年の日本における特許出願は 32 万 8436 件（外国人による出願を含む）であったが，そのうち 31 万 8944 件，すなわち 97.1％ が法人による出願であり，個人による出願はわずか 9464 件（2.9％）であった（特許庁，2014，47）。今日では，日本における特許出願のほぼすべてが，企業の特許管理のもとで行われているといえる。

　このような歴史的な傾向をみると，日本の 100 年を超える特許制度の歴史の

なかで，法人特許の割合が徐々に高まってきたこと，すなわち企業による特許管理が次第に発展してきたことがわかる。第2次世界大戦後における比率の高まりは，専門視察団をはじめとする特許管理の導入・普及活動によるものといえるが，1920年代における法人特許割合の増加の背景には，先導的な日本企業による特許管理の形成があったのである。

特許管理形成の国際的契機

　特許管理を始めたのは，明治期から外国企業と特許協定や技術導入協定を締結していた企業であった。その最も早い事例は，芝浦製作所であった。芝浦製作所は1909年にGEと資本および技術提携に関する協定を締結し，GEから特許ライセンスや電気機械の製造技術を提供されるとともに，所内で研究開発活動に取り組んだ。その過程において，芝浦製作所は1912年に特許担当者を設置し，発明の奨励と特許出願の管理を行うようになった。同様に，1905年にGEと資本および技術提携に関する契約を締結した東京電気では，1917年頃から社内の担当者によって特許出願がなされるようになった。本書では，東京電気と芝浦製作所における特許管理の形成過程が，GEによる日本での特許管理から大きな刺激と影響を受けるものであったことを明らかにしようとしている。実際に，日本の提携企業による特許管理の展開は，GEによる国際特許管理の展開のなかに位置付けられていたのである。

　GEの日本における特許管理は，本書の対象期間において，大きく3つの発展段階をみせた。19世紀末に日本での特許出願が可能になってから第1次世界大戦終結後頃までは，GEは日本特許を自ら管理していた。しかし，1919年に東京電気および芝浦製作所とそれぞれ特許管理協定を締結したことで，日本特許の管理は提携企業（東京電気と芝浦製作所）の特許管理部門を通して行われるようになった。すなわち，国際特許管理が，直接的な管理から間接的な管理へと展開したのである。間接的な管理が行われていた1920年代と30年代は，日本の提携企業にとっては，GEから委託された特許管理業務を通して，自社の内部に特許管理の組織能力を蓄積していく歴史的な期間となった。そして，第2次世界大戦後になると，日本における特許管理は間接的な管理から再び直接的な管理へと展開する。その背景にあったものは，GEの国際経営戦略の転換とアメリカ本国における反トラスト法訴訟への対応であった。本書は，この

ような GE による国際特許管理の展開を明らかにしながら，それとの関係で日本企業における特許管理の形成を明らかにする．

2 本書の特徴と意義

　上述の通り，本書は，日本企業（東京電気，芝浦製作所，東京芝浦電気）における特許管理の形成と展開を，GE の国際特許管理の展開との関係において明らかにしようとするものである．その特徴は，次の3点に集約される．第1に，特許制度ではなく特許管理に焦点を当てていることである．第2に，日本企業における特許管理の展開が国際的契機によって規定されている側面を取り上げていることである．第3に，特許管理の側面から GE の国際経営の展開と日本の電気機械産業の動態を読み解いていることである．以下，先行研究を整理しながら，このような本書の特徴と研究上の意義を，より明確にしていこう．

特許制度と特許管理

　本書が特許管理に焦点を当てるのは，19世紀末以降の近代企業（大企業）発展史のなかに，特許を位置付けるためである[6]．大企業が現代資本主義においてイノベーションや経済成長，グローバル化を推進する重要な主体となっていることは，論を俟たない．また，大企業が特許制度を積極的に利用していることも，法人特許件数の伸びをみれば明らかであろう．そこで，大企業がどのように特許制度を利用し，自らの成長を図ろうとしているのかを明らかにするためには，企業による特許管理を明らかにする必要がある[7]．

　ところが，特許の経済的側面を扱った研究は数多く蓄積されてきているにもかかわらず，企業による特許管理には，これまでほとんど焦点が当てられてこなかった．本書が新たに取り組もうとしている特許管理の研究上の位置を明確にするためには，まず既存の特許に関する3つの研究動向について言及するのが適切であろう．

(1) マクロな観点に立つ研究

　1つ目は，特許制度が経済発展に果たす役割をマクロな観点から明らかにしようとする研究である．たとえば後藤・長岡（2003）は，イノベーションを促進するためにはどのように制度設計すべきであるかという問題意識のもと，特

許制度が研究開発や産学連携に与える影響を多側面から分析する研究を組織した[8]。また，隅藏（2008）も，知的財産権の保護の強さと公共性をどのようにバランスさせるかという論点から，適切な制度設計を論じている。このような研究は，今日の知的財産政策上の課題を明らかにする上では有用であり，適切な制度設計を行うに不可欠な研究である。しかし，これらの研究が，制度面に重点を置き，イノベーションを促進する主体であり経済成長の原動力となる企業を等閑視している点には，隔靴掻痒の感を抱いてしまう。特許制度と経済成長の間には企業経営という媒介が存在しており，両者の関係のなかに特許管理という変数を加えることにより，より具体的に特許制度の役割が把握できると考えられる。

他方で Taylor and Silberston（1973）が，特許制度と経済成長を媒介するものとして企業の特許管理に注目した分析を行っている。彼らは，質問票調査を通して，1960年代後半のイギリス企業における特許部門の組織や規模および諸機能と役割を明らかにした。このように特許制度を利用する企業の行動を分析することは重要であるが，研究手法の性格上，彼らの研究は静的なものにとどまっており，企業の成長と特許管理の展開といった動的な分析には踏み込めていない。

(2) 企業の特許関連活動を扱った研究

2つ目は，企業の特許関連活動を取り扱った研究である。Granstrand（1999）は，1980年代の日本企業の特許活動と経営組織について，特許データを用いた実証的な分析を行っている。また，永田（2004）は，これまでの権利取得や権利行使といった狭義の知的財産マネジメントではなく，企業のイノベーション・プロセスを促進するための全社的な知的財産戦略と組織構造について考察を行っている。たしかに永田は特許管理の一側面を論じてはいるものの，あくまでイノベーションの促進を目的とした特許管理と組織のあり方に着目しており，たとえば本書が論じているような技術導入に果たす特許管理の役割といった，特許管理が企業成長に与える多面的な意味は捉えきれていない[9]。

他方で，歴史分野においては，企業成長と特許制度の関係についての研究がいくつかなされてきている。たとえば，Dutton（1984）や MacLeod（1988），近年では Bottomley（2014）が，特許制度がイギリスの産業革命に果たした役割を明らかにしており，Khan（2009）は特許制度の英米比較の観点から，アメリカ

特許制度の経済成長への貢献を論じている。これらの研究は，個別事例を扱いつつ特許制度が経済発展に果たした役割を明らかにしているが，対象としている期間はほとんどが19世紀までである。[10]また，経営史分野でも木元（1986；2002）が，A. クルップ（Alfred Krupp）やE. W. von ジーメンス（Ernst Werner von Siemens）といったドイツ人企業家が，創業にあたりどのように特許制度を利用して企業者活動を行ったかについて，歴史的に分析している。しかし，アメリカやドイツをはじめとする先進国で大企業が形成されるのはようやく19世紀後半になってからであり，それ以前の資本主義経済は，今日のように大企業が支配的なものではなかった。したがって，これらの研究は，大企業がどのように組織的に特許制度を利用しているかという論点，つまり大企業による特許管理を明らかにする視点は持ちえていない。

大企業における特許管理を分析する視点を示しているものには，大河内（1992）とFisk（2009）がある。大河内は産業革命以降のイギリスを対象として研究開発と特許制度の展開を分析し，19世紀後半以降，特許ライセンスや特許の商品化と流通によって技術の企業化過程が社会化したこと，同時に技術の社会的移転の促進という特許制度の趣旨が後景に退き，発明者の権利保護の重視や特許権の所有権化・財産権化が進んだことを指摘した。また，技術の企業化過程の大部分が大企業によって行われるようになり，他企業に対する取引手段に性格を変えた特許権が大企業に集中されるとともに，大企業は特許制度を戦略的手段として活用するために特許獲得競争を進めたこと，そのために特許出願技術や法手続技術が企業内で重視されるようになったことを指摘した。大河内の指摘は企業による特許管理活動の概観を与えるものではあるが，企業内部において特許制度の利用がどのような管理方式と組織によって行われてきたか，それが企業内部で行われる技術の企業化過程とどのように関連してきたかについての具体的な分析はなされていない。

他方で，フィスクは英米の判例を丹念に調査し，1870年代までは職務発明（および職務を通して得た知識）は従業員（発明者）に帰属するとの判例が支配的であったものが，1920年には職務発明は雇用者（企業）のものであるとする結論を出すようになるに至った過程を描き出している。職務発明の制度化は，大企業が特許制度を利用する上で必要となる特許管理の一部を構成している。しかし，特許管理が企業内にどのように組織されていたのかについての全面的な

分析には至っていない。

(3) イノベーションの指標として利用する研究

3つ目の研究動向は，特許情報をイノベーションの指標として開発し利用する研究である。マクロな特許件数や特許書誌情報を用いて研究開発活動やイノベーションの分析を指標として用いる研究は，かなり存在している。代表的なものとしては，Schmookler (1966) と Pavitt (1985) をあげることができよう。経営学分野でも，特許データを用いて企業のパフォーマンスを計量する研究が進んでおり，近年では豊田・菰田 (2011) がまとまった研究を行っている。さらに，経済史や産業史の分野においても，産業発展を特許取得状況から明らかにした谷口 (1985) や清川 (1989) などの研究が存在する。[11] しかしこれらの研究は，特許出願件数など一部の指標のみを取り上げる傾向にあり，ライセンシングやエンフォースメント（審判，裁判を通した権利行使）といった多側面にわたる指標を取り扱うことはできていない。

また，特許出願件数をそのまま研究開発活動の指標として利用することには問題がある。というのも，企業は研究開発の成果をそのまま出願しているわけではないからである。企業の特許管理においては，最終製品の市場戦略，競合企業および製品，クロス・ライセンス関係を勘案して出願戦略を策定し，特許をはじめとする知的財産権を出願・取得している。また，研究開発従事者の研究奨励や労務管理によっても特許出願は促進あるいは抑制される。つまり，このような多岐にわたる特許管理を考慮することなしには，特許出願件数をそのまま技術的イノベーションの測定指標として使用することはできない。

特許管理を明らかにすることによって，それがどのように技術的なイノベーションに寄与しているか，特許出願件数をイノベーションの測定指標として用いるためにはどのような工夫が必要かを，議論することができるのである。

グローバル経営史

経営史分野においては，企業発展の国際的な側面を明らかにする研究がこれまでにも数多くなされてきた。そのような研究は，大きく多国籍企業史と国際関係経営史に分類することができる。

(1) 多国籍企業史

多国籍企業史の代表的なものは，Wilkins (1970：1974) である。ウィルキン

スは一連の研究のなかで，アメリカ企業の諸外国における事業の歴史を，膨大な資料を収集・分析し，海外直接投資の側面から明らかにした。さらに，Jones（1996；2005）も，海外直接投資に着目しながら歴史的な流れを追い，今日のグローバル経済の歴史性を明らかにしている。また，Southard, Jr.（1931）やDunning（1998）は各国における多国籍企業の展開とその影響についての考察を行っており，日本の経営史学会の国際会議（富士コンファレンス）においても，このような多国籍企業史のテーマで幾度か議論がなされてきた。[12]

(2) 国際関係経営史

国際関係経営史は，中川敬一郎によって提起された分析枠組みに基づき，経営発展の国際的側面を明らかにしようとするものである。中川（1981）は，企業家の行動様式を分析する場合，「各国に特有な経済過程，たとえばその工業化過程が，単にその国内的条件にのみ規定されて現れるのではなく，各国資本主義を特徴付ける諸要因がむしろ国際関係そのものの中に生まれてくるという事実」（中川，1981，110）が重要であると指摘した。さらに，米川（1978）は，国際比較を同時代性に基づき行うのか，あるいは同段階性に基づき行うのかという論点に対して，同時代国際比較を主張し，国際比較経営史を提起した。米川は「何故かなれば，各国企業は世界市場の形成に参加し，彼らの将来を決定したものは，その市場競争に他ならなかったからである。彼らは相互に世界市場を通じて係わり，規定し合う。これが同時代的国際比較の現実的基盤に他ならない」（米川，1978，434）と主張した。

中川と米川が議論した国際関係の規定性は，重層的な構造を持っている。マクロ的にみた場合，国際関係は，各国資本主義間の競争関係として把握できる。特定の国を母国とする企業や企業家の行動やパフォーマンスは，その国民経済の特性によって規定されており，さらにその国民経済の特性は，日米経済関係や日独経済関係といった国際関係によって規定されている。一方，ミクロな視点でみた場合，国際関係は異なる国籍を持つ企業間の競争関係として理解できる。企業や企業家が相対しているのは市場をめぐって競争・協調を行う諸外国企業であり，その企業との競争関係によって経営発展が規定される。このような分析枠組みは，たとえ国内のみで事業を行う企業であっても，グローバルな資本主義の展開に規定されていること，つまり経営の国際性を明らかにする上で有効である。

中川と米川の提起を受けて行われた研究はこれまでにもいくつか発表されてきたが，それらは，国際関係史を企業史から分析するものと，企業成長の国際的な契機として国際的な競争・協調関係を分析するものとに分けることができる。

前者の代表的なものは，明治期におけるドイツ・ジーメンス社の対日ビジネスの分析から日独関係にアプローチした竹中（1991）や，輸出・直接投資・ライセンシングという3つの形態から国際的な企業間関係を把握して日独関係史にアプローチした工藤（1992a），海軍兵器産業間の日英関係史を企業史の側面から分析した奈倉（1998），そしてイギリス企業の対日ビジネスを分析した山内（2010）などである。これらの研究は，共通して，日本市場に進出した外国企業が，日本の工業化にどのような影響を与えたのかという論点を持っている。国際的な企業間関係によって，どのようにマクロ経済間の関係が展開したのかを明らかにするという点では，「国際関係を解明するための経営史」といえるであろう。もちろん，各国の企業経営はその国の経済状況や社会・文化的な特徴に規定されるのであって，さらにそのような国民経済の特徴が国際関係によっても影響を受けていることを考えるならば，国際関係史を企業史から分析する研究は，経営発展の国際的な契機を分析することにつながっているといえる。

後者の，企業成長の国際的な契機を分析する研究の代表的なものは，渡辺（1981），工藤（1992b），塩見・堀（1998），そして橘川（2012）であろう。渡辺は，ジーメンスと古河財閥による富士電機成立過程を分析し，ジーメンスの積極的な行動の一因を，トップ・マネジメントの国際競争に対する認識に求めている。工藤は，ドイツ染料企業IGファルベンの対日戦略を分析し，そのトップ・マネジメントが日本市場をどのように認識していたか，それに基づいてどのような対日戦略を策定しそれを実行する組織を形成したかを明らかにし，同時にIGファルベンの対日事業が日本の工業化と企業発展に果たした役割を明らかにした。塩見・堀は，企業間の国際関係を競争関係・対抗関係として把握し，国際関係経営史を描いた。塩見らは「産業の長期的動態のなかに占める日米企業間関係の位置」（塩見・堀，1998，1）を明らかにすることを課題とし，1980年代の日本企業の国際化による作用と反作用によって，日米企業がグローバル市場で競争・協調・棲み分けを行うようになるメカニズムを明らかにした。また，橘川は，ナショナル・フラッグ・オイル・カンパニーが日本で形成されな

かった最大の理由を，石油産業における国際競争のあり方に求め，産業構造の展開や企業発展の国際的な契機を明確にした。

このような国際関係経営史の2筋の研究は，つまるところ，企業発展と国際的な競争関係との相互規定性を，いずれかの側面に軸足を置きながら分析するものと位置付けられる。しかし，単なる相互規定的な関係の分析のみでは，その関係の進化の像を描き出すことはできないであろう。ジョーンズが，多国籍企業史として1914年までの第1次グローバル化の進展，2度の世界大戦とその後の管理経済下におけるグローバル化の衰退，そして1980年代以降の第2次グローバル化の興隆を描き出したように，企業を能動的な行動の主体とした上で，国際的な競争関係との相互規定性の展開を分析しなければならない。

本書は，以上のような多国籍企業論と国際関係経営史の視角を用いながら，GEと東京芝浦電気との特許管理をめぐる関係を明らかにする。すなわち，進出先国における特許管理という国際的な契機を含んだGEの特許管理と，GEの国際特許管理という契機を含んだ東京芝浦電気の特許管理が，それぞれどのように企業発展に寄与したのか，翻って経営発展にともない特許管理がどのように展開したのかという視点から，グローバル経営の進化を考察したい。その際，両社間の関係の展開を通して，特許管理がグローバル化を推進する側面と，同時にナショナルなものを形成していく側面にも注意を払いたい。

(3) 国境を越えた技術移転と技術的対話

ところで，グローバル化を技術移転の側面から捉えると，その歴史ははるか古くまで遡ることができる。Pacey (1990) は，遠隔地間における技術移転や技術的対話は，1000年を超える昔よりアジア，ヨーロッパ，ペルシャといった文明間で行われていたことを論じている。より長期の時間的な射程から技術移転を捉えると，大企業における技術移転の1つの形態である特許管理の歴史的性格を浮かび上がらせることができる。

本書が対象とする，近代における国境を越えた技術移転と技術的対話は，一方では，国民経済に基礎を持つ特許制度によって媒介されている。最初の近代的な特許法である1623年のイギリス独占条例以降，各国において特許法の整備が進められ，19世紀末になると各国の制度を調和させ，国際的な特許制度を創出する動きが始まった。その成果の1つが1883年のパリ条約である。パリ条約の批准を通して各国の特許法は改正され，国際的な技術移転と技術的対

話のための主要な制度となった。こうした国際的な特許制度を用いて実際に技術の対話を行ったのが，大企業である。近代経済における国際技術移転は，大企業による特許管理として組織化されているのである。多国籍企業による国際的な特許管理は，国境を越えた技術移転と技術の交換を新たな形態で促進し，しかもその規模を幾何級数的に拡大させる。このような視点から，近代企業による国際特許管理の展開は，グローバル・ヒストリーの1つとして位置付けることができる。[14]

GE の国際経営と特許

本書の主たる分析対象である GE とその国際経営については，史料の保存・公開状況が厳しいにもかかわらず，いくつかの重要な研究成果が蓄積されてきている。

GE の経営史についてその前身企業からの通史を明らかにしたものに，小林 (1970) と坂本 (1989；1997) がある。[15] 小林は，エジソン社，トムソン＝ヒューストン社の時代から1960年代までの事業展開について，全体像を整理・提供している。坂本は，組織革新という視点から GE の通史を21世紀近くまで追っている。しかし，これらの研究において，国際経営は概略的にしか説明されていない。

GE の国際経営の分析は，ウィルキンスの多国籍企業史の先駆的な実証研究のなかで行われている。[16] ウィルキンスは海外直接投資と特許ライセンス，国際カルテルを代替可能な海外進出の形態であると捉え，GE の国際経営は特許ライセンスと提携企業に対する少数株式投資という海外進出の形態において分析・叙述されている。このウィルキンスの研究成果を土台として，板垣 (1977)，安保 (1984)，吉田 (1987a；1987b) も GE の国際経営を分析している。板垣は1920年代における GE の海外進出を対外投資の側面から分析し，同社が提携企業に対して少数株式投資を行うことによって輸出市場の安定・強化を図った点を明らかにしている。安保はアメリカの対外投資の1つとして企業の対外進出を分析しているが，GE に関しては特許協定と国際カルテルを中心とした対外進出形態をとっていたことを明らかにしている。これらに対して吉田は，少数株式投資による経営支配と特許協定による技術支配の両方によって，国際市場の安定とアメリカ市場の安全確保が果たされたと主張している。また，

国際特許出願という現象に着目し，それが多国籍企業による技術支配につながっているとした研究に，林（1989）がある。林は戦間期における GE の国際経営戦略を国際カルテル戦略として分析し，その基礎には国際技術独占＝国際特許独占があったことを指摘している。

これらの先行研究はいずれも，GE の国際経営において特許が重要であったこと，特許協定の基礎には国際的な特許出願があったことを指摘している。しかし，GE が諸外国に対して出願した特許をどのように管理したのか，国際的な特許管理が GE の国際経営の発展にどのようにつながったのかについては述べられていない。特許は出願され登録されるだけではそれ自体何ら利潤を生むものではなく，むしろ所有者に出願費用や特許料などの費用負担を強いる。企業が特許制度を利用して利益を得るためには特許管理とその組織が必要である。また企業活動が海外へと展開する場合，進出先の国においても特許管理が組織されなければならない。特許管理の展開を明らかにすることによってこそ，GE の国際経営戦略と組織のあり方や，国際的な企業間関係の展開を十分に明らかにできうるのである。

ところで，これまで GE の国際特許管理はほとんど明らかにされてこなかったとはいえ，国際的な特許管理の存在を示す現象には，Cantwel（1995）と富田（1993；1998；2001）が注目をしている。キャントウェルは，アメリカ特許商標庁の公報を調査して，GE がアメリカにおいて取得した特許の発明者の国籍がアメリカ以外の多数の国に拡散していることを指摘し，1930 年代における多国籍企業の国際的な研究開発活動の存在を論じた。富田の研究は，同様の調査を日本を対象に行ったものといえる。特許庁に在職し『工業所有権制度百年史』の編纂に携わった富田は，東京電気，芝浦製作所など日本企業が取得した日本特許のなかに多数の「発明者外国人」の特許，つまり外国人が発明した技術を日本企業が自らを権利者として特許出願・登録したものが含まれていることを発見した（特許庁，1984，662-668）。富田はこの現象を特許カルテルによる技術移転方法であるとし，技術移転の評価において「発明者外国人」特許を含めて考える必要性を指摘した。

しかし，キャントウェルの研究も富田の研究も，「発明者外国人」の特許がどのような目的で出願されたのか，それが経営管理上何を意味するかについて明らかにしていない点で，その存在を十分に説明しきれていない。日米両国に

おける「発明者外国人」特許の存在を GE の国際特許管理とその組織の展開から説明することが，本書の課題である。

日本の電気機械産業史

これまでにも，日本の電機産業の研究では，アメリカやドイツといった外国企業からの資本・技術導入が，産業発展に大きな役割を果たしていたことが指摘されてきた。なかでも，GE と東京電気・芝浦製作所・東京芝浦電気との企業間関係を論じた研究の蓄積は，新たに発掘された経営史料の分析によってその厚みを増してきている。

GE と日本企業間の関係を支配従属の側面から捉えたものに，藤原（1972；1973）がある。藤原は日米企業間関係を，持株比率・技術支配・原料支配・市場支配・販路制限の各点から分析し，日本企業のアメリカ企業に対する従属関係を示そうとした。これに対し，日米企業間関係を単なる支配従属関係として捉えるのではなく，企業間協定の内容やそれが日本企業に与えた効果について分析しようとする研究が展開された。内田星美や長谷川信らによるものがそれである。Uchida（1980），内田（1989；1990）は，外国から日本への技術移転を分析し，企業間協定を通して日本企業が外国技術を導入し経営を発展させたことを明らかにした。長谷川の一連の研究（Hasegawa, 1992；1995；長谷川, 1995a；1995b；1995c；1996）は，日米企業関係についてさらに多面的な実証を行っている。長谷川は東芝社史編纂資料を用い，GE と東京電気・芝浦製作所それぞれとの間の特許・技術協定書を分析することによって，協定内容の変化から技術移転のあり方の変化を分析し，さらに，日本企業において研究開発の組織能力・交渉能力などといった主体的な力量がいかに蓄積されていったのかについて，実証的に明らかにしている。

内田と長谷川による研究は，GE と日本企業間の具体的な協定内容や両社の経営行動を明らかにしており有益なものである。本書は，これらの先行研究の成果を前提とした上で，GE と東京電気・芝浦製作所・東京芝浦電気との企業間関係を，特許管理の側面から捉え直す。というのも，内田と長谷川の研究は，日米企業間の協定に特許管理規定が含まれていたことを等閑視しており，特許を媒介とした企業間関係の十分な分析には至っていないからである。日米企業間の特許管理は，権利の交換とともに技術情報の交換を対象としており，GE

から日本側提携企業への技術移転，技術吸収，そして自社内部における研究開発と技術力の蓄積という，長期的な競争優位性を左右する要因であった。GEによる国際特許管理とその役割を付け加えることにより，日米両企業の経営発展をより具体的に明らかにできると考えられる。

3 本書の構成

ここまで述べてきたように，本書の課題は，日本企業（東京電気，芝浦製作所，東京芝浦電気）における特許管理の形成と展開を，提携企業である GE の国際的な特許管理との関係において解明することである。したがって，本書の分析方法は，日本企業の特許管理の形成を GE との関係で明らかにすると同時に，GE の国際特許管理の展開を日本企業の特許管理の展開として明らかにするものでなければならない。本書では，互いに国際的な契機を内包する日米双方の主体を，GE の国際特許管理の展開に従って 3 つに時期区分し，それぞれの時期について分析していく。

第 I 部の構成
第 I 部は，19 世紀末に日本での特許出願が可能になってから第 1 次世界大戦終結後頃までの，GE が直接日本特許を管理していた期間を対象とする。

第 1 章では，GE の初期の国際経営と特許管理を明らかにする。GE はその前身企業の時代から国際経営を行っていたが，当時から主な進出先であるイギリス・ドイツ・フランスなどにおいて現地提携企業と国際特許管理契約を締結していた。国際特許管理契約とは，割り当てられたテリトリーにおいて相互に相手の特許を管理する契約である。そのような契約下においては，GE の発明は各国の提携企業の名義で出願・登録・管理されていた。反対に，各国の提携企業においてなされた発明は，アメリカにおいては GE の名義で出願・登録・管理されていた。

第 2 章では，GE の日本における初期の特許管理をみる。GE は 19 世紀末から日本において特許を出願・取得していたが，その方法はイギリスやドイツの場合のように国際特許管理契約によるものではなく，GE が直接的に管理するというものであった。GE は，弁護士・岸清一を代理人として，自社名義で特

許を取得・管理していた。GEは自ら特許訴訟を行い，日本の電球産業を東京電気へと集中させていった。これまでの日本電球産業論では東京電気が集中を主導したとされているが，特許管理の視点からみると，集中はGEによって行われたことが明らかになる。GEは，1905年には東京電気と，09年には芝浦製作所と，資本・技術提携を締結したが，この段階では両社に対しては特許ライセンスを供与するのみであった。

第3章では，日本企業における特許管理の発生を明らかにする。日本では早くから技術者が個人的に特許を出願し取得することはあったが，特許が法人財産として管理され，その管理が組織的に行われるようになるのは1910年代のことであった。芝浦製作所は1912年に特許を専任業務とする担当者を設置するとともに，特許を法人の財産として管理しはじめた。東京電気では1917年頃に内部で特許出願業務が行われるようになった。両社における特許管理の発生が，GEとの提携による技術導入と研究開発の活発化によるものであったことを明らかにする。

第Ⅱ部の構成

第Ⅱ部は，1920年代および30年代を対象としている。この時期に，GEの日本における特許管理が直接的な管理から間接的な管理へと展開したのである。間接的な管理が行われていた1920年代と30年代は，日本の提携企業にとっては，GEから委託された特許管理業務を通して，自社の内部に特許管理の組織能力を蓄積していく歴史的な期間であった。

第4章は，1919年にGEが東京電気および芝浦製作所とそれぞれ締結した国際特許管理契約の内容とその意義を明らかにする。1919年の協定では，日本企業がGEの発明を自社の特許として出願・取得・管理することが規定されていた。この契約を実行するため，1921年に東京電気と芝浦製作所はそれぞれ特許局から人材を引き抜き，特許部門を拡充した。このような組織的な対応の結果，1920年代から30年代にかけ，国際特許管理契約のもとで両社あわせて3000件以上のGE特許が日本企業の特許として登録され，管理されるようになった。

第5章では，国際特許管理契約下で行われたアメリカから日本への技術導入と，日本における研究開発，そして日本からアメリカへの技術移転をみる。こ

の章では，特許および実用新案の件数と書誌情報を技術導入と研究開発の指標として用い，両大戦間期に日本企業の技術水準が国際的な技術的対話を通してどのように向上したのかを検討する。

第6章から第8章は，日本企業による特許管理の展開を，権利行使の面から明らかにする。第6章は，東京電気による電球分野における権利行使をみる。国際特許管理契約によって GE の日本特許を管理するようになった東京電気は，GE 特許を用いて電球産業の集中を進めるとともに，中小電球メーカーと激しい特許裁判を繰り広げた。1930 年代になり政府による電球産業統制が強まると，保有する GE 特許を用いて特許プールを形成して事業を進めた。これは，日本企業における特許管理の1つの発展であった。

続く第7章では，東京電気の真空管分野における特許管理の展開をみる。東京電気は真空管の基本特許の権利を行使することによって事業を進め，同産業において支配的な位置を占めた。1935 年に基本特許が失効した後は，ライセンスの供与を手段として産業を支配しようとするとともに，ライセンス供与に応じないアウトサイダー企業に対しては特許審判制度を用いて徹底的に戦う特許管理を行った。

第8章では，芝浦製作所の事例をみる。芝浦製作所も，国際特許管理契約により管理することになった GE 特許を用いて事業を進めた。電球産業や真空管産業とは異なり，重電機器分野においては激しい特許裁判はほとんど行われず，むしろ紛争があった場合は協調的に解決する仕組みが形成された。それは 1930 年頃から行われるようになった「4 社特許事務打ち合わせ」（芝浦，日立，三菱，富士）の制度に象徴される。

第 III 部の構成

第 III 部は，日米開戦から 1950 年代までの激動の時代を対象とする。GE の国際特許管理は，第2次世界大戦後，間接的な管理から再び直接的な管理へと展開した。

第9章では，東京芝浦電気が管理していた GE 特許の行方を追う。1941 年の日米開戦は，GE と東京芝浦電気との国際特許管理契約の終わりの始まりであった。GE 特許は日本企業の名義で取得されていたため，工業所有権戦時法による処分は免れたが，戦時中は新たに GE の発明を日本で出願することはで

きなかった。実質的にGEと東京芝浦電気との間の国際特許管理契約関係は途絶したのである。

第10章は，第2次世界大戦終結後の工業所有権回復過程におけるGE特許の位置を明らかにする。GEは日本企業名義で登録されていた権利を回復させ，補償措置を受けるためにアメリカ政府やGHQ/SCAPに対してさまざまな働きかけを行った。しかし，GEの特許は日本企業名で登録されていたために，回復措置を受けられなかった。他方でGEが，占領政策における日本の特許法の改革に関する議論や集中排除政策に，積極的に関与したことを明らかにする。

第11章は，両大戦間期の間接的な管理から，第2次世界大戦後の直接的な特許管理への転換の背景にあった要因を，GEのトップ・マネジメントによる意思決定から明らかにする。GEは，日本特許の回復を進める一方で，戦前までの国際特許管理契約のネットワークの見直しを進めていた。GEと東京芝浦電気との特許関係は1951年から復活するが，その関係はもはや戦前の国際特許管理契約にみられる関係ではなかったのである。

終章では，グローバル経済の進化の流れのなかにGEの国際特許管理の展開を位置付け，全体の議論を総括する。ここでは，ウィルキンスやジョーンズが海外直接投資すなわち資本のグローバル化という側面から今日に至る歴史を描いたのに対して，技術と知識のグローバル化という側面からみる歴史像を提示しようと思う。

4 資　料

上記の課題を明らかにするために，本書では日米双方の資料を利用した。

GEの国際経営に関する資料は，アメリカ・ニューヨーク州スケネクタディのSchenectady Museum & Archives（現 The Museum of Innovation and Science Archives），同カントンのSt. Lawrence University，デラウェア州ウィルミントンのHagley Museum & Libraryにおいて収集した。東京電気，芝浦製作所，東京芝浦電気については，一次史料として三井文庫所蔵資料を，二次史料として各社社史を用いた。加えて，両大戦間期におけるGEの対日事業と資産を明らかにするため，主として連合国最高司令官総司令部（GHQ/SCAP）民間財産

管理局 (Civil Property Custodian, CPC) 資料を用いた。CPC は日本にあった連合国の資産等を保全・管理することを任務としており、GE をはじめ戦前に日本に権益を有していた多国籍企業の資産や工業所有権の規模と状態について豊富な資料を提供してくれる。これらの資料は，国立国会図書館憲政資料室とアメリカ国立公文書館にて収集した。

　GE のアメリカにおける特許は，アメリカ特許商標庁発行の目録とインターネット・データベースを用いて調査した。GE，東京電気，芝浦製作所，東京芝浦電気が日本において出願・登録した特許および実用新案の調査には，『特許公報』『特許発明明細書』などの公報類を使用した[19]。また，GE と東京電気・芝浦製作所・東京芝浦電気との間の協定内容と各社における特許管理活動については，GHQ/SCAP 資料を用いるとともに，元東京芝浦電気株式会社常務取締役・関晴雄氏，元同社特許部長・小津厚二郎氏，元同社特許部（知的財産部）技監・高橋甫氏からのヒアリングによっても情報を得た[20]。

注

1. 特許法の目的の1つは，技術の秘匿ではなく公開と普及を促進することである。そのため，明細書には「その発明の属する技術の分野における通常の知識を有する者がその実施をすることができる程度に明確かつ十分に記載したものであること」（特許法第36条第4項第1号）が求められている。
2. 1921年特許法以降，特許を受ける権利は発明者に帰属するという発明者主義がとられ，職務上の発明については「相当の対価の支払」（特許法第35条第3項）と引き換えに特許を受ける権利を企業に譲渡することができた（竹田，1999，300-310）。なお，この条項は2015年に改正されて（16年4月より施行），「契約，勤務規則その他の定めにおいてあらかじめ使用者等に特許を受ける権利を取得させることを定めたときは，その特許を受ける権利は，その発生した時から当該使用者等に帰属する」（第35条第3項），すなわち職務発明の権利は企業のものであるとされ，その場合発明者は「相当の金銭その他の経済上の利益」（同第4項）を受ける権利を持つとされるようになった。
3. 特許管理業務については井上（1966）を参照した。これらの業務は，今日においても基本的な業務である。2000年頃にも，21世紀の日本企業の課題を念頭に置いて知的財産管理を行うべきかを問う著作が注目された。たとえば丸島（2002；2008；2011）では，研究部門・事業部門・知財部門が「三位一体」となって，どのように権利を創造し，事業に活かし，利潤を得るのかについて，実例をもとに詳述されている。
4. 視察結果は，日本生産性本部（1958）として刊行された。

5 先駆的なものとしては，井上 (1966)，五月女 (1964)，永田ほか (1966) などがある。その後も，五月女 (1982)，井堀 (1980)，高橋 (1983)，日立製作所知的所有権本部 (1995) などが，特許管理に関する実務をまとめている。

6 アルフレッド・D. チャンドラー・ジュニアは，19世紀後半から20世紀のアメリカにおける大企業の成立とその組織構造を分析し，近代企業の概念を提起した (Chandler, Jr., 1977)。近代企業は，多数の異なった事業単位から構成されていること，階層的に組織された俸給経営者によって管理されていることを特徴としており，19世紀後半からの技術革新によって可能となった大量生産と大量流通を結合し調整する経済的役割を担うものであった。チャンドラーの分析枠組みは，組織構造に焦点を当てることで大企業が内部に蓄積する管理機能を明らかにすることができ，大企業の経営行動と成長を具体的に叙述できるものである。しかし，チャンドラーの近代企業の理論は基本的に製造・販売・購買という限定された職能の分析で構成されており，特許や特許管理には十分な注意が払われていない。チャンドラーの分析枠組みに特許管理の方式と組織を付け加えることで，より現実を説明しうる分析枠組みが得られると考える。

7 本書の主題ではないが，特許管理を明らかにすることによって，大企業を中心とする近代的な経済システムにおける特許制度の進化を明らかにすることができる。特許管理の分析は，大企業が特許制度に対してどのような要求を持ってきたのか，また，それがどのように制度として実現したのかという，特許制度や特許政策のダイナミクスを，経済主体から明らかにする視点を提供することになる。また，大企業による特許制度の利用は，一国的な枠組みにとどまらない。企業は国境を越えて経営活動を展開するのであって，国際的な特許制度および政策のダイナミクスも，特許管理の観点から明らかにすることができる。

8 同様の研究として，知的財産研究所 (2007) がある。

9 ほかにも，ライセンシングに焦点を当て特許と経営戦略の関係について分析したものとして，高橋・中野 (2007) がある。知的財産戦略と組織構造に関する分析は徐々に蓄積されつつあるが，その多くは戦略に焦点が当てられており，企業成長との関連は問題とされていない。

10 石井 (2005) も同様に，特許制度が経済発展に果たした役割を，具体的事例を用いて明らかにしている。

11 谷口 (1985) は，綿紡織機械工業を対象として個別企業における特許取得の動向を研究体制拡充との関係で分析しており，興味深い。

12 たとえば Okochi and Inoue (1984) や Yuzawa and Udagawa (1990) など。

13 初期の特許制度の国際化については Penrose (1951) を参照した。

14 グローバル・ヒストリーについては，主に水島 (2010)，秋田 (2013)，杉山 (2014) を参照した。また，20世紀における国際技術移転については，Donzé and Nishimura (2014) を参照のこと。

15 英語文献では，初期の電機企業の動態を克明に活写した Passer (1953)，GE の創業から成長までを社内資料とヒアリングを用いて記した Hammond (1941) などがある。

16 Wilkins (1970；1974)。また Southard, Jr. (1931) も GE の国際経営について言及している。
17 代表的な研究として，向坂 (1960)，竹内 (1966；1973) があげられる。
18 GE と日本企業との関係を論じたものにはほかに，林 (1984；1987)，宇田川 (1987a；1987b)，一寸木 (1992) などがある。
19 『特許公報』『特許発明明細書』などの公報類に記載されている明細書は，特許庁と後に独立行政法人工業所有権情報・研修館が運営していた特許電子図書館 (IPDL) で検索可能であり，本書の作成にあたってもこれを利用した。なお，IPDL は 2015 年 3 月下旬にサービスを停止し，「特許情報プラットフォーム」(https://www.j-platpat.inpit.go.jp) にその機能が引き継がれた。『特許公報』『特許発明明細書』を用いてどのように各社の特許情報を収集し分析したかについては，西村 (2011b) を参照のこと。
20 2001 年 5 月 23 日，東京。関晴雄氏は 1940 (昭和 15) 年入社，東京芝浦電気株式会社本社第二部に配属され，43 年の特許協約部設立と同時に同部協約課に転属，その後外国企業との契約関係業務に長く携わられた。

第 I 部

第 1 次グローバル経済と
国際特許管理

第 1 章　GE の国際経営と特許管理
第 2 章　日本における電球事業と特許管理
第 3 章　技術導入と特許管理の発生

第1章

GEの国際経営と特許管理

はじめに

　本書の主たる分析対象は，日本におけるGEの特許管理であるが，それはGEの国際経営の一角を占めるものである。GEの国際経営は，株式所有を通して，また，株式所有を前提とした技術と経営の両面における協働や対抗の関係を通して，日本企業（東京電気，芝浦製作所，東京芝浦電気）の行動と組織に規定的な影響を与えた。したがって，日本における展開を明らかにする前提として，GEの国際経営の特徴を明らかにする必要がある。本章では，前身企業の時代からおよそ第1次世界大戦までの期間におけるGEの国際経営を，特許管理の側面から明らかにする。

　以下では，前身企業における特許権の位置付け，初期の国際経営で特許が果たした役割，特許管理のための組織体制の展開について述べる。

1 前身企業の国際経営

　GEは，エジソン・ゼネラル・エレクトリック社（Edison General Electric Co.，以下EGEと略），トムソン＝ヒューストン・エレクトリック社（Thomson-Houston Electric Co.，THと略），トムソン＝ヒューストン・インターナショナル・エレクトリック社（Thomson-Houston International Electric Co.，THIEと略）が合併して1892年に設立された。[1]前身企業のなかにトムソン＝ヒューストン

社の国際事業を管理する子会社が含まれていることからもわかるように，GEはその前身企業の時代から国際経営を行っていた。以下では，前身企業であるEGEとTHの国際経営の展開について，それぞれ明らかにしよう。

エジソン社

EGEのルーツは，T. A. エジソン（Thomas A. Edison）の発明を企業化したエジソン・エレクトリック・ライト社（Edison Electric Light Co., EELと略）に遡ることができる。EELは1878年10月17日にエジソンの特許権に対して投資銀行家のJ. P. モルガン（John P. Morgan）らが出資し，授権資本30万ドルで設立された（Bright, 1949, 60；小林, 1970, 10）。特許権に対する投資銀行家の注目は，すでにこの時点で特許が企業経営において中心的な役割を果たしていたことを物語っている。しかしEELの特許保有会社的な性格は，エジソンにとっては耐えがたいものであった。起業意欲の強いエジソンはC. バチェラー（Charles Batchelor），F. R. アプトン（Francis R. Upton），E. H. ジョンソン（Edward H. Johnson）らとのパートナーシップで白熱電球の製造販売を行うエジソン・ランプ社（Edison Lamp Co.）を1880年に設立した。さらに1881年には発電機の製造を目的としてエジソン・マシン・ワークス（Edison Machine Works）を，送電線の製造を目的としてエジソン・チューブ社（Edison Tube Co.）を，軸材の製造を目的としてエジソン・シャフティング社（Edison Shafting Co.）を，そしてソケットやヒューズの製造を目的としてバーグマン社（Bergman & Co.）を設立した。これらはエジソンの白熱電球システムを構成する諸機械を製造する企業であった。これら製造企業5社は1886年に合併してエジソン・ユナイテッド・マニュファクチュアリング社（Edison United Manufacturing Co.）となり，さらに1890年に特許保有会社EELが加わってEGEが形成された。エジソン各社は途中，特許保有会社と製造各社に分裂したものの，1890年には特許権・製造設備を併せ持つ，アメリカの一大電機メーカーとなったのである。

EELは早くから国際経営に乗り出していた。最初はエジソンがアメリカからの電球輸出を主張し実際に輸出中心に活動が行われたが，次第に現地生産へと方針を変更させた（Wilkins, 1970, 52, 54-55）。この変更の理由は，各国で特許権を取得し，それを活動の基盤としている点に求められる。フランスの場合，フランス特許法は特許権者にフランスにおける製造を要請しているし，またド

イツ特許法もドイツにおいて特許を実施すること，すなわち現地生産を事実上強制しているからである。[4] エジソンは 1882 年頃にはこの点に気づいており，次第に現地生産を行うようになった。[5] したがって EEL の国際経営は，国内における事業戦略と同様に，各国に特許権を保有しそれを基礎に製造・販売事業を行う方法がとられた。以下，イギリス，フランス，ドイツにおけるエジソン各社の国際経営の展開をみてみよう。

イギリスでは 1882 年にイギリス資本とエジソンを含むアメリカ資本が 50 対 50 で出資して英エジソン・エレクトリック・ライト社（Edison Electric Light Co., Ltd.）が設立された。この会社は電灯システムの販売，据え付け，および子会社に対する特許のライセンス供与を行うことを目的としていた。そして，1883 年に白熱電球特許を持つ J. W. スワン（Joseph W. Swan）の企業と合併し，エジソン＝スワン・ユナイテッド・エレクトリック社（Edison and Swan United Electric Co., Ltd.）となった（Wilkins, 1970, 52-53）。

フランスにおける経営は，1880 年前後にニューヨークに設立されたヨーロッパ・エジソン・エレクトリック・ライト社（Edison Electric Light Co. of Europe, Ltd.）を通して行われた。この会社はフランスを含む大陸ヨーロッパ諸国におけるエジソン特許の出願および管理を行っており，これらの諸国に特許を出願する費用などをすべて負担していた。また同社は 1881 年に 3 つのフランス企業を設立する。すなわち，コンチネンタル・エジソン社（Compagnie Continentale Edison），エジソン工業製造会社（Société Industrielle et Manufacturie Edison），エジソン電機会社（Société Électrique Edison）である。コンチネンタル・エジソン社はヨーロッパ事業の統括会社で，営業権を与えられた大陸ヨーロッパ諸国でエジソン・システムの普及を図ることを目的としていた。エジソンはこの会社に大陸ヨーロッパ諸国における特許権を譲渡し，経営を行わせた。[6] エジソン工業製造会社はパリ郊外で製造事業を行い，この事業はエジソンのパートナーであるバチェラーが管理していた。またエジソン電機会社は自家用発電プラントの製造を行っていた。

これらフランス系の 3 社の運転資金は，セリグマン兄弟商会（Seligman Frères & Co.），ドレクセル，ハージェス商会（Drexel, Harjes & Cie.），パリ割引銀行（Banque d'Escompte de Paris），商工中央銀行（Banque Centrale de Commerce et de l'Industrie），スパイヤー・ブラザース（Speyer Brothers）といった銀行資本に

よって供給された。フランスの場合，この銀行資本への資金依存がエジソンの大陸ヨーロッパにおける利権喪失につながった。すなわち，1884年のアメリカの恐慌を契機としてフランス系3社に対する利権がフランス人の手にわたり，それによってコンチネンタル・エジソン社に譲渡した大陸ヨーロッパ諸国における特許もフランス人の手に渡ったのである（Wilkins, 1970, 53-56）。

ドイツでは1883年にE. ラーテナウ（Emil Rathenau）が白熱電球事業を行うためにドイツ・エジソン社（Deutsche Edison Gesellschaft）を設立した。ドイツにおけるエジソン特許はコンチネンタル・エジソン社が保有していたので，ラーテナウはコンチネンタル・エジソン社とエジソン電機会社からドイツ特許のライセンスを受けた。その後，ドイツ・エジソン社は1885年にコンチネンタル・エジソン社から5万マルクの支払いと引き換えに，ドイツをはじめとするヨーロッパ諸国のエジソン特許の譲渡を受けた。これにより，ドイツ・エジソン社はニューヨークのエジソン社からもコンチネンタル・エジソン社からも掣肘を受けることなく，特許権を利用して事業を行えるようになった。1887年にドイツ・エジソン社はAEG（Allgemeine Elektricitäts-Gesellschaft）と改称，電機産業のグローバル・プレーヤーの1つとなった（Wilkins, 1970, 54-55, 57-58）。

トムソン＝ヒューストン社

TH は1880年にコネチカット州ニュー・ブリテンに設立されたアメリカン・エレクトリック社（American Electric Co.）にルーツを持つ。この企業はE. トムソン（Elihu Thomson）とE. J. ヒューストン（Edwin J. Houston）のアーク灯システムを企業化する目的で設立され，トムソンとヒューストンは特許権を供出し，コネチカット州のF. H. チャーチル（Frederick H. Churchill）らが資本を供出した。トムソンとヒューストンを中心とした研究開発活動により，1881年頃までに高性能発電機，自動電流制限装置，エア・ブラスト式整流子，危険防止システムなど，一連のトムソン＝ヒューストン・システムが完成した。その後1883年にマサチューセッツ州の資本によって再組織され，マサチューセッツ州リンに本拠を置くトムソン＝ヒューストン・エレクトリック社（TH）となった。ほどなくTHは重要な特許を持つ企業を買収しはじめる。白熱電球特許を持つ企業としては，ソーヤー＝マン特許を持つコンソリデイテッド・エレクトリック・ライト社（Consolidated Electric Light Co.）およびその製造子会

社ソーヤー＝マン・エレクトリック社（Sawyer-Man Electric Co.）を1884年に買収した。THと同様にアーク灯システム事業を行う企業も買収した。1888年にはTHとの特許裁判が原因で倒産したアメリカン・エレクトリック・マニュファクチュアリング社（American Electric Manufacturing Co.）の特許と技術者を引き取り、89年にはシュイラー・エレクトリック社（Schuyler Electric Co.）、フォート・ウェイン・エレクトリック社（Fort Wayne Electric Co.）、そして二重カーボン式アーク灯の特許を持つブラッシュ・エレクトリック社（Brush Electric Co.）を相次いで買収するか、あるいは支配株を購入した。さらにTHは市街電気鉄道の重要特許を持つ企業も買収した。1888年にはヴァン・デポール社（Van Depoele Electric Manufacturing Co.）を、そして翌89年にはベントレー＝ナイト・エレクトリック・レイルウェイ社（Bentley-Knight Electric Railway Co.）を買収し、鉄道事業にも進出した。このように、THは重要特許を持つ企業を買収し、総合電機メーカーとして成長した（坂本、1997、20-27）。

　THも、エジソン各社と同じく、早期から国際経営を行っている。1884年に設立された子会社THIEは、海外事業の管理と外国における特許権の利用を担当していた[8]。エジソン各社がイギリス、フランス、ドイツで製造事業を開始したのに対して、THIEは1892年以前は主に輸出のみを行っていたようである。方法としては、各国に代理店を指名することから始められた[9]。イギリスにおいては1887年にラング、ウォートン＆ダウン（Lang, Warton and Down）を代理店に指名した。フランスでは1884年に販売事務所を開設し、86年にはカンパニー・トムソン＝ヒューストン（Compagnie Thomson-Houston）を設立している。この企業の事業内容は不明であるが、おそらく特許管理と販売活動を行っていたものと思われる。ドイツにおいても1884年に販売事務所を開設した。しかしエジソン各社の場合と同じく、特許法による規制で、先進工業国での海外事業は、現地生産によってしか展開しえないことに次第に気づいていった[10]。現地生産の動きは、1892年のGE設立に前後して始まった。

2　ヨーロッパへの展開

提携企業の形成

　GEの前身企業であるEGEにもTHにも10年前後の国際経営の経験があっ

たが，GE に引き継がれた海外事業はほとんどが TH の子会社 THIE のものであった（Wilkins, 1970, 58-59）。EGE の持つ海外事業はイギリスにおけるエジソン＝スワン社の事業くらいであり，フランスの事業は他人の手に渡り，ドイツの AEG も独自に事業を行っていた。新生 GE は，THIE の事業を中心に新たな国際事業を構築していった。初期の GE において THIE はしばらく GE の子会社として活動したようであり，THIE が GE に吸収されるのは 1900 年前後のことであった[11]。したがって，初期 GE の国際経営は，販売事務所のみに頼った事業に限界を感じて現地生産へと事業展開を図ろうとしていた THIE の活動として把握できる。各国における事業展開についてみていこう。

THIE は，1894 年にイギリスにおいてブリティッシュ・トムソン＝ヒューストン社（British Thomson-Houston Co., Ltd., BTH と略）を設立した。BTH は THIE の代理店であったラング，ウォートン＆ダウンと THIE の共同で設立され，THIE は当初資本の 40％を所有した。BTH は電球やその他電気機械の製造を行う子会社であった[12]。

フランスでは，E. シリー（Etienne Siry），G. レナード（George Renard）と THIE とで，フランス・トムソン＝ヒューストン社（Compagnie Française pour l'Exploitation des Procédés Thomson-Houston, CFTH と略）を 1892 年に設立した。CFTH も製造販売を目的とした子会社で THIE は当初資本の 10％を所有した[13]。

ドイツでは 1892 年に UEG（Union Elektricitäts Gesellschaft）を設立した。この会社は THIE が 1884 年に設立したドイツ販売事務所を引き継ぐものであり，THIE は UEG 資本の 50％を所有した。UEG は大陸ヨーロッパの定められた市場においてトムソン＝ヒューストンのシステムを販売・設置する目的で設立され，THIE がドイツとスカンジナビア諸国に持つ特許が譲渡された[14]。

その他のヨーロッパ諸国を対象とするものとしては，1898 年に地中海トムソン＝ヒューストン社（Compagnie d'Électricité Thomson-Houston de la Méditerranée）が設立された。この会社はベルギーに設立され，THIE，GE，CFTH，UEG の合弁会社であった[15]。その目的はイタリア，エジプト，ギリシャ，スペイン，ポルトガルでトムソン＝ヒューストンのシステムを販売・設置することにあり，CFTH と UEG が合弁に参加したのは，これら諸国の市場分割を調整するためであった。しかし地中海トムソン＝ヒューストン社はそれほど長続きせず，1909 年に CFTH に吸収された[16]。

国際特許管理契約の締結

表 1-1 は，GE とその前身企業が 1918 年以前に諸外国の電機企業と締結した主な特許関連協定の一覧である。1892 年以降 THIE が中心となってイギリス，フランス，ドイツに形成された関連企業は，THIE（後に GE）と国際協定を締結し発展を遂げていく。以下，THIE（後に GE）とヨーロッパの関連企業各社が締結した国際協定の内容を検討しよう。それぞれの協定は市場分割・特許取引・技術取引で構成されているので，これらの点から協定を検討することとする。

(1) ブリティッシュ・トムソン゠ヒューストン社

GE と BTH との協定（1897 年 5 月 3 日）では，BTH の排他的市場が規定されている[17]。排他的市場とは，BTH が独占的に事業を行うことができる市場で，GE はその市場に参入できない。BTH の排他的市場はグレートブリテン及びアイルランド連合王国，ヨーロッパにおけるイギリス領とされている。これに対して GE の排他的市場はアメリカ合衆国およびカナダであったと考えられる。また市場に関しては BTH の非排他的市場が規定されている。非排他的市場は，BTH が一定の条件のもとに参入できる市場で，東インド，オーストラリア，南アフリカなどが掲げられている[18]。

特許契約は次のように規定されていた。まず GE の義務として次の 3 点が規定された。①GE がイギリス（連合王国）とヨーロッパにおけるイギリス領で取得したすべての特許権および特許の諸権利を譲渡する。また，GE の支配している企業の特許権も同様とする。また，新規の特許権については，BTH が出願の費用を支払う。②雇用しているすべての技術者にすべての特許権を譲渡するよう要求する。そのような発明は BTH に伝達する。③購入した諸発明あるいは特許権は BTH に供与する。

次いで BTH 側の義務について規定している。①アメリカおよびカナダ自治領におけるすべての特許権および特許の諸権利を譲渡する。また，BTH の支配している企業の特許権，GE が取得すべき新規の特許権についても同様とする。②雇用しているすべての技術者にすべての特許権を譲渡するよう要求する。そのような発明は GE に伝達する。③購入した諸発明あるいは特許権は GE に供給する。

このように，GE 側の義務と BTH 側の義務の両方は，ほとんど同等の内容

2 ヨーロッパへの展開　31

表 1-1　GE と主要電機企業との国際協定（1918 年以前）

企業名	締結日(注)	期　間	テリトリー	特許交換(特許管理契約)
カナダ GE（カナダ・トロント）	1892 年 8 月 30 日	無期限	カナダ自治領（ニューファンドランドを含む）	片務的
BTH（イギリス・ロンドン）	1897 年 5 月 3 日	3 カ月前の通告で破棄	イギリス（排他的テリトリー）	双務的
CFTH（フランス・パリ）	1892 年 12 月 31 日	会社存続の限り	フランスおよびその植民地，スペインとポルトガル（それらの植民地は除く）	片務的
AEG（ドイツ・ベルリン）	1903 年 10 月 19 日	3 年前の通告で破棄，または 1919 年 6 月 16 日	ドイツ，ルクセンブルク，オーストリア＝ハンガリー，ヨーロッパ・ロシアおよびアジア・ロシア，フィンランド，オランダ，ベルギー，スウェーデン，ノルウェー，デンマーク，スイス，トルコ，バルカン諸国	双務的
東京電気（日本・川崎）	1918 年 4 月 20 日	1929 年 11 月 19 日まで	日本（朝鮮，台湾，南サハリンを含む）	片務的（東京電気の出願について規定なし）
芝浦製作所（日本・東京）	1918 年 7 月 13 日（草稿）	1929 年 11 月 19 日まで，または 2 年前の通告で破棄	日本（朝鮮，台湾，南サハリンを含む）	片務的（芝浦製作所の出願について規定なし）

注記：締結日は出所資料を作成した委員会が主張したもの。
出所：GE, "Report upon Foreign Business," Exhibit A, Section 1-b, pp. 27-45; Section 3, pp. 58-61.

となっている。なかでも重要であると考えられるのは，現在の特許の相互譲渡に加え，将来的になされるであろう発明，将来取得されるであろう特許権についても，相互に交換することが規定されている点である。これにより GE と BTH は長期的な特許交換の関係を持つことになる。さらに将来的な特許について，イギリスにおいては GE の特許を BTH が出願することが，アメリカにおいては BTH の特許を GE が購入することが規定されている。これが，相互

に譲渡し合った特許を自らのものとして管理するという国際特許管理契約の内容である。

次いで技術契約についてみてみよう。技術契約も，特許契約と同様に，GE側の義務とBTH側の義務がパラレルになっている。その内容は，①すべての型，設計図，特殊工具，意匠，機械，およびその他製造に不可欠なものを，実際費用価格で提供する，②方法あるいはプロセスの試験に用いるすべての合理的な設備を供給する。また，製造方法とプロセスに対する技術援助と指導を相互の費用負担で提供する，というものである。この全面的な技術交換契約は，前記の特許交換契約と一組になっている。すなわち，特許の相互交換によって法的に権利を全面的に認め合い，その法的枠組みのなかで全面的な技術交流を行うという関係であった。

(2) フランス・トムソン＝ヒューストン社

GEとCFTHとの協定に移ろう。[19] CFTHとの関係においては，CFTH設立の際にシリー，レナードそしてTHIEが契約した1892年12月31日の協定がしばらく継続していたと思われる。

まず市場分割では，CFTHの排他的市場がフランスとその植民地，スペインおよびポルトガル（植民地を除く）であり，非排他的市場はイタリアであるとされた。THIEの排他的市場は明記されていないが，BTH協定と同様にアメリカとカナダであったと思われる。次に特許契約をみると，THIE側の義務しか規定されていない。すなわち，①THIEはCFTHに排他的市場・非排他的市場において持つ特許権の排他的実施権を与える，そして②THIEはCFTHに排他的市場において権利を保有できるであろう将来のすべての発明について特許を出願し取得する権利を与える，というTHIEからCFTHへの一方的な流れのみが規定されており，CFTHが発明した技術の特許をTHIEに譲渡する規定はない。他方で，THIEのフランスにおける権利はCFTHが特許出願して管理するという，片務的ではあるが特許管理契約が規定されていることは読み取ることができる。技術契約も特許契約と同じくTHIEからCFTHへの一方的な流れのみが規定されている。すなわちそれは，すべての特別な技術者，さらに要求された場合には技術援助を，CFTHが自らの費用負担において自由に使えるようにする，というものであった。

以上のようなTHIEのCFTHとの協定は，およそフランスにおける研究開

発を前提としないものであると特徴付けることができるだろう。

(3) AEG

最後にドイツ企業との協定をみよう。先にみたように，THIE と UEG の協定は THIE が UEG にドイツとスカンジナビアにおける特許権を譲渡するというものであったが，ドイツにおいてはその後 GE の権益が再編された。

コンチネンタル・エジソン社からヨーロッパ諸国の特許権を譲渡された AEG は，その権利に基づいて自由に国際活動を行っていた。このような事態に対して GE は AEG の行動を制御する必要性に迫られ，1903 年 10 月 19 日に協定を締結した。1903 年の GE-AEG 協定では，市場分割・特許交換・技術交換が規定された。[20] 協定では GE の排他的市場としてアメリカとカナダが，AEG の排他的市場としてドイツ，ルクセンブルク，オーストリア＝ハンガリー，ヨーロッパ・ロシアおよびアジア・ロシア，フィンランド，オランダ，ベルギー，スウェーデン，ノルウェー，デンマーク，スイス，トルコ，バルカン諸国が規定された。また非排他的市場としては中南米，日本が規定された。GE-AEG 協定における特許と技術交換の契約は，BTH との契約と同じ内容であったと考えられる。というのも，第 1 次世界大戦終結直後に AEG との協定を再考する際，1903 年の協定によって「相互に割り当てられた特許権や特許出願などは，割り当てられた先の企業の財産として現存している」と指摘されているからである。[21] GE はドイツにおける発明や研究開発成果の独占的な獲得を希望しており，双方が互いの特許権を取得，管理し合い，その法的枠組みのなかで技術交流を進めるよう規定したと考えられる。[22]

AEG はこの協定と連動して翌 1904 年に UEG を吸収し，同時に GE も AEG の少数株式を取得しドイツにおける企業間関係が整理された（Wilkins, 1970, 94）。

以上で検討した，初期における GE と BTH・CFTH・AEG との協定の特徴のうち，議論を進めるにあたり再確認しておくべき点をまとめると，次のようになる。第 1 に，いずれの協定も特許権の取引を中心に組み立てられていることである。各協定に含まれる市場分割に関する規定も，特許権の属地主義的な排他的権利に基づいている。第 2 に，技術交換の契約は特許権の割当に従って行われている。特許取引の契約によって，技術移転あるいは技術交流の法的枠組みが整備されているとみることができる。したがって，市場分割・特許交

換・技術交換を要素とする国際的な企業間協定は，特許権の所属や取引を中心的内容としているといえる。加えて第3に，特許交換に際してGEが持つ権利化される可能性のある発明を相手企業が特許出願し，自らの権利としてそれを取得・管理する特許管理契約が規定されている。BTHがGEの特許権を取得する場合，GEのイギリス特許を譲渡されたりライセンスを供与されるのではなく，BTHがGEの発明に基づいてBTH名義の特許を取得するのである。この契約は，BTHの排他的市場でBTHがGE特許の管理を行い，逆にGEの排他的市場でGEがBTH特許の管理を行うという，国際特許管理システムを規定したものであるといえるだろう。

3 特許管理の組織化

特許管理組織の形成

特許権の取得とその管理を中心とした海外関連企業との協定によって国際経営を展開する場合，GE内部に特許管理のための組織や研究開発組織が整備されていなければ，実行不可能ではないにせよ事業の成長は果たせない。しかし，設立当初からGE内において特許管理と研究開発の組織が整備されていたかといえば，そうではなかった。以下では，GEにおける特許管理と研究開発体制の確立についてみていこう。

GEの前身各社の発展経路において，特許が重要な役割を果たしたことは先にも述べた。エジソンが投資銀行家と設立したEELは，エジソンの発明を技術的基盤とした特許保有会社として活動していた。またTHも競争相手企業の持つ特許権を無効化するために訴訟を利用し，あるいはその企業を買収して特許権を手に入れ，経営を拡大してきた。さらに，両社の合併によるGEの設立自体に特許権の合同という意味があった。GEに合同された重要特許は，EGEが持っていた白熱電球特許（エジソン特許），三線送電に関する特許，軌道電化設備に関する特許，そしてTHが持っていた電球製造に用いるフラッシング技術の特許，ヴァン・デポール社のトロリー特許，アーク灯，交流システムに関する特許などであった。

両社が持ち寄ったこれらの重要特許を管理するため，GEは設立当初から法務部門を組織していた。[23] 表1-2は1894年1月31日時点におけるGEの経営組

3 特許管理の組織化

表1-2 1894年1月31日時点のGEの組織

執行役員	社　長	C. A. コフィン
	第1副社長	E. グリフィン
	第2副社長	J. P. オード
	最高法務責任者	F. P. フィッシュ
	セクレタリー	E. I. ガーフィールド
	アシスタント・セクレタリー	M. F. ウェストオーバー
	財務部長	B. F. ピーチ・ジュニア
	財務副部長	H. W. ダーリング
	財務第2副部長	C. G. スメットバーグ
	監査役	E. クラーク
販売部門 （第1副社長）	照明部門ゼネラル・マネジャー	S. D. グリーン
	鉄道部門ゼネラル・マネジャー	O. T. クロスビー
	電力部門ゼネラル・マネジャー	J. R. マッキー
	供給部門ゼネラル・マネジャー	J. R. ラヴジョイ
財務・経理・徴収 および信用部門 （第2副社長）	財務部長	B. F. ピーチ・ジュニア
	財務副部長	H. W. ダーリング
	監査役	E. クラーク
	徴収係	H. W. ダーリング
	信用係	H. P. シュイラー
製造・電機部門	技術長	E. W. ライス・ジュニア
	スケネクタディ工場ゼネラル・マネジャー	J. クルージー
	リン工場ゼネラル・マネジャー	G. E. エモンズ
	ハリソン工場ゼネラル・マネジャー	F. R. アプトン
法務部門 （最高法務責任者）	アシスタント・カウンセル	R. P. クラップ
	アシスタント・カウンセル	H. パーソンズ

出所：GE, *Annual Report*, January 31, 1894 より作成。

織をあらわしている。執行役員にはF. P. フィッシュ（Frederick P. Fish）が最高法務責任者（General Counsel）として席を占めている。販売部門，財務部門，製造・電機部門と並んで，フィッシュが責任者を務める法務部門が設置され，アシスタント・カウンセル（Assistant Counsel）としてR. P. クラップ（Robert P. Clapp）とH. パーソンズ（Hinsdill Parsons）が席を占めていた。これら法務部門の3名は弁護士であり，法律の専門的な技術を持った者が経営組織の一角を占めていたことがわかる。

　法務部門はEGEとTHがGEに持ち寄った特許の管理を行った。具体的には，これらの特許権を防禦し，また法的地位を確立させるため，活発な訴訟活動を行った。初期の活動は毎年の年次報告書でその経過と結果が報告されてい

る。1892年には最高裁判所の確定判決でエジソン特許の法的地位が確定した。また同年には電気鉄道，照明，動力機械に関する重要特許について特許侵害者に対する訴訟が精力的に進められた。[24] 1893年には三線送電に関する特許が，94年にはエジソン型ソケットに関する特許が，裁判所によって支持された。ヴァン・デポール特許については1894年頃から訴訟が進行し，96年には特許を侵害していたすべての製造者が使用禁止命令を受けるまでになった。1897年にはその特許の1つが巡回控訴裁判所で否定された旨の報告がなされているが，そのような判決はGEの事業にあまり影響しないであろうと判断している。[25] このような活発な特許裁判活動に対してGEは相当の費用を支出した。たとえば1896年には34万9919ドル20セントを，翌年には33万3334ドル20セントを新しい特許の獲得と特許裁判に費やした。[26] 1890年代にGEは，莫大な費用をかけてでも自らが保有する重要特許を守ろうと積極的な特許管理活動を行ったということができるだろう。

　他方，GEは特許裁判ばかりでなく，競争相手と特許協定を締結し権利関係の調整を図った。1896年時点でGEはライバル企業であるウェスチングハウス社（Westinghouse Electric and Manufacturing Co.）との約300件にのぼる特許裁判を抱えていた。[27] このような激しい裁判闘争を抑止するため，両社は1896年に相互の特許をプールする協定を締結した。この協定は「とくに最も費用のかかる特許訴訟を排除することと，エンジニアリングおよび製造方法における協力関係」を結ぶことを目的としていた。[28]

　GEは1890年代に重要特許をめぐる特許裁判を積極的に推進し，またウェスチングハウスとの特許取引を行ったが，これにともなって特許管理を担う経営組織を次第に拡充した。1896年には法務部と特許部が独立した組織として設置され（GE, 1953, 58；谷口, 2015, 264-268），両部門に携わる役員も最高法務責任者フィッシュのもとに，カウンセル（Counsel）としてパーソンズとG. R. ブロジェット（George R. Blodgett），アシスタント・カウンセルとしてH. C. レイビス（Howard C. Lavis）とT. J. ジョンストン（T. J. Johnston）と，階層を3階層に増やし，役員数もフィッシュを含めて5名に増員した。[29] 1898年にはブロジェットに代わり特許弁護士のA. G. デイビス（Albert G. Davis）が特許部門の責任者となり，1901年1月にはフィッシュに代わりパーソンズが副社長兼最高法務責任者（Vice-President and General Counsel）となった。[30]

GE 研究所の設立

以上のように，GE 設立後 1890 年代に，特許訴訟を背景として特許管理を行う組織体制が急速に拡充されたが，研究開発の組織化は 1900 年の GE 研究所（General Electric Research Laboratory）の設立まで行われなかった。またこの間は，研究開発と特許管理組織との関係も整備されていなかった。以下では，1890 年代の研究開発の状況を調査し，GE における研究開発と特許管理の関係がどのように整備されたのかについてみていこう。

設立間もない GE は，前身各社の重要な特許権とその技術を持っていたが，独自に研究開発を行う研究所などは保有していなかった。1890 年代の技術戦略は，前身各社と同じく，他社の開発した技術とその特許権を買収するというものであった。GE がこのような技術戦略をとっていたことにはライバル企業ウェスチングハウス社との競争が関係しているようである。ウェスチングハウス社は「独立した発明家から特許を購入し，短期間の技術コンサルタント・サービスを受けるという技術戦略」をとっており，この戦略によって交流システムの鍵となる技術と特許を N. テスラ（Nikola Tesla）から購入した（Wise, 1985, 69）。ウェスチングハウス社の動きに対し GE は C. ブラッドリー（Charles Bradley）から回転変流機の特許と技術を買い取り，さらに誘導発電機の開発を行うためにスウェーデンの E. ダニエルソン（Ernst Danielson）や L. ベル（Louis Bell）からコンサルタント・サービスを受けた。GE は他者の特許を買収することでウェスチングハウス社に対抗し，自らは研究開発を行わなかった（Wise, 1985, 70）。

外部の特許と技術を買収する技術戦略は，発電機など代替技術のある分野においては有効であった。しかし，ヨーロッパで開発されたネルンスト電球の特許と技術をウェスチングハウス社が購入したことに対して，GE は何も手を打てなかった。ネルンスト電球はカーボン・フィラメント電球に代わる新しい金属フィラメントの電球であり，ウェスチングハウス社による特許買収は，エジソンのカーボン・フィラメント電球以外の技術を保有していなかった GE にとって，大きな衝撃であった。

ネルンスト電球をはじめとする，ヨーロッパからもたらされる新技術が，科学の知識を持ち先進的な訓練を受けた技術者によって生み出されていることに，GE の技術長 E. W. ライス・ジュニア（Edwin W. Rice, Jr.）や特許弁護士のデイ

ビスらは早くから気づいていた (Wise, 1985, 68)。1900 年に，顧問技師であったC. P. スタインメッツ (Charles P. Steinmetz) が，GE が研究所を設立すべきことを提案した。スタインメッツが研究所設立を提案したのは 3 度目であったが，このときはトップ・マネジメントの間で白熱電球の新しい技術を獲得する必要性が意識され出しており，さらにスタインメッツの提案が白熱電球技術の開発には研究所が必要であるという論理で構成されていたために受け入れられた。デイビスやトムソンも支持を表明し，ライスによって社長の C. A. コフィン (Chales A. Coffin) に正式提案されて，同年に GE 研究所が設立されることとなった (Wise, 1985, 75-78)。

GE 研究所の独自性は，その目的に，新しい諸原理の商業的な応用をめざすことのほかに，新しい諸原理の発見それ自体を掲げていた点にある。1900 年以前にもアメリカには新しい諸原理の商業的応用を目的とした研究所はいくつか設立されていたが，純粋な科学研究を目的とした企業の研究所は，GE 研究所が最初であった (Wise, 1985, 78；Reich, 1985, 1-3)。新しい諸原理の発見を目的に掲げた GE 研究所は，その後，白熱電球や真空管技術の開発で重要な役割を果たし，GE の国際経営に貢献するようになる。

このように，1890 年代から 1900 年の GE 研究所の設置までに GE の技術戦略は大きく転換したが，同時に発明の帰属に関する法的な問題の処理とその制度化も進んだ。エジソン・マシン・ワークスでは，すでに 1890 年に，従業員の行った発明の帰属について法的な問題が起こっていた。ある従業員が自分の発明のすべてを会社に渡すことを拒否したのである。その従業員はマシン・ワークスと締結した契約が規定している狭い範囲において発明した技術の権利だけを会社側に譲渡し，契約範囲には入らない発明についてはその特許権を会社側に譲渡することを拒んでいた。

マシン・ワークスのマネジャーはこの件について顧問弁護士に相談を持ちかけた。弁護士の回答は，「会社と関係している期間，従事すべき仕事に関連する課題においてなされたすべての発明は会社に所属するという趣旨の契約を，個々の従業員との間で締結する」(Wise, 1985, 71) という方法をとるべきである，というものであった。しかし，弁護士は同時に，このような契約を全従業員と新たに締結しようとすると，多くのトラブルが発生する可能性があると付け加えた。ところが，マシン・ワークスや後継企業の GE は，1890 年代を通

して，顧問弁護士の提案したこの方法を追求した。そして，GE研究所が設立された1900年までには，技術者の雇用にあたっては，雇用期間内に行うであろう発明に対する権利をGEに優先的に譲渡するという契約書が，GEと技術者との間で交わされるようになった（Wise, 1985, 72）。この契約により，GEは従業員の発明に対する権利を法人財産として管理する制度を整えたといえる。

技術者が行う発明を組織的に会社が管理するという政策は，設立されたGE研究所の業務においても徹底された。研究所の初代所長として活躍したW. R. ホイットニー（Willis R. Whitney）は，研究所の技術者に対して「毎日ノートに何か書き込みなさい。たとえそれが『今日は何もしなかった』だけでもだ」と述べた（Wise, 1985, 118）。これは，研究所のノート類が特許裁判におけるきわめて重要な証拠になるからである。[32] また，技術者が行った発明のうち特許が取得可能と見込まれるものは特別の書類でホイットニーに提出され，ホイットニーはその内容を判断し特許が取得可能なものは特許部に転送した。研究所長のホイットニーと特許部との関係は常々密接に保たれていた。たとえば，後にW. D. クーリッジ（William D. Coolidge）がタングステン・フィラメントの製法を発明したときも，クーリッジから提出された書類が特許部に転送され，その発明が新規なものであることと十分に特許取得が可能なものであることを両者が確認した上で，特許出願された（Wise, 1985, 135）。このように，日常業務において研究所と特許部が連繋するようになったのである。

以上のような特許管理と研究開発のための組織の形成は，GEが継続的・制度的に研究開発を行い，特許を取得する基盤となった。**図1-1**は，1892年から1940年までのGEのアメリカ特許出願件数の推移を示している。このグラフでは，GEが発明者から特許を出願する権利を譲渡されて出願し，後に登録されたものを，出願日に基づいて整理している。1892年は年間の出願件数が33件と少なかったが，1890年代後半から増加しはじめ，1904年には536件が出願された。その後，第1次世界大戦に向けて出願件数は減少するが，1920年代になると再び上昇に転じ，40年には年間860件が出願されるまでになっている。特許管理と研究開発の制度化および発明の増加はさらに，アメリカ国内のみならず外国においても多数特許を管理するための条件となり，国際経営を展開する基礎となったのである。

図 1-1　GE のアメリカ特許出願件数の推移（1892〜1940 年）

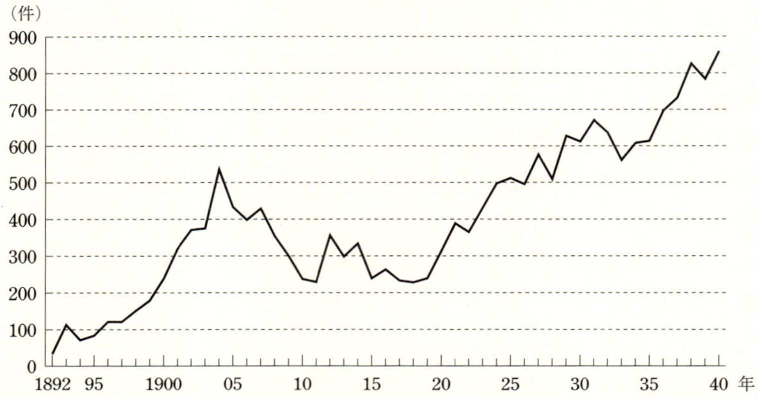

出所：United States Patent Office, *Index of Patents Issued from the United States Patent Office,* 各号より作成。

ま と め

　1892 年に合併して GE となった EGE と TH では，いずれもその設立と成長過程において特許が重要な役割を果たしていた。EGE はエジソン特許に対してモルガンらが投資を行って設立され，TH もトムソンとヒューストンの特許に対してコネチカットの資本家が投資することによって設立された。両社の成長は，自らの特許を管理するとともに相手企業の特許を攻撃し，それを買収する方法によって成し遂げられた。また，EGE の国際経営は成功しなかったものの，両社とも外国に出願した特許権をもとに国際経営を行った。

　GE 設立後は，THIE が中心となってイギリスの BTH，フランスの CFTH，ドイツの AEG と協定を締結し国際経営を進めた。これらの国際協定は特許取引を中心的な内容としており，特許の交換に基づいて技術交換や市場分割が規定されていた。ただし，BTH や AEG との協定では特許権や技術の交換が規定されていた一方で，CFTH との協定では一方的な特許・技術の供与だけが規定されるなど，初期の国際協定は一様なものではなかった。また，これらの協定には相互に供与された特許を自社名義で出願し管理するという特許管理契約が含まれていた。BTH・CFTH・AEG はそれぞれの排他的市場において

GE 特許を自社名義で管理し，逆にアメリカでは GE が BTH や AEG の特許を自社名義で管理した。国際特許管理契約は両大戦期間に日本企業との協定にも含まれるようになるが，初期には限られたヨーロッパ企業との間で締結されていたことが，ここで確認されよう。

一方，GE 内部では 1900 年に純粋な科学研究をも行う GE 研究所が設立され，またこの頃には職務発明を GE に帰属させる契約が従業員との間で結ばれるようになった。したがって 1900 年頃には，GE の内部において，研究開発とそこから生み出された発明や特許を組織的に管理する体制が完成されたといえる。このような研究開発と特許管理のための組織の整備によって GE の国際経営は基礎が固まり，BTH・CFTH・AEG，そして次章以降でみる日本企業との国際的な協定関係が維持され，発展していくのである。

注

1 General Electric Co., *Annual Report,* January 31, 1893.
2 1882 年の営業報告書には「わが社の政策は（略）従来一貫して，ただ単に実験に要する費用を支出して特許権を取得し，それを保有することにあり，実際の照明ビジネスに投資することにはなかった」と述べられている（Passer, 1953, 98）。
3 EGE の形成までの経緯については Passer (1953, 93-104)，小林 (1970, 10-18, 26-28)，坂本 (1997, 18-19) を参照した。
4 フランスについては Swope, Jr., Gerard, "Historical Review of GE's Foreign Business as Affected by U.S. Antitrust Laws," pp. 1-2, The Museum of Innovation and Science Archives，ドイツについては Wilkins (1970, 55) を参照した。なお，ジェラード・スウォープ・ジュニアは，1920 年代に IGEC（GE の子会社，第 4 章参照）と GE の社長であったジェラード・スウォープの息子であり，1946 年に IGEC の法務部マネジャーとなった（*The New York Times,* February 15, 1946）。
5 1882 年 6 月に発行された『エジソン公報』には，「海外の企業，とくにフランス企業の場合（略）フランス特許法の要求に従うために，例外なくすべてのものをフランスで製造しなければならない（略）」という認識が示されている（Swope, Jr., "Historical Review," p. 1）。
6 Swope, Jr., "Historical Review," p. 2 ; Wilkins (1970, 53-54) ; Hausman, Hertner and Wilkins (2008, 76-79).
7 トムソン＝ヒューストン社の形成については，小林 (1970, 38-43) を参照した。
8 Swope, Jr., "Historical Review," pp. 2-3 ; Wilkins (1970, 58).
9 Swope, Jr., "Historical Review," pp. 3-6.
10 Swope, Jr., "Historical Review," pp. 2-3.

11 本章で後に述べるように，1898年の地中海TH社の設立協定にはTHIEがGEと並んで署名しており，この時点までは吸収されていなかったと考えられる。
12 Swope, Jr., "Historical Review," p. 3.
13 Swope, Jr., "Historical Review," pp. 3-4.
14 Swope, Jr., "Historical Review," pp. 4-5.
15 Swope, Jr., "Historical Review," pp. 2-5 ; General Electric Co., Executive File, "Report upon Foreign Business," Exhibit A, Section 1-b, p. 32, The Museum of Innovation and Science Archives.
16 Swope, Jr., "Historical Review," p. 5.
17 BTH協定の内容については GE, "Report upon Foreign Business," Exhibit A, Section 1-b, pp. 28-29 による。
18 なお，非排他的市場は幾度か修正されており，一定していない。
19 CFTH協定の内容については，GE, "Report upon Foreign Business," Exhibit A, Section 1-b, pp. 30-31 による。
20 GE-AEG 協定については，Hasegawa (1992, 166) および GE, "Report upon Foreign Business," Exhibit A, Section 3, pp. 58-61 を参照した。
21 GE, "Report upon Foreign Business," Exhibit A, Section 3, p. 58.
22 次節に登場する GE 研究所の初代所長 W. R. ホイットニーは，ドイツで科学研究に従事していた。同研究所は，科学研究や開発研究がヨーロッパに対して遅れていることを意識して設立されたものであり，設立後もヨーロッパ，とくにドイツの科学者との積極的な交流が持たれた（Wise, 1985, 234-238）。
23 GE, *Annual Report*, January 31, 1893；GE (1953, Fig. 17)；坂本 (1997, 68-71)。また，TH においては 1890 年前後に特許部門が組織されていたので，GE になって初めて特許部門が組織されたわけではない（西村，2009）。
24 GE, *Annual Report*, January 31, 1893; January 31, 1894; January 31, 1895; January 31, 1896; January 31, 1897; January 31, 1898 において，特許訴訟の進行状況が詳しく述べられている。本文での引用はこれらによる。
25 GE, *Annual Report*, January 31, 1897; January 31, 1898.
26 同上。
27 Westinghouse Electric and Manufacturing Co., *Annual Report*, June 23, 1897；小林 (1970, 100)。
28 GE, *Annual Report*, January 31, 1896.
29 GE, *Annual Report*, January 31, 1897.
30 GE, *Annual Report*, January 31, 1894; January 31, 1897; January 31, 1901.
31 以下の記述については，Wise (1985, 70-72) を参照した。
32 先発明主義が採用されていたアメリカでは，自己の発明の優先性を立証する上で発明者のノートが有力な根拠となった（飯田，1998, 56-61）。

第2章

日本における電球事業と特許管理

はじめに

　本章では，日本における GE の初期の特許管理をみる。日本の特許制度において外国人の特許出願が認められるようになったのは 1899 年の特許法改正以降であるが，その直後から GE は日本において特許活動を開始する。GE はどのような特許を出願・取得し，その特許をどのように管理していたのか。また，日本における特許管理の方法は，同社のイギリスやドイツにおける方法とどのように異なっていたのか。

　以下では，1918 年までの GE の日本における特許管理を，日本の電球産業の展開に沿って明らかにしていく。というのも，特許管理は常に具体的な目的をもって行われるからである。本章を通して，日本の電球産業における東京電気への集中が，GE による特許管理によって進められたことが明らかとなるだろう。

1 電球特許の国際出願

日本への出願

　日本の特許制度は 1885 年の専売特許条例の公布から始まるが，しばらくの間は外国人が出願・登録することは実質的に不可能であった（特許庁，1984，150-151）。外国人が日本において特許を出願できるようになったのは，日本が

1899年に工業所有権保護同盟条約（パリ条約）に加盟して以降である（特許庁，1984，202-205）。

パリ条約には，次に示す3つの原則があった。第1は内外人平等の原則である。この原則は，条約加盟国の国民は他の加盟国においてもその国民に要求されている手続きに従えば同一の条件で特許を取得できるというものであり，内国民待遇を定めたものといえる。第2は優先権の原則である。これは，加盟国の一国に最初に出願した日を基準として一定期間内に他の加盟国に出願した場合は，他の加盟国においても最初の出願日が出願日とみなされるというものであり，同一の特許が第三者によって他の加盟国で出願されたとしても不利益を受けないという原則である。これら第1と第2の原則は，特許の国際出願を促

表 2-1　日本における GE の特許

年	電燈・電燈製造機			重電（発送電機器・電動機）			タービン		
	登録(買収)	失効(譲渡)	保有	登録(買収)	失効(譲渡)	保有	登録(買収)	失効(譲渡)	保有
1899				10		10			
1900	2		2	1		11			
01			2	6		17			
02	1		3	6		23			
03	2		5	2		25			
04	3		8	2		27			
05	6		14	1		28	3 (1)		3
06	7		21			28			3
07	3		24	1		29			3
08	2		26	3		32			3
09	3 (3)		29			32			3
10	3		32	1		33	1		4
11	5		37	1		34		3 (3)	1
12			37	2		36	1		2
13	2		39	10		46			2
14	2		41	2	10	38	6		8
15	5	2	44	7	1	44			8
16	5		49	3	6	41	2		10
17	4	1	52	3	6	38	7		17
18	7	2	57	5	2	41	2		19

注記：( ) 内の件数は内数である。
出所：『特許公報』『特許発明明細書』各号より作成。

進させる上で必要な条件である。第3は特許独立の原則である。これは，同一の特許が複数の国で登録されたとしても，相互に関係がないという原則である（経済企画庁総合計画局，1987，73-74）。たとえば，ある発明がアメリカで特許化されたとしても，その効力はアメリカの主権が及ぶ範囲でしか有効ではなく，同一の発明を日本で特許化しようとした場合，日本でも特許出願手続きを行わなければならない。

　日本政府はパリ条約加盟に対応して国内法の整備を進め，特許法を改正した。このとき制定された特許法は明治32年特許法と呼ばれ，外国人も国内に住所を有する代理人を選任すれば，日本で特許出願できることが規定された。また，同法には優先権に関する規定が設けられ，ここに，外国人が日本で特許を出

保有件数（推定，1899〜1918年）

(単位：件)

計器類			真空管類・無線機器・音響機器			その他			保有件数
登録（買収）	失効（譲渡）	保有	登録（買収）	失効（譲渡）	保有	登録（買収）	失効（譲渡）	保有	
1		1							11
1		2				4		4	19
1		3				1		5	27
1		4				3		8	38
		4				4		12	46
2		6				5		17	58
		6				2		19	70
		6						19	77
		6						19	81
		6				1 (1)		20	87
		6						20	90
		6						20	95
		6				1		21	99
1 (1)		7				1		22	104
		7				1		23	117
	1	6						23	116
2	1	7	1		1	7 (5)	4	26	130
	1	6			1	8	1	33	140
	1	5	1		2	2	4	31	145
		5	1		3	4	4	31	156

願・取得するための法整備がなされたのである（特許庁, 1984, 184-191）。

ひとたび日本の特許制度が外国に対して開かれると、外国人や外国企業はさまざまな発明に関する特許を日本に出願しはじめた。早くから日本市場に関心を持ち日本に対して輸出活動を行っていたGEも、この頃から活発な特許出願を行うようになる。

表2-1は、1918年までにGEが行った特許活動の規模を概括的にあらわしたものである。特許は登録された後、定期的に年金を支払わないと失効する。実際にも登録された特許に年金が支払われず放棄される事例が一定数存在するが、この表では、15年間権利が維持されたと仮定してGEの特許保有件数を推定した。同社は、特許法が改正される以前の1898年に早くも9件の特許出願を行い、それらは翌年以降、順次、権利化されていった。日本がパリ条約に加盟して以降は、出願数および登録数を増加させ、東京電気と特許協定を締結する1905年までに合計で70件の特許を保有していたと推定される。特許出願を基準にすれば、1898年から1918年までの登録件数は237件であった。

GEはまた、自ら特許出願するだけではなく、外国人が日本に出願し登録した特許や日本人特許の買収も行った。出願件数と比較すると少ないが、1918年までに11件の日本特許を買収している。自らが出願し登録された特許と買収した特許から、他社に譲渡したか失効した特許を差し引いた特許の推定保有件数は次第に増加し、1912年頃には100件を超え、18年には156件の特許を日本において保有するに至った。自社で開発した技術の特許出願や他者特許の買収は、それぞれの技術分野で競争優位を確保する目的で行われるものであるから、GEはきわめて早くから日本においても特許を重視した経営活動を行っていたといえる。

電球特許からみる競争

前出の表2-1に示したように、GEは電球・重電・タービン・計器類など電機分野の特許を出願していたが、これらの特許をどのように管理したのかについて、電球特許に焦点を絞って明らかにしていこう。

当時、電球は各国で活発に研究開発が行われていた分野の1つであり、日本においても多数の電球関連特許が出願された。日本に出願された白熱電球関連特許のうち、外国人による出願の傾向をあらわしたのが表2-2である。これを

1 電球特許の国際出願

表 2-2　白熱電球関連特許の技術分布（外国人，1899～1918年）

（単位：件）

出願年	フィラメントおよびその製造方法				内部構造[2)]	部分・部品[3)]	ガス入り電球	電球製造機械	合計
	計	カーボン	タングステン	その他[1)]					
1899	1			1		2			3
1900	1			1		1			2
01	1			1	1				2
02	2			2		1			3
03						1			1
04	4			4					4
05						1		4	5
06	8		7	1	2				10
07	4		2	2	1				5
08	1		1						1
09	3		2	1	1				4
10	6	1	5		1	1			8
11	1		1					3	4
12	4		4					1	5
13	4		4		1	1	1	3	10
14	2		2			2	1	2	7
15									
16					1	1		1	3
17								1	1
18								1	1
合計	42	1	28	13	8	11	2	16	79

注記：1) ネルンスト電球，GEM電球，カーボンと金属を合わせたフィラメント。
　　　2) フィラメントの形状，フィラメント支持装置，燭光切換装置，球の構造を含めた。
　　　3) ゲッター，導入線，ベースを含めた。
出所：『特許公報』『特許発明明細書』各号より作成。

みると，出願は1899年の日本のパリ条約加盟直後から開始されていることがわかる。出願の内容としては，当時の白熱電球開発の特徴を反映して，電球の基幹部品であるフィラメントに関するものが多い。フィラメント関連の特許は1918年までの合計出願件数79件のうち半数以上の42件にのぼっている。フィラメントのほかにも，ゲッター（残存するガスを吸収し真空度を高める物質）や導入線など電球の主用部品に関する発明が多く出願された。

これに対して，日本人の発明による白熱電球関連特許の出願傾向をあらわしたのが**表 2-3**である。日本人特許の最初のものは，廣瀬新によって1889年に出願された特許第999号である。これはカーボン電球に関する発明であったが，

表 2-3 白熱電球関連特許の技術分布（日本人，1899～1918年）

(単位：件)

出願年	フィラメントおよびその製造方法				内部構造	部分・部品	ガス入り電球	電球製造機械	合計
		カーボン	タングステン	その他					
1889					1				1
⋮									
1899									
1900									
01									
02									
03									
04									
05	2	1		1	1				3
06					1				1
07					2				2
08					1				1
09	1			1	2				3
10	3	1		2	3				6
11	4	1		3	4				8
12	3			3					3
13					1				1
14	2		2		2				4
15	1		1		2				3
16					2	2			4
17	2		2		2	3			7
18	2		2		2	2	1	1	8
合計	20	3	7	10	26	7	1	1	55

注記：表2-2に同じ。
出所：表2-2に同じ。

どの程度の効力を有していたかは不明である。廣瀬の出願後，日本人発明による出願は15年間ほど行われなかった。日本人発明の出願は1905年から徐々にみられるようになるが，最も多かったのは電球の構造に関する発明であった。たとえば，ガラス球内にカーボン・フィラメントを複数本配置し，切換装置によって燭光を切り換える変燭電球に関するものなどである。世界的な技術革新の焦点であったフィラメントに関しては，1918年までに20件の出願があるのみであり，同期間における外国人発明による出願の42件と比較すると，約2分の1の規模であった。

日本に出願された外国人発明による特許の技術的内容を，さらに詳しくみて

みよう。前出の**表2-2**では，フィラメントに関する発明を，カーボン・フィラメントの発明，タングステン・フィラメントの発明，その他の種類のフィラメントに関する発明という3つに区別している。その他の種類のフィラメントとは，カーボン・フィラメントからタングステン・フィラメントへの発展の過渡期に生み出されたものである。表によると，日本がパリ条約に加盟した直後から過渡期のフィラメントに関する発明が継続的に出願されている一方で，カーボン・フィラメントに関する特許出願はほとんどなされていないことがわかる。カーボン電球の基本特許といわれるエジソンの特許はアメリカで1897年に失効しており[2]，世界的な研究開発の焦点はカーボンに代替するフィラメント素材の開発に移っていた。この流れは日本の特許出願状況にも直接的に反映されていたのである。

　日本に出願された過渡期のフィラメントに関する特許は，次のようなものであった。1899年から1902年にかけてネルンスト電球に関する特許が3件出願された。ネルンスト電球はゲッティンゲン大学のW. H. ネルンスト（Walther H. Nernst）が開発したもので，発光体を高温に熱し電気を通すことで白色光を発するものであった[3]。1900年から02年にはチタニウム・カーバイドのフィラメントを用いたW. L. ヴォルカー（William L. Voelker）の電球が特許出願された[4]。1904年にはGEによる一連のGEM電球が特許出願された。GEM電球のフィラメントは炭素を非常な高温で処理して金属化させたもので，後に東京電気が生産と販売を行った[5]。1906年から09年にはシリコン・カーバイドを用いたH. C. パーカー（Herschel C. Parker）とW. G. クラーク（Walter G. Clark）の電球が特許出願されている[6]。

タングステン電球の開発と日本特許

(1) ユスト＝ハナマン特許

　カーボン・フィラメントに代わる新しいフィラメントの発明は，ヨーロッパにおけるタングステン・フィラメントの成功で新たな段階に入った。1904年にウィーン工科大学の研究者であったA. ユスト（Alexander Just）とF. ハナマン（Franz Hanaman）によって実用的なタングステン・フィラメントが開発された。これまでの研究では，タングステン電球の基本特許といわれるこのユスト＝ハナマン特許が各国で支配的な効力を持っていたと考えられているが，特

許制度は各国ごとに独立しているので,日本の場合についても独自の研究が必要である。ここでは,欧米で開発されたタングステン電球特許の内容を明らかにし,それらが日本でどのように出願・登録されたかについて,欧米諸国における場合と比較して明らかにしよう。

白熱電球のフィラメントに融点の高いタングステンを利用するという考え方は早くから知られていたようだが,タングステンを実際にワイヤ状とすることには大きな困難があった。カーボン・フィラメントに代わるタングステン・フィラメントの開発に最初に成功したのは,ユストとハナマンであった。ユストとハナマンは1904年にタングステン・フィラメントを製造する2つの化学的プロセスを開発した。1つはカーボン・フィラメントにタングステンを堆積させ,その後カーボンを分解して除去する堆積法であり,もう1つは粉末タングステンを有機結合剤と混ぜてペースト状にし,ダイスの孔を通して射出し,その後高温に熱して結合剤を除去する焼結法である (Bright, 1949, 184-186)。これらが,タングステン電球の基本特許といわれるユスト゠ハナマンの発明の内容であった。

しかし,タングステン・フィラメントの開発は,ユスト゠ハナマンによるものだけではなかった。ウィーンのH. クツエル(Hans Kuzel)は同時期にコロイド状のタングステン・ペーストを作り,乾燥させて焼結させる方法を発明した。オーストリア・ヴェルスバッハ社(Austrian Welsbach Co.)のF. ブラウ(Friz Blau)は,C. A. von ヴェルスバッハ(Carl Auel von Welsbach)の開発したオスミウム電球に対して改良を加える過程で,純粋なタングステン・フィラメントを製造する方法を開発した (Bright, 1949, 186-187)。アメリカでもGE研究所のクーリッジがタングステン・フィラメントを製造するアマルガム・プロセスを開発した。このプロセスは,粉末タングステンとカドミウムと水銀のアマルガムをダイスを通して射出成形し,高温で熱してアマルガムを揮発させるという方法である (Bright, 1949, 191)。これらの方法によって製造されたタングステン・フィラメントは,後に発明されるクーリッジの引線(延性)タングステン・フィラメントに対して押出(非延性)タングステン・フィラメントと呼ばれる。ユスト゠ハナマン,クツエル,ブラウ,クーリッジは,それぞれ自らが開発した押出フィラメントの発明に関し,主要な国に特許出願を行った。

アメリカに対しては,1905年1月にクツエルが,同年7月にユストとハナ

マンが特許出願を行い，これら以外にもいくつかの発明が出願された。アメリカの特許制度は，先願主義ではなく先発明主義をとっていた（飯田, 1998, 51-61）。したがって，これら有力な発明に関していずれに優先性があるか，いずれが先に発明されたものかが審査され，結局1912年2月27日にユスト＝ハナマンの発明に対して特許が与えられた。クツエルや他の発明は優先性が認められず，出願は拒絶され特許化されなかった（Bright, 1949, 191-192）。

アメリカで特許化されたユスト＝ハナマン特許の請求範囲は，次のようなものであった。「①緊密に結束した金属状でかつ全体にわたって均質のタングステンからなる白熱電球用のフィラメント。②全体にわたり高い溶解点を有し電導性のある実質的に純粋な金属タングステンからなる白熱電球用フィラメント。フィラメントの発光体は，タングステンの緊密に結束した，均一の金属であるという性質に負う。③濃密な，緊密に結束したタングステン金属からなる白熱電球用のフィラメント。その溶解点は摂氏約3200度で，燭力当たり1ワット以下の白熱効力を持ち，その効率において認知できる分解がない[7]」。

すなわちユスト＝ハナマン特許が請求範囲としているものは非常に広く，およそタングステン電球であればすべてこの要件に該当した。そこでGEは，自らもアマルガム・プロセスの開発を行いながら，他方でアメリカに出願中のユスト＝ハナマン特許を1909年に25万ドルで買収した（Bright, 1949, 193）。

しかし，ユスト＝ハナマン特許が広範な権利を持つ基本特許であったのは，アメリカにおいてだけで，ヨーロッパでは全面的な勝利を収めたわけではなかった。ユスト＝ハナマン特許は，イギリス，フランス，ドイツ，オーストリアなどでも出願された。これらの諸国ではユスト＝ハナマンが開発した堆積法に対しては特許が与えられたが，もう1つの方法である焼結法に関しては，ドイツ，オーストリアでは拒絶され，ヴェルスバッハが出願していた焼結法が優先された。ドイツなどの大陸諸国は，広範囲に適用可能な基本特許を承認することをためらったのである（Bright, 1949, 187-189）。こうして，ヨーロッパではアメリカで成立したような強力な基本特許は成立せず，大陸諸国を中心に多くの代替的な特許が並存することとなった。

このように，アメリカではタングステン電球の強力な基本特許が成立し，ヨーロッパでは成立しなかった。では，日本ではどうであったか。**表2-4**は，日本に出願された押出タングステン・フィラメントに関する特許の一覧である。

表 2-4　日本における押出タングステン・フ

番号	出願日	発明者	国籍
10148	1906 年 1 月 11 日	—	—
10877	06 年 1 月 11 日	—	—
10807	06 年 3 月 19 日	—	—
10830	06 年 4 月 4 日	—	—
10831	06 年 4 月 4 日	—	—
13020	06 年 10 月 2 日	—	—
14214	06 年 12 月 4 日	—	—
13612	07 年 1 月 22 日	—	—
14215	07 年 8 月 28 日	—	—
17606	09 年 6 月 10 日	アレーダー・パッツ	米
17607	09 年 9 月 20 日	アレーダー・パッツ	米
18726	10 年 8 月 23 日	ハインリッヒ・ウェーベル	独
22829	10 年 10 月 13 日	ドクトル・ルードウィッヒ・グラーゼル	独
23816	11 年 2 月 21 日	コリン・ジー・フィンク	米
22028	11 年 8 月 5 日	矢ケ崎謙吉, 黒澤利重, 矢島信夫	日
23967	12 年 6 月 16 日	黒澤利重	日
23625	12 年 7 月 16 日	鈴木辰五郎, 星野光城, 矢ケ崎謙吉	日
26236	13 年 2 月 8 日	クリストーフ・ハインリッヒ・ウェーベル	独
26044	13 年 3 月 27 日	ジェームス・アレキサンダー・スカウラー	英
29952	14 年 6 月 6 日	ジェームス・アレキサンダー・スカウラー	英
28846	15 年 9 月 7 日	岡本宜美	日
37115	18 年 3 月 27 日	望月兼一郎	日

注記：請求範囲に機械的操作による製造方法が含まれていないものを分類した。
出所：『特許公報』『特許発明明細書』各号より作成。

　同表によると，日本に最初に出願された押出タングステン特許はブラウのものであった。ブラウの日本特許は焼結法をその内容としており，その後出願されたクツエルの日本特許はコロイドを結合剤とするコロイド・プロセス，GE の

ィラメントの特許出願状況（1918年出願まで）

権利者	国籍	発明の名称
ドクトル・フリッツ・ブラウ	墺	白熱電気燈炂ノ製造法
ドクトル・フリッツ・ブラウ	墺	金属「トングステン」ノ炂ヲ具フル白熱電気燈
ドクトル・ハンス・クツエル	独	電気白熱体ノ製造法
ゼネラル・エレクトリック・コムパニー	米	「タングステン」繊條製造方法
ゼネラル・エレクトリック・コムパニー	米	「タングステン」繊條
ドイッチェン・ガスグリューリヒト・アクチェンゲゼルシャフト（アウエルゲゼルシャフト）	独	電燈用ノ金属性白熱繊條ヲ製造スル方法
ゼネラル・エレクトリック・コムパニー	米	金属繊條製造法
フランツ・ハンナマン，ドクター・アレキサンダー・ジャスト	洪	白熱電気燈用繊條製造法ノ改良
ゼネラル・エレクトリック・カムパニー	米	発光性金属ヲ含有セル針金及ヒ導線
ゼネラル・エレクトリック・カムパニー	米	電球繊條
ゼネラル・エレクトリック・カムパニー	米	電燈球繊條其他ニ用ユル発光体ノ製造方法
ハインリッヒ・ウェーベル	独	白熱燈用金属繊條製法
アルゲマイネ・エレクトリチテーツス・ゲゼルシャフト	独	金属白熱繊條ノ整形法
ゼネラル・エレクトリック・カムパニー	米	難熔性金属導体製造ノ改良方法
矢ケ崎謙吉，黒澤利重，矢島信夫	日	電燈用繊條製造法
黒澤利重	日	電燈用繊條
鈴木辰五郎，星野光城，矢ケ崎謙吉	日	電燈用繊條製造法
アメリカン・トレーディング・コンパニー	米	熔解点高キ金属又ハ其混合物ヨリ金属繊條ヲ製スル方法
ディック・カー・エンド・コムパニー・リミテッド	英	白熱電燈用金属繊條製造法ノ改良
ディック・カー・エンド・コムパニー・リミテッド	英	白熱電燈用金属繊條ノ製造法
岡本宣美	日	「タングステン」又ハ「タングステン」合金ノ繊條製造ニ関スル改良方法
久本順造	日	展延性繊條ノ製法

ものはアマルガム・プロセスを請求範囲としていた。そして，ユスト＝ハナマンの発明は，1907年に出願された特許第13612号がそれにあたるが，その請求範囲はアメリカで成立したユスト＝ハナマン特許と同じではなかった。それ

は，ユスト＝ハナマンがドイツで特許化した堆積法を改良したもので，カーボン・ワイヤをタングステンなどで被膜し，通電させて白熱化し，中核部分の炭素をタングステンに完全に吸収させ，その後で加熱して炭素を除去する方法を特許化したものであった[11]。このように，日本も大陸ヨーロッパ諸国と同じように，強力な基本特許が存在せず，代替的な押出タングステン・フィラメントに関する特許が並存し競合するという状況にあった。

(2) クーリッジ特許

押出タングステン・フィラメントはカーボン電球と比較して各段に効率がよかったが，同時に非常に脆く壊れやすかった。各国の技術者は押出タングステンを改良し，断線がなく柔軟性のあるタングステン・フィラメントの開発に取り組んだ。押出タングステンの弱点克服に成功したのは，GEのクーリッジである。1900年に設立されたGE研究所における金属と冶金の研究のなかで，クーリッジはタングステンに柔軟性と展延性を持たせるためには機械的作業と温度管理が重要なポイントであることを発見した。クーリッジは研究を重ね，1910年に加熱した状態のタングステンに機械的加工を加えて鍛性と強靱性を持たせ，加熱したダイスの孔から引き出す方法を開発した（Bright, 1949, 194-196）。GEはアメリカにおいて1912年6月19日に34項の請求範囲からなる特許を出願し，これは13年12月30日に特許登録された[12]。この特許は，ユスト＝ハナマンの特許と並び，白熱電球の基本特許の1つとみなされるようになった。

クーリッジ特許もまた，アメリカ以外の各国にも出願された。GEはアメリカ特許商標庁への出願よりも早く，日本に対して1910年1月12日と8月12日に特許出願を行った。アメリカで出願された特許は，クーリッジが開発した引線タングステンの製造方法とクーリッジの方法によって製造されたタングステン製品の両方を請求範囲に含んでいたが，日本に対しては，製法特許と製品特許に分けて別個に出願された。1月12日に出願された特許第20894号「白熱電燈繊條其他ノ目的用ニ供スル如ク錬製『タングステン』ヲ製スル方法」は，引線タングステンの製造方法を請求範囲としたものである[13]。そして8月12日に出願された特許第18961号「『タングステン』製品」が，製品自体を請求範囲とする特許であった[14]。しかし製品特許である後者は日本の特許局ではなく，韓国統監府に対して出願された。この特許は，出願後早くも8月27日に統監

府において査定が行われ，12月13日には日本の特許局に登録されている。1910年の韓国併合の際に，統監府に出願された特許はほぼ無審査で日本特許として日本の特許局に登録されたのである。[15]

　GEがタングステン技術に一大革新をもたらす可能性を秘めた特許を日本の特許局に出願せずに統監府に出願した理由は，第18961号の請求範囲自体に求めることができる。この特許の請求範囲は，「①永久ニ展延性ヲ有スル『タングステン』製品。②高熱セラレタル後モ其ノ展延性ヲ保存スル如キ可延性『タングステン』製品。③永久ニ展延性ヲ有スル『タングステン』繊條。④永久ニ展延性ヲ有スル引カレタル『タングステン』体」であった。[16] この内容は，第1に，アメリカのユスト＝ハナマン特許と同じように非常に広い範囲をカバーするものであり，第2に，後の特許裁判で実際に争点となったように，タングステンの一般的な性質との区別が明確でなく，特許権付与に必要な新規性を主張するのが難しいものであった。GEは1月に方法に関する特許を出願した後に無審査で特許を取得する出願方法を発見し，政治的変動に乗じて統監府経由で出願したものと考えられる。

　しかし，日本に出願された引線タングステン特許は，クーリッジのものだけではなかった。日本における引線タングステン特許の一覧をあらわしたのが**表2-5**である。1918年までに出願された特許は全部で10件あった。クーリッジの発明以降のGEによる引線タングステン特許のほかにも，ブラウの発明や，イギリスのウェスチングハウス社（Westinghouse Metal Filament Lamp Co., Ltd.）が特許権者となっているA. レデラー（Anton Lederer）の発明，スイスのG. グミュール（Godlieb Gmür）による発明など，引線タングステンに関する複数の特許が出願・登録されている。また，製造方法を特定せず引線作業によって製造されたフィラメントと共通の性質を請求範囲とした製品特許もあった。前出の**表2-4**にあるGEが特許権者となっている特許第10831号は，まだ引線技術の開発に成功していない1906年に出願されたものであるが，「展延性ノ『タングステン』ヨリ製作シテ成ル白熱電燈用繊條」ほか4つの請求項からなる製品特許である。[17] この特許は，タングステンは「不純ナルトキニハ非常ニ堅ク且脆弱ナレトモ純粋ナルトキニハ展延性ヲ有シ且柔軟ナルカ故ニ其ノ純粋ナル状態ニアリテハ之レヲ線トナシテ白熱燈ニ其ノ繊條トナスコト」が可能であるという性質を根拠として広い範囲をカバーしているが，そのようなタングステンを

表 2-5　日本における引線タングステン・フ

番号	出願日	発明者	国籍
20894	1910 年 1 月 12 日	ウィリヤム・ディー・クーリッジ	米
18961	10 年 8 月 12 日	ウィリアム・ディー・クーリッジ	米
19702	10 年 9 月 13 日	コリン・ジー・フィンク	米
23329	12 年 2 月 26 日	ドクトル・フリッツ・ブラウ	独
24027	12 年 6 月 26 日	アントン・レデレル	墺
27165	12 年 9 月 11 日	アントン・レデラー	墺
26532	13 年 6 月 30 日	シーオドール・ダブリュー・フレック・ジューニヤー	米
26704	14 年 4 月 1 日	ゴットリーブ・グシュール〔ママ〕	スイス
29866	14 年 7 月 27 日	西本貫	日
36028	17 年 12 月 3 日	横田千秋	日

注記：請求範囲に機械的操作によるタングステン製造法を含んでいるもの，それによって製造さ
出所：『特許公報』『特許発明明細書』各号より作成。

製造する方法は特許第 10830 号で示されていると考えられる[18]。ところが，この特許は先に述べた押出タングステンの製造方法をその内容としており，したがって製品特許である特許第 10831 号は実現性に乏しく不完全なものであったといえる。

　以上のように，日本においては押出タングステン特許，引線タングステン特許の両技術とも，単一の強力な基本特許は存在せず，多数の特許が並存しているようにみえる。しかし，**表 2-4** や**表 2-5** に示された特許の並存は，単に出願と登録の状況から導出したものにすぎず，実際には，これらの特許を前提に各特許権者が自ら所有する特許を管理するとともに，電球事業をめぐる競争と協調を行ったのである。次節では，日本に出願・登録された特許の具体的な競争関係を明らかにし，GE の日本における特許管理活動をみていこう。

ィラメントの特許出願状況（1918年出願まで）

権利者	国籍	発明の名称
ゼネラル・エレクトリック・カムパニー	米	白熱電燈繊條其他ノ目的用ニ供スル如ク錬製「タングステン」ヲ製スル方法
ゼネラル・エレクトリック・カムパニー	米	「タングステン」製品
ゼネラル・エレクトリック・カムパニー	米	耐火性金属類ノ処理法
ドイッチェ・ガスグリューリヒト・アクチェンゲゼルシャフト（アウエルゲゼルシャフト）	独	極小径線状「ウヲルフラム」ヲ製作スル方法
ゼ・ウェスチングハウス・メタル・フィラメント・ラムプ・コムパニー・リミテッド	英	金属或ハ合金ノ鍛性ヲ生セシムル法
ゼ・ウェスチングハウス・メタル・フィラメント・ラムプ・コムパニー・リミテッド	英	金属又ハ合金ノ鍛性展性ヲ生セシムル法
ゼネラル・エレクトリック・コムパニー	米	「タングステン」製造方法ノ改良
グリュー・ファーデンファブリック・アーラウ・アクチェンゲゼルシャフト・フォールマルス・グミュール・ウント・コムパニー	スイス	「タングステン」又ハ類似金属ヨリ屈撓性ヲ有シ且引延シ得ル白熱電燈用繊條若クハ他ノ目的ニ使用スル合成体ヲ製スル方法
西本貫	日	白熱電燈及其他ノ目的ニ供スル繊條ヲ製造スル方法
大日本電球株式会社	日	「タングステン」其他類似ノ難熔性金属ノ処理法

れる製品を含んでいるものを分類した。

2　GEによる特許管理

米英独におけるタングステン電球特許の管理

　日本における特許管理は，GEと諸外国企業との特許協定に強く影響されていた。日本の電球特許管理も，したがって，世界的なタングステン電球特許の協定関係を踏まえて，はじめて明らかになるのである。以下では，アメリカ，イギリス，ドイツにおけるタングステン電球特許をめぐる企業間関係をみた上で，GEの日本における特許管理についてみていくこととする。

　GEは，アメリカで出願中のユスト＝ハナマン特許を1909年に買収して支配下に置き，産業集中の手段として利用した。同社は，1912年2月17日のユスト＝ハナマン特許登録後，オランダのフィリップス社（N. V. Philips Gloeilampen fabrieken）の子会社であるラコ＝フィリップス社（Laco-Philips Co.）に対し

て特許侵害訴訟を提起した。1916年2月にニューヨーク南部地区連邦地方裁判所がGEのユスト＝ハナマン特許を支持する判決を出し，さらに同年6月の連邦巡回裁判所もこの判決を支持したことで，ユスト＝ハナマン特許の法的な地位が決定した（Bright, 1949, 238-239）。これによりGEはアメリカの電球産業を強固に支配することが可能になった。他方で，クーリッジ特許についてはユスト＝ハナマン特許ほどには裁判がうまく進まなかった。クーリッジ特許は，GE対インディペンデント・ランプ・エンド・ワイヤ社（Independent Lamp & Wire Co.）裁判においては1920年6月29日の判決で有効性が認められたが，27年1月のGE対ド・フォレスト・ラジオ社（De Forest Radio Co.）およびロベレン・ピアノ社（Robelen Piano Co.）の判決では無効であるとの判決が下った。GEは控訴し，1928年9月の第3巡回控訴裁判所判決ではクーリッジ特許の方法部分の有効性が認められたが，その後の最高裁判決でクーリッジ特許の製品特許の有効性は否定され，法的な地位が確定した（Bright, 1949, 244-246）。しかし，GEはこの間ユスト＝ハナマン特許での勝利を背景に国内電球企業の系列化を着実に進め，同社のアメリカ国内における支配は強固なものとなり，クーリッジ特許の有効性が部分的に否定されたことの影響はほとんどなかった。

　イギリスでは，GEの協定企業としてBTHが活動していたが，ほかにもエジソン＝スワン社，GEC（General Electric Co., Ltd.），ジーメンス・ブラザース社（Siemens Brothers & Co.）などが存在していた。電球特許をめぐっては，BTHが国際特許管理契約によってGEのイギリス特許を管理していたほかに，ジーメンス・ブラザース社がジーメンス・ハルスケ社（Siemens & Halske A.G.）から特許を得ており，GECも1907年にオーストリアとドイツから押出タングステン特許を購入していた。イギリスではこれら主要企業の間で特許紛争が繰り広げられていたが，1913年にBTHが，GEから得たクーリッジ特許を武器として，GEC，エジソン＝スワン社，ジーメンス・ブラザース社を組織し，タングステン電球協会（Tungsten Lamp Association）を設立した。BTHは協会を通じて電球市場を統制しようとした。4社は電球協会にそれぞれが所有するタングステン電球特許をプールし，GEとの協定によってイギリス企業の市場とされている地域での電球生産と販売を統制したのである。BTHは協会にGEから得たクーリッジ特許をプールし，他社に引線タングステン電球の販売を許可した。協会加盟企業のなかではBTHだけがクーリッジ特許を使用して引線タ

ングステン・フィラメントを製造し，他の協定企業に供給していた（Bright, 1949, 161-164；Stocking and Watkins, 1946, 318-320）。このように，イギリスではBTHがクーリッジ特許所有による優位性を利用して産業集中を進めた。

ドイツでも重要なタングステン電球特許を所有する企業が並存していた。1903年以来GEと密接な関係にあり国際特許管理契約によってGEのドイツ特許を管理していたAEG，タンタルム電球の技術を持つジーメンス・ハルスケ社，オーストリア・ヴェルスバッハ社のオスミウム電球の技術を持つアウエルゲゼルシャフト（ドイッチェン・ガスグリューリヒト）社（Auergesellschaft or Deutsche Gasglühlicht Aktien-Gesellschaft, 以下アウエル社）である。ドイツにおける産業再編は，1903年にAEGとジーメンス・ハルスケ社が中心となって，カーボン電球の生産と販売を管理するベルリン電球工場連盟（Verkaufsstelle Vereinihter Glülampenfabriken, VVGと略）を設立したことに始まる。VVGには，ドイツ，オーストリア，ハンガリー，イタリア，オランダ，スイスの11社が参加し，カーボン電球の統一価格を設定し市場統制を行っていた（Stocking and Watkins, 1946, 316；吉田，1987b, 58）。しかし，VVGはカーボン・フィラメントを対象としており，金属フィラメントの出現によって次第に影響力が弱くなっていった。金属フィラメント出現後，AEG，ジーメンス・ハルスケ，アウエルの3社はフィラメント・トラスト（Drahtkonzern）を結成し，主要な金属フィラメント電球に関する特許をプールした（Stocking and Watkins, 1946, 316-317）。クーリッジ特許はAEGに与えられていたが，GEは，フィラメント・トラストを通してジーメンス・ハルスケ社とアウエル社にも使用許諾を与えることに同意した。GEは，クーリッジ特許のライセンスを供与することで，重要な電球特許を所有するドイツ企業とその特許を支配するようになったのである。

日本におけるタングステン電球特許の管理

前出の表2-4および表2-5にも示したように，日本ではタングステンに関してユスト＝ハナマン特許は強力な基本特許にならず，複数の代替可能なタングステン電球特許が並存する状態にあった。しかし，これらの並存する特許を利用して各権利者が電球事業を進めたわけではなく，最初に特許権の所有の点で集中が行われた。GEは1909年夏に，ユスト＝ハナマンの特許第13612号と，

クツエルの第 10807 号，第 14746 号を買収した。[19] ユスト゠ハナマン特許の買収は，同年に GE がアメリカで行ったユスト゠ハナマンのアメリカ特許の買収と関連していると考えられる。また，クツエルの特許の買収も，GE がユスト゠ハナマン特許の買収と平行して行ったアメリカのクツエル特許の買収と関連していると考えられる。[20] おそらく GE が両者のアメリカ特許買収の際に，日本における特許権の買収についても合意を得たのであろう。

こうして GE はユスト゠ハナマンとクツエルの特許を自らの管理下に置いたのであるが，日本にはほかにも AEG やアウエル社などが所有する押出タングステン特許が残っていた。これらの特許の管理は，ドイツ国内における協定関係，および GE とドイツ企業との間の協定関係を媒介して行われた。

日本をめぐる GE とドイツ企業の関係は，1903 年に GE と AEG が国際協定を締結したときにまで遡ることができる。1903 年の協定では，日本は「その他の地域」に含まれており，どちらの企業も参入することのできる地域になっていた（Hasegawa, 1992, 166-167）。しばらくは GE，AEG ともに日本へ電球輸出を行うことも現地生産を行うことも可能な状態が続いていたので，日本において両社はそれぞれの電球事業を進めた。しかし，1910 年頃に AEG と GE との間で日本市場をめぐる交渉が起こる。1910 年 5 月に GE は代理人・岸清一を通じて AEG の代理店である大倉組に書簡を送り[21]，AEG の輸入電球が GE の日本特許を侵害していると警告した。[22] 交渉は GE と AEG の間で進められ，1911 年 9 月のバーデンバーデンにおける会議で GE の優位性が合意された。すなわち，日本の電球市場において AEG は，ドイツの VVG の一員であるのでカーボン電球の日本への輸出に関する制約を受け，引線タングステン電球もクーリッジ特許が存在するので自由には輸出できないとされたのである（長谷川，1995a，14-15）。引線タングステン以外の金属フィラメントの販売は可能とされていたが，AEG は有効な日本特許を有していなかったので，輸出や生産は現実的ではなかった。日本の電球市場における GE の優位性を認めた AEG は，結局，1914 年 1 月に東京電気と電球に関する販売協定を締結した（長谷川，1995a，17）。

AEG 以外のドイツ企業は，フィラメント・トラストを通して GE からクーリッジ特許のライセンスを受けている関係上，日本への進出は認められなかったと考えられる。逆にいえば，AEG とはフィラメント・トラストの形成以前

から日本をめぐって協定関係にあったがゆえに，GE は 1910 年からの交渉を経て優位性を確定しなければならなかったのである。このほかに日本で重要な特許を所有していたドイツ企業には，ブラウの特許を所有するアウエル社があったが，同社の日本特許も，協定関係を媒介として GE の管理下にあったと考えられる。このようにして，日本におけるドイツ企業の主要な電球特許は，GE がその全体を管理するようになった。

　GE がドイツ企業の特許をも管理し主導権をとって日本の電球産業を再編・集中する動きは，早くも 1914 年にあらわれた。1914 年 4 月，GE は，アウエル社，AEG とともに 3 社で東京電球製作所に警告状を送った[23]。GE の代理人・岸，AEG の代理人・長島鷲太郎，アウエル社の代理人・K. フォーグト（Karl Vogt）の連名で出された警告状には，「貴会社ニハ後記特許ノ一二若シクハ全部ニ違反スヘキ『タングステン』繊條電燈ヲ製造販売相成リ居リ候由ニ有之候処必要ノ場合ニハ違反ニ対シ法律上ノ手続ニ依リテ拙者等ノ本人ノ利益ヲ保護スルノ止ムナキニ立至リ可申候ニ付折返シ何分ノ御回答煩シ度此段得貴意候」と記され，続いて侵害されている特許の一覧が掲げられた。列記された特許は，アウエル社所有の第 10148 号「白熱電燈炻ノ製造法」，第 10877 号「金属『トングステン』ノ炻ヲ具フル白熱電気燈」，第 18980 号「吊子装置ヲ具ヘタル白熱電燈」，GE 所有のクーリッジの製品特許である第 18961 号「『タングステン』製品」，同じく方法特許である第 20894 号「白熱電燈繊條其他ノ目的ニ供スル如ク錬製『タングステン』ヲ製スル法」，AEG 所有の第 22829 号「金属白熱繊條ノ整形法」であった。これらは押出および引線の両タングステン電球を製造するために必要な特許である。1914 年の連名での警告状は，この時点ですでに GE が他社の特許を含めて特許管理を行う体制が整っていたこと，さらに GE が管理していた特許はタングステン電球の各主要部分をすべて含むものであり，日本における GE の立場が非常に強固であったことをあらわしている。

タングステン電球特許裁判

　日本における重要な電球特許のほとんどすべてが GE によって管理されていることは，1905 年に GE と特許協定を締結した東京電気を除く日本の製造業者にとっては，GE の軍門に下らない限り，いっさいの電球の生産・販売ができないということを意味していた。この事態に対して日本の製造業者は，GE

の管理が及んでいないタングステン電球特許を武器として GE 支配に対抗しようとした。

　日本では日露戦争後の水力電源開発にともない，1907 年頃から電球企業が勃興しはじめた[24]。大阪電球，東京電球製作所，電光舎・帝国電球，恩田商会，高岡電球製作所などが代表的な企業であるが，当初はいずれもカーボン電球の生産を行っていた（日本電球工業会, 1963, 53-56）。これらの企業は独自に開発した特許をもとに企業化されたものが多く，日本においても研究開発が活発に行われていたことがうかがえる[25]。ところが，タングステン電球の出現によりカーボン電球の製造だけでは経営が困難となってゆき，他方で技術上の困難があってタングステン電球の製造にも参入できないという状況に陥ってしまった。このような状況下で，1912 年には大阪電球が，13 年には帝国電球と日本電球が，相次いで東京電気とタングステン電球の製造・販売に関する特許協定を締結し，GE 系列となった。また 1914 年には，前出の警告状を送付された東京電球製作所も，東京電気と特許協定を締結し GE 系列に入った（安井, 1940, 135-137）。

　第 1 次世界大戦勃発後の大正初期年間に，日本では再び電球企業が興隆した（日本電球工業会, 1963, 67-70）。しかし，このとき設立された企業は独自の電球特許を企業化するのではなく，GE 以外の外国人所有の特許を企業化しようとしたものであった。1915 年に設立された大日本電球，関西電球，16 年に九州で設立された大正電球がそれである。大日本電球はグミュールの日本特許を，関西電球はイギリスのウェスチングハウス社の特許を，大正電球は岡本宣美の特許を，それぞれ企業化しようとして設立された[26]。

　GE にとってこの 3 社の設立は，同社が 1914 年までに構築した特許独占に風穴を開けようとするもので，ドイツ企業との関係にも影響しかねない重大な挑戦であった。というのも，ひとたびこれらの企業の存在を許せば，彼らが基礎とするタングステン電球特許の有効性が強まり，GE が管理する一連のタングステン電球特許の効力が減退するからである。GE はこれら 3 社に対して相次いで特許侵害訴訟を提起した[27]。

　GE の日本における責任者であった J. R. ゲアリー（John R. Geary）は，1916 年 2 月 19 日付で設立前の大正電球の関係者に対し警告状を送付した（渡邊, 1920, 第 2 節, 11-15）。ゲアリーはその警告状において，GE がタングステン電

球製造に不可欠な一連の特許を管理していることを述べた後,「『タングステン』電球ノ製作ニ関スル現在ノ一般状況ヲ御承知被下事ト存候幸ニ御賢慮アランコト希望ニ不甚候」と結んでいる。また,大正電球が企業化しようとしている岡本宣美所有の特許第 28846 号はドイツ人 E. A. クリューゲル (Ernst A. Krüger) 発明の 1913 年イギリス特許第 16066 号と内容が同じであり,クリューゲルはイギリスでのクーリッジ特許をめぐる裁判で敗訴した人物であると指摘した。このように,ゲアリーは大正電球を設立しないよう警告したが,同社は結局 2 月 24 日に設立された。このような事態に対して GE は,同年 6 月 2 日に,系列下の東京電球を原告として大正電球を相手に「特許第 28846 号無効審判請求」を提起した(渡邊, 1920, 第 2 節, 1-3)。

GE は,次いで 1916 年 8 月 15 日に,大日本電球に対して「特許第 18961 号侵害差止及損害賠償請求」を東京地方裁判所に提出した(渡邊, 1920, 第 3 節, 1-4)。さらに翌年 1 月 15 日には,「特許第 18961 号権利範囲確認審判請求」とグミュール特許に対する「特許第 26704 号無効審判請求」を特許局に提出した(渡邊, 1920, 第 4 節, 1-12;同,第 8 節, 1-9)。大日本電球も応戦し,7 月 10 日には GE のクーリッジ特許が無効であるとする「特許第 18961 号無効審判請求」を特許局に提出した(渡邊, 1920, 第 7 節, 1-9)。これはクーリッジの製品特許を攻撃するものであった[28]。

大正電球,大日本電球と法廷闘争を進める一方,GE は関西電球に対しても訴訟を提起した。GE は 1917 年 3 月 19 日にイギリスのウェスチングハウス社を相手どった「特許第 24027 号無効審判請求」と「特許第 27165 号無効審判請求」を特許局に提出するとともに,同年 5 月には法人としての関西電球とその取締役を被告とし大阪地方裁判所検事局に「特許第 18961 号侵害刑事訴訟」を提出した。関西電球もこれに応戦し,6 月に「特許第 18961 号無効審判請求」を特許局へ提出した(渡邊, 1920, 第 6 節, 1,2-5;同, 第 9 節, 1-6, 21-27)。

一連のタングステン電球特許裁判[29]では,GE のクーリッジ特許,とくに製品特許である第 18961 号の有効性が共通の争点となった。GE は一連の特許裁判を進める上で,代理人である岸と密接に連絡をとっている。岸は,同じ事務所の木村駿吉とともに,大日本電球に対して最初の民事訴訟を提出した 2 日後の 1916 年 8 月 17 日に海路アメリカへと向かい(岸同門会, 1939, 97;渡邊, 1920, 第 3 節, 5),アメリカで GE の法務担当者らと直接協議して日本におけるタン

グステン訴訟の戦略を練った。岸らは，GE からイギリス，ドイツにおけるタングステン裁判の情報をも入手し，10月16日に帰国する。岸の帰国後，裁判で GE は，クーリッジの発明した引線タングステンがまったく新規のものであることを，イギリスやドイツにおける判決を利用しながら主張した。これに対し，大正電球，大日本電球，関西電球は，純粋なタングステンが展延性を持つことは既知の事実であり，第18961号は無効であると主張した（渡邊，1920，第3節，9-20）。

1916年末から19年にかけて，答弁書・反駁書の提出，口頭弁論が，相次いで行われた。そのようななかで，1917年8月に訴訟の最初の結果があらわれた。大正電球が，東京電気とタングステン電球の製造・販売に関する協定を締結し，GE の傘下に入ることになったのである。大正電球はその後，東京電気の小倉工場となり，東京電気の全国的な電球販売の拠点となった（安井，1940，162）。一方，大日本電球，関西電球との裁判は1919年までかかり，同年3月には合同で第18961号特許に関する口頭審理が行われるなど，最後まで法廷闘争が続行されるかにみえた（渡邊，1920，第7節，299-330）。しかし，関西電球が同年10月1日に東京電気とタングステンの製造・販売に関する特許協定を締結して GE の傘下に入り，続いて大日本電球も12月に同様の特許協定を締結して GE 系列となった（安井，1940，162-163；渡邊，1920，結論，1-11）。

このように，1914年から相次いで提訴されたタングステン電球に関する裁判は，19年には実質的に GE が全勝する形で終了した。裁判を通して GE は，自らが管理する一連のタングステン電球関連特許の有効性を維持できたことに加え，日本の電球産業を東京電気へ集中させるに至ったのである。

まとめ

GE は1899年から日本で特許を取得しはじめ，1918年の時点で GE が保有する特許は156件にのぼったと推定される。第1次世界大戦期以前においては，これら日本特許の管理は，弁護士であり弁理士でもある岸清一を代理人として，GE により直接行われていた。

タングステン電球特許についても，GE は岸を代理人としてそれを直接管理するのみならず，ドイツ企業との国際協定を媒介として彼らが保有していた日

本特許も併せて管理し，電球分野における戦略を進めた。GE は 1914 年に東京電球製作所へ特許侵害を中止すべきとの警告状を送り，東京電気との特許協定を締結させて系列下に置いた。さらに 1916 年からは大正電球・大日本電球・関西電球との間でタングステン電球特許をめぐる法廷闘争を繰り広げた。これらの電球企業も結局 1919 年には東京電気と特許協定を締結し，その系列下に入っていく。GE の特許管理活動によって，日本の電球産業は東京電気を中心に再編され，集中が図られたのである。

　第 1 次世界大戦期以前の GE と東京電気は，したがって，GE が日本特許の管理を行い，東京電気がそのライセンスのもとで電球の現地生産と販売を行う，という関係であった。日本の電球産業を再編し東京電気に事業を集中させるという戦略を持っていた主体は GE であり，また，その戦略を特許管理活動によって成功裡に遂行し目的を達成したのも GE だったのである。

　なお，GE は 1905 年には東京電気と特許協定を締結していたわけだが，その内容は GE が日本で出願・取得した特許権のライセンスを東京電気に供与するというものであった。これを GE とヨーロッパ企業との国際協定と比較すると，東京電気との協定にはヨーロッパ企業との協定に含まれていた特許管理契約がまだ含まれていなかったことが確認できるのである。

注
1　廣瀬新については，菊池（2007, 32, 36-37）でも言及されている。
2　US Patent No. 223898, "Electric Lamp". エジソン特許の失効については Bright（1949, 88）を参照。
3　特許第 5289 号「白熱電気燈用燈心」（1899 年出願），第 6051 号「『ねるんすと』式白熱電燈球」（1901 年出願），第 6255 号「改良『ネルンスト』式白熱電燈球」（1902 年出願）。Bright（1949, 170-173）も参照した。
4　特許第 6139 号「白熱電燈用炭化物繊緯製造法」（1900 年出願），第 6426 号「白熱電燈用炭化『ふぃらめんと』製造法」（1902 年出願）；Bright（1949, 200）。
5　特許第 8978 号「繊條製造法ノ改良」，第 11707 号「白熱電燈用繊條」，第 11822 号「白熱電燈繊條用炭素」（いずれも 1904 年出願）；Bright（1949, 181-183）。
6　特許第 10816 号「導電体」（1906 年），第 12372 号「白熱電燈用繊條製造法」（1907 年出願），第 16796 号「白熱電燈用繊條」（1907 年出願），第 21576 号「発熱単位又ハ白熱電燈用トシテ繊條又ハ抵抗物を製造スル方法」（1909 年出願）；Bright（1949, 198-200）。

7 US Patent No. 1018502, "Incandescent Bodies for Electric Lamp".
8 特許第 10148 号明細書，特許第 10877 号明細書。
9 特許第 10807 号明細書。
10 特許第 10830 号明細書。
11 特許第 13612 号明細書。
12 US Patent No. 1082933, "Tungsten and Method of Making the Same for Use as Filaments of Incandescent Electric Lamps and for Other Purposes".
13 特許第 20894 号明細書。
14 特許第 18961 号明細書。
15 「特許第 18961 号無効審判請求書」（請求人大島辰之助，被請求人ゼネラル・エレクトリック・コムパニー，1917 年 1 月 19 日，審判 3442 号。渡邊二郎編，1920，『「タングステン」電球特許問題』，第 5 節，114，京都大学附属図書館）。渡邊（1920）は，渡邊二郎が一連のタングステン電球特許裁判の請求書・弁駁書・反駁書など当事者間でやりとりされる裁判資料を編纂し注釈を加えたものである。渡邊は東京高等商業学校を 1916 年に卒業，商学士の学位を持ち，22 年には横浜電気工業株式会社（現メトロ電気工業株式会社）の取締役および支配人であり，かつ東洋電球株式会社（東京府北豊島郡巣鴨町）相談役であった。裁判資料は東洋電球に所属していた大島から入手したものであると考えられる（工業之日本社，1921，290；東京高等商業学校，1916，144）。
16 特許第 18961 号明細書。
17 特許第 10831 号明細書。
18 製品特許と製法特許は別々に出願されたが，特許第 10830 号，第 10831 号ともに 1906 年 4 月 4 日に出願されていることから，この 2 つの特許は 1 つの発明であると考えられる。
19 特許第 13612 号は 1909 年 8 月 27 日に譲渡登録されている（特許局『特許公報』1381 号，1909 年 9 月 22 日）。また，第 10807 号と第 14746 号は 9 月 28 日に譲渡登録されている（同，1391 号，1909 年 10 月 15 日）。なお，第 14746 号の名称は「白熱電気燈ノ金属心支持装置」となっている。
20 1909 年に GE はクツエルのアメリカ特許を 24 万ドルで買収した（Bright, 1949, 193）。
21 岸は，1899 年末における特許代理業者 138 名のうちの 1 人であり，また外国人特許を取り扱う専門家としても有名であった。岸は日本への外資導入の必要性・有効性を主張するとともに，実際に外資導入を斡旋した。たとえば，村井兄弟商会とアメリカン・タバコの提携も岸が斡旋したものである（岸同門会，1939, 361-363）。
22 GE と AEG の交渉については，長谷川（1995a）を参照。
23 警告書については，渡邊（1920，第 2 節，4-5, 32-34）による。
24 1907 年頃までの電球企業の参入と競争については，菊池（2007, 31-39）が詳しい。
25 独自の特許を企業化したものは次の通り。電光舎（石崎千代吉・杉山繁太郎：第 8892 号），大阪電球・錦商会（河村春太郎：第 10887 号・第 19861 号・第 20738 号；難波〔井上〕守：第 12377 号；今澤精一郎：第 17575 号・第 18195 号），東京電球製

作所（伊藤隆三郎：第 20648 号），エム電球製作所（後の三平株式会社。松本直ほか：第 20927 号・第 20243 号）など。

26 後に述べるように，岡本宣美の特許は，イギリス人エルンスト・アウグスト・クリューゲルの発明を岡本が日本で出願したものと考えられている。

27 タングステン電球特許訴訟は，1914 年 1 月 16 日に西本貫が GE に対する「特許第 10831 号無効審判請求」を特許局へ提出したことに始まる（渡邊，1920，第 1 節，1-2）。最終的に特許局は西本の請求を棄却するが，GE は 1916 年 6 月にこの特許を放棄したため，実質的にはこのときすでに訴訟は終了していた。GE が第 10831 号を放棄したのは，他の特許によって訴訟を進めやすくするためであったと思われる。

28 この後 1918 年 12 月 9 日に GE は大日本電球に対してさらに「特許第 20894 号権利範囲確認審判請求」を提出，大日本電球も翌年 3 月 19 日に「特許第 20894 号無効審判請求」を提出した（渡邊，1920，第 10 節，1-13；同，第 11 節，1-11）。

29 ほかにも，当時大島電気工務所主であった大島辰之助による 1917 年 1 月の GE に対する「特許第 18961 号無効審判請求」があった（注 15 参照）。大島の請求は他の特許訴訟と同時に審理が行われたが，1920 年 4 月 22 日に審判請求資格なしとの理由で請求却下の審決が出された（渡邊，1920，第 5 節，1-5；同，結論，15-17）。

第3章

技術導入と特許管理の発生

はじめに

　本章では，日本企業における特許管理の発生を明らかにする。1885年の専売特許条例の制定以降，日本では発明者が個人的に特許を出願・取得することはあったが，法人が自らの名義で特許を出願・取得し，それを法人財産として管理するようになるのは，1910年代になってからであった。何を契機として日本企業は特許管理を行うようになったのかを，東京電気と芝浦製作所の動きを通して歴史的に明らかにすることが，本章の課題である。
　以下では，両社における特許管理の発生を，GEとの技術提携との関係に注意しながら明らかにしていく。

1　東京電気における特許管理

初期の経営と研究開発

　まず，GEとの資本・特許協定以前，つまり1904年までの東京電気の経営と研究開発についてみていこう。東京電気は，1890年に藤岡市助・三吉正一が設立した合資会社白熱舎にその起源を持つ。当時日本国内で照明用に使用されていた電球はすべて外国製であり，国内には電球を製造する事業所はまったくなかった。藤岡は何とかして白熱電球を国内で製造したいと考え，事業を始めた（安井，1940，6）。白熱舎は，日清戦争後の好景気とそのもとにあって日

表 3-1 東京電気の電球販売個数（1896～1918 年）

(単位：個)

年	グローカーボン	B 電球	C 電球	その他	計
1896	53,428				53,428
97	72,815				72,815
98	58,192				58,192
99	136,576				136,576
1900	───				───
01	142,697				142,697
02					
03	216,097				216,097
04	272,168				272,168
05	───				───
06	723,194				723,194
07	1,058,383				1,058,383
08	1,333,794				1,333,794
09	1,661,020				1,661,020
10	2,392,476	60,017			2,452,493
11	4,604,483	266,885			4,871,368
12	5,985,143	1,024,522			7,009,665
13	4,581,324	3,157,358			7,738,682
14	4,666,721	3,781,359			8,448,080
15	3,605,915	6,692,794	2,915		10,301,624
16	3,490,056	11,642,059	7,070	2,324,121	17,463,306
17	2,233,322	17,836,439	19,829	354,388	20,443,978
18	574,585	14,986,176	59,159	1,941,648	17,561,568

出所：東京芝浦電気（1963, 937）より作成。

本各地で起こった電灯会社・発電所の新設を背景に，1896 年に株式会社化されて東京白熱電燈球製造株式会社となった。東京白熱電燈球製造はさらに，1899 年 1 月に東京電気株式会社と改称する。東京電気の営業目的は「白熱電燈球及諸般ノ電気事業ニ関スル機械器具ノ製造販売並電気工事ノ設計受負ヲナスヲ以テ目的トス」(安井，1940, 56-57) とされ，白熱電球製造を中心としつつも多角的に事業を営もうとしていた。しかし電気工事の設計請負事業からは 1902 年に撤退したため，白熱舎設立から 04 年まで事業の中心はもっぱら白熱電球の国内生産と販売にあったといえる。

　ここで，東京電気の経営状態を電球販売個数と売上高から確認しよう。**表 3-1** に東京電気が株式会社化された 1896 年から 1918 年までの電球販売個数を示している。1904 年までに東京電気が販売した電球はすべてカーボン・フィ

表 3-2　東京電気の売上高（1896～1918 年）

(単位：円, %)

年	電球類		その他器具類					売上高
			医療器具	積算電力計	配線器具	照明器具	特殊器具	
1896	18,173	100.0						18,173
97	26,443	100.0						26,443
98	24,801	100.0						24,801
99	37,954	100.0						37,954
1900	37,954	100.0						37,954
01	31,205	100.0						31,205
02	53,885	100.0						53,885
03	40,996	100.0						40,996
04	69,410	100.0						69,410
05	87,038	100.0						87,038
06	195,998	99.8			334			196,332
07	268,533	91.9			23,774			292,307
08	336,924	78.0			95,093			432,017
09	421,960	94.3			25,644			447,604
10	666,820	90.5			60,535		9,131	736,486
11	1,300,301	91.0			123,948		5,244	1,429,493
12	1,923,227	91.1			187,184			2,110,411
13	2,450,594	97.6			60,395			2,510,989
14	2,548,929	97.0			80,005			2,628,934
15	2,854,789	97.4	4,978	1,333	64,387	3,821	2,527	2,931,835
16	4,576,853	94.2	22,259	35,030	212,883	7,939	5,238	4,860,202
17	5,992,028	92.5	37,674	190,302	242,028	15,123	4,188	6,481,343
18	5,346,678	84.7	45,683	400,578	229,470	219,032	72,180	6,313,621

出所：東京芝浦電気（1963, 936-939）より作成。

ラメント電球であり，その個数は 1896 年の年間 5 万個あまりから年々増加し，1904 年には約 27 万個を販売するまでになった。**表 3-2** には同期間の売上高を製品ごとに示している。同表によると，東京電気は 1905 年までは電球類のみを製造・販売していたことがわかる。電球類の売上高は，1896 年には約 1 万 8000 円であったが，1904 年には約 6 万 9000 円にまで成長している。販売個数と売上高それぞれの伸びを比較すると，1904 年までに，個数は約 5 倍の伸びを示している一方，売上高は約 3.8 倍と伸びが低くなっている。これは，当時アメリカやドイツから低価格の電球が輸入されており，これら輸入電球との競争によって単価が押し下げられていたからである。[1]

東京電気の初期の技術的課題の 1 つは，何よりも輸入された外国製電球と

の競争に対抗できる国産電球を生産することであった。創立者である藤岡や1899年に入社した新荘吉生が中心となり，電球生産技術の実験や改良が行われた。同年には社内に実験室が設置され，電球と電球製造技術の研究開発を行う組織体制も一応整えられた（安井，1940, 508-509）。藤岡と新荘は，実験室で普通電球の改良に取り組んだだけではなく，特殊電球の開発も行った。彼らの開発の成果は，1899年から1900年にかけての反射鏡付電球・藤岡式電球・着色電球の発売にあらわれている（安井，1940, 64-65）。ここから，東京電気が初期から電球の国産化という技術的課題に対して積極的に取り組み，さらには早期から研究開発活動を行っていたことが確認できる。

では，白熱舎設立から1904年までの東京電気の特許出願状況はどのようなものであったか。この間に白熱舎・東京白熱電燈球製造・東京電気の名義による特許は出願・登録されていないが，東京電気関係者による個人名義での特許出願は2件あった。最初に出願された特許は，藤岡市助を発明者・特許権者とした特許第2366号「電燈（白熱）」である。これは前述の藤岡式電球として製品化された特許である。この特許は白熱舎時代の1894年8月6日に出願され，同年10月19日に15年間の特許権が付与されたもので，「二條ノ炭線ト適切ナル換流装置トヲ具ヘタル白熱電燈」の発明を権利化したものであった。これは白熱電球の発明というよりもむしろソケットに燭光切換機能を持たせた照明器具であった。藤岡による特許のほかには，藤岡と新荘が共同で1902年11月1日に出願した特許第6381号「漏洩電気警告装置」がある。これは，真空放電技術を用いた発明で，断線等で高圧電線が接地したときに真空管内で発生する放電によって回路の電気抵抗が減少してベルが鳴るという装置である。このように，1904年までに東京電気関係者は電球や真空放電技術に関する発明の特許を出願・登録しており，東京電気がGEとの協定以前から研究開発を進めていたこと，また，初期の研究開発が特許登録という一定の成果をともなったものであったことが確認できる。

GEとの協定以前の研究開発を評価すると，第1に，特許登録件数が2件のみであったことは，この時期の東京電気の技術水準や開発力が低かったことをあらわしている。第2に，特許が藤岡・新荘という個人名によって出願・登録されている点から，この時期にはまだ会社としての特許管理は行われていなかったことがわかる。個人的に特許出願がなされ，取得された特許権も個人に帰

属していることから，実験室が設置されていたとはいえ研究開発はまだ個人的な過程として行われていたということができる。

電球の国産化を図り，外国製の輸入電球と市場において競争するという課題からすれば，2件の特許に示される技術水準は低く，到底外国企業と太刀打ちできるものではなかった。東京電気は，外国との技術ギャップを急速に埋めて電球の国産化を果たすためには外国からの技術導入が不可欠であると考え，1905年にGEと協定を締結するのである。

GEからの技術導入
(1) 資本・特許協定の締結

東京電気は1905年1月8日にGEと資本参加および技術提携の仮契約を調印，同月20日に臨時株主総会を開催して仮契約を承認した（安井，1940，97-100）。臨時総会では5000株の株式を新規発行して資本金を1万5000円から4万円へと増資し，新規発行5000株のうち4080株（額面50円であるから20万4000円）をGEに割り当てることが決議され，これによってGEは，東京電気の発行済み株式の過半数51％を所有することとなった。表3-3は，1919年5月までの東京電気の発行済み株数とGEの持株比率を示したものである。この間GEの持株比率はほぼ50％から57％の間で維持されている。また法人としてのGEが所有する以外にも，GEの経営役員等外国人が所有する持株も存在し，増減はするもののそれらは10％から20％の比率を維持している。GEとその他外国人の持株比率を足せば70％弱となり，資本関係からみれば，1905年のGEとの提携以降，東京電気はGEの子会社であったということができるだろう。

1905年の臨時株主総会ではまた，役員の増員も決定され，GEは経営役員としてJ. R. ゲアリー（専務取締役副社長），A. L. バグナル（A. L. Bagnall, 取締役），N. W. マッカイボア（N. W. McIvor, 取締役）を送り込んだ。この総会で役員に選出された日本人は田村英二（専務取締役社長），藤岡市助（取締役），立川勇次郎（監査役），長富直三（同），川崎芳之助（同）であったから，監査役を除く取締役5名中3名をGEのメンバーが占めることとなったのである（東京芝浦電気，1963，16）。役員構成の点からも東京電気はGEの子会社であったといえる。

1905年の特許協定では「米国ゼネラル会社ハ契約ニ依リテ其秘密製造方法

1 東京電気における特許管理　73

表 3-3　東京電気の外国人持株（1904 年 6 月〔第 13 期〕〜19 年 5 月〔第 42 期〕）

期	期　　間	株　数		所有株数			
		旧株	新株	GE		その他外国人	
		(株)	(株)	(株)	(%)	(株)	(%)
13	1904 年 6〜11 月	3,000					
14	04 年 12 月〜05 年 5 月	8,000		4,080	51.0	417	5.2
18	06 年 12 月〜07 年 5 月	8,000	24,000	16,170	50.5	4,927	15.4
31	13 年 6〜11 月	8,000	64,000	36,663	50.9	14,494	20.1
32	13 年 12 月〜14 年 5 月	32,000	40,000	36,849	51.2	14,300	19.9
33	14 年 6〜11 月	32,000	40,000	37,174	51.6	14,037	19.5
35	15 年 6〜11 月	32,000	40,000	40,524	56.3	10,874	15.1
36	15 年 12 月〜16 年 5 月	32,000	40,000	40,774	56.6	10,315	14.3
39	17 年 6〜11 月	72,000	48,000	68,055	56.7	13,852	11.5
41	18 年 6〜11 月	120,000		68,221	56.9	13,576	11.3
42	18 年 12 月〜19 年 5 月	120,000		68,121	56.8	13,408	11.2

出所：東京芝浦電気（1963, 916-917）より作成。

及特許使用権ヲ当社ニ譲リ其経験ヲ悉ク本社ニ移サンカ為ニ同社独特ノ諸器械ヲ送リ之レガ設置及斯業ノ指導ノ為メ電球製造技師ヲ渡来セシメ」ることが規定された[6]。GE は株式と役員の過半数を確保することを担保として東京電気に特許ライセンスを与え，「秘密製造方法」を東京電気に移転した。東京電気の立場からみれば，GE から日本特許の独占的使用権を獲得し，それに関連した技術を得たのである。

　GE は東京電気に対する技術移転を特許ライセンスという形で法的に保護しようとしたわけであるが，GE が日本特許の使用許諾を与える場合，何よりもまず GE 自身が日本において特許を出願・取得しておかなければならない。前章の表 2-1 は，1918 年までの GE の日本における特許保有件数を技術分野ごとに示したものである[7]。1905 年協定によって東京電気にライセンスされた GE 特許は，白熱電球に関するものだけであった（長谷川，1995b, 127）。GE の白熱電球特許は同表では電燈・電燈製造機に含まれており，1905 年には 14 件の特許を保有していたと推定できる。しかし，この 14 件のすべてが白熱電球に関する特許であったわけではない。白熱電球に直接関係する特許は，化学排気法（ゲッター）の発明である第 4244 号「高度真空ヲ生スル方法」，カーボン・フィラメントの配置と形状に関する第 6986 号「白熱燈」，球の形状に関する第 7097 号「電燈」，GEM 電球に関する第 8978 号「繊條製造方法ノ改良」，第

11707号「白熱電燈用繊條」，第11822号「白熱電燈繊條用炭素」の6件であった。したがって，東京電気による技術導入は，この6件のライセンスに基づいて開始されたといえる。

1905年協定は07年と12年の追加契約によって部分修正された。1907年の第1追加契約では，特許ライセンスの範囲が白熱電球以外に拡大された（長谷川，1995b，127-128）。GEは東京電気が拡張すべき事業として，電球製造，ガラス球製造，発電機，誘導電動機，直流電動機，変圧器，変電盤，配電盤用計器類，ランプソケット，積算電力計，ヒューズ，栓受，スイッチ，磁気類，ラインマテリアル，絶縁体の製造をあげ，これらの製造に必要なGEの日本特許のライセンスを供与した。さらに1912年の第2追加契約では，芝浦製作所との特許協定との関係でGEが東京電気に供与するライセンスの範囲が限定され，東京電気は重電機器の特許使用権をGEに返却した（長谷川，1995b，128）。

1907年の第1追加契約と12年の第2追加契約によって，東京電気は白熱電球だけではなくその他の製品についてもGE特許のライセンスが与えられた。東京電気と芝浦製作所にどのような割合で特許ライセンスが割り振られたかについて具体的には明らかでないが，前出の**表2-1**がその概観を与えている。電燈・電燈製造機関係では，GEは1918年までに累計で62件の特許を登録・買収している。追加契約によってライセンスが供与されることになった計器類では9件，重電関係では66件を登録・買収している。これらのすべてが東京電気に割り当てられたわけではないが，1905年から18年までに東京電気にライセンスが供与された特許は100件前後にのぼったと考えられる。

(2) 技術導入

日本に対する技術移転は，日本が工業所有権保護同盟条約（パリ条約）に加盟した1899年以降活発になった。エジソン電球の基本特許はアメリカにおいてすでに1897年に消滅していたため，カーボン・フィラメント電球の基本特許が存在しない状態で日本の特許制度は外国に向かって開放されたのである。前章でも述べた通り，当時，世界的な電球開発の焦点は炭素に代替するフィラメントの開発に当てられており，特許制度の開放以降，日本に対して外国人発明による新フィラメントの特許が多数出願された。東京電気は研究開発の激しい流れのなかで，新しい電球技術を研究・吸収しなければならなかった。

1905年にGEと締結した特許協定では，特許ライセンス供与のほかに，東

京電気が電球製造に用いる特殊機械器具は GE から供給されること，これら特殊機械器具の据え付け・作業指導および電球製造ノウハウの提供のために技師の派遣を得ることが規定された（安井，1940, 99；Uchida, 1980, 155-157；林，1984, 65）。また，東京電気社員の GE への派遣も規定され，これに対応する形で東京電気内部において 1907 年に社員海外派遣規定が制定され，社員派遣を通した技術導入を行えるようになった（安井，1940, 113-114）。東京電気の技術者は，協定によるこのような複数の技術導入チャネルを通して自社の抱える技術課題に取り組んだのである。電球技術の導入において技術者が取り組んだ課題は，次のようなものであった。

第 1 の課題は，電球技術そのものの導入である。東京電気は，GE から電球特許のライセンスを供与されており，クーリッジ特許をはじめとする一連のタングステン電球特許を日本で唯一独占的に使用する権利を与えられていた。タングステン電球の技術導入にあたっては，GE からの技術情報や材料の提供のほかに，東京電気の技術者が GE の工場や研究所を訪問し直接技術を習得する方法がとられた。**表 3-4** は，1918 年までの技術者の海外派遣を一覧にしたものである。押出タングステン電球出現後の 1907 年には中村繁太郎が，翌 08 年には新荘がアメリカとヨーロッパを回り，タングステン電球の研究を行っている。また，クーリッジによる引線タングステン電球発明後の 1912 年には，高野穂積・八捲升次・石川久羅四郎がその製造技術の研究のために渡米している。電球の国産化を進めようとするとき，最初に電球それ自体の，具体的には新しいタングステン・フィラメントの技術的な性質や製造方法の基礎を理解する必要がある。新しい電球である引線タングステン電球の技術を学ぶことが，東京電気の技術者にとって第 1 の課題であったのである。

最新のタングステン電球技術を導入し吸収する一方で，1905 年の提携以来常に東京電気の課題であったのは，生産システムの改善とそのための電球製造機械の導入であった。第 1 次世界大戦期以前の東京電気における製品別売上高をみると，配線器具の売上はあるものの電球が金額で 8 割から 9 割を占めており，また，1913 年頃に同社は日本の電球市場において 6 割から 7 割のシェアを有していた（安井，1940, 137；東京芝浦電気，1963, 936-939）。したがって，電球の効率的な大量生産こそが，東京電気の経営からみて最も重要な課題であった。

表 3-4　東京電気の海外派遣社員（1907 年 5 月～18 年 12 月）

派遣年月	氏　名	研究目的	派遣先
1907 年 5 月	中村繁太郎	タングステン電球製造技術の研究	アメリカ
08 年 7 月	新荘吉生	タングステン電球製造技術の研究	欧米
12 年 6 月	高野穂積	タングステン電球製造技術の研究	アメリカ
	八捲升次	タングステン電球製造技術の研究	アメリカ
	石川久羅四郎	タングステン電球製造技術の研究	アメリカ
14 年 4 月	伊藤二三	窒素電球製造技術の研究	アメリカ
	四方來三尾	ソケット及び口金製造技術の研究	アメリカ
	藤岡圭助	メーター製作研究	アメリカ
15 年 2 月	新荘吉生	電球製造技術の研究	アメリカ
	大橋重威	電球製造技術の研究	アメリカ
	岸川雄二郎	電球製造技術の研究	アメリカ
16 年 3 月	加藤俊二郎	電球製造技術の研究	アメリカ
	新開廣作	電球製造技術の研究	アメリカ
	丸山種一郎	硝子吹機械の研究	アメリカ
	岡木起	硝子吹機械の研究	アメリカ
17 年 4 月	石川安太	電燈応用技術の研究	アメリカ
	吉岡美勝	電燈応用技術の研究	アメリカ
	太田誠一	電燈応用技術の研究	アメリカ
6 月	森直義	電球製造技術の研究	アメリカ
	守山脩三	電球製造技術の研究	アメリカ
9 月	上野菊二郎	電球製造技術の研究	アメリカ
	野澤道定	電球製造技術の研究	アメリカ

注記：技術研究のための派遣に限った。
出所：安井（1940, 267-268）より作成。

　東京電気には，協定によって最新の電球製造機械一式が供給されるとともに，提供された機械設備の据え付けと機械操作を指導する技師 W. T. マクチェスニー（W. T. McChesney）が派遣された。[8] 電球製造機械の供与は，それまでほとんどすべての作業を手作業で行っていた東京電気の工場を生産性の高いものに変え，東京電気の白熱電球に競争力を与えた（Uchida, 1980, 155-157）。GE からどのような電球製造機械が提供されたのかは，同社が日本に出願した特許からある程度知ることができる。というのも，機械設備を輸出する際には，その機械設備の特許を輸出先国に出願し，法的にも機械の使用を管理する必要があったからである。表 3-5 は，電球製造機械をカバーしている GE の日本特許の一覧である。提携直後の 1905 年に，茎製作機械，フィラメント処理に関する機械装置，接合機械，底着け機械などが相次いで特許出願されている。引線タングステン電球の開発後には，1913 年と 14 年に最新式のフィラメント製造機械

表 3-5　GE の日本特許（電球製造機械，1918 年 12 月 31 日出願まで）

特許番号	出願日	名　称
8744	1905 年 3 月 9 日	白熱燈ノ茎製作機械ノ改良
10485	05 年 3 月 13 日	繊條所理器械
9079	05 年 3 月 14 日	接合機械（ウェルディング・マシーン）
9676	05 年 9 月 25 日	白熱燈製造機械
9979	05 年 10 月 5 日	白熱燈ノ底着ケ機械
29328	13 年 1 月 1 日	繊條成形器ノ改良
27382	14 年 11 月 3 日	繊條成形装置
30115	16 年 7 月 7 日	自働硝子吹成機
30736	16 年 9 月 26 日	「アルゴン」ヲ濃縮スル方法
32885	17 年 4 月 20 日	硝子管引出機
31227	17 年 4 月 28 日	硝子吹機械
32906	17 年 9 月 25 日	硝子切離器
34752	17 年 11 月 7 日	繊條成形機
34874	18 年 3 月 27 日	白熱燈ノ燈座ニ糊ヲ適用スル機械
35159	18 年 12 月 17 日	電球切断機械

出所：『特許公報』『特許発明明細書』各号より作成。

が特許出願され，その後もガラス球の製造機械が特許出願されていることがわかる。なお，引線タングステン・フィラメントの製造機械は，クーリッジの基本特許の1つで方法特許である特許第20894号によって権利が与えられていた。

表 3-5 に示した特許がカバーしている電球製造機械が東京電気へ供給されたと考えられるが，東京電気には提供された機械の操作・保守および効率的な運転のため機械技術をも習得する必要が生じた。東京電気は技術者を GE へと派遣し実地で技術情報を吸収した。前出の表 3-4 をみると，1915 年以降に多数の技術者が電球製造技術を習得するために GE へと派遣されていることがわかる。表 3-4 と表 3-5 を関連させてみると，1905 年，13 年と 14 年，16 年以降に GE の特許出願が複数あり，この時期を中心に GE が機械設備を提供したと考えられる。また，1905 年の機械導入にあたっては据え付けと運転のために前出のマクチェスニーが派遣されたが，13 年と 14 年，16 年以降の機械導入に対しては，15 年から 17 年にかけて東京電気の技師を派遣することで運転技術等を移転したことが読み取れる。ガラス球製造機械についても，GE は 1916 年と 17 年に特許を出願しており，これに対応する形で 1916 年に丸山種一郎と岡木起が GE に派遣され，電球製造技術が東京電気側へもたらされたと考えられる。

研究開発と特許管理
(1) 特許管理の発生

東京電気の技術者はGEとの協定を通して最新の電球技術と電球製造技術を習得し，それを効率的な電球生産に結びつけるという課題に取り組んでいた。しかし，技術導入は研究開発活動の存在を排除するものではない。東京電気は，GEから電球技術や電球製造機械設備を受け入れて外国技術を習得するにとどまらず，より効率的で日本の市場環境に適合的な技術の開発も進めた。研究開発もまた，特許管理と密接な関係にあった。以下，研究開発活動と特許管理の発生についてみていこう。

電球技術に関しても電球製造機械に関しても技術導入と並行して研究開発が進められたと考えられるが，最初にその成果があらわれたのは電球製造技術に関してであった。表3-6は，1918年末までに出願された特許・実用新案を電球製造機械関連の発明とそれ以外に区分して示したものである。これによると，早くも1906年には特許第10810号「硝子製物品製作用鐵型」が出願・登録されている。ただ，次項でみるように，1912年頃までGEは東京電気における研究開発に消極的だったので，06年の第1号特許は，研究開発の継続的展開という観点からみるとむしろ例外的なものといえる。その後しばらく電球製造機械に関する特許出願は途絶えるが，1915年頃から行われた継続的な機械の導入とそれを補完する技術者派遣を経た17年から18年にかけて，東京電気は3件の特許を出願している。

GEからの技術導入は，東京電気が日本の電球市場において支配的な地位を確保し，東京電気の経営に「確乎不動の基礎」を与えたが（安井，1940，124），それは単に優秀なGE技術を移植したからだけではなく，東京電気の技術者自身が効率的な電球生産システムを日本において確立するという技術的課題に主体的に取り組み研究開発を行ったからであるともいえる。電球および電球製造機械に関する取り組みは結果として電球製造機械における4件の特許出願に結実し，GEとの特許協定締結以後も研究開発に対する積極的な姿勢をとっていたことが確認される。

また，研究開発に対する東京電気の取り組みからは同時に，特許管理の萌芽的な現象をみてとることができる。特許第10810号は，発明者は不明であるが，東京電気株式会社の名義で出願・登録された。GEとの協定以前の1902年に

1 東京電気における特許管理

表 3-6 東京電気の特許および実用新案出願（1918 年 12 月 31 日出願まで）

	種別	番号	出願日	登録日	発明者	名　称
電球製造機械	特	10810	1906 年 6 月 11 日	1906 年 7 月 18 日	n.a.	硝子製物品製作用鐵型
	特	33284	17 年 12 月 21 日	18 年 10 月 9 日	山崎升彦	硝子絲製造機械
	特	35535	18 年 5 月 22 日	19 年 12 月 19 日	岡澤勝太郎	線輪形成機
	特	39622	18 年 8 月 25 日	21 年 8 月 20 日	中井保	電子式真空喞筒
電球製造機械以外	特	23206	1912 年 10 月 9 日	1912 年 12 月 16 日	新荘吉生	改良「ソケット」
	特	43931	14 年 6 月 16 日	22 年 11 月 21 日	アントン・レッデレル	瓦斯電燈
	特	61641	14 年 6 月 18 日	24 年 11 月 7 日	宇野清一郎	瓦斯電燈
	特	45528	14 年 8 月 24 日	23 年 6 月 5 日	アントン・レッデレル	瓦斯充填白光電燈
	特	63874	14 年 12 月 21 日	25 年 5 月 15 日	n.a.	白熱電球
	実	36453	14 年 12 月 22 日	15 年 7 月 27 日	松山朝次郎	電球携帯箱
	特	31368	17 年 5 月 16 日	17 年 8 月 2 日	大久保増蔵	電流制限器
	実	44574	17 年 9 月 10 日	17 年 12 月 25 日	加藤倹二郎	提灯型電球
	実	44697	17 年 9 月 26 日	18 年 1 月 14 日	加藤倹二郎	提灯型電球
	特	35462	17 年 9 月 26 日	18 年 12 月 2 日	遠藤新實	白熱電燈承口
	特	33557	18 年 1 月 31 日	18 年 12 月 18 日	小松茂八	白熱電燈
	実	46236	18 年 2 月 5 日	18 年 7 月 4 日	小松茂八	白熱電燈
	実	46237	18 年 2 月 5 日	18 年 7 月 4 日	小松茂八	白熱電燈
	特	34570	18 年 3 月 19 日	19 年 6 月 25 日	黒澤四郎	電気絶縁物
	実	46810	18 年 4 月 4 日	18 年 10 月 5 日	桜木弥太郎	レントゲン管球荷造箱
	実	46015	18 年 4 月 10 日	18 年 6 月 14 日	内野盛太郎	変燭電燈
	実	47549	18 年 5 月 29 日	19 年 1 月 24 日	吉岡美勝	前照燈
	特	36602	18 年 7 月 20 日	20 年 6 月 15 日	瀧澤斌, 塚本純	高温度計用熱電対
	特	34764	18 年 7 月 27 日	19 年 7 月 29 日	宗正路	電流制限装置
	実	47764	18 年 9 月 19 日	19 年 2 月 20 日	森直義	森式検卵電燈
	実	49496	18 年 12 月 3 日	19 年 8 月 1 日	吉岡美勝	前照燈用白熱電燈
	実	49364	18 年 12 月 13 日	19 年 7 月 21 日	内野盛太郎	捻込栓付変燭電燈
	実	49851	18 年 12 月 19 日	19 年 9 月 18 日	司城正木	高燭電燈用承口
	特	34984	18 年 12 月 28 日	19 年 9 月 26 日	石川久羅四郎	回転式硝子爐
	実	49441	18 年 12 月 28 日	19 年 7 月 26 日	松本要	電燈承口

注記：1) n.a. = 不明。
　　　2) 種別欄の「特」は特許を，「実」は実用新案を示す。
　　　3) 特許権者，実用新案登録者はすべて東京電気株式会社である。
出所：『特許公報』『特許発明明細書』『実用新案公報』各号より作成。

出願された特許は個人に帰属していたが，早くも 06 年には特許を企業に帰属させる，いわゆる「発明の法人化」という現象が垣間みえる。同社の組織上に特許部門が設置されるのは第 1 次世界大戦後のことであるが，法人名義による特許出願は，東京電気には早くから研究開発の成果を組織的に管理しようとする姿勢があったことを示している。

(2) 研究開発の拡大

次に，電球製造機械以外の分野も含めた研究開発活動全体の展開についてみてみよう。

当初 GE は，東京電気の自主的な研究開発活動に対して消極的な姿勢をとっていた。これは，GE が関連企業を含むグループ全体の研究開発機能を GE に集中させようと考えていたからであるといわれている（長谷川，1995b, 141）。しかし GE は次第に東京電気の研究開発を許容する姿勢をとりはじめる。そして 1912 年 12 月の第 2 追加契約により，東京電気における自主的な研究開発活動を認めるようになった（長谷川，1995b, 130, 141）。第 2 追加契約は技術供与に関して，東京電気は従業員の発明を GE に告知し，その特許はアメリカ国内においては GE の権利となることを規定している。これは事実上東京電気における研究開発活動を認めるものであり，GE が東京電気の研究開発活動を追認したものであるといえる。東京電気は，第 2 追加契約よりも前の同年 2 月に，後にマツダ研究所となる実験室を技術課に設置し，組織的にも研究開発活動を位置付ける決定を独自に行っていた（安井，1940, 510-511）。

実験室の設置は，1 つには従来の電球と電球製造技術の進展を図るという目的があった。実験室が設置されていた技術課は電球の技術的側面を管理していた部署であり，工場・技術課・実験室はおおよそ次のような関係にあった。工場は電球生産高の増加に専念し，技術課は GE からの技術情報を研究して工場に伝達する。そして実験室は技術課から依嘱された技術事項や GE から提供されたサンプルを研究する。これら 3 部門が連携して技術導入と電球生産技術の向上を図る組織構造になっていた（安井，1940, 523）。

しかし，実験室は技術課から依嘱される事項のみを研究していたわけではない。東京電気は電球材料の自給と国産化という技術課題をも抱えていた。というのも，東京電気は当時電球製造に用いる原料をほとんどアメリカからの輸入に頼っていたからである。技師長であった新荘は「一朝有事の際に輸入が杜絶したならば会社が困難するのみではなく，我が国防衛上にも影響するところは少なく在るまい。（略）材料その他すべてを国産化しなければならぬ（略）」と考え，電球材料の国産化のために独立した研究機能を会社組織に持たせた（安井，1940, 510-511）。

実験室における材料国産に向けた研究は，第 1 次世界大戦の開戦とそれによ

るヨーロッパ諸国からの各種製品の輸入途絶により拡大することになった。第1次世界大戦は1914年7月に勃発したが，東京電気は同年10月に実験室を技術課から独立させて「電球その他一般製造技術に関する学理的研究」を行う部署とした。1915年以降，実験室は光度寿命室・化学実験室・物理実験室の3部に編成され，組織も拡大した（安井，1940，511）。また実験室は従来の電球・電球製造技術に関する研究以外にも研究対象を大きく広げ，研究領域はタングステン・フィラメント，ガス入り電球，耐火物のほか，レントゲン管球，光学ガラス，真空管へと拡大した（安井，1940，511-523）。このように第1次世界大戦の勃発を契機として，研究開発は活発になっていった。

(3) 特許・実用新案からみた研究開発の特徴

1912年の実験室設置と第1次世界大戦を契機とした研究領域の拡大は，東京電気の研究開発を新たな段階へと導いた。まず特許・実用新案の出願件数を前出の**表3-6**を用いて確認すると，東京電気名義で出願されたものは1911年までにはわずか1件であったが，12年から14年の期間では6件，15年以降18年までの期間では22件へと拡大している。この点から，実験室の設置が研究開発活動を活発化させたことが確認できるであろう。以下では，東京電気が出願した特許と実用新案の内容を分析し，1918年までの研究開発の特徴を明らかにしていこう。

東京電気が開発した電球製造技術関連の特許についてはすでに述べたので，それ以外の出願をみていこう。**表3-6**によれば，製造機以外では，1912年10月に新荘によって特許第23206号が出願されている。その後1914年に，ガス電燈と白熱電球に関する4件の特許および「電球携帯箱」と題された1件の実用新案が出願されている。このうち4件の特許は，東京電気の名義で出願・登録されているものの同社の発明ではないと考えられるものである[9]。したがって，1912年の新荘によるソケットの発明以降，技術課における研究開発はしばらく期間があいていたことになるが，17, 18年頃には次第に実験室での研究成果があらわれてきたといえよう。

東京電気が出願した特許と実用新案は，GEからの技術導入との関係で次の2つに分類することができる。この分類は，東京電気が取り組んだ技術的課題をそれぞれ反映している。

第1は，電球や電球製造技術と同じようにGEの技術を吸収する過程で生ま

れたものであり，GE の日本特許のなかに関連する特許があるものである。小松茂八による「白熱電燈」は，「特許第 29954 号ノ権利ヲ使用スル水銀窒素電燈ニ関スル」発明である。これは I. ラングミュア（Irving Langmuir）のガス入り電球を独自に改良したもので，ガス入り電球の技術を研究し吸収する過程で生まれてきたものと考えられる。遠藤新實のソケットの発明は，GE が 1913 年 7 月 21 日に出願した第 34875 号「電燈承口」と類似しており，いずれも開閉把手を迅速・着実に連続回転させる機能を持たせたものであった。これも GE 技術を研究し，さらに日本市場に適合的な製品を作る上で生み出された発明と考えられる。瀧澤斌と塚本純による熱電対は，構造的にはガス入り電球と同じであり，小松の発明と同じくガス入り電球の研究から生まれた応用発明であると考えられる。

　第 2 は，GE の日本特許に対応するものがないものである。これらの特許はさらに，国産化の過程で生み出された特許と，日本の特殊事情に対応するために発明されたものとに分類することができる。

　国産化に対する取り組みのなかで生み出されたものには，黒澤四郎による絶縁体の発明と石川久羅四郎による回転式硝子爐の発明がある。なかでも石川のものは，ドイツからの輸入が途絶した光学ガラスの製造装置の発明であり，「自働的操作ニヨリ高熱ニ於テ完全ニ熔融硝子ヲ攪拌シテ硝子製造中特ニ至難トセラレタル高級『レンズ』硝子製造ニ於テ均一ナル成分ヲ有スル良品ヲ製造セントスル」ことを目的に開発された。

　日本の電気事業の状況に適合的な独自の製品開発を示す特許は，新荘によるソケットの発明と電流制限装置に関する発明である。新荘のソケットは「『スクリュー』部ノ外面凹部ニ鉄其他ノ繊條ヲ捲キ込ミ以テ其内面凸部ヲ十分ニ保護スル装置ヲ有スル『ソケット』」で，「異種ノ螺旋ヲ有スル電燈球口金ノ取附ヲ不能ナラシム」ものであった。ここには，電気事業者と需要者との間に起こった紛争，たとえば 5 燭燈契約のところへ 10 燭燈の電球を差し込むといった事態を回避する要求が反映されている。これは日本に特殊な事情で，GE の特許にはこれに対応するものがなかったのである。大久保増蔵と宗正路がそれぞれ独自に発明した電流制限装置も，GE が日本に出願した特許のなかに関連するものはない。彼らの発明の目的は「其製造費低廉ニシテ電燈等ノ如キ電力消費比較的小ナルモノニ対シ電流盗用ヲ防止スルニ適当ナル電流制限装置」を

製造することで，電球の点灯に用いるような小口の電流盗用を防止したいという市場の要求によって開発された，東京電気独自の技術であった。

(4) 特許管理の展開

最後に，第1次世界大戦中の特許管理の展開を，保有件数の拡大と出願業務からみておこう。

第1は特許・実用新案の保有件数の拡大である。特許および実用新案は，東京電気の技師による研究開発の結果もたらされた。上述の通り，第1次世界大戦勃発直後から研究開発は活発化し，内部の発明と考えられるものは1914年以降18年末までに23件にのぼった（**表3-6**）。加えて東京電気は，外部の特許を買収し管理するようにもなった。1915年1月には川勝ツネからガラス製造に関する発明である特許第23276号を取得し，16年9月にはドイツ人H. C. ヴェーバー（Heinrich C. Weber，明細書では「ハインリッヒ・ウェーベル」）が発明したタングステン・フィラメントの特許2件を，17年9月には柳井禎蔵による電球特許，福原信三による電球部品に関する特許2件を買収し自らの管理下に置いた。東京電気は，自社発明特許の管理のみならず他者特許を買収・管理することによって，自らの競争力を強化したのである。

第2に出願業務の展開をみておこう。出願業務は，明細書が特許の法的効力を左右する点において特許管理上重要な業務である。特許がどのように出願処理されたのかを知るにはその特許の代理人をみればよい。というのも，社内で出願処理された場合は社内特許部門の長が，外部の特許事務所で出願処理された場合にはその弁理士事務所の代表者が，代理人として記されるからである。1906年に出願された第1号特許である第10810号の代理人は不明であるが，2番目に取得された新荘のソケット特許の代理人は岸清一である。岸は独立した事務所を構える弁理士であり，前章でもみたようにGEを含む英米系外国人の日本特許出願に携わっていた。このほかに代理人が判明しているのは1917年出願の第31368号と第33284号で，いずれも代理人は小松茂八である。小松は**表3-6**にもあるように東京電気の技師であった。東京電気は特許の出願と管理を当初はGEと同じ外部の弁理士に依頼していたが，1917年頃には東京電気内部で出願業務を行うようになっていたといえる。また，技師である小松が代理人となっている点からすると，当時の東京電気における特許出願は，独立した特許部門によって担われていたのではなく，研究所内部に担当者が置かれて

いたと推測できる。

2 芝浦製作所における特許管理

芝浦製作所の経営

　GE は電球分野において東京電気と提携し事業を進めたのであるが，重電機器分野においては芝浦製作所と提携して事業を進めた。以下では芝浦製作所に関し，GE との提携の目的，技術導入と研究開発の関係，さらには特許管理の発生について明らかにしていこう。

　芝浦製作所は 1875 年に田中久重が設立した田中製造所に起源を持つ。田中製造所は主に電信機・機械類・海軍兵器を製作し海軍省・逓信省に納入していたが，横須賀造船所の設備が拡充されて海軍の民間発注が急減すると事業が苦しくなり，1893 年に三井の管理下に置かれることになった。三井は田中製造所を引き継ぐとともに名称を芝浦製作所と改め，三井銀行の藤山雷太を主任として送りこんだ（木村，1940，11-23）。

　芝浦製作所は藤山のもとで電気機械の製作を開始するが，しばらくは欠損を続け経営を軌道に乗せることができなかった。芝浦製作所の経営を刷新したのは，1899 年に主任となった大田黒重五郎である。大田黒は所内の乱れた規律を正常化するとともに，1900 年 8 月に大幅な人事異動を実施し，機械主任に西崎傳一郎，電気主任に岸敬二郎，工場取締に小林作太郎を抜擢した。この組織改革は芝浦製作所が電気機械生産にいっそうの力を注ぐ目的で行われたものであり，とくに新進気鋭の電気技術者である岸が電気主任となったことで業績は好転し，1904 年には三井の管理下から脱して株式会社芝浦製作所となった（木村，1940，37-44）。

　専務となった大田黒は 1904 年に岸と小林をアメリカに派遣して電気事業や電気機械製造事業を視察させ，帰国後に工場拡張工事を行った。また，大田黒と岸は水力発電事業の開発に取り組み，これが日露戦争後の活況と結びついて芝浦製作所の経営は拡大した（木村，1940，48-52）。株式会社に組織変更した後の芝浦製作所の経営実績を**表 3-7** で確認しよう。同表は 1904 年 6 月から 19 年 5 月までの各期間の受注高と受注残高を示している。表中受注高が電機と機械に分類されているが，この期間の製作品目と照らし合わせると，電機とは発電

表 3-7 芝浦製作所の経営実績 (1904 年 6 月〔第 1 期〕～19 年 5 月〔第 30 期〕)

(単位：円)

期	期 間	受注高			受注残高
		電 機	機 械	合 計	
1	1904 年 6～11 月	161,596	402,944	564,540	533,737
2	04 年 12 月～05 年 5 月	224,696	435,172	659,868	549,401
3	05 年 6～11 月	259,966	357,599	617,565	490,612
4	05 年 12 月～06 年 5 月	322,383	219,951	542,334	415,612
5	06 年 6～11 月	435,125	404,300	839,425	554,196
6	06 年 12 月～07 年 5 月	493,584	458,050	951,634	701,735
7	07 年 6～11 月	596,668	582,600	1,179,268	972,410
8	07 年 12 月～08 年 5 月	611,527	345,919	957,446	1,019,386
9	08 年 6～11 月	513,422	204,287	717,709	671,671
10	08 年 12 月～09 年 5 月	487,182	248,254	735,436	692,030
11	09 年 6～11 月	532,984	245,852	778,836	657,315
12	09 年 12 月～10 年 5 月	711,699	240,480	952,179	728,751
13	10 年 6～11 月	806,385	299,359	1,105,744	717,985
14	10 年 12 月～11 年 5 月	892,339	222,078	1,114,417	818,112
15	11 年 6～11 月			1,178,754	912,414
16	11 年 12 月～12 年 5 月			1,737,606	1,332,359
17	12 年 6～11 月			1,451,999	1,131,672
18	12 年 12 月～13 年 5 月			1,859,306	1,404,798
19	13 年 6～11 月			1,627,517	1,179,290
20	13 年 12 月～14 年 5 月			1,649,593	1,171,127
21	14 年 6～11 月			1,378,722	1,188,377
22	14 年 12 月～15 年 5 月			1,494,494	1,327,259
23	15 年 6～11 月			2,062,406	1,606,040
24	15 年 12 月～16 年 5 月			5,778,328	5,123,204
25	16 年 6～11 月			5,453,680	6,591,816
26	16 年 12 月～17 年 5 月			8,904,001	9,941,145
27	17 年 6～11 月			10,639,674	13,439,553
28	17 年 12 月～18 年 5 月			9,855,061	14,046,936
29	18 年 6～11 月			12,642,963	15,828,551
30	18 年 12 月～19 年 5 月			8,068,605	11,925,035

出所：東京芝浦電気（1963, 940-941）より作成。

機・電動機・変圧器・電灯用器具を指し，機械とは汽機・汽罐・煙突・喞筒を指すものと考えられる（木村，1940, 47）。さしあたり，それぞれの項目の 1911 年 5 月（第 14 期）までの受注高をみると，まず電機は 04 年下期に 16 万円あまりであったものが次第に拡大し，08 年半ばから 09 年半ばにかけてはいったん減少するが，第 14 期には約 90 万円の受注を得るまでに成長した。他方，機械

は，1904年下期に40万円あまりであった受注が07年下期の約58万円を最高にその後減少し，第14期には20万円あまりとなった。受注高の合計は，1907年下期に約120万円となった後，08年上期から09年下期にかけて70万円台に減少するが，その後10年上期からは再び拡大して第13期には110万円台へと回復している。

このように，芝浦製作所は大田黒による作業所内の規律引き締め，岸の電気主任への抜擢，そして岸らのアメリカ視察を契機に，次第に電気機械の製造業者として成長していったのである。

提携以前の研究開発と特許

GEと協定を締結する以前における芝浦製作所の研究開発を，特許取得状況から明らかにしよう。表3-8に，芝浦製作所関係者による1911年までの特許出願状況を示している。これは特許登録された特許を出願日順に整理したもので，純粋な出願数をあらわしたものではないが，この表によると，1911年までに芝浦製作所関係者が合計で17件の特許を出願・取得していることがわかる。発明の名称をみると，すべて発電機・変圧器・送電装置・その他の電気機械に関連するものであり，汽機・汽罐・煙突・喞筒といった機械関係の特許出願は見当たらない。このことから，1911年までの期間に芝浦製作所において行われた研究開発は，ほとんどすべてが電気機械関係に集中していたということができる。

また同表によると，芝浦製作所の第1号特許は，岸が出願・取得した特許第5087号「発電機及ビ電動機ノ磁田鉄心」である。この特許は三井の管理下にあった1901年に出願されたもので，当時岸は電気主任に任命されて1年が過ぎた頃であった。その他の主要な発明者は黄金井晴正・宮川利一・丸山彦門・田中龍夫らであるが，岸が9件の特許を出願していることから，第1号特許を取得した岸が研究開発を主導していたことがわかる。[20]また技術水準をみても，岸が出願・取得した第1号特許の発明は，日本のみならずアメリカ・ドイツ・フランス・イギリスなどでも特許を取得し，1905年のセントルイス博覧会に出品されて金牌を授与されるなど，水準の非常に高いものであった（大竹，1931，28-30）。

岸の主導性はまた，1908年9月7日に岸と飛鳥井孝太郎が共同で出願した

表 3-8 芝浦製作所関係者の特許出願（1911年まで）

特許番号	出願年月日	特許年月日	権利者・発明者	発明の名称
5087	1901年9月30日	1901年12月26日	岸敬二郎	発電機及ビ電動機ノ磁田鉄心
8121	04年7月31日	04年12月9日	山本助一	保安器
8527	05年2月25日	05年3月6日	岸敬二郎	油入変圧器放熱装置
10692	06年5月17日	06年6月25日	岸敬二郎, 中村松太郎	発電機
14794	08年4月27日	08年7月23日	黄金井晴正	黄金井式密封安全器
15385	08年9月7日	08年12月15日	岸敬二郎	眞軸及軸承「メタル」ノ磨減警告装置
15520	08年9月7日	09年1月14日	岸敬二郎, 飛鳥井孝太郎	碍子
16303	08年12月23日	09年5月20日	岸敬二郎	変圧器
16419	09年4月30日	09年9月5日	岸敬二郎	電線墜落危険予防装置
16936	09年7月19日	09年9月1日	脇本清	時限継電器
16772	09年6月21日	09年7月20日	岸敬二郎, 保田六郎	電極接続器
17325	09年6月21日	09年10月30日	岸敬二郎, 保田六郎	電気爐
17112	09年7月26日	09年10月1日	宮川利一	変圧器用遮断器
17495	09年8月26日	10年1月18日	丸山彦門	同期電動機自己起動装置
17431	09年10月22日	09年12月15日	田中龍夫	発電機並ニ電動機ノ通風改良装置
17657	09年12月14日	10年2月16日	田中龍夫	直流発電機及直流電動機ノ改良
18144	10年2月26日	10年6月7日	宮川利一	電流測定装置

出所：『特許公報』『特許発明明細書』各号より作成。

特許第15520号「碍子」にもみることができる[21]。岸は「我が国が古来陶磁器の製造国として優れて居ながら，送電用碍子を外国から買ふなど奇怪千萬である」として特別高圧碍子の研究を始める決意をし，日本陶器会社との共同研究を行って，その成果を特許出願にするに至った（大竹, 1931, 51-52）。これは，必要ならば会社の枠を越えても研究開発を進めるという岸の積極姿勢を示している。

岸の研究開発に対する熱意やその成果は他の技術者にも刺激を与えた。出願年月日に着目すると，1906年までに出願された特許はわずか4件にすぎなかったのに対し，08年には4件，09年には8件と次第に特許出願件数が多くなっている。1909年には後に重要な発明を行う宮川・田中らが特許出願しており，岸の主導性によって次世代の技術者が育成されてきていたということができよう。

GEからの技術導入
(1) 資本・特許協定の締結

上述のように，芝浦製作所の研究開発は，電気主任であった岸を中心に活発

に行われ，技術水準も決して低いものではなかった。しかし大田黒はこれで満足しなかった。電気機械産業における欧米の急速な技術進歩をみて，大田黒は「日本でも機械製作の技術は非常に進歩して，或は人を海外に出し，斯道の秀才続出する有様ではあるが，併しこれを欧米に比較すると，未だ迚も同日には論ずる事が出来ない」と評価した（木村，1940，53）。大田黒は「日本の工業技術も，世界的に研究する工夫を取らねばならぬ。（略）早い話が此方の考へと，向ふの考へとを打混ぜて研究する様にしなければならぬ。それには彼我技術界の実験者が聯絡する必要がある。さすれば向ふの考へも此方へ聞き，此方の研究の結果も先方へ知らせる事が出来る」と考え（木村，1940，53），三井合名会社の益田孝を介して GE との技術提携を模索した。[22]

益田は 1907 年にニューヨークで GE 社長のコフィンに会い，「ゼネラル・エレクトリック社へ芝浦製作所の株を與へ，その代り芝浦製作所から技師をよこしたら，ゼネラル・エレクトリックでは機械の図面でも一切秘密なしに見せて貰いたい」と提案した。コフィンはこれに賛成し，翌日の益田と GE 重役との午餐会で，提携についての話はまとまった（木村，1940，54-55）。

益田とコフィンとの会談を受け，1908 年末頃に GE の外国部長であった M. A. ウダン（Maurice A. Oudin）が来日した。[23] 東京芝浦電気の社史には，ウダンの来日を契機として芝浦製作所と東京電気との合併案が持ちあがったと記されている。先に経過をみると，この合併案には芝浦製作所も東京電気も賛成であったが，芝浦製作所の株式を保有する三井物産と GE，東京電気の意見が一致せず，合併は中止になった。三井物産が合併契約の何点かについて同意しなかったことが原因であった（東京芝浦電気，1963，83-84）。

ところで東京電気の営業報告書には，「当社取締役及ビ『ウダン』氏ハ三井物産会社ノ当事者ト数度会見ヲ遂ゲ　遂ニ契約書ノ立案ヲナスニ至リタリ」との記述がある。[24] 前節でみたように，この当時 GE は東京電気の過半数の株式と経営役員を確保しており，またこの会見が東京電気の役員とウダンによって進められている点をみると，両社の合併は GE によって提案されたものであると考えられる。GE は電球から重電機器まで幅広い事業を展開する総合電機企業であり，益田の提案を契機として，日本においても GE が利権を持つ総合電機企業を設立しようとしたのではないだろうか。しかし 1908 年時点ではこの合併は不成立となった。[25]

表 3-9　芝浦製作所の外国人持株（1909 年 12 月〔第 12 期〕〜19 年 5 月〔第 30 期〕）

期	期　間	株　数		持株比率			
		旧株	新株	GE		その他外国人	
		（株）	（株）	（株）	（％）	（株）	（％）
12	1909 年 12 月〜10 年 5 月	20,000					
13	10 年 6〜11 月	40,000		9,900	24.8	1,425	3.6
15	11 年 6〜11 月	40,000		9,900	24.8	805	2.0
18	12 年 11 月〜13 年 5 月	40,000	60,000	24,750	24.8	2,033	2.0
19	13 年 6〜11 月	40,000	60,000	28,428	28.4	1,783	1.8
21	14 年 6〜11 月	40,000	60,000	29,105	29.1	1,416	1.4
22	14 年 12 月〜15 年 5 月	40,000	60,000	29,442	29.4	1,079	1.1
24	15 年 12 月〜16 年 5 月	40,000	60,000	29,592	29.6	1,092	1.1
26	16 年 12 月〜17 年 5 月	40,000	60,000	29,592	29.6	1,485	1.5
27	17 年 6〜11 月	40,000	60,000	29,592	29.6	1,485	1.5
30	18 年 12 月〜19 年 5 月	100,000		29,592	29.6	1,435	1.4

出所：東京芝浦電気（1963, 920-921）より作成。

　GE による東京電気と芝浦製作所の合併案が流産したとはいえ，このことは芝浦製作所と GE の提携実現を妨げるものではなかった。芝浦製作所は 1909 年 11 月 19 日に GE と資本と技術に関する協定を正式に締結した。この協定は 1910 年 5 月の臨時株主総会で承認された。総会では資本金を 100 万円から 200 万円に増資し，新規発行株 2 万株のうち 9900 株を GE に割り当てた。表 3-9 は，1909 年 12 月（第 12 期）から 19 年 5 月（第 30 期）までの芝浦製作所株式における外国人持株の比率を示している。GE の持株比率は約 25 ％から 30 ％で，その他の外国人の持株比率を足してもほぼ 30 ％くらいであった。また，上記の臨時総会では，東京電気の経営役員であったゲアリーが，取締役に選出された。役員には，ゲアリーのほかに，三井守之助（取締役会長），大田黒重五郎（常務取締役），團琢磨（取締役），岩原謙三（同），松尾鶴太郎（同），監査役として前田直行と綾井忠彦がおり（木村，1940, 136-137），GE の代表者は取締役 6 名中 1 名であったことになる。

(2)　技　術　導　入

　1909 年協定で規定された特許と技術に関する主な取引内容は，①GE 特許の芝浦製作所に対するライセンス供与，②研究・技術情報の供与，③GE における芝浦製作所技術者の研修および GE からの技術者派遣，④工場配置の設計図の提供と工場建設の監督，⑤経営者の指導であった（Uchida, 1980, 154）。なか

でもとりわけ②と③は，大田黒のいう「此方の考へと，向ふの考へとを打混ぜて研究する」ことを実現するものであった。

1918年時点での協定書の要約によって芝浦製作所に供与されたGE特許のライセンスの範囲をみると，次の製品を除くものとして定められていたことがわかる。[26] すなわち，ⓐ白熱電球，ⓑ50アンペア以下のメーター，ⓒソケット，ⓓコンセントとヒューズ，ⓔ配線用の開閉器，ⓕ配線器具，ⓖ備品，ⓗランプほや（Globes），ⓘ電球，メーター（50アンペア以下），ソケット，コンセント，配線器具，備品，およびランプほやの製造に使用する磁器と絶縁材料，そしてⓙ蒸気電球，水銀アーク灯，整流器のガラス部品，X線管とクーリッジ管を含む真空ガラス製品である。これらの製品に関する特許は協定によって東京電気へとライセンスされていたが，芝浦製作所はこれら東京電気にライセンスされた特許以外のほとんどすべての特許についてライセンスを供与されていたのである。ただしタービンは別契約で，1910年12月12日に締結された両社の協定ではタービン主契約の項目に従うとされているが，詳細は不明である。[27] 以上の特許許諾項目から，前章の表2-1に示された日本におけるGEの特許のうち発送電機器や電動機を含む重電機器関連の特許およびタービン特許の一部がライセンスされたと推定でき，GEから芝浦製作所に供与されたライセンスの規模は，特許件数であらわせば年間約40件から70件であったと考えられる。

芝浦製作所はGE特許のライセンスを受け，その範囲でGEから技術情報の提供を受けた。芝浦製作所は，協定に基づいて早速1910年に技術者らをGEへと派遣している。1910年に派遣されたメンバーは，岸，工場取締の小林のほかに，更田信四郎・三澤為麿・久保正吉・百田貞次，そして丸山・田中・宮川の9名であった（林，1984，190；木村，1940，165-166）。岸らはGEにおいて「大々的歓迎を受けて，研究室その他秘密に亘る処も充分に開放され，益する処非常に多かつた」ようである（大竹，1931，38）。メンバーのうち岸・丸山・田中・宮川は前述したように協定以前からすでに研究開発で成果を上げていた技術者であったので，この訪問によって得ることのできた情報はより実践的で帰国後の研究開発に生かせるものであったと考えられる。このように技術の移転には，主として研究者をGEの研究所と工場に派遣し研修を受けるという方法が用いられ，派遣された技術者によって技術導入が図られたのである。[28]

研究開発と特許管理
(1) 特許管理の組織化

　岸・小林らが帰国した1911年,芝浦製作所は営業方針を変更するとともに職制変更を行った。芝浦製作所の製造品目はそれまで機械と電気機械に大別されていたが,機械事業を東京石川島造船所に委譲し,自らは電気機械事業に特化した。同時に,経営組織を技術部,製造部,商務部,庶務係,会計係,出納係,実費係の三部四係制とし,技術部長に岸が,製造部長に小林が就任した。岸と小林はさらに常務取締役となり,大田黒とともに3常務体制を実現した（大竹,1931,57-61）。翌年,岸と小林は常務取締役に専念するため技術部長に納富磐一,製造部長に更田信四郎を就任させ,組織の充実を図った（大竹,1931,60-61）。GEとの特許協定を組織した大田黒,研究開発を主導し自らも協定によってGEに派遣された岸,同時にGEに派遣された小林が経営の中心となる体制への変革は,芝浦製作所が技術指向型の経営を行う組織体制を整えたことを示している。

　このような経営者レベルにおける組織改革と同時に,芝浦製作所はもう1つの重要な組織改革を行った。すなわち,1912年に特許管理を専任業務とする担当者を設置したのである。特許担当者の設置は経営者となった岸によって主導された。岸は早くから技術の権利化を進め,自らも第1号特許を取得するなど特許取得にも主導性を発揮していたが,経営者としても「社内に於て優秀なる考案をなしたるものには賞金を與へる等の制度」を設置し発明を奨励しようとしたのである（大竹,1931,31）。

　それと同時に,芝浦製作所の技術者が開発した特許を法人財産として管理するようにした。前述の通り,すでに1911年までに芝浦製作所の技術者は17件の発明を特許化していたが,当時は発明者自身が出願手続きを行い,特許の権利者も発明者個人になっていた。[29]社内においてなされた発明は個人に属し,企業がこれらの特許を管理することもなかったのである。社史においても,1902,03年頃には「出願は大概各自に於いてし,或は特許権の使用料を本人に支払ったこと」もあったと述べられている（木村,1940,182）。特許担当者の設置を境に,1912年出願以降の特許はそれまでのように個人名ではなく,すべて法人名で登録されるようになり,権利は発明者ではなく企業へと帰属させられるようになった。同時に,表3-8に掲げた個人名で取得された特許のうち12件

が芝浦製作所に譲渡され,芝浦製作所の財産となるとともに特許管理のもとに置かれることになった。[30]

このように,個人ではなく企業が特許を取得する「発明の法人化」は,芝浦製作所においては早くも1912年に発生したのである。また,組織上特許管理を専業とする部署を設置したのは,芝浦製作所が日本企業では一番早いと思われる(小津,1980,151-152)。東京電気が担当者を設置したのは1917年頃と考えられるので,特許管理組織の整備では芝浦製作所が最も早かったといえよう。[31]

(2) 研究開発の拡大と特許管理の展開

1918年までの芝浦製作所における特許・実用新案の出願傾向を示したのが**表3-10**である。特許担当者設置から1918年までの期間における特徴の1つは,1901年から11年までの特許出願件数17件と比較して,12年から18年までの出願件数が大幅に増加していることである。この期間における特許出願件数は92件,実用新案出願件数は27件にのぼった。さらに1912年以降の特許・実用新案の出願拡大は,同時に発明者層の拡大でもあった。一部の技術者ではなく,多数の技術者によって研究開発が担われ拡大していったという点を,それぞれ技術導入と特許管理活動との関連で検討しよう。

まず,技術導入と研究開発との関係をみてみよう。芝浦製作所は,特許協定によってGEから大量の設計図や技術情報を導入するとともに,技術者がGE

表3-10 芝浦製作所の特許・実用新案の出願(1918年まで)

(単位:件)

年	特 許	実用新案	計
～1908	8		8
09	8		8
10	1		1
11			
12	3	1	4
13	19	2	21
14	11	2	13
15	17	2	19
16	12	6	18
17	15	3	18
18	15	11	26

出所:『特許公報』『特許発明明細書』『実用新案公報』各号より作成。

の工場や研究所を訪問し，現場で技術や知識を獲得した。表3-11によって特許・実用新案出願と技術者のアメリカ訪問との関係をみると，1910年に訪米した岸・田中・宮川・丸山・百田・久保は，12年から18年までに合計で29件の特許と2件の実用新案を出願している。また，1913年に訪米した高村甚平・黄金井・鈴木顕三は，訪米後に10件の特許と2件の実用新案を出願している。この点から，GEに派遣され技術を学んだメンバーが研究開発と特許・実用新案の出願・取得において主導的な役割を果たしたということができる。

他方で，この期間中に訪米していない技術者による出願も多数あった。これらの特許・実用新案の多くは，GEから提供された設計図や技術情報をもとに，外国技術を日本の諸条件に適応するよう改良し製品化する過程でもたらされたものである。当時特許担当者が処理する提案の多くは研究部門からよりも設計部門などからもたらされていたといわれており，GEの技術に基づき製品を完成させるなかで多くの発明が行われたといえる。[32]

第2に，特許管理は特許・実用新案の出願件数にどのような影響を与えたのだろうか。特許担当者は1915年には研究機関である工務部発達係に所属することとなったが，彼らは設計部門を含む研究開発の現場と密接に連携しながら業務を行った。特許担当者の主な業務は，発明の奨励と助成，現場からの提案の発掘と処理であった。[33]研究開発現場からの提案の発掘と処理は，技術者が研究や開発過程で発想したアイデアを出願へと導く業務である（井上，1966，47-61）。発明に対する報償金制度に加えて，特許担当者による発明の発掘・処理は，出願件数の拡大にある程度は貢献したと考えられる。

しかし，研究開発活動それ自体が活発でなく技術水準も低ければ出願件数は拡大しない。この期間は外国技術を日本の気候風土など諸条件に適合化させる研究開発も行われていたが，このような研究開発の枠を越える成果も多く生み出された。代表的なものは，宮川による特許第27406号「保護装置ヲ附シタル碍管」（1914年出願），田中による特許第28067号「整流子ヲ有スル電気機ノ改良」（同15年），石丸による特許第32145号「電圧調節用切換装置」（同17年），百田による特許第34511号「三相変圧器」（同18年）である。これらのうち宮川・田中・百田の発明は第2次世界大戦後にも実施されるなど，当時において画期的発明であっただけではなく，歴史的にみても技術力の高いものであった。また，石丸の発明はいわゆるリアクトル方式の基本発明であり，外国技術の適

94　第3章　技術導入と特許管理の発生

表 3-11　芝浦製作所技術者による特許・実用新案出願　　　　　　（単位：件）

年度	～1908	09	10	11	12	13	14	15	16	17	18	合計
特　許	8	8	1	0	3	19	11	17	12	15	15	109
実用新案					1	2	2	2	6	3	11	27
岸敬二郎	6	3				2	1					12
黄金井晴正	1										1	2
山本助一	1											1
田中龍夫		2						4		2	2	10
										1		1
脇本清			1									1
宮川利一		1	1			3	2					7
						1						1
丸山彦門		1				2	2		2			7
石丸栄吉					3		2	2	6	3	1	17
					1		1	1	2		1	6
杉村信近						4	3	2	3			12
						1	1		3	1	8	15
山本忠興						4						4
大貫頼次郎						3				1		4
伊原誠一郎						1						1
百田貞次						1		2	2		1	6
清水豊次郎							1					1
志村寵							1					1
高村甚平							1	4		3		8
										1	1	2
川戸洲三								1		1	2	4
久保正吉								1				1
三枝重雄								1				1
鯨井恒太郎									1			1
今井恒次												0
									1			1
伊藤奎二										2	2	4
春日彪次郎										2	1	3
清末勇										1		1
長澤勘次郎										1		1
磯野達一郎											3	3
梅澤力											1	1
											1	1
斎間斎											1	1
鈴木顕三											1	1

注記：1）　実用新案の出願がある場合は，下段に記した。
　　　2）　1件の特許に複数の発明者が関係しているものがあるため，発明者でみた出願件数と全体の出願件数は一致しない。
　　　3）　所属が不明である中村松太郎，安田六郎，日本陶器会社所属の飛鳥井孝太郎，百木三郎は除いた。
　　　4）　訪米した年度には網掛けを施した。
出所：『特許公報』『特許発明明細書』『実用新案公報』各号；木村（1940, 165-166）より作成。

合化を超えた独創的な研究開発が行われていたことを示している（東京芝浦電気，1963，789-790）。したがって，この期間における出願数の増大は特許担当者の活動によって促進された側面もあるが，主な要因はGEからの技術導入による研究開発の促進，また独創的な研究開発が行われるほどに技術水準が高かったことにあったといえる。

特許部門の役割は，およそ第1次世界大戦期までは，技術導入によって活性化された研究開発活動で生み出される発明と考案を発掘し，出願に結びつけることであった。この活動自体は特許管理として重要なものであり，これによって芝浦製作所は特許を媒介とした市場競争において重要な位置を占めることができたのである。

まとめ

東京電気も芝浦製作所も，GEと特許協定を締結する以前から研究開発活動を行っていた。しかし，東京電気の場合は，輸入電球に品質と価格の点で対抗できるまでの電球技術を確立することができず，GEから資本と技術を導入することになった。芝浦製作所の場合は，1909年の協定以前から研究開発活動は一定の水準に達していたが，さらに技術水準を向上させる目的でGEとの協定が結ばれたのである。両社ともGE特許のライセンス下で技術やノウハウを提供されたが，それを基礎として生産を進めるとともに，主として外国技術を日本の風土と市場に適合させるために研究開発を進めた。すなわち，技術導入と研究開発は平行的に進められたのである。協定後の両社の研究開発状況をみると，いずれも提携後に研究開発を活発化させている。また，第1次世界大戦を契機として両社の研究開発がさらに活発化したことも明らかとなった。

GEとの協定を契機とした研究開発の活性化は，特許・実用新案を法人財産として管理すること，すなわち特許管理の発生を促した。東京電気の場合，1906年に第1号特許が東京電気名義で出願されていることは，法人特許の考え方が相当早くに芽生えていたことをあらわしている。研究開発が拡大しその成果が次第にあらわれてきた1917年には，企業内部で出願業務が行われるようになり，特許管理が実質的に発生した。一方，芝浦製作所では，GE技術との交流によって生み出された研究開発の成果を特許化し，それを経営に生かす

ために1912年に特許担当者が設置され,特許権が法人財産として管理されるようになった。このように,両社における特許管理の発生は,GEとの特許協定,技術導入協定が契機となっていたのである。

注

1 東京電気『営業報告』第11回,1902年12月-03年11月。また,1907年頃までの日本の電球市場に関しては菊池(2007)が詳しい。
2 実験室の設置は,「工業改良法研究ノタメ実験室ヲ設置シ製造上ノ巧拙ハ勿論総テ技術上ニ関スル事項ヲ学理的研究ヲ為サシメ製造法改良進歩セシムル」(東京電気『営業報告』第7回,1898年11月-99年12月)ために行われた。
3 本章で特許出願件数を計算する場合,最終的に特許登録された特許の出願のみを数える。出願されても審査の過程で拒絶された特許は,研究開発の点からも新規性のある有効な発明とはみなされないからであり,本章ではいわば有効な特許出願のみを特許出願件数とする。
4 特許第2366号明細書。
5 特許第6381号明細書。
6 東京電気『営業報告』第14回,1904年12月-05年5月;東京芝浦電気(1963,16)。
7 特許は意図的であれ不注意であれ年金(特許料)の支払いを怠れば失効するが,いずれの特許も存続期間である15年間すべてにわたって存続すると仮定して保有件数を推計した。
8 マクチェスニーは1907年8月に帰国した(東京電気『営業報告』第19回,1906年12月-07年5月)。
9 アントン・レッデレル(レデラー)による2件の特許について。レッデレルはオーストリア人で,オーストリア・ヴェルスバッハ社の技術者であった。この会社は1906年にイギリスのウェスチングハウス社に買収され,レッデレル自身はオーストリア・ウェスチングハウス社の社長となった。レッデレルの2件の特許はウェスチングハウス社に買収されなかったドイツの関連会社であるアウエル社を通してその出願権が東京電気へと譲渡されたものであると考えられる(渡邊,1920,第9節第1項,6-7)。宇野清一郎の特許について。宇野は東京電気に所属した技術者でない可能性がある。発明者不明の第63874号はラングミュアのガス入り電球特許の使用を前提としており,それと密接な技術的関連を有している。ラングミュアのガス入り電球特許である第29954号と第29955号は1913年8月と14年6月に出願されており出願日が近い点を考えると,ラングミュアか彼の共同研究者が発明したものであると考えられる。
10 特許第33557号明細書。
11 特許第34984号明細書。
12 特許第23206号明細書。

13　電流盗用については，菊池（2007, 50-51）を参照のこと。
14　特許第 31368 号明細書。
15　特許第 23276 号「復熱式瓦斯燃焼玻璃坩堝窯」。社史年表では 1914 年 12 月 23 日に「川勝ツネ氏所有に係る硝子工場建家窯其の他設備一切及び硝子窯特許権の一部を買収しこれを恵比寿工場となす」とある（安井，1940, 285）。譲渡登録は 1915 年 1 月 11 日になされている（『特許公報』第 130 号，1915 年 2 月 26 日）。
16　特許第 18726 号および第 26236 号。松井善次郎なる人物から購入（『特許公報』第 212 号，1916 年 10 月 27 日）。
17　柳井のものは特許第 25340 号。金杉英五郎なる人物から購入。福原のものは特許第 26609 号および第 27822 号（『特許公報』第 258 号，1917 年 12 月 7 日）。
18　出願処理を外部特許事務所に依頼する場合，成功報酬との関係で当局の審査をパスするよう請求範囲が狭くなりがちである。自社処理する場合は企業全体の戦略との関連で権利範囲をできるだけ広げてとることも可能である（高橋氏からの書簡，2002 年 11 月 18 日）。
19　小津氏・高橋氏からのヒアリング。
20　岸敬二郎と共同権利者となっている中村松太郎と保田六郎は芝浦製作所の技術者であるかどうか明確でない。しかし，特許が芝浦製作所に譲渡される際，日本陶器の飛鳥井と共同で権利者となっている特許については岸の持分のみが譲渡されているのに対し，中村・保田の特許は両者の持分がともに移転されている点から，中村と保田は芝浦製作所の所員であった可能性がある。
21　飛鳥井孝太郎は 1922 年には名古屋製陶株式会社役員であった（工業之日本社，1921，工学者及技術者，271；同，工場要録，301）。
22　芝浦製作所社史における大田黒の引用は，大田黒（1910）でも確認できる。
23　東京芝浦電気（1963, 83）には「ウダン（Udan）」と記載されているが，Oudin が正しい。
24　東京電気『営業報告』第 22 回，1908 年 12 月-09 年 5 月；東京芝浦電気（1963, 84）。
25　両社の合併はおよそ 30 年後の 1939 年に実現する。
26　GE, "Report upon Foreign Business," p. 41.
27　主契約をみると，タービンについては用途別に陸上用と海上用に区分されている（GE, "Report upon Foreign Business," pp. 44, 64-65）。
28　東京電気の場合と異なり，芝浦製作所と GE の提携関係は緊密ではなく，技術移転も部分的であり，とくに大型電機については GE 技術に即座に追い付くことはなかったが，長期的には技術水準の向上が図られたとされている（内田，1989, 171）。
29　小津氏からのヒアリング。
30　1912 年 3 月 29 日と 4 月 29 日に譲渡登録されている（『特許公報』第 1525 号，1912 年 5 月 3 日；同第 1529 号，1912 年 5 月 31 日）。また，**表3-8** にあげられた特許のうち，脇本清・山本助一のものは 1911 年に芝浦製作所に譲渡されている（『特許公報』第 1510 号，1912 年 1 月 26 日）。特許担当者の設置以前にも特許を個人から法人に移転する傾向があったといえるが，これが組織的に行われるようになったのは

1912年以降である。
31 同じ電機企業である日立製作所が特許部門を立ち上げるのはようやく第1次世界大戦後の1921年になってからであり，芝浦製作所の場合はこれよりも約10年も早い（日立製作所知的所有権本部，1995，18-24；小津氏からのヒアリング）。
32 小津氏からのヒアリング。
33 同上。

第 **II** 部

国際特許管理契約下における
日本企業の成長

第 **4** 章　国際特許管理契約の締結
第 **5** 章　技術移転と技術交流
第 **6** 章　日本企業による特許管理の展開（1）電球
第 **7** 章　日本企業による特許管理の展開（2）真空管
第 **8** 章　日本企業による特許管理の展開（3）重電機器

第4章

国際特許管理契約の締結

はじめに

　前章までにみたように，GEは第1次世界大戦期まで日本特許を直接管理していた。タングステン電球特許裁判もGE自身が行い，電球産業を東京電気へと集中させた。提携企業である東京電気と芝浦製作所には自らが管理する日本特許のライセンスを供与し，そのもとでノウハウや技術情報，製造機械，設計図などを移転した。これが，第1次世界大戦期以前における，GEと日本企業との間の協定関係であった。しかし，このような関係は大戦終結を契機に大きく変化する。GEと日本企業が国際特許管理契約を締結したのである。本章では，GEと東京電気，芝浦製作所，そして両社が合併して設立された東京芝浦電気との関係を，国際特許管理契約の側面から捉え，その具体的な内容を明らかにする。

　以下，第1節においては，GEと日本の提携企業との関係変化に影響を与えた要因としてGEの国際経営の積極化を取り上げ，その国際経営戦略と組織の展開を明らかにする。対象期間は1919年からおよそ日米開戦までである。第2節では，GEと日本の提携企業との間で締結された国際特許管理契約を，GEにおける国際経営上の意味の観点から考察する。また同時に，この契約を契機に日本企業において特許管理が確立されていく側面にも焦点を当て，日本企業の特許管理組織の展開を明らかにする。

1 GEの国際経営戦略と組織の展開

国際電機市場と経営戦略

　両大戦間期は，一般的に各産業分野において国際カルテルが形成された時代であり，なかでも電気機械産業は最も強力な国際カルテルが形成された分野の1つであった。ここではまず，両大戦間期の電機市場について，主要な競争国であったアメリカとドイツの状況，次いで輸出市場の状況を取り上げて概観しよう。

　両大戦間期の特徴の1つは，何よりもアメリカにおいて巨大な市場が形成されたことである。**表4-1**によって，アメリカ電機市場の規模を国内消費額でみると，その規模は1935年から39年までの平均で年間約13億3000万ドルであったことがわかる。アメリカでは1920年代に家電製品の普及がみられ，電気冷蔵庫，真空掃除機，電気レンジ，ラジオ受信機などの市場が急速に拡大した（小林，1970，132-141；坂本，1997，75-81）。アメリカにおけるこのような家電製品市場の拡大は消費電力量を増大させ，その電力需要を満たすための発電設備の市場も1920年代に拡大した。[1]一方，ドイツ市場はどうであったか。同表によると，同時期のドイツの国内市場規模は年間約5億8200万ドルであり，アメリカとドイツの市場規模を比較すると，前者は後者の約2.3倍の規模であったことがわかる。

　次に，輸出市場がどのような特徴を有していたのかについてみてみよう。両大戦間期の主要な電機輸出国は，アメリカ，ドイツ，そしてイギリスであった。これら3カ国の輸出額を比較したものが，**表4-2**である。1929年の大恐慌を境として，それ以前と以後ではドイツ，イギリス，アメリカともに輸出額を減少させているが，3国を比較するとドイツの輸出額が常に他の2国を上回っていることがわかる。1913年，25年，29年の3年を平均すれば，ドイツの輸出額は年間約1億1100万ドル，次いでアメリカが約9000万ドル，イギリスが約7300万ドルであった。また，1930年代を平均すると，ドイツ，アメリカ，イギリスの順で，それぞれ約6510万ドル，約5670万ドル，約4500万ドルであった。

　これをそれぞれの国内生産額で割ると，アメリカの輸出比率が6.8％である

表 4-1 アメリカとドイツの電気機械生産・輸出入・市場規模の比較

(単位：百万ドル)

年	アメリカ				ドイツ			
	国内生産	輸出[1]	輸入	国内消費	国内生産	輸出	輸入	国内消費
1925	1,601.1	74.0	2.5	1,529.6	520.0	n.a.	5.6	434.0
27	1,734.6	86.3	3.0	1,660.3	n.a.	n.a.	n.a.	n.a.
28	n.a.	90.6	2.8	n.a.	585.0	134.0	12.3	463.3
29	2,397.8	131.3	2.6	2,269.1	560.0	n.a.	13.4	413.9
38	n.a.	102.5	2.2	n.a.	835.0	80.3	n.a.	n.a.
39	1,727.4	105.6	2.1	1,623.9	n.a.	75.1	n.a.	n.a.
1935～39 平均	1,430.0	97.9	2.3	1,334.4	650.0	72.4	4.9[2]	582.5

注記：1) 本表におけるアメリカの輸出額は「消費目的の輸出」に限定されている。
　　　2) 1935年から37年までの3年間の平均。
出所：Backman (1962, 46, 281, 361)；*Electrical World*, Vol. 125, No. 9, March 2, 1946, p. 144 より作成。

表 4-2 電気機械輸出の国際比較

(単位：百万ドル)

年	ドイツ	イギリス	アメリカ
1913	81.75	39.35	28.10
25	91.62	79.10	88.65
29	159.50	100.50	151.85
33	62.20	33.85	41.25
34	56.50	37.60	47.37
35	58.00	43.85	52.75
36	66.56	49.50	63.42
37	82.00	60.27	78.62

出所：*Electrical World*, Vol. 125, No. 9, March 2, 1946, p. 144 より作成。

のに対してドイツは11.1％となり，ドイツ電機産業の輸出志向が相対的に強かったことがわかる。同国の電機産業は古くから重電機器に関する独自の技術を発展させており，重電機器を中心に競争力のある製品の生産を行っていた。しかし，国内市場が狭隘であったため，ドイツ電機企業は主にヨーロッパ大陸諸国に供給先を確保し輸出を行っていたのである。これが，両大戦間期における世界市場の第2の特徴であった。

　以上が両大戦間期における電機市場の一般的な概観であるが，とりわけ輸出市場については次のことに注目すべきである。すなわち，表4-2に示された3カ国の輸出は，ほとんどが特定の地域に向けられたものであり，全面的な競争

が行われていたわけではなかったということである。電機製品の輸出地域をみると，全輸出の約3分の1が大陸ヨーロッパ市場に向けられ，かつ，この部分はほとんどがヨーロッパ内の取引であった。4分の1から3分の1は大英帝国諸国が輸入し，残り3分の1がその他の地域に向けられていた。

このように，両大戦間期における電機市場は，まず第1にアメリカで巨大な市場が形成され，第2の特徴としてアメリカ，ドイツ，イギリスの電機生産3国によって輸出市場が分割されていたのである。

各国の電機市場の規模や製品の多様性に相当な差があり，すでに先進工業各国に先導的な電機企業が存在していた両大戦間期において，GEにとっては，巨大なアメリカ市場を確保することが利潤獲得のための第1の条件となった。すなわち，ドイツをはじめとした他国の電機企業がアメリカ市場に参入したり，アメリカ市場に影響を与えたりすることを阻止するのが，経営戦略上最も重要な課題となったのである。以下で，この課題に対する国際経営戦略が形成され，その戦略を遂行管理する組織が形成される経過をみていこう。

第1次世界大戦終結間近の1918年8月15日，GEの諮問委員会は来るべき戦後の国際経営戦略とその方法を検討する特別委員会を設立する決定を行った。諮問委員会は「当社の外国事業について調査，報告し，とくに今回の戦争の終結時点における状況を考慮して外国事業を推進する最もよい方法に関する勧告を行うため」に設置され，経理担当役員のC. E. パターソン（C. E. Patterson）と外国部門の責任者ウダンが委員に指名された。特別委員会は1918年11月に報告書「外国事業に関する報告」を提出した。報告書は，GEが早急に取り組むべき課題として，使節団をヨーロッパに派遣してさらなる調査を行うこと，外国企業との協定関係を早急に見直すことを勧告した。

報告書で述べられている外国企業との協定関係の見直しは，主にヨーロッパ企業との協定を対象にしていた。というのも，戦争によるフランスとイタリアの植民地の拡大とドイツの領土喪失にともなって，協定で定められていた各企業の排他的市場と実際の政治的領土区分にズレが生じ，政治的領土区分に各企業の市場分割を合致させる必要があったからである。

報告書で具体的に勧告されたのはヨーロッパ企業との協定関係の見直しだけであったが，国際経営戦略全体にかかわるものとして，大戦後の電機市場で直面するであろう問題が指摘された。その1つは，GEをはじめとするアメリカ

電機企業の価格競争力の弱さである。報告書ではウダンが1916年の第3回全米貿易会議（The Third National Foreign Trade Convention）で講演した記録を用いて説明されているが，それによると，「アメリカでは労働コスト，資本コスト，地代コスト，そしていくつかの原料コストが諸外国よりも高い。(略) ドイツ，イギリス，フランス，日本，その他の国で生産された製品の平均コストがアメリカのそれよりも大幅に低いということは明らかである」という。労働コストをはじめとする諸外国との費用格差により，GE はライバル企業に対して国際電機市場で常に不利な状況に置かれ続けていた。報告書は，第1次世界大戦後の国際経営戦略を策定する上ではこの点を考慮しなければならない，と勧告したのである。

また，同じ箇所で，外国企業の持つ技術へも注意を向けている。すなわち，「外国製品の頻繁な変化——いつも発見の可能性が専門家や科学者によって保証されているわけではない——は，非常に頻繁にアメリカの製造企業の能力を超えるので，対応できない競争条件を作り出す」可能性があることが強調された。GE は1900年に GE 研究所を設立し，研究開発を積極的に進めてきた。しかし，技術革新の激しい電機産業においては，早くから発電機やモーターを開発して独自の技術を蓄積してきたドイツ企業，とくにジーメンス社が，GE の技術的な競争優位をおびやかす存在であった。

つまり GE の弱点は，国際的な価格競争力の弱さと技術的リーダーシップの不確実性であるということ，これがウダンが報告書で述べた GE を取り巻く国際的な企業間競争についての認識であった。このような認識に基づき，報告書は，ドイツ・フランス・イタリア企業との企業間協定のみならず，それまでに同社が世界各国の電機企業と締結していた特許協定をも見直し，改定する必要があると勧告した。とはいえ，報告書では具体的な改定内容などは明らかにされておらず，両大戦間期の GE の国際経営戦略を構成する新協定の締結は新会社によってなされる必要があるとのみ述べられた。この新会社こそ，1919年に設立されたインターナショナル・ゼネラル・エレクトリック社（International General Electric Co., Inc., 以下 IGEC と略）であった。以下，項を改めて，両大戦間期における GE の国際経営を IGEC の動きから明らかにしていこう。

IGEC による国際経営の展開
(1) IGEC の設立

 ウダンらの作成した報告書を受け，GE のトップ・マネジメントは外国市場を「肯定的で挑戦的な機会」であると捉えた[11]。報告書に基づき，GE はそれまで本社の一部門であった外国部門を分権化・子会社化して，上述の通り 1919 年に IGEC を設立した。IGEC には，アメリカとカナダを除くすべての地域に関して，外国企業に対する投資や特許・ライセンシング・製品販売を含めたあらゆる事業についての完全な責任が与えられた[12]。

 GE と IGEC の関係は，次のようなものである。まず，資本関係についてみると，IGEC は GE の 100％所有子会社であった。次に，**表 4-3** によると IGEC の取締役はほとんど GE の取締役が兼任していたが，経営執行役員は IGEC 専任の人材であった。さらに，IGEC が行う業務は GE との協定によって決められており，IGEC が販売する GE 製品はすべて企業間の取引関係として行われていた[13]。このように，IGEC の経営戦略は取締役会レベルにおいて GE と連結されていたものの，GE の経営戦略とは相対的に独自なものであった。つまり，IGEC の業務と国内市場を対象とする GE の業務とは，完全に分離されていたのである。

 GE が資本の点では IGEC を子会社とし，業務の点では国内と外国を明確に分離したのは，次の2つの理由による。第1に，アメリカ市場と外国市場がその規模，成長のパターン，製品の多様化という点で異なっていたためである。先にみたように，アメリカでは消費者向け電機市場が急速に拡大するとともに，新たな技術を利用した製品が市場に導入されつつあった。このようなアメリカ市場で国内のライバル企業と競争して事業を拡大するためには，GE は当時集権的職能部制であった組織全体を国内市場向けに集中させなければならなかった。したがって，異なる成長パターンを持つ外国市場での事業を管理するための独立した組織が必要であった。

 第2の理由は，管理的なものである。諸外国での事業活動，またアメリカからの輸出には特有の知識，すなわち外国取引に特有の事情，法律，関税，経済的・商業的同盟関係，商慣行，信用規制に関する知識などが必要となる[14]。しかもこれらの知識は，国際情勢の変化や展開によって独自に変化する[15]。GE がアメリカ市場と外国市場での事業を分離すれば，それぞれの事業の経営管理につ

表 4-3 IGEC の経営執行役員と取締役（1924 年）

経営執行役員	社　長	A. W. バーチャード	IGEC 取締役・GE 副会長
	副社長	M. A. ウダン	IGEC 取締役
	副社長	E. A. キャロラン	
	副社長	C. H. マイナー	IGEC 取締役
	財務部長	P. M. ハイト	
	監査役	W. J. エドモンズ	
取締役	取締役	A. W. バーチャード	IGEC 社長・GE 副会長
	取締役	G. アボット	GE 取締役
	取締役	M. A. ウダン	IGEC 副社長
	取締役	C. A. コフィン	GE 取締役
	取締役	G. P. ガードナー	GE 取締役
	取締役	J. R. ラヴジョイ	GE 取締役
	取締役	C. H. マイナー	IGEC 副社長
	取締役	G. F. モリソン	GE 取締役
	取締役	S. Z. ミッチェル	EBASCO 社長
	取締役	E. W. ライス・ジュニア	GE 取締役
	取締役	G. スウォープ	GE 取締役・GE 社長
	取締役	O. D. ヤング	GE 取締役・GE 会長
	取締役	E. R. ステティニアス	GE 取締役
	取締役	R. T. パイン 2 世	GE 取締役
	取締役	G. F. ベイカー・ジュニア	GE 取締役
	取締役	F. L. ヒギンソン・ジュニア	GE 取締役
	取締役	B. E. サニー	GE 取締役

出所：*Moody's Industrial Manual*, 1925 より作成。

いても同列に扱うことは合理的でなくなる。このような理由から，IGEC は，GE の完全所有子会社ではあるが外国事業に完全な責任を負う別会社とされたのである。

(2) 特許協定の改定

IGEC は GE の国際事業を促進するために設立されたが，GE はその会社を経営する人材を広く探し求め，ウェスタン・エレクトリック社（Western Electric Co.）の G. スウォープ（Gerard Swope）を社長に抜擢した。[16] また，取締役会会長には GE 法務責任者（カウンセル）で弁護士の C. ニーヴ（Charles Neave）をあてた。ウダンらの報告書で述べられた認識をもとに，スウォープはただちに GE が外国企業と締結していた協定の再交渉を行い，改定作業にとりかかった。多くの交渉において，スウォープは現地へ赴き相手企業の代表者と直接交渉した（Lotu, 1958, 95-96）。**表 4-4** は，1928 年までに IGEC が協定を改定した企業，

表 4-4 両大戦間期における IGEC の海外協定（製造企業との協定，1928 年まで）

協定企業名	国	両大戦間期の改定	最初の協定
東京電気株式会社	日本	1919 年 6 月 3 日	1905 年 1 月 8 日
株式会社芝浦製作所	日本	19 年 6 月 6 日	1909 年 11 月 19 日
Compagnie Française pour l'Exploitation des Procédés Thomson-Houston (CFTH)	フランス	19 年 10 月 1 日	1892 年 12 月 31 日
Usines Carels Frères	ベルギー	19 年 10 月 6 日	
Philips Glow Lamp Works, Ltd.	オランダ	19 年 10 月 15 日	
Franco Tosi S.A.	イタリア	19 年 11 月 1 日	
British Thomson-Houston Co., Ltd. (BTH)	イギリス	19 年 12 月 31 日	1897 年 5 月 3 日
CFTH	スペイン	20 年 9 月 6 日	
CFTH	ポルトガル	20 年 9 月 25 日	
La Compagnie Générale d'Electricité and la CFTH	スペイン フランス	21 年 3 月 2 日	
Osram Kommanditgesellschaft	ドイツ	21 年 10 月 17 日	
Ungarische Wolfram Lampenfabrik, Joh. Kremenezky A.G.	ハンガリー	21 年 10 月 8 日	
Vereinigte Glühlampen und Elektricitäts A.G.	ハンガリー	21 年 10 月 8 日	
Elektrische Glühlampenfabrik "Watt" A.G.	オーストリア	21 年 10 月 8 日	
Joh. Kremenzky Fabrik für Elektrische Glühlampen	オーストリア	21 年 10 月 8 日	
Allgemeine Elektricitäts-Gesellschaft (AEG)	ドイツ	22 年 1 月 2 日	1903 年 10 月 19 日
General Electric Co., Ltd.	イギリス	22 年 4 月 1 日	
Julius Pintsch Aktiengesellschaft	ドイツ	22 年 4 月 14 日	
General Electric S.A.	ブラジル	26 年 6 月 23 日	
Societá Edison Clerici, Fabbrica Lampade	イタリア	26 年 7 月 1 日	

注記：カナダを除く。
出所：U.S. Federal Trade Commission (1928, 139)；GE, "Report upon Foreign Business" より作成。

あるいは新たに協定を締結した企業を示したものである。この表をみると，第1次世界大戦期以前と比較して，協定企業数が増加していることがわかる。ベルギー，イタリア，スペイン，ハンガリーの企業と新たな協定が締結されているが，これらは大戦以前には AEG や CFTH の排他的市場として規定されていた国々であった。同時に，古くからの協定，すなわち東京電気，芝浦製作所，CFTH，BTH，AEG との協定も改定された。

表4-4にみられるように，IGECは1919年から22年にかけて集中的に改定作業を行った。このときに改定されたかあるいは新たに締結された協定には，共通して次のような特徴があった。

第1に，協定に含まれる製品の範囲は，「直接的，間接的に発電，送電，変電，転換，利用に関するすべての機器を含み，タービンを含」んでいた[18]。すなわち，協定は製品ごとに締結されたのではなく，幅広い製品を含む包括協定として締結された。

第2に，すべての協定において特許権とノウハウの交換が規定された。協定相手企業はその国で登録されたGE特許の排他的ライセンスとサブ・ライセンス権を供与され，逆にGEはアメリカにおける協定相手企業の特許について排他的ライセンスとサブ・ライセンス権を取得すると規定された。排他的ライセンスの相互供与とは，相手企業の存在する国においては相手企業にのみ特許ライセンスを供与し，それ以外の企業には供与しないということである[19]。また，ノウハウの交換とは，特許化されない技術情報の交換，技術者の工場相互訪問や技術者の交換などのことを指す。

排他的ライセンスの相互供与とノウハウの交換は，2つの目的に基づいて行われた。1つは，GEが開発した技術を外国の提携企業に対して供与することによって得られるロイヤリティ，サービス料の獲得である。提携企業が支払うロイヤリティと技術サービス料は「GEの技術的リーダーシップによる，持株とは独立したIGECへの報酬」とされ，IGECの収入源の1つとなった[20]。

もう1つの目的は，GEとその関連企業のために外国で開発された技術を排他的に獲得することである。第1章でみたように，GEの前身企業は早くも1890年頃にはドイツ，フランス，イギリスなどの諸企業に対してライセンスを供与していたが，これら初期の協定の一部は技術の一方的なフローのみを規定しているにすぎなかった。GEは1895年の執行役員会で，外国技術の獲得を意識的に追求する必要性を議論した。役員会では，技術的困難さゆえに「スケネクタディにおけるわれわれの生産事業の現在の状況には満足できない」という認識が述べられ，「電気機械生産に関して外国で追究された方法のより完全な知識，とくに重電の技術的細部の知識がわれわれの生産事業の適切な経営にとって不可欠である」とされた[21]。

こうして国際企業間協定を通した外国技術の獲得は，次第にGEの国際協定

のなかに規定されていき,BTH や AEG との協定にみられたような特許・技術の相互フローという一般的な国際協定の形態が形成されたのである。1919年からの特許協定の改定は,世紀転換期に締結された BTH や AEG との協定の内容を一般化するものであった。IGEC が設立されて以降,協定を通じて GE は外国技術 3 万件以上を獲得し,同時に 2300 件にのぼる外国企業のアメリカ特許を獲得した。[22] 協定を通した外国技術の獲得は,GE の技術基盤自体を強化するとともに,GE の技術独占あるいは技術支配が保障されることを意味した。というのも,相手企業の発明を獲得しそれを用いて自らの技術基盤を強化していけば,同時に,強化された GE 技術を基礎とした協定相手企業に対する交渉力は増していくからである。

第 3 に,交換された特許権を根拠に市場分割が規定された。すなわち,協定相手企業はその国における自社の特許と GE の特許を保有しており,それらの特許に基づいてその国の市場は協定相手企業の排他的市場であるとされた。逆にアメリカ市場については,GE が自社の特許と協定相手企業の特許を保有しており,それらの特許に基づいて GE の排他的な市場であると規定された。これは,第 1 次世界大戦期以前の協定と基本的には同じである。ただし,AEG などいくつかの企業との協定においては市場が見直された。たとえば IGEC-AEG 協定では,GE と AEG のそれぞれの排他的市場が変更され,GE の排他的市場は北アメリカ大陸,キューバ,西インド諸島,アメリカの領土・属国・領地,AEG の排他的市場はドイツ,デンマーク,ノルウェー,スウェーデン,フィンランド,ポーランド,チェコスロバキア,ハンガリー,オーストリア,メーメルとされた。[23]

このように,両大戦間期における IGEC の特許・技術協定の枠組みは,広範囲な製品を含む包括協定,排他的ライセンスとノウハウの交換,市場分割という,3 つの特徴で捉えることができる。これらの特徴は,両大戦間期の GE の国際経営戦略に規定されたものである。すなわち,販売テリトリーの割り当てによって直接的な競争を回避したのである。個別企業ごとの協定では,GE 特許の使用を許可する条件として,それぞれ独自の排他的市場・非排他的市場が規定されていた。どの個別企業との協定においても,アメリカ市場とカナダ市場は GE の排他的市場であり,相手企業は参入することができなかった(安保,1984,319-320;吉田,1987b,67-69)。前述の通り,両大戦間期においては,巨

大なアメリカ市場を外国企業の進入から守るということが GE 全体の経営戦略であり，IGEC はその戦略を遂行するために外国企業との競争を調整する役割を与えられていたのである。

(3) 国際カルテル

IGEC はまた，個別企業と協定を結ぶ一方で，それを世界規模でまとめて強化し統制範囲を全地球規模(グローバル)に広げる国際カルテルを主導した。主要なカルテルは，1924 年に締結された電球分野におけるフェバス協定（Phoebus Agreement）と，30 年に締結された重電機器分野における国際通知・補償協定（International Notification and Compensation Agreement）の 2 つである。

フェバス協定は，電球の生産量，販売量，販売地域の割り当て，販売条件の規制，技術情報の交換を統制しており，また，電球そのものの生産と販売のみならず，電球部品と電球製造装置の生産・販売についても統制していた。1924年に合意された協定によってスイスに統括会社フェバス社（Phoebus S.A.）[24]が設立され，カルテルを管理した。[25]

フェバス協定への参加企業は，**表 4-5** に示されている。IGEC は直接この協定には参加しなかったが，参加企業の多くは IGEC と特許協定を締結している企業であった。これらの企業は，世界市場を自国市場，イギリス海外市場，共通市場に分割した。自国市場とは参加企業が GE との協定によって排他的市場であるとされたところで，イギリス海外市場とはイギリス・グループが支配している，イギリス本国とカナダを除く市場であった。ただし，この市場にはフィリップス社，GE の海外グループ，フュアイニヒト社（Vereinigte Glülampen und Elektrizitäts A.G.），オスラム社（Osram G.m.b.H）も，定められたシェアの枠内で参入できた。そして共通市場とは世界の残りの市場を指していたが，重要なのはアメリカとカナダが除外されていたことである（Stocking and Watkins, 1946，335-336）。フェバス協定は，アメリカとカナダを GE およびカナダ GE の排他的市場とした上で，北米以外の世界市場を IGEC の関連企業が中心となって分割し，破壊的な競争やそれによる電球価格の世界的な低下を防ごうとしたものであった。このカルテルの基礎には，IGEC が各国の電球企業と締結した特許協定があり，カルテルはこれらの特許協定を世界規模で統一したものであったといえよう。

ところで，**表 4-5** からもわかるように，アメリカの主要な電球製造企業の 1

表 4-5　フェバス協定の参加企業（1924 年 12 月 20 日署名）

イギリス・グループ：
　　BTH
　　クライセルコ
　　エジソン＝スワン・エレクトリック
　　GEC
　　メトロポリタン＝ヴィッカーズ
　　ジーメンス＆イングリッシュ・エレクトリック・ランプ
カンパニー・ド・ランプ（フランス）
N.V. フィリップス（オランダ）
オスラム G.m.b.H.（ドイツ）
フュアイニヒト電球・電機（ハンガリー）
Societa Edison per la Fabbrieazione delle Lampade（イタリア）
東京電気株式会社（日本）
GE の海外グループ：
　　アンダーセン＝メイヤーズ商会
　　オーストラリア GE
　　キューバ GE
　　GE, S.A.（メキシコ）
　　Societa Italiano per la Lampade Elektriche（イタリア）
　　南アフリカ GE

出所：United States Senate 89th Congress（1949, 899）より作成。

つであったウェスチングハウス社（Westinghouse Electric & Manufacturing Co.）は，この協定に参加していない。GE は，ウェスチングハウス社と個別に協定を締結し電球をアメリカから輸出しないように統制していたのである。ウェスチングハウス社の電球輸出を規制した協定は 1928 年に締結された。この協定において，GE はウェスチングハウス社に，他の特許実施権者とは区別される A ライセンスを供与し，アメリカ電球市場に占めるシェアを 25.4421 ％まで認めた。A ライセンスは，ウェスチングハウス社以外の企業に供与される B ライセンスよりも，販売条件・ロイヤリティなどについてより有利な条項を含んでいた。しかし，A ライセンスのもとにおいても，GE は外国特許に基づくライセンスはウェスチングハウス社に供与しなかった。[26] アメリカ国内の主要な競争相手であるウェスチングハウス社の輸出を規制することによっても，GE は世界的な電球生産を統制していたのである。

　国際通知・補償協定は，重電機器が主に受注生産されるという特性を反映して，受注を談合によって割り当てる国際カルテルであり，販売地域の割り当て，

表 4-6 国際通知・補償協定の参加企業（1930年12月の締結時）

AEG（ドイツ）
ジーメンス・シュッケルトヴェルケ（ドイツ）
BTH（イギリス）
イングリッシュ・エレクトリック（イギリス）
GEC（イギリス）
メトロポリタン＝ヴィッカーズ・エレクトリカル・エクスポート（イギリス）
ブラウン・ボヴェリ（スイス）
ウェスチングハウス・エレクトリック・インターナショナル（アメリカ）
IGE オブ・ニューヨーク（イギリス）(注)

注記：IGEC の 100％子会社でロンドンに拠点があった。
出所：USFTC（1948, 3-4）より作成。

販売条件の規制，技術情報の交換を規定していた（USFTC, 1948, 5-6, 24-25）。国際通知・補償協定の参加企業は，**表 4-6** に示されている。この協定は，GE と個別に協定を締結していない企業をも巻き込み，世界市場全体を統制しようとしていた。**表 4-6** のなかでは，ドイツのジーメンス・シュッケルトヴェルケ社（Siemens Schuckertwerke, A.G.），イギリスのイングリッシュ・エレクトリック社（English Electric Co., Ltd.），スイスのブラウン・ボヴェリ社（Brown, Boveri & Cie.）などが，これに該当する。また国際通知・補償協定は，1929 年に始まる大恐慌への対応として形成されたものであり，個別企業間の協定では除外されていた地域，すなわち競争が自由に行われていたラテンアメリカ市場などをも，包括するものであった（USFTC, 1948, 14）。

国際通知・補償協定が果たした役割を IGEC の立場からみると，次のようになる。この国際カルテルでは 1931 年から 40 年までの 10 年間に 1 億 3500 万ドル以上の取引が引き合いに出されているが[27]，とくに重電機器分野に限ってみると，取引の約 60％はイギリス企業が獲得し，IGEC は約 8％を獲得したにすぎなかった[28]。しかも，国際カルテルを通した輸出の約 60％はイギリスを除く英連邦諸国に向けられており[29]，IGEC が直接的な利益を得ていないということがわかる。しかし，大恐慌の影響を受けて生まれたこの国際カルテルは，IGEC にとっては「大恐慌の結果として価格や販売条件がひどく崩壊するのを防いだという点」で有益であった[30]。

2 つの国際カルテルに共通するのは，IGEC が世界各国の電機企業と締結した特許協定，すなわち特許の相互交換とそれに基づく市場分割協定を基礎に，

電球と重電機器それぞれの分野において個別協定を地球規模でまとめたものであるという点である。それぞれの国際カルテルは世界的に市場を統制するものであったが、それは GE が北米市場を自らの排他的市場として確保するという戦略目標を実現させるためのものであったのである。

(4) 海外投資

IGEC は、各国の電気機械企業と特許協定を締結し、それらを束ねて国際カルテルの形成を主導することに加え、海外直接投資も行っていた。海外直接投資は、電気機械企業に対する株式投資と現地生産に区分することができる。

表 4-7 は、両大戦間期における IGEC の海外直接投資のうち、各国の電気機械企業に対する投資をあらわしている。同表では、企業を IGEC と特許協定を締結しているか否かで区分した。IGEC と特許協定を締結しているヨーロッパ

表 4-7 両大戦間期における IGEC の海外直接投資

	企　業	持株比率	備　考
IGECとの協定あり	BTH（イギリス） →Associated Electrical Industries CFTH（フランス） カンパニー・ド・ランプ（フランス） Alstom（フランス） AEG（ドイツ） オスラム（ドイツ） 東京電気 芝浦製作所 →東京芝浦電気 SEM（ベルギー） UIL（ハンガリー） SICE（スペイン） GEE（スペイン） Cogenel（イタリア） フィリップス（オランダ）	98（1920年） 52（1929年） 19（1933年） 38（1921年） 14（1930年代） 32（1932年） 22（1939年） 51 22 31（1939年） 26（1919年） 19（1920年） 17（1921年） 13（1929年） 50（1921年） 27（1920年）	1928年に数社と合併して AEI 1951年には 33％に減少 GE と CFTH で設立 AEG、ジーメンス、GE などが 1919年に設立 1934年に 40％に減少 前 2 社が 1939年に合併 1941年に 49％に増加 1939年に 99.7％に増加 1930年に 12％に減少
なし	GEC（イギリス） ジーメンス（ドイツ） ASEA（スウェーデン） ブラウン・ボヴェリ（スイス） Curtis Lamp（ベルギー）	34（1928年） 3（1930年） 3（1929年） 21（1929年） 20（1930年）	1934年に売却 1940年に売却 1935年に売却 1948年に売却 第 2 次世界大戦後売却

注記：カナダ GE への投資を除く。
出所：Swope, Jr., "Historical Review," pp. 20-22 より作成。

と日本の製造企業に対する直接投資は，1931年から33年にピークを迎えた[31]。これら協定企業に対する少数株式投資は，特許協定の実行を担保するものであった。つまり，株式所有によって議決権を確保することで相手企業に対する特許権の譲渡や現地での特許管理を確実にし，さらに特許権を根拠とする市場分割協定も確実なものにしようとしていたのである。製造企業に対する少数株式投資にはまた，協定によって相手企業に特許と技術を移転し，その企業の排他的市場における競争力を強化して成長させることで，IGECが受け取る配当を増やす狙いもあった。IGECは，配当を得ることによる収入も，主要な収入源に位置付けていたのである。

他方で，両大戦間期には特許協定を締結していない外国企業に対する投資も行われた。これらの投資は，おそらく，IGECが国際カルテルの実行を担保しようと行ったものであろう。しかし，そのような企業はIGECの持株による支配を嫌った。たとえばイギリスのGEC（General Electric Co., Ltd.）は，IGECが自社の株式を大量に購入したときに会社の定款を修正し，議決権をイギリス市民に限定するといった抵抗をみせた。結局GECに対する投資は1934年に処分された。このほか，スウェーデンのASEA（Allmänna Svenska Elektriska Aktiebolaget，現在のABB）もIGECの株式投資に強く抵抗し，取得から数年で株式が処分されるに至った[32]。

IGECはこれら工業国の電気機械企業に対する少数株式投資に加え，途上国においては完全所有子会社による現地生産を行っていた[33]。IGECによる海外投資残高は，1930年には1億1163万ドルのピークを迎え，その後いくぶん減少して2000万ドルから4000万ドルの間を推移した。

(5) 外国事業の成長

GEの国際経営に対して完全な責任を与えられたIGECの主要な役割は，したがって，対工業国に限ってみれば，個別企業との特許および市場分割に関する協定の締結と管理，ロイヤリティの徴収，国際カルテルの統制と管理，そしてそれらの協定に基づいた輸出であったといえる。最後に，両大戦間期におけるIGECの経営発展を確認しておこう。

表4-8は，1920年から45年までのIGECの経営諸指標を示している。投資残高は，1920年代は2000万ドル程度であったものが，28年以降増大して，先に触れたように30年には1億1000万ドルあまりを記録し，その後は徐々に低

表 4-8　IGEC の投資残高と収益（1920〜45 年）

（単位：千ドル）

年	投資残高	売上高	受注高(注)	営業純収益	配当・利子・特許収入	純利益 利払い前	純利益 利払い後
1920	20,335	n.a.	n.a.	338	2,642	n.a.	2,407
21	25,083	n.a.	20,368	644	2,582	n.a.	1,973
22	20,835	20,212	21,536	2,017	4,621	n.a.	2,265
23	18,998	22,372	21,743	727	3,253	n.a.	2,469
24	22,027	22,590	17,590	670	2,502	n.a.	2,475
25	20,416	21,982	25,710	912	3,015	n.a.	2,475
26	20,925	22,697	20,824	807	2,768	n.a.	1,538
27	24,009	n.a.	n.a.	1,050	2,570	n.a.	1,556
28	35,418	n.a.	n.a.	1,191	3,323	n.a.	1,682
29	74,655	n.a.	n.a.	1,051	4,159	n.a.	1,708
30	111,631	n.a.	n.a.	1,239	7,704	3,898	1,517
31	n.a.	n.a.	n.a.	n.a.	n.a.	2,963	n.a.
32	63,922	n.a.	n.a.	n.a.	n.a.	1,902	n.a.
33	61,860	n.a.	n.a.	n.a.	n.a.	2,302	n.a.
34	51,141	n.a.	n.a.	n.a.	n.a.	2,264	n.a.
35	53,821	n.a.	n.a.	n.a.	n.a.	2,458	n.a.
36	60,224	n.a.	n.a.	n.a.	n.a.	6,303	n.a.
37	52,261	n.a.	n.a.	n.a.	n.a.	4,105	n.a.
38	44,246	n.a.	n.a.	n.a.	n.a.	2,193	n.a.
39	26,294	n.a.	n.a.	n.a.	n.a.	2,964	n.a.
40	25,757	n.a.	n.a.	n.a.	n.a.	2,802	n.a.
41	26,897	n.a.	n.a.	n.a.	n.a.	3,389	n.a.
42	27,736	n.a.	n.a.	n.a.	n.a.	3,508	n.a.
43	34,868	n.a.	n.a.	n.a.	n.a.	3,324	n.a.
44	38,904	n.a.	n.a.	n.a.	n.a.	3,261	n.a.
45	42,836	n.a.	n.a.	n.a.	n.a.	2,849	n.a.

注記：GE からの受注高を示す。
出所：安保（1984, 325, 第III-24 表。原出所：Harvard University Graduate School of Business Administration, "General Electric Company," Case No. BH 81 RI, Boston, 1959）；GE, *Annual Report*, 各年より作成。

下していった。売上高，受注高，営業純収益，配当・利子・特許収入は，1930年代の大部分についてデータが得られないので，1920年代の指標で実績を捉えると，製品輸出は年間 2000 万ドル程度であったことがわかる。特徴的なのは，このように年間 2000 万ドルを超える輸出から得た営業純収益が最も多い 1922 年にこそ 200 万ドルを記録しているものの，20 年代前半はおおむね 100 万ドル以下，後半は 110 万ドル程度であったことである。これに対し，特許協

定や少数株式投資等で得られる配当・利子・特許収入は，毎年250万ドルから400万ドル，最も多い1930年には770万ドルを記録した。1920年代，IGECは，製品輸出よりも特許協定や少数株式投資から利潤を得ていたといえる。純利益についても全期間を通じたデータは得られないが，1920年代には利払い後で150万ドルから240万ドル，30年代は利払い前で200万ドルから300万ドル，最も多い36年は630万ドルであった。

IGECは1つのプロフィット・センターとして，このように200万ドルから300万ドルの利潤を計上していた。これをGE全体の純利益と比較すると，1920年代のGEの純利益は約2200万ドルから約6700万ドルであったから，単純計算でIGECの貢献度は全体の3～10％でしかなかった。[35] 1930年代前半になるとGE全体の利益は大不況の影響で1500万ドルから2000万ドルに減少するが，30年代後半には5000万ドル程度に回復したから，IGECの貢献度は全体の4～20％程度であった。このように，IGECのプロフィット・センターとしての貢献度はそれほど高くはない。しかし，IGECの本来的役割は，国際的な特許協定を通してアメリカ市場への外国企業の参入を防ぐこと，国際電機市場における企業間の競争を統制し，電機製品の価格の低下を防ぐこと，そしてそれによってGEのアメリカ国内における経営を支えることであった。IGEC単体としての利益は少なかったが，GE全体の経営は，大恐慌の影響で1930年代前半は苦しくなったものの，両大戦間期はそれ以前の時期に比して大きく成長することになったのである。

2 日本特許の管理

国際特許管理契約

第1次世界大戦期以前，日本においてGEは，代理人・岸清一を通して自ら特許管理を行い，東京電気と芝浦製作所にライセンスを供与していた。しかし，このような特許管理の方法は，GEの他の外国企業との国際協定からみると特殊なものであった。表4-9は，日本，アメリカ，イギリス，ドイツにおけるクーリッジの引線タングステン電球特許の管理方法を比較したものである。まずイギリスにおいて，クーリッジ特許はGEと特許協定を締結しているBTHが出願し特許権者となっている。さらにドイツにおいても，同じくAEGが出願

表 4-9 各国におけるクーリッジ特許

	日　本		アメリカ	イギリス	ドイツ
特許番号	第 18961 号	第 20894 号	第 1082933 号	1910 年　第 8031 号	第 269498 号
出願日付	1910 年 8 月 12 日 （旧統監府特許局）	1910 年 1 月 12 日	1912 年 6 月 19 日	1910 年 4 月 2 日 1910 年 10 月 3 日 （完全明細書提出）	1909 年 10 月 6 日 （第 1 項） 1910 年 2 月 23 日 （第 2 項）
特許日付	1910 年 8 月 27 日 （旧統監府特許局査定） 1910 年 12 月 13 日 （日本特許局登録）	1911 年 10 月 30 日	1913 年 12 月 30 日	1911 年 7 月 3 日	1910 年 10 月 6 日 1914 年 1 月 24 日
発明者	ウィリアム・ディ・クーリッジ	ウィリアム・ディ・クーリッジ	William D. Coolidge	記載なし	記載なし
特許権者	GE	GE	GE	BTH	AEG
名称	「タングステン製品」	「白熱電燈繊條其他ノ目的用ニ供スル如ク錬製『タングステン』ヲ製スル方法」	"Tungsten and method of making the same for use as Filaments of Incandescent Electric Lamps and for other purpose"	"Improvements relating to Tungsten and the manufacture thereof"	"Verfahren zur Herstellung von Wolframfrahten fur Glühkorper elektrischer Glühlampen"
代理人	岸清一	岸清一	Albert G. Davis	John Gray	―

出所：渡邊（1920，第 3 節，8）。『特許公報』『特許発明明細書』各号，各特許明細書により加筆・修正した。

し特許権者となっている。これに対し日本では，クーリッジ特許は東京電気によって出願・登録されず，アメリカと同様に GE 自身を特許権者として登録されている。つまり，イギリスやドイツでは BTH や AEG が GE から特許出願権を譲渡されて特許管理を行っていたが，日本では GE 自らが出願し特許管理を行っていたのである（第 2 章参照）。

しかし両大戦間期には，日本においてもイギリスやドイツと同じ方法で特許管理が行われるようになった。その根拠は，IGEC が両大戦間期の新戦略に従って東京電気および芝浦製作所と締結した新協定にあった。IGEC は東京電気とは 1919 年 6 月 2 日に，芝浦製作所とは同年 6 月 6 日に，それまでの特許協定を更改し，新協定を締結したが（安井，1940，288），そこには特許に関してそ

れ以前の協定とは大幅に異なるところがあった。東京電気と芝浦製作所によるGE特許の管理，すなわち国際特許管理契約が盛り込まれていたのである。

国際特許管理契約は，GEの所有する技術の日本における特許出願権を東京電気と芝浦製作所にそれぞれ譲渡し，両社が自社の名義で，自らを日本における権利者として，特許を出願・取得できるようにするものであった。東京電気内部で翻訳された文書には，次のように規定されていた。

特許譲渡，東京会社特許費用支払
第六条　東京会社ハ本契約ノ範囲内ニ於テゼネラル会社又ハゼネラル，エレクトリック会社ノ使用人ノ発明ニ対シ自己ノ名義ヲ以テ日本ニ於ケル特許ヲ受ケ又ハ此等ノ特許ノ譲渡ヲ受クル権利ヲ有スルモノトス而シテ本契約終了ノ場合ニ於テ東京会社ハ斯ノ如クシテ獲得シ当時尚ホ現存スル此等ノ特許ヲゼネラル会社ニ譲渡スルモノトス而シテ以後此等ノ特許ニ対スル東京会社ノ権利ハ本契約期間中独占的実施件ヲ有シタルト同一タルモノトス而シテ東京会社ハゼネラル会社カ本契約期間中本契約ニ包含スル物品，器具及供給物ニ関シ日本ニ於テ獲得シタル総テノ特許ニ対スル日本ニ於ケル総テノ手数料，実費及費用ヲ支払フコトヲ承諾ス

さらに，1919年の協定を実質的に引き継いでいる39年のIGECと東京芝浦電気との間の協定を用いて契約条項を確認すると，GE特許の管理は，第3章第4節で次のように規定されている。すなわち，「東京芝浦電気株式会社は排他的使用許諾が与えられており，かつゼネラル会社（IGECのこと――引用者注）が同意した特許を，東京芝浦電気株式会社の費用で，自らの名義で特許出願するか，あるいは譲渡されることを選択できる」。東京電気とIGECとの協定，芝浦製作所とIGECとの協定にも同様の条項があり，両社はこの契約に従ってGE特許を自社名義で出願・登録した。

管理の方法は次のように定められていた。第1に，東京電気と芝浦製作所が出願するGE特許は，契約で述べられているように，それぞれの企業に排他的ライセンスを供与するとされている技術分野の特許である。第2に，出願する特許について，GEから両社に特許・実用新案の出願権が1件につき1ドルの対価で譲渡される。第3に，東京電気と芝浦製作所はそれぞれアメリカから送

付されてくる特許明細書を日本語に翻訳し，添付されている譲渡証とともに日本の特許局に出願する。第4に，契約条項にもあるように，出願や料金・年金支払いなど，特許管理に関する諸経費はすべて日本側企業の負担とされた。

実際に，IGECから東京電気と芝浦製作所へは定期的にかなりの量の特許明細書が送付された。しかし，両社は送付されてきた特許明細書のすべてを出願したわけではない。IGECから送付されてきた特許のどれを出願するかの選択権は日本側にあり，特許権を維持するために毎年行なわければならない年金支払いの継続に関する判断も日本側に委ねられていた。東京電気と芝浦製作所はそれぞれ，送られてきた特許の出願の要否や，特許料支払いすなわち特許権の継続の要否などの判断を自社で行い，経営上必要と考えられる特許のみを出願して権利を保有した。[42]

国際特許管理契約は，IGECが両大戦間期の日本において特許を効率的に維持・運営することを可能にするものであった。[43] その利点は，第1に，特許権の使用と利益回収を効率的に行えることである。契約によって東京電気と芝浦製作所が日本の特許局に出願する特許は，実際に両社が経営上必要としているものだけであり，両社が不必要と判断した特許は出願されない。したがって，市場競争に適合的な特許群を日本市場に構築することができ，それを日本の提携企業が最大限利用することで，より多くの利益を回収することができる。同時に，契約はGE特許を使用した現地生産を促進した。たとえば，重電機器分野においてIGECは大容量のものを中心に日本への輸出を継続していたが，GE製品の価格は競合するドイツ製品と比較してかなり高く，製品輸出には限界があった（Hasegawa, 1992, 170-171）。排他的ライセンスの供与によって日本への輸出を制限したことからIGECは現地生産を強化しようとしていたといえ（Hasegawa, 1992, 174-175），その場合には製造を担当する企業が特許を管理することが適合的であり，現地生産は進展した。

第2に，権利侵害への対処などは，現地で実際に特許を使用して製造・販売に従事する企業に行わせるほうが有利である。東京電気も芝浦製作所も，日本国内で実際に製造・販売に従事し，日本市場における競争のなかで営業利益を上げなければならない。したがって，第三者による特許権の侵害に神経質になるであろうし，もし特許侵害が発生すれば両社が自らのこととしてそれに対応すると考えられる。特許権の防禦という点でも国際特許管理は有効なのである。

また，明細書の作成も，提携企業が行うのと外部事務所に出願処理を依頼するのとでは，結果に違いが出てくる。外部事務所に依頼した場合，成功謝金との関係で特許局の審査を通過するよう権利範囲を狭くしがちであるが，社内で出願処理される場合は事業戦略や特許戦略を反映させて権利範囲をできるだけ広く請求する明細書が作成される可能性が高いのである。[44]

第3に，契約によって出願に必要となる経費はすべて日本側の負担とされた。この契約を締結するまで，GEは弁理士である岸を介して特許管理を行っており，出願手数料や毎年の特許料支払いなどはGEが負担していた。たとえば特許出願を外部弁理士に依頼した場合，一般的に次の費用がかかった。特許局に支払う印紙代が1件につき10円，弁理士に支払う手数料が50円である。加えて，GEが直接日本で出願手続きを行えば，明細書が英文であるため翻訳料120円が加算される。さらに特許が登録されると，謝金として100円を支払う必要が生じ，出願だけで280円を要するのである。[45] しかもこれは1件当たりの費用なので，数百件出願すれば莫大な費用が発生する。しかし，国際特許管理契約を結んだことによってIGECは，費用をかけることなく日本において特許を管理することが可能になったのである。

特許管理の組織能力
(1) 東京電気における特許部門の確立

国際特許管理契約に基づき東京電気によって出願された特許と実用新案の明細書には，発明者はGEやGEの関連企業に所属する外国人，特許権者は東京電気と表記されていた。このような外国人発明と日本人発明による特許出願件数の推移を示したのが**表4-10**，実用新案出願件数の推移を示したのが**表4-11**である。外国人発明による特許は1919年からあらわれはじめて20年代半ばに急拡大をみせ，実用新案は22年にあらわれた後20年代後半から急速に件数が拡大していることがわかる。

特許の発明者の国籍をみると，アメリカ人が886件と最も多く，外国人発明による特許の約92％を占めている。しかし，アメリカ人のほかにも，オランダ人の発明が71件，ドイツ人のものが3件，カナダ人とブラジル人のものがそれぞれ1件，出願されている。実用新案の考案者でもアメリカ人が410件と最多であり，外国人考案による実用新案の約93％を占めている。特許の場合

2 日本特許の管理

表 4-10 東京電気の特許出願（1938 年 12 月 31 日出願まで）

(単位：件，%)

出願年	日本人発明[1]		外国人発明[2]		アメリカ	オランダ	ドイツ	その他	合計
1919	5	83.3	1	16.7	1				6
20	2	33.3	4	66.7	4				6
21	2	15.4	11	84.6	11				13
22	7	30.4	16	69.6	16				23
23	8	16.3	41	83.7	39	1	1		49
24	17	22.7	58	77.3	58				75
25	18	22.8	61	77.2	60	1			79
26	28	37.3	47	62.7	46			1	75
27	16	27.6	42	72.4	42				58
28	17	29.3	41	70.7	41				58
29	20	27.8	52	72.2	52				72
30	33	43.4	43	56.6	43				76
31	12	23.5	39	76.5	36	2	1		51
32	20	29.9	47	70.1	47				67
33	16	30.2	37	69.8	35	1	1		53
34	22	28.6	55	71.4	37	18			77
35	24	21.4	88	78.6	79	9			112
36[3]	9	8.4	98	91.6	84	13		1	107
37[3]	17	15.2	95	84.8	83	12			112
38[3]	34	28.3	86	71.7	72	14			120
合計	327	25.4	962	74.6	886	71	3	2	1,289

注記：1) 子会社名義で登録された特許は含まない。
　　　2) 発明者の住所により分類した。
　　　3) 東京芝浦電気名義で公告・登録された特許を含む。
出所：『特許公報』『特許発明明細書』各号より作成。

表 4-11 東京電気の実用新案出願（1938 年 12 月 31 日出願まで）

(単位：件，%)

出願年	日本人考案[1]		外国人考案[2]		アメリカ	オランダ	カナダ	合計
1919	5	100.0		0.0				5
20	1	100.0		0.0				1
21	4	100.0		0.0				4
22	1	50.0	1	50.0	1			2
23	1	33.3	2	66.7	2			3
24	20	83.3	4	16.7	4			24
25	28	71.8	11	28.2	11			39
26	39	79.6	10	20.4	10			49
27	35	81.4	8	18.6	8			43
28	22	62.9	13	37.1	13			35
29	22	45.8	26	54.2	26			48
30	51	68.0	24	32.0	24			75
31	32	64.0	18	36.0	17	1		50
32	32	50.0	32	50.0	32			64
33	37	48.1	40	51.9	38	2		77
34	46	44.2	58	55.8	50	7	1	104
35	71	60.2	47	39.8	41	6		118
36[3]	56	58.9	39	41.1	38	1		95
37[3]	46	46.9	52	53.1	48	3	1	98
38[3]	48	46.2	56	53.8	47	9		104
合計	597	57.5	441	42.5	410	29	2	1,038

注記：1) 子会社名義で登録された実用新案は含まない。
　　　2) 考案者の住所により分類した。
　　　3) 東京芝浦電気名義で公告・登録された実用新案を含む。
出所：『実用新案公報』各号より作成。

と同様，アメリカ人以外にも，オランダ人による29件とカナダ人による2件が出願されている。

アメリカ人以外の外国人技術者による特許は，IGECがそれぞれの国で特許協定を締結した企業の技術者によって発明されたもので，IGECを中心とした国際的な特許管理契約網によりもたらされたものと考えられる。オランダ人発明者・考案者はフィリップス社の技術者であり，ドイツ国籍の発明者はオスラム社，カナダとブラジル国籍の発明者・考案者はそれぞれの国におけるGEの子会社に所属する技術者であると考えられる。また，アメリカ国籍の発明者・考案者も，必ずしもGEに所属していた技術者であるとは限らない。アメリカ人発明者には，GEと特許協定を締結したアメリカ企業の従業員が含まれるからである。1919年協定によってIGECの国際的な特許管理契約のネットワークに組み込まれた東京電気は，そのネットワークに属する企業の特許についても出願を行っていたのである。

IGECが日本においてこれだけ多数の特許・実用新案の出願と管理を東京電気に代行させるためには，東京電気内部に特許管理を行うことのできる組織能力がなければならない。そこで，国際特許管理を行うために，東京電気の組織能力がどのように強化されたのかについてみていこう。

国際特許管理契約を締結した時点では，東京電気に特許出願や管理を行う専門の部署は設置されていなかった。東京電気の名義で出願された特許は1918年までに16件，実用新案は13件あったが，これらの一部は17年頃から実験室内に置かれた特許担当者によって出願処理が行われていた。このとき出願業務を行ったのは小松茂八である。[47]小松は自らも研究開発に従事していた東京電気の技師であったが，[48]弁理士資格を取得し，東京電気における最初の有資格者となった。しかし，GE特許の日本における管理業務を行う上で，この体制は不十分であった。組織的にも，実験室内で業務を行うことは効率的ではなく，GEから送られてくる明細書を翻訳し，出願書類を作成し，管理するためには，それにふさわしい専門の部門がつくられなければならなかった。

東京電気において特許部門の設置を主導したのは，GEの日本における責任者であったゲアリーであった。[49]ゲアリーは徐々に特許管理の一部を東京電気に行わせるようにした。最初に東京電気に移転されたのは，商標と意匠の管理であった。このことは，東京電気が1918年3月25日に高岡電球製作所の高岡久

司郎を相手どって特許局へ「第13310号意匠登録無効審判請求」を提出したこと（渡邊，1920，附録第3号，1-3）にあらわれている。この事件は，高岡の所有する蛙型装飾電球の意匠が，東京電気がGEから型を取り寄せて1915年から製造・販売していたものと同一であり，意匠は無効であると訴えたものであった。この事件における請求人は東京電気，代理人は小松と，後に東京電気の特許課に所属することになる芝山岩尾であった。商標や意匠の管理に関しては1919年の国際特許管理契約以前から少しずつ東京電気が行うようになっていたといえる。

　GEは1921年に東京電気内部に社長直属の特許課を設置させた。特許課の設置もゲアリーが主導したものであった。[50] 図4-1にあるように，新たに設置された特許課は，組織上，研究所や工業部とは独立したところに位置付けられ，全社の特許管理を集中的に管理する専任部門であった。特許課設置にあたり初代の特許課長となったのは小松であった。小松は，上述のように以前から東京電気内で特許出願を担当しており，さらに1920年9月から翌年にかけては特許管理について調査・研究するためアメリカとヨーロッパへ派遣されていた。[51] 東京電気は，内外の特許に精通していた小松を特許課長に据えることで，GE特許をはじめとする出願業務を行う体制を整えようとしたのである。

　しかし，特許管理機能の移転は，特許課の設置だけでは完了しなかった。国際特許管理契約により出願された特許の代理人をみると，1922年2月出願までは岸清一と記載されており，この時点ではまだ岸がGE特許を出願する体制が残っていたことがわかる。[52] GE特許の出願を行うには，特許出願手続きに関する専門知識や法的知識が必要とされるとともに，英文明細書も翻訳しなければならなかった。東京電気は小松課長を責任者とした特許課の人員と能力を拡充しなければならず，この準備に時間がかかったのであろう。特許明細書に記載されている代理人は，1922年3月出願以降から小松になっているので，特許課によるGE特許の出願業務はこの頃に開始されたとみてよいであろう。協定から3年後，特許課設置から1年後に，小松課長のもとで国際特許管理契約による出願が開始され，ここにGEが東京電気の特許管理能力を通して日本特許を管理する体制が完成したのである。

　東京電気による国際特許管理は順調に進むかにみえた。ところが，1923年9月1日の関東大震災により同社の建物が倒壊し，小松は震災の犠牲になってし

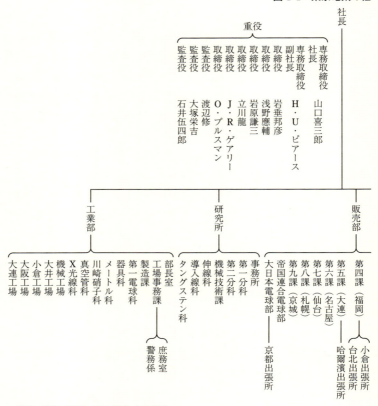

図 4-1 東京電気の経

出所：安井（1940, 266-267）より作成。

まう（安井，1940, 180-181）。小松の後任となったのが芝山であった。[53] 芝山は前述の意匠事件の際に小松と共同で東京電気の代理人を務めていたが，東京電気の社員ではなかった。芝山は震災後の 1923 年 10 月 29 日に事務所を東京電気社内に移転させており，[54] この時点で東京電気に入社したことがわかる。芝山は小松の後を受けて 1923 年から約 1 年間特許課長を務めた。

　関東大震災があったにもかかわらず次第に GE 特許の出願件数は増加していき，同時に，研究所を中心とした社内提案を特許課が特許や実用新案として出願する件数も増大していった。増大する業務を処理するためには，特許課の能力を大幅に拡充しなければならない。そこで東京電気は，1923 年に特許局の

営組織（1931年12月）

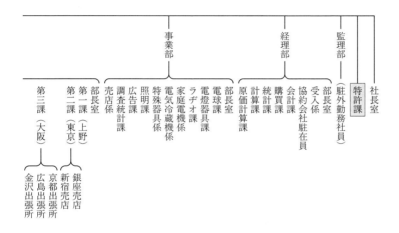

　藤井隣次を入社させ，翌年，特許課長とした。藤井は，特許局技師として直前までGEの一連のタングステン電球特許裁判にかかわっていた人物である。特許行政に詳しいと同時にGEの特許裁判に関係した藤井を特許課長としたことで，GEの東京電気を介した国際特許管理体制は，ここに改めて整ったといえよう。

　表4-12は，1919年から38年までに東京電気が出願し，後に登録された特許および実用新案の出願代理人を整理したものである。代理人が判明しているものによれば，1922年までは岸が出願処理を行っていたが，同年には小松と芝山が出願代理を担うようになったことがわかる。また，1923年には藤井に

126　第4章　国際特許管理契約の締結

表 4-12　東京電気の出願代理人

出願年	岸清一 特許	岸清一 実用新案	小松茂八 特許	小松茂八 実用新案	芝山岩尾 特許	芝山岩尾 実用新案	藤井隣次 特許	藤井隣次 実用新案	山根省三 特許	山根省三 実用新案	記載なし 特許	記載なし 実用新案
1919											6	5
20	1										5	1
21	2										11	4
22	1		9	1	12	1					1	
23			2		43	2	3	1			1	
24					1		74	24				
25							79	39				
26							75	49				
27							58	43				
28							58	35				
29							72	48				
30							76	75				
31							51	50				
32							67	64				
33							53	77				
34							77	104				
35							112	118				
36							106	95			1	
37							109	89	1		3	8
38							98	81			22	23

出所：『特許公報』『特許発明明細書』『実用新案公報』各号より作成。

よって出願処理が行われる特許・実用新案が出現し，24年以降は特許・実用新案のほぼ全件の出願処理を藤井，すなわち藤井を課長とする東京電気特許課が行ったことがわかる。また，次に述べる芝浦製作所の場合とは異なり，外国人発明か日本人発明かの区別なく，特許課において専一的に出願処理が行われていたことも明らかである。

(2)　芝浦製作所における特許部門の確立

　表4-13は，芝浦製作所の特許出願に占める外国人発明と日本人発明の推移を示したものであり，表4-14は，同じく実用新案出願に占める外国人考案と日本人考案の推移を示したものである。東京電気と同様に，特許は1919年から外国人発明の出願が開始され，その後急速に出願処理件数が拡大していることがわかる。一方，実用新案は，1920年に外国人考案の最初の出願が行われ，20年代後半から件数が拡大している。芝浦製作所においては，どのように，

2 日本特許の管理

表 4-13 芝浦製作所の特許出願（1938 年 12 月 31 日出願まで）

(単位：件，%)

西暦年	日本人発明[1]		外国人発明[2]		アメリカ	ドイツ	イギリス	カナダ	合計
1919	8	66.7	4	33.3	4				12
20	14	50.0	14	50.0	14				28
21	21	53.8	18	46.2	18				39
22	16	15.0	91	85.0	91				107
23	14	24.6	43	75.4	43				57
24	9	8.3	99	91.7	99				108
25	46	32.9	94	67.1	91	3			140
26	50	29.2	121	70.8	121				171
27	59	34.3	113	65.7	113				172
28	48	35.8	86	64.2	86				134
29	48	35.6	87	64.4	87				135
30	19	16.4	97	83.6	97				116
31	21	13.0	140	87.0	140				161
32	15	12.9	101	87.1	101				116
33	19	16.7	95	83.3	93		2		114
34	36	27.3	96	72.7	96				132
35	43	46.2	50	53.8	48		1	1	93
36[3]	30	29.4	72	70.6	70		2		102
37[3]	28	28.6	70	71.4	68			2	98
38[3]	30	28.0	77	72.0	75			2	107
全体計	574	26.8	1,568	73.2	1,555	3	5	5	2,142

注記：1) 子会社名義で登録された特許は含まない。
　　　2) 発明者の住所により分類した。
　　　3) 東京芝浦電気名義で公告・登録された特許を含む。
出所：『特許公報』『特許発明明細書』各号より作成。

表 4-14 芝浦製作所の実用新案出願（1938 年 12 月 31 日出願まで）

(単位：件，%)

出願年	日本人考案[1]		外国人考案[2]		アメリカ	カナダ	イギリス	ハンガリー	合計
1919	8	100.0		0.0					8
20	11	91.7	1	8.3	1				12
21	14	100.0		0.0					14
22	19	79.2	5	20.8	5				24
23	11	73.3	4	26.7	4				15
24	9	42.9	12	57.1	11	1			21
25	44	81.5	10	18.5	10				54
26	62	79.5	16	20.5	16				78
27	53	73.6	19	26.4	19				72
28	77	70.0	33	30.0	33				110
29	80	74.1	28	25.9	28				108
30	82	68.9	37	31.1	37				119
31	58	58.6	41	41.4	41				99
32	59	55.7	47	44.3	47				106
33	60	50.4	59	49.6	56	1	1	1	119
34	50	54.3	42	45.7	41		1		92
35	72	63.7	41	36.3	41				113
36[3]	81	57.4	60	42.6	59		1		141
37[3]	66	62.9	39	37.1	38	1			105
38[3]	37	45.7	44	54.3	44				81
合計	953	63.9	538	36.1	531	3	2	2	1,491

注記：1) 子会社名義で登録された実用新案は含まない。
　　　2) 考案者の住所により分類した。
　　　3) 東京芝浦電気名義で公告・登録された実用新案を含む。
出所：『実用新案公報』各号より作成。

GE 特許および日本人による発明や考案の出願処理を行う特許管理能力が形成されたのかをみていこう。

　国際特許管理契約を締結した時点では，芝浦製作所には特許担当者はいたものの出願業務を行うことができる弁理士は1人もいなかった。最初に特許管理の責任者となったのは杉村信近である。杉村は，1908年に機械部設計係に使用人として採用され，15年に工務部部員となり，19年には視察のために GE を訪問，21年に特許係主任を命じられた。[57]この間，杉村は1920年11月に弁理士登録をしている。[58]次いで特許部門の責任者となったのは，特許局の官吏であった平野三千三であった。平野は，1918年に芝浦製作所に入所して工務部に配属され，21年には特許係の係員となった。[59]平野も1920年8月に弁理士登録を行っている。[60]1923年になると，平野が杉村を引き継いで特許係主任となった。というのも，同年，杉村は芝浦製作所を退社して杉村萬國特許事務所を開業したからである。[61]この年以降第2次世界大戦まで，平野は芝浦製作所における特許管理の中心的人物となった。[62]芝浦製作所では，外部から特許専門家を招聘し，また内部の技術者が弁理士となって能力を蓄積することにより，1920年頃には内部に特許の出願業務を行える機能が整備されたといえる。

　さらに，組織構造上も特許部門が強化された。従来，特許担当は発達係に属しており，全社的な特許管理活動を行っていたわけではなかった。しかし，1921年に芝浦製作所は特許部門に関する組織改革を行い，特許担当は特許係として取締役技術長直属の部門となった。図 4-2 は，1921年7月時点の芝浦製作所の組織図である。特許係が，研究係や，技術調査係，設備工作改良係，工務第一部，工務第二部と並行して置かれていることがわかる。この特許係の独立は，GE からの出願依頼の増加に対応したものであったが，加えて1921年の特許法改正により職務発明規定が整備されたことにも影響を受けている。同業他社も，この特許法改正を契機に，特許権を法人財産として管理し特許を戦略的に利用するために特許部門を立ち上げた。芝浦製作所は，他社が特許部門を設置する以前に，GE との特許協定の関係で特許専任の担当者を任命していたが，特許法改正を契機にこれを強化したものと考えられる。機能的にも組織的にも，1921年頃には特許係において一般的な特許出願業務が行えるようになり，全社的な特許管理を司る特許部門が完成したといえる。

　表 4-15 および表 4-16 は，1919年から38年までに芝浦製作所が出願し，後

2 日本特許の管理　129

図 4-2　芝浦製作所の経営組織（1921 年 7 月）

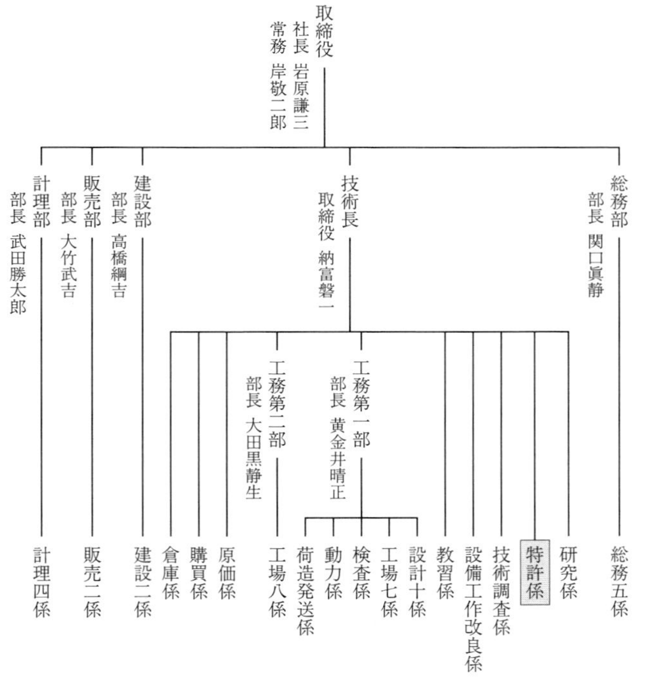

```
                    取締役
                    社長 岩原謙三
                    常務 岸敬二郎
  ┌──────┬──────┬──────┬──────────────────┬──────┐
計理部   販売部   建設部         技術長                   総務部
部長     部長     部長         取締役 納富磐一              部長
武田     大竹     高橋                                  関口
勝太郎   武吉     綱吉                                  眞静
                        ┌──────────┬──────────┐
                      工務第二部    工務第一部
                      部長          部長
                      大田黒静生    黄金井晴正
  │      │      │    │          │            │            │      │
計理    販売    建設  倉庫 購買 原価 工場 荷造 動力 検査 工場 設計 教習 設備 技術 特許 研究  総務
四係    二係    二係  係   係   係   八係 発送 係   係   七係 十係 係   工作 調査 係   係    五係
                                    係             係              改良 係
                                                                   係
```

出所：木村（1940, 141）より作成。

に登録された特許および実用新案の出願代理人を，発明者および考案者が外国人のものと日本人によるものに分けて，整理したものである。代理人が判明しているものによれば，発明者・考案者が外国人のものは，東京電気の場合と同じく，1922 年までは岸が出願処理を行っていた。1923 年になると杉村（当時は特許係に在籍）と平野がほとんどの特許・実用新案の出願代理人となり，24 年以降はほぼすべての出願が平野（すなわち芝浦製作所特許係）によって内部的に行われるようになった（表 4-15）。他方で，日本人発明者・考案者によるものの出願処理は，1922 年から 30 年代半ばまでは，内村達次郎，薗川武，藤田實雄，そして杉村によって行われた。このうち前の三者は民間の特許事務所である東京特許代理局[63]に所属する弁理士であり，1923 年には杉村も独立して特許事務所を開業したので，芝浦製作所は日本人による発明・考案の出願処理を

130　第4章　国際特許管理契約の締結

表 4-15　芝浦製作所の出願代理人（発明者・考案者外国人）

出願年	岸清一 特許	岸清一 実用新案	内村達次郎 特許	内村達次郎 実用新案	杉村信近 特許	杉村信近 実用新案	平野三千三 特許	平野三千三 実用新案	記載なし 特許	記載なし 実用新案
1919	1								3	
20	2								12	1
21	1								17	
22	6		1		69	5	15			
23					10		33	4		
24							98	12	1	
25							94	10		
26							121	16		
27							113	19		
28							86	33		
29							87	28		
30							97	37		
31							140	41		
32							101	47		
33							95	59		
34							96	42		
35							50	41		
36							72	60		
37							67	39	3	
38							58	42	19	2

注記：複数の代理人がある場合は，筆頭の者を記載している。
出所：『特許公報』『特許発明明細書』『実用新案公報』各号より作成。

表 4-16　芝浦製作所の出願代理人（発明者・考案者日本人）

出願年	内村達次郎 特許	内村達次郎 実用新案	薗川武 特許	薗川武 実用新案	藤田實雄 特許	藤田實雄 実用新案	杉村信近 特許	杉村信近 実用新案	平野三千三 特許	平野三千三 実用新案	記載なし 特許	記載なし 実用新案
1919											8	8
20											14	11
21											21	14
22	16	19										
23	14	11										
24	5	8					4	1				
25	25	22					21	22				
26	24	38					26	24				
27	38	36					21	17				
28	28	44					20	33				
29	33	46					15	34				
30	10	43					9	39				
31	11	20	5	7			5	31				
32			7	22			8	21		16		
33			11	5		2	7	5	1	48		
34			19	4	1	2	12	3	4	41		
35					17	22	23	14	3	36		
36					12	49	17	30		2	1	
37					8	36	16	19	1	10	3	1
38	1				10	13	16	3			3	5

注記：複数の代理人がある場合は，筆頭の者を記載している。
出所：『特許公報』『特許発明明細書』『実用新案公報』各号より作成。

外部化していたといえる（表4-16）。つまり，芝浦製作所においては，1924年頃には出願業務を行う体制がつくられたが，その主な役割はGE特許を日本において出願処理することであった。

特許管理の展開
(1) 特許の移転と集中

1919年の国際特許管理契約によって，東京電気と芝浦製作所はそれぞれGE特許を自らの名義で出願するようになった。その規模は，前項でみたように，東京電気によるものが特許962件，実用新案441件，芝浦製作所によるものが特許1568件，実用新案538件であった。しかし，両社ともGEから通知されるすべての特許を出願したわけではない。いずれの契約でも日本の提携企業が必要と認めたもののみを特許や実用新案の形で出願するということになっていたため，必要でないと判断された特許についてはGEが必要と考えればGE自身が出願する場合もあり，また，契約に含まれなかった分野の特許についてはGEが自社名義で出願し特許を取得した。

表4-17は，1919年から41年までのGEとIGECによる保有特許件数を示している[64]。同表によると，1919年にはGEとIGECは176件の日本特許を保有しており，20年代後半まではこの水準を維持している。しかし保有件数は1930年代前半に急減する。これは，1つには，1919年以降新規出願のほとんどが契約により東京電気と芝浦製作所によってなされ，IGEC自らが特許出願する件数が少なくなる一方で，第1次世界大戦期以前に登録されていた特許が失効していったためである。もう1つの要因は，1930年代に，IGECから東京電気あるいは芝浦製作所へと特許権が移転されたためである。GEあるいはIGEC名義の特許が東京電気と芝浦製作所へ移転された件数は，それぞれ32件と25件であった。これらの移転のほとんどは，1926年から37年の間に譲渡登録されている。

いくつかの特許移転についてみてみよう。電燈・電燈製造機の分野においてIGECは，1927年に11件の特許を買収した。これらはアメリカのリッベイ社（Libbey Glass Co.）とウェストレーク社（The Westlake European Machine Co.）の特許で，電球や真空管の製造機械であるダンナー・マシンの特許を含んでいた[65]。この移転は，アメリカにおいてGEとリッベイ社およびウェストレーク社が取

表 4-17　GE および IGEC の日本

年	電燈・電燈製造機			重電（発送電機器，電動機）			タービン		
	登録（買収）	失効（譲渡）	保有	登録（買収）	失効（譲渡）	保有	登録（買収）	失効（譲渡）	保有
1919	10	3	64	7	2	46	6		25
20		6	58	2	1	47	5		30
21		8	50	1		48	1		31
22	1	3	48	2	1	49	2		33
23		4	44		3	46	3		36
24			44			46			36
25	1	3	42		1	45	5	1	40
26		6 (1)	36		1	44			40
27	11 (11)		47		2	42	1	1	40
28	1	4	44		10	32			40
29		2	42		2	30		13 (7)	27
30	2	17 (11)	27		7	23		7 (7)	20
31		5	22		3	20		3 (1)	17
32		4	18		3	17		6	11
33		7	11		5	12		2	9
34	1	11 (1)	1		7	5		2	7
35			1		2	3		1	6
36			1		1	2		1 (1)	5
37		1	0		2	0			5
38								1	4
39								2	2
40								2	0
41									

注記：（ ）内の件数は内数である。
出所：『特許公報』『特許発明明細書』各号より作成。

引し，GE が両社の日本における特許を譲り受けたものと考えられる。しかし，IGEC はこれらを保持することなく東京電気の管理下に置くこととし，特許は 1930 年 8 月 15 日に IGEC から東京電気へと移転登録された[66]。

　一方，タービン分野において，IGEC は保有する 14 件の関連特許を芝浦製作所に譲渡し，その登録は 1929 年 12 月 26 日と 30 年 1 月 17 日に行われた[67]。1919 年の協定ではタービン関連特許のライセンスは芝浦製作所に供与されていなかったが，少なくとも 30 年には芝浦製作所がそれらを管理するようになったのである。1930 年にはまた，芝浦製作所によってタービン関連の GE 特

における特許保有件数（1919～41 年）

（単位：件）

計器類			真空管類・無線機器・音響機器			その他			保有件数
登録（買収）	失効（譲渡）	保有	登録（買収）	失効（譲渡）	保有	登録（買収）	失効（譲渡）	保有	
	2	3	6		9	4	6	29	176
		3	3		12		5 (1)	24	174
		3	5		17			24	173
		3	2		19	1		25	177
		3	1		20	1	1	25	174
		3	1		21			25	175
		3			21			25	176
		3			21		1	24	168
	1	2			21		2 (2)	22	174
		2			21		1	21	160
		2	4		25		4 (4)	17	143
	2	0	4	2 (1)	27	1	2	16	113
			9		36	1	6	11	106
			2	1	37		2	9	92
				1	36		3	6	74
				8 (2)	28		3	3	44
			1	3	26			3	39
				22 (17)	4			3	15
				2	2		2 (1)	1	8
				1	1			1	6
				1	0			1	3
								1	1
								1	1

　許の出願も行われているので，27 年から 30 年の間のいずれかの時点でタービン関連特許のライセンスが供与され，同時にそれらが芝浦製作所によって管理されるようになったと考えられる[68]。

　真空管類・無線機器・音響機器関連の特許は，主に活動写真関連機器や音響記録再生装置に関するものであったが，1919 年以降も IGEC が日本における特許出願・取得を行っていた。しかし，これらの特許も 1936 年 6 月 3 日までには東京電気への移転登録がなされた[69]。

　このように，IGEC は日本で管理していた特許を東京電気・芝浦製作所に譲

渡し，それらの特許の管理も両社へ移管していったのである。

(2) RCA 特許の管理

両大戦間期に，真空管やラジオ機器の技術は急速に発展し，普及していった。アメリカにおいてラジオ関連特許（真空管や受信回路等に関係するもの）を保有していたのは GE だけでなく，当初は GE の子会社であった RCA (Radio Corporation of America) も特許を保有していた。以下で，日本において GE と RCA のラジオ関連特許がどのように管理されたのかをみていこう。

RCA は，GE がアメリカン・マルコーニ社（Marconi Wireless Telegraph Co. of America）を買収して設立した企業である。RCA は，設立されてからしばらくは GE およびウェスチングハウス社が製造したラジオセットの販売会社という性格が強かったが，単なる販売会社ではなく，設立初年から無線技術の研究開発にも乗り出していた。1919 年には，ニューヨーク市立大学で A. N. ゴールドスミス（Alfred N. Goldsmith）を長とする研究グループが RCA のために研究を進めていた。また同年，RCA はロングアイランドに研究機関を設け，無線電信・電波伝搬・受信についての研究を開始する。1924 年にはニューヨークに技術試験研究所が設置され，ここにゴールドスミスらのグループが移って品質管理や設計書の設定などを行った（MacLaurin and Harman, 1949, 176-177）。このように，RCA 設立後約 10 年間，真空管や無線技術の研究開発は，GE，ウェスチングハウス社，そして RCA において，それぞれ個別に行われていたのである。

GE とウェスチングハウス社が，無線装置の設計・製造の大部分を RCA に移し，同時に主要な技術者を RCA に転籍させたのは，1930 年になってからである（MacLaurin and Harman, 1949, 177）。こうして RCA が真空管と無線通信事業を統一的に行う基盤が築かれたのだが，同年に GE・RCA・ウェスチングハウス社の 3 社は，その関係が反トラスト法違反であるとして訴えられてしまう。1932 年に 3 社は同意判決を受け入れるが，これを契機に RCA は GE やウェスチングハウス社から完全に独立し，独自に行動するようになる（MacLaurin and Harman, 1949, 178-179）。

このようなアメリカにおける産業再編に対応して，日本におけるラジオ関連特許のライセンス関係と管理組織が再編された。ラジオ関係品，すなわち無線電話・無線電信・無線方向探知機などに関連する特許は，はじめ芝浦製作所に

ライセンスされ，1919年以降もラジオ関連のGE特許は芝浦製作所が出願・管理していた。他方で，1918年にはGEと東京電気のライセンス協定に真空管が含まれるようになり，ラジオ関連のGE特許は東京電気と芝浦製作所に分けてライセンスされる状態となった。このような状態を解消して日本での無線特許を統一しようとする目論見は，1921年から22年にかけて，日本における一大無線企業すなわち日本版のRCAを設立しようという動きとしてあらわれた。1921年に，RCA会長のO. D. ヤング（Owen D. Young）は團琢磨へ書簡を送り，東京電気・芝浦製作所・日本電気の持っている真空管特許を統合して日本版RCAを設立することを薦めている。しかし，この構想に積極的であった東京電気の働きかけにもかかわらず，日本における真空管特許は関連する3社にそれぞれ保有されているという状態は変わらなかった（平本，2003, 64）。

次に変化がもたらされたのが，1929年である。同年11月にGEと東京電気との間の協定が更新された際，対象とする製品からラジオ用真空管が除かれたのである（平本，2012, 4-5）。これは，アメリカにおいて無線装置と真空管の製造をRCAへと移管し集中させる動きに対応するものであったと考えられる。しかし，反トラスト法訴訟もあり，しばらくはGE・RCA・ウェスチングハウス社の関係が明確にならなかったため，真空管に関するGEと東京電気の協定は暫定的に1932年まで延長された（平本，2012, 5）。交渉の末，東京電気はようやく1935年4月1日にRCAと協定を締結する。この協定では無線送信機・無線受信機（家庭用ラジオ受信機を除く）・テレビジョン装置・無線方向探知機・電子放電管に関するRCA特許のライセンスが東京電気に供与されたのである（東京芝浦電気，1963, 795-796）。また，その前年の1934年にIGECと芝浦製作所の間で締結された協定では，ライセンスが供与される特許からラジオ関係品が除外されている（長谷川，1996, 22-23）。アメリカにおいてGEとRCAとの関係が変化したことを受けた，東京電気への真空管・ラジオ事業の集中は，1935年に東京電気がRCAと特許協定を締結したことで，ようやく実行されたのだといえる。

東京電気へ特許ライセンスを集中させる動きに対応して，GEのラジオ関連特許の管理が芝浦製作所から東京電気へと移管された。『特許公報』によると，1936年8月5日と翌37年3月27日の2度にわたり，芝浦製作所から東京電気へラジオ関連特許を中心に126件が譲渡登録されている。126件の特許のう

表 4-18　RCA の日本特許の出願状況（1919〜45 年）

(単位：件)

出願年	RCA 名義			日本ビクター・日本音響名義		
		外国人発明	日本人発明		外国人発明	日本人発明
1919	2	2				
20						
21	1	1				
22						
23						
24						
25						
26						
27						
28	2	2				
29						
30	6	6				
31	8	8		(1)	(1)	
32	9	9		(4)	(4)	
33	12	12		(1)	(1)	
34	9	9		(2)	(2)	
35	2	2		(1)	(1)	
36	22	22				
37	9	9		8	8	
38	6	6		66	63	3
39				60	59	1
40				47	47	
41				38	36	2
42				1		1
43				2		2
44						
45						

注記：（ ）内は RCA 特許でないもの（「シー・デグロー」の発明によるもの）の件数を示す。
出所：『特許公報』『特許発明明細書』各号より作成。

ち，1 件は IGEC が日本で出願・登録したのち芝浦製作所へ譲渡されたもので，残りはすべて芝浦製作所によって出願されたものであった。また，『実用新案公報』を確認すると，1936 年から翌年にかけて 14 件の実用新案が芝浦製作所から東京電気へ移転されている[70]。東京電気と芝浦製作所によって出願された GE 特許の譲渡は，契約のなかで IGEC の文書による承認が必要であるとされていたから，この譲渡は IGEC 側の決定または同意によってなされたということができるだろう。

2 日本特許の管理

表 4-19 RCA 特許の技術分類

分類番号／分類			件数
97		その他（旧分類）	2
3	11	発声活動写真器	2
3	12	活動写真器雑	2
4	6	自働連奏蓄音器	1
4	7	蓄音器其他の音響復生装置	1
4	8	音響記録装置及音響記録兼復生装置	1
144	8	無機化合物雑	1
171	3	写真雑	1
192	8	蓄電器	1
197	5	多重電信装置	1
197	9	書写電信装置	28
197	13	送話器	3
199	2	高周波送信方式	3
199	3	高周波受信方式	9
199	4	高周波発電方式	7
199	5	電気通信用真空球	11
199	6	電気的増音器	3
199	9	高周波電気通信雑	5
207	9	電気雑工雑	6

出所：『特許公報』『特許発明明細書』各号より作成。

　他方，RCA の日本特許の管理は，GE と東京電気および芝浦製作所との間の国際特許管理契約の範囲には含まれておらず，独自に管理された。**表 4-18** は，RCA の日本特許の出願状況を示したものである。RCA は 1919 年から日本で特許出願を開始しているが，継続的に特許が登録されはじめたのは 1930 年からであり，東京電気と特許協定を締結した 35 年にはすでに 45 件の特許が登録されていた。1938 年までに RCA 名義で出願され，後に登録された特許 88 件の技術分類をみたのが，**表 4-19** である。この表をみると，RCA の特許は，真空管に関するもの（第 199 類 5「電気通信用真空球」）だけでなく，無線装置（第 199 類の他の分類）やテレビジョン装置（第 197 類 9「書写電信装置」や第 207 類 9「電気雑工雑」）に関するものも多かったことがわかる。また，**表 4-20** に RCA 特許の出願代理人を示したが，これによるとほとんど飯田治彦あるいは酒井安治郎が出願処理を行っている。彼らは企業に雇用されている弁理士ではなく，独立した事務所を構える弁理士であった。したがって，RCA の日本特許は，GE 特許のように現地の関連会社によって管理されるのではなく，自らが代理

表 4-20　RCA 特許の出願代理人

(単位：件)

出願年	RCA 名義				日本ビクター・日本音響名義			
	渡邊庚午郎	飯田治彦	酒井安治郎	記載なし	萩原長谷雄	藤井隣次	井上一男	記載なし
1919				2				
20								
21	1							
22								
23								
24								
25								
26								
27								
28		2						
29								
30		6						
31		8						
32		9						
33		5	7					
34			9					
35			2					
36			22					
37			9		7			1
38			5	1	34	29		3
39						51		9
40						36		11
41						34(注)	4	
42							1	
43							2	
44								
45								

注記：藤田實雄を復代理人とする特許1件を含む。
出所：『特許公報』『特許発明明細書』各号より作成。

人を立てて直接管理する方式であったといえる。

　RCA の日本特許は，1937 年になると日本ビクター蓄音器株式会社（以下，日本ビクター）の名義で出願されるようになった（**表 4-18**）。日本ビクターは，1927 年にビクター・トーキング・マシン社（Victor Talking Machine Co.）の子会社として設立され，37 年に東京電気傘下となり，43 年には企業名を日本音響株式会社に改称する（安井，1940, 666-668；東京芝浦電気，1963, 137）。同社は東京電気の子会社となる以前に 9 件の特許を出願・登録しているが，それらは横

2 日本特許の管理　139

表 4-21　日本ビクター・日本音響特許の技術分類（外国人発明）

分類番号／分類			件数
2	5	印画器	2
3	11	発声活動写真器	1
4	7	蓄音器其他の音響復生装置雑	1
4	8	音響記録装置及音響記録兼復生装置	3
97	14	受話器	1
171	3	写真雑	6
189	1	磁性物	2
191	4	整流機	1
192	3	電路遮断装置	1
192	8	蓄電器	7
193	5	交流電動機制御	1
193	9	電気調整装置	1
195	4	電気及磁気計器雑	3
196	1	電気的及磁気的測定装置	1
196	3	電気的及磁気的測定雑	1
197	9	書写電信装置	15
197	13	送話器	6
197	14	受話器	4
197	17	電話装置	1
197	28	電信及電話雑	1
199	1	高周波通信方式	1
199	3	高周波受信方式	59
199	4	高周波発電方式	7
199	5	電気通信用真空球	3
199	6	電気的増音器	28
199	9	高周波電気通信雑	20
207	9	電気雑工雑	36

出所：『特許公報』『特許発明明細書』各号より作成。

浜市神奈川区の日本ビクターを住所とする「シー・デグロー」が発明した蓄音器の音譜板や回転速度の調整に関する技術を対象としたものであり，真空管や無線装置に関するものではなかった。RCA 特許が日本ビクター（後に日本音響）名義で出願されるようになったのは 1937 年からであるが，その件数は 38 年以降 41 年まで，毎年 50 件程度と相当数にのぼった。**表 4-21** は，日本ビクター（および日本音響）名義で出願・登録された日本特許のうち，発明者が外国人であるもの（RCA の日本特許）の技術分類の一覧である。213 件の特許のうち，半数以上の 118 件が真空管や無線通信に関するもの（第 199 類）であり，ほかにもテレビジョン関連のものが多数を占めていることがわかる。また，**表**

4-20には日本ビクター名義の特許の出願代理人も示されている。同表にはないが「シー・デグロー」の発明の出願処理を行っていたのは，外部の独立した弁理士である布施静であった。1937年に東京電気の傘下に入ってからも，しばらくは同じく外部の弁理士である萩原長谷雄がRCA特許の出願処理を行っていたが，すぐに藤井隣次がほぼすべての出願処理を行うようになる。要するに，1938年以降は，東京電気特許課が，GEの日本特許だけではなく，RCAの日本特許についても管理を行うようになったのである[72]。

東京電気の社史によると，戦前においては，これらRCA特許のうち59件がライセンス供与され，加えて，日本ビクター名義の特許も216件がライセンス供与された（東京芝浦電気，1963，795-796）。ライセンス供与の相手先に特許管理を行わせる方法は，GEが国際特許管理契約によって東京電気と芝浦製作所に日本における特許の管理を行わせた方法と同じであった。

まとめ

GEは，第1次世界大戦後の新たな世界情勢を目前にして，積極的な国際経営戦略を打ち立て組織を整えた。同社は，1919年に国際事業を専門的に管理する子会社IGECを設立し，IGECは戦前からの国際協定の改定と新協定の締結を行った。両大戦間期の国際企業間協定は，広範な製品を対象とした包括協定であること，特許権とノウハウの交換，特許権の排他的性格に基づく市場分割を特徴としていた。このようなGEの国際経営戦略の展開の一環として，IGECは1919年6月に東京電気および芝浦製作所とそれまでの協定の改定を行った。

IGECが東京電気および芝浦製作所とそれぞれ締結した新協定に加えられた国際特許管理契約は，日本側企業がGEの特許を自らの名義で出願し，それらを管理するという内容であった。この契約により，GEは日本特許を費用をかけることなく効率的に管理することができるようになった。同様の特許管理契約はBTHやAEGなどのヨーロッパ企業との間では第1次世界大戦期以前から締結されていたので，IGECは，1919年の日本企業との国際特許管理契約の締結および一連のヨーロッパ企業との新協定の締結によって，主要工業国の電機企業が互いに発明（特許出願権）を譲渡し合ってそれぞれの排他的市場で特

許を出願し管理するという国際特許管理のネットワークを完成させたといえる。

　GE の国際経営戦略の強化と 1919 年の協定を契機として，GE の日本における特許管理機能が，東京電気と芝浦製作所に移転されたことを見逃してはならない。それまで東京電気と芝浦製作所は社内に独立した特許部門を設置していなかった。つまり GE の国際経営戦略の一端を担うだけの特許管理能力を日本企業は保持していなかったのだが，1919 年協定を履行し GE 特許を管理するため，両社は特許部門を設置した。実際に出願処理が開始されたのは両社ともに 1922 年頃からであったが，東京電気は藤井隣次を，芝浦製作所は平野三千三を特許局から引き抜いて責任者に据えることにより，特許管理の組織能力を高めていった。前章でみたように，提携企業における特許管理の発生は GE との協定（技術導入）を契機としていたが，特許管理能力の確立とその組織の確立もまた，GE との協定（国際特許管理契約）を契機としていたのである。こうして日本企業に形成・確立された特許管理能力は，東京電気特許課が 1938 年以降に RCA の日本特許の管理を行うようになったように，GE 以外の特許の管理にも用いられた。

注

1　「（前略）いわゆる〈電力の循環的な需要拡大〉を知る必要がある。（中略）つまり，電力の使用は，加速度的に電力に対する需要を促進し，一般消費者用の電気器具ばかりか，発電，送電，ならびに配電用の電気器具の需要を増大」させる（Cordiner, 1956, 9-11, 邦訳, 11）。電力の供給と消費の両側面で需要が拡大するのである。

2　とくにドイツのジーメンス社は，GE よりも設立が早く（1847 年），19 世紀中頃から電気技術史に残る数々の発明を行うなど，優れた技術を蓄積していた。とりわけ発電機に関する技術には独自なものがあった（山崎・木本, 1992, 122-131）。

3　Herod, William R., "The I.G.E. Picture," pp. 12-13, Herod Collection, Box 1, Folder 7, The Museum of Innovation and Science Archives（IGEC 社長 W. R. ヘロッドの The President's Annual Review Meeting におけるスピーチ文書）。

4　このような輸出地域の分割は，後に述べるように，GE がヨーロッパの主要な電機企業と輸出市場を分割する諸協定を締結していたことにも起因している（Herod, "The I.G.E. Picture," pp. 12-13）。

5　両大戦間期における GE の国際経営戦略の目的の 1 つが，外国企業のアメリカ市場への進出を阻止することであったという点は，小林（1970），板垣（1977），安保（1984），吉田（1987a；1987b），Reich（1992）においても指摘されている。

142   第4章　国際特許管理契約の締結

6   GE, "Report upon Foreign Business," p. 5.
7   GE, "Report upon Foreign Business," pp. 6-8.
8   GE, "Report upon Foreign Business," p. 13.
9   たとえば1938年において，アメリカの電機産業労働者の時間当たり賃金は70セントであったが，これに対するドイツの賃金は31セントと半分以下であった（Backman, 1962, 363, Appendix）。
10   GE, "Report upon Foreign Business," p. 13.
11   General Electric Co., *The Monogram*, July-August, 1949.
12   Swope, Jr., "Historical Review," p. 9；GE, "Report upon Foreign Business," p. 8.
13   GEとIGECとの間の協定では，①両社間の領土分割，②IGECは必要なときにGEの生産設備を利用でき，GEから技術援助が与えられること，③特許，商標について，④IGECがGEの唯一の海外事業の代理店であることが，規定されていた（United States Senate 89th Congress, 1949, 894）。
14   GE, "Report upon Foreign Business," p. 9.
15   同上。
16   スウォープは1922年から40年までGEの社長を歴任した。
17   Swope, Jr., "Historical Review," p. 21.
18   Swope, Jr., "Historical Review," p. 18.
19   特許権交換の形態として，本章第2節で詳述するように，特許出願権を交換しそれぞれの市場で提携企業が管理し合う方法がとられた。
20   1919年から44年までの26年間にIGECが得たロイヤリティとサービス料は1500万ドルを超えた（Herod, "The I.G.E. Picture," p. 10）。
21   Herod, "The I.G.E. Picture," p. 9.
22   GEが獲得した海外技術のうち，最も多かったのはドイツからのもので，以下，イギリス，日本，オランダの順であった（Herod, "The I. G. E. Picture," pp. 10-11）。
23   1922年のIGEC-AEG協定による（USFTC, 1948, 24-28）。
24   正式名称はPhoebus S.A. Compagnie Industrielle pour la Développement de l'Éclairageである。
25   United States Senate 89th Congress (1949, 891-892)；Stocking and Watkins (1946, 333-335)。
26   United States Senate 89th Congress (1949, 902-906)；Bright (1949, 256-261)。
27   Herod, "The I.G.E. Picture," pp. 15-16.
28   Herod, "The I.G.E. Picture," p. 16.
29   Herod, "The I.G.E. Picture," p. 17.
30   Herod, "The I.G.E. Picture," pp. 15-16.
31   Swope, Jr., "Historical Review," p. 22.
32   Swope, Jr., "Historical Review," pp. 22-23.
33   たとえば，ブラジルでは1920年代から現地生産が行われていた（Wilkins, 1974, 28）。
34   両大戦間期，GE製品は，一部を除く大英帝国諸国と大陸ヨーロッパ諸国以外の地

域，すなわちラテンアメリカや中近東などの途上国地域に向けられていた。GE が関係している電機製品のアメリカからの輸出は，1919 年から 23 年の 5 年間において合計約 3 億 200 万ドルであり，36 年から 40 年までの 5 年間では約 3 億 800 万ドルであった。1936 年からの 5 年間におけるアメリカの電機輸出額に占める IGEC の割合は 24.2％であったので，IGEC の輸出額は年間約 1500 万ドルとなる（Herod, "The I.G.E. Picture," p. 13）。

35 IGEC の利払いのほとんどが GE の前払金や融資に対してなされたものであるから，利払い前の利益で計算すればこの割合はもっと高くなると思われる。

36 GE が保有する技術には，GE 自身が開発したもののほかに企業間協定等によって GE が取得したものも含まれている。

37 「西暦 1919 年（大正 8 年）6 月 3 日 インターナショナル，ゼネラル，エレクトリック会社ト東京電気株式会社間ノ契約書」，東芝社史編纂資料，三井文庫。1918 年 4 月 29 日に締結された契約の第 6 条を削除し，この条項が加えられた。

38 Principal Agreement between International General Electric Company, Incorporated and Tokyo Shibaura Denki Kabushiki Kaisha, October 12, 1939, GHQ/SCAP 資料，CPC-4511, 4512, 国立国会図書館憲政資料室。

39 入社直後に GE および IGEC と東京電気・芝浦製作所・東京芝浦電気との間で交わされた契約書を読まれた関晴雄氏も，これを確認している（関氏からのヒアリング）。

40 関氏・小津氏からのヒアリング。

41 この 1 ドルの意味は「対価なくして契約は成立しない」との理由から契約の有効性を主張するためのものである（関氏からのヒアリング）。

42 関氏・小津氏からのヒアリング。また，東京電気の翻訳契約書にも，その第 6 条に「而シテ此内ニハ時々要求セラルル諸税及特許局諸手数料ノ支払及日本ニ於ケル特許ヲ有効ニ保持スルニ必要ナル総テノ記号ヲ包含スルモノトス然レドモ東京会社ハゼネラル会社ヨリ書面ニヨル同意ヲ得テ何レノ特許ヲモ放棄スルヲ得ルコトヲ了解シ及同意シタルモノトス」と記されている（「西暦 1919 年（大正 8 年）6 月 3 日 インターナショナル，ゼネラル，エレクトリック会社ト東京電気株式会社間ノ契約書」，東芝社史編纂資料）。

43 この契約は単なる特許権の売買を規定したものではない。というのは契約により出願した特許の実質の権利者は，契約において GE および IGEC にあると定められていたからである。前出 1939 年 10 月 12 日付 IGEC—東京芝浦電気協定の第 3 章第 7 節で，契約が失効したときには特許をすべて IGEC に返却することが定められており，特許の究極的な所有権は東京電気ではなく IGEC にあったといえる。関氏もこれを確認している（関氏からのヒアリング）。

44 高橋氏からの書簡，2002 年 11 月 18 日。

45 弁理士制度 100 周年記念事業実行委員会会史編さん部会（2000, 52-53）。2000 年頃には，外国文による出願の場合は 100 ワードで 3000 円から 4000 円の翻訳料が必要で，明細書の量にもよるが，特許出願 1 件当たりの翻訳料は 60 万円から 100 万円になった。

46 関氏・小津氏からのヒアリング。

47 特許公告や特許明細書に記載されている代理人弁理士が出願業務を行っている。特許部門で出願処理が行われる場合、たいていは部門長（弁理士の場合）が代理人となる。この時代の特許明細書には代理人の記載のないものが多いが、1917年5月16日出願の特許第31368号「電流制限器」（発明者大久保増蔵）および同年12月21日出願の第33284号「硝子絲製造機械」（発明者山崎升彦）の代理人は小松であった。
48 特許第33557号「白熱電燈」、1918年1月31日出願。
49 関氏からのヒアリング。
50 小津氏・高橋氏からのヒアリング。
51 東京電気『営業報告』第46回、1920年12月-21年5月；同『営業報告』第47回、1921年6-11月。
52 代理人の判明しているGE特許についてみると、1920年5月6日に出願された特許第67655号、21年8月2日に出願された特許第64301号、同年12月14日に出願された特許第62360号、22年2月6日に出願された特許第44094号は、東京電気が特許権者となっており、代理人はいずれも岸であった。
53 小津氏・高橋氏からのヒアリング。
54 訴状に記載された芝山の事務所は「東京市麻布区桜田町十七番地」であり、小松の事務所は「神奈川県橘樹郡川崎町堀ノ内七百五十二番地東京電気株式会社内」であった。事務所の位置から芝山は東京電気社員でなかったと考えられる（渡邊、1920、附録第3号、1-3）。
55 小津氏・高橋氏からのヒアリング；人事興信所（1941、フ21）。
56 たとえば、審判第3442号（特許第18961号無効審判請求事件）に関する1920年4月2日の審決では、藤井隆次が特許局技師としてかかわっている（『特許公報』362号、1920年5月28日）。
57 「芝浦製作所六十五年史資料 第五冊 名簿」、東芝社史編纂資料。
58 『特許公報』第388号、1921年1月14日。
59 「芝浦製作所六十五年史資料 第五冊 名簿」、東芝社史編纂資料。
60 『特許公報』第388号、1921年1月14日。
61 「芝浦製作所六十五年史資料 第五冊 名簿」、東芝社史編纂資料；人事興信所（1941、ス38）。
62 東京芝浦電気設立後も平野は1940年頃まで特許部門の責任者を務めた（小津氏からのヒアリング）。
63 東京特許代理局は内村達次郎が創設した民間の特許事務所であり、農商務省特許局とは関係がない（人事興信所、1925、う17）。内村は藤田および小谷鐵次郎と共同で出願代理を行っている。小谷は1930年代には大阪特許代理局の代表であった（村上、1932、445）。
64 前出の表2-1と同様に、推定値である。
65 リッベイ社の特許は1927年6月3日に移転登録されている（『特許公報』第86号、1927年7月20日）。ウェストレーク社のものは同年10月26日に移転登録されている（同、第145号、1927年12月14日）。
66 『特許公報』第558号、1930年9月26日。

67 『特許公報』第466号，1930年2月17日；同第493号，1930年4月21日。
68 長谷川は，1927年の石川島造船所との提携を機にタービン関連特許が芝浦製作所にライセンスされたと述べているが（長谷川，1996，17-18），妥当な推定であろうと思われる。
69 『特許公報』第1492号，1936年12月16日。
70 うち11件は1936年8月8日に，2件は37年3月31日に，1件は同年4月23日に譲渡登録された（『実用新案公報』第1900号，1936年12月26日；同第1967号，1937年5月5日；同第1984号，1937年5月29日）。
71 たとえば，特許第102603号。
72 RCA特許に関して東京電気（合併後は東京芝浦電気）は，出願処理だけではなく権利行使も含む幅広い管理を行っていた。1939年に社団法人日本放送協会がRCA特許である第105834号特許「陰極線テレビジョン受像方式ニ於ケル帰線消去方法」の無効審判請求を提出，さらに40年には同様に第105834号特許が無効であると主張して抗告審判請求を特許局に提出した。この審判において，RCA側の代理人となっているのは藤井隣次であった（昭和14年審判第145号および昭和15年抗告審判第1829号審決〔『審決公報』第76号，1943年3月16日〕）。

第5章

技術移転と技術交流

はじめに

　国際特許管理契約は，GE の日本特許を提携企業である東京電気や芝浦製作所が管理することを定めたものであったが，それは同時に，GE から日本の提携企業への技術移転と技術交流を行うための枠組みでもあった。1920年代と 30 年代の東京電気・芝浦製作所・東京芝浦電気による GE 特許の出願は，日本のこれら提携企業が GE から積極的に技術導入を行っていたことを示している。また，両大戦間期において各社は，GE からの技術導入を進めるだけではなく，自社内部において研究開発に取り組み，企業成長を果たした。本章では，両大戦間期における GE のグローバルな技術交流ネットワークによってどのような技術が日本に移転されたのか，東京電気と芝浦製作所でどのような研究開発が行われたのか，技術導入と研究開発に特許部門がいかなる役割を果たしたのか，の各点を明らかにする。なお，東京芝浦電気については前身企業である 2 社の事業方法を引き継いでいるので，個別には分析しない。

　以下，両大戦間期における東京電気と芝浦製作所の経営発展とそれを支えた研究開発組織の展開を明らかにし，続く節では，両社における技術導入と研究開発の傾向をみた上で，技術交流の促進に特許部門が果たした役割を明らかにする。

1 両大戦間期における経営発展

東京電気の経営拡大と研究開発組織

　両大戦間期における東京電気の経営発展は，主に製品多角化とそれを可能とした研究開発体制の発展・拡充によって特徴付けられる。東京電気は，電球を中心としながらも，真空管や家庭用電化製品，医療用電気器具の製造・販売へと事業を拡大し，次第に「総合的電気機器製造会社の形態」をとるようになった（安井，1940，195）。この期間における経営発展を，製品別売上高からみていこう。

　表5-1は，1919年から38年までの売上高を，電球類，真空管・ラジオ用品，その他器具類に分けて，その伸びを示したものである。[1]電球類には，白熱電球，特殊電球，電球材料の売上が含まれている。真空管・ラジオ用品には，受信用・送信用の真空管，無線機器の売上，および1935年に設立された東京電気無線株式会社の売上高が含まれている。その他器具類には，医療器具，積算電力計，配線器具，照明器具，家庭器具，特殊器具の売上高が含まれている。電球類，真空管・ラジオ用品，その他器具類の売上高の合計が，東京電気と東京電気無線が製造した製品の総売上高を示している。その推移をみると，1920年代に年間約1000万円から約1400万円へと増加し，30年代にはさらに35年の約2400万円，38年の約4600万円と，急激に増加していることがわかる。東京電気の売上高は1920年代にも漸増していたが30年代には3倍化しており，経営規模が急速に拡大したことがわかるであろう。

　このような総売上高の推移を製品別にみると，次のような特徴が明らかとなる。電球類は，1919年には，総売上高約820万円のうち約700万円を構成し，全体の85％を占める主力商品であった。その後，電球類の売上高は，1920年代には多少の増減はあるものの毎年約1000万円前後に達していたが，30年前半には一時700万円台まで減少する。長期的にみれば，電球類の売上は比較的安定していたといえるが，売上全体に占める割合は次第に減少し，1930年には約6割，35年には約4割，38年には約2割にまで落ち込んだ。一方，真空管・ラジオ用品は，1927年から売上高が示されている。[2]1927年の売上高は45万円あまりであったが，30年には約250万円，35年には約570万円，38年に

表 5-1　東京電気株式会社グループの製品別売上高（1919～38 年）

(単位：千円，%)

年	電球類		真空管・ラジオ用品		その他器具類		合計
1919	6,965	85.4			1,195	14.6	8,160
20	8,124	81.9			1,794	18.1	9,918
21	8,286	81.6			1,874	18.4	10,160
22	9,440	84.5			1,737	15.5	11,177
23	10,087	88.2			1,354	11.8	11,441
24	9,907	88.0			1,357	12.0	11,264
25	8,946	77.1			2,650	22.9	11,596
26	10,989	82.0			2,405	18.0	13,394
27	10,083	77.3	453	3.5	2,502	19.2	13,038
28	9,350	69.4	1,680	12.5	2,446	18.2	13,476
29	9,560	66.5	1,976	13.7	2,849	19.8	14,385
30	8,248	62.3	2,567	19.4	2,417	18.3	13,232
31	9,282	56.6	3,538	21.6	3,586	21.9	16,406
32	7,199	44.8	4,952	30.8	3,925	24.4	16,076
33	8,557	42.3	6,321	31.2	5,359	26.5	20,237
34	8,811	41.3	6,236	29.2	6,296	29.5	21,343
35	9,535	40.3	5,650	23.9	8,502	35.9	23,687
36	11,979	42.0	8,061	28.3	8,493	29.8	28,533
37	14,732	37.1	12,671	31.9	12,321	31.0	39,724
38	9,008	19.5	21,927	47.5	15,211	33.0	46,146

注：東京電気無線の売上高を含む。
出所：東京芝浦電気（1963, 973-942）より作成。

は子会社の東京電気無線の売上を含めて約2200万円へと急増した。総売上高に占める割合も，1930年に約20％，38年には約48％にまで増加し，両大戦間期における主力商品となった。最後に，その他器具類は，1919年以来売上の一定比率を占めていた。売上高は，1920年代に約120万円から約290万円まで漸増し，その後35年に約850万円，38年には約1500万円にまで急速に増加した。売上全体に対する割合も次第に増加し，1930年に約18％であったものが，35年に約36％，38年には約33％を占めるようになった。器具類のなかでも，配線器具，積算電力計，照明器具といった製品の売上増加が著しかった。

　以上のことから，両大戦間期における東京電気の経営発展は，比較的安定的な電球類の売上に加え，真空管・ラジオ用品および電球の普及に起因した電化に関連する器具類の売上の急速な拡大によってもたらされた。それはまた，真

空管・ラジオ用品といった当時のハイテク製品の開発と販売，製品の効率的な大量生産技術の採用が成功したからこそ実現したものであった。そして，このような経営発展の背後には，技術を向上させてこそ工業会社の発展があるという考えを持つ，山口喜三郎の成長戦略があった。

山口は，1913年から取締役として東京電気の経営に参画し，1927年から同社が芝浦製作所と合併し東京芝浦電気となった後の43年まで，取締役社長を務めた。山口は，両大戦間期にGEからの技術導入と東京電気内部における研究開発の両側面を並行して促進し，東京電気の技術を高める戦略をとった。

技術導入の側面では，山口は，第1次世界大戦前後の国家主義勢力の台頭に際しても，強固にその必要性を説いた（山口喜三郎傳編纂委員会，1950, 42-45）。国家主義勢力は東京電気にアメリカ資本が入っていること，アメリカ人が社長になっていることを非難した。同時期さらに，東京電気が製造する電球は国産ではないので排斥すべきであるという主張のもとに国産電球運動が起き，東京電気の経営にも影響を与えはじめた。山口は頭を悩ませ，1927年には自らが社長に就任するとともに，東京電気に対するGEの持株比率を徐々に下げるようGEと交渉した。しかし山口は，技術導入に関しては「日本の工業を，一日も早く欧米一流工業国と肩を並べるまでに発達させなければならぬ，それには外国の力を借りない純国産などと頑な負け惜しみを言わずに，技術の面に於ても経営方法に於ても，外国が長い年月の経験によって得た貴重な獲物をそつくり貰うことが最も早途である」という信念を貫いた（山口喜三郎傳編纂委員会，1950, 45）。すぐれた外国技術を積極的に取り入れ，わがものとすることが，両大戦間期における成長戦略の1つだったのである。

他方で，山口は「製造工業会社の繁栄は一に製品の学理的研究と之が工業化に依る一貫的な作業に俟つもの」であり「日本人の研究者を養成し，日本人自身で工業技術のレベルを昂げなければならぬ」と主張し（山口喜三郎傳編纂委員会，1950, 46），自社における研究開発に力を入れた。1918年8月には工務部技術課に属していた実験室を独立させて研究所と改称し，重役直属の部門とする組織改革を実施した。その後も，研究所の規模を拡充し，研究開発を積極的に進める組織体制を作っていった（山口喜三郎傳編纂委員会，1950, 46）。

研究所の組織は当初，物理系と化学系に分かれており，物理系の実験室としては，第1から第6までの物理実験室，電球実験室，照明実験室，光度寿命室，

X線に関する研究を行う実験室があった。化学系では，第1から第4までの化学実験室，メタルタングステンに関する研究を行う実験室，水素・酸素・窒素・アルゴンガス製造に関する研究を行う実験室，そして化学材料製品に関する実験室があった（安井，1940，524-525）。物理系・化学系を合わせて全部で17の研究室を擁し，関東大震災までに研究所の人員は40名程度にのぼった[4]（安井，1940，540）。

1923年9月1日の関東大震災で研究室は設備と人材の両面に甚大な被害を蒙ったが，一方で震災後に新規の建物が建築され，さらに研究開発や実験に用いる機器類も最新式のものが導入されるなど，新たな研究開発の条件が用意されることになった（安井，1940，540）。加えて1927年には新研究所の建設が開始され，翌28年6月に落成した。このときに研究室数も61室へと拡大されている（安井，1940，552-553）。その後も研究開発組織の拡充は継続され，1933年頃には，研究・開発・製造に従事する技術者および書記が163名，研究・開発・製造および事務に従事する工具が965名となった（東京電気，1934，209）。

芝浦製作所の技術経営

東京電気は，上述のように，両大戦間期に製品多角化を進めて電球専業企業から脱皮し，1930年代後半には真空管・ラジオ用品が売上全体の約半分を占める電機企業へと成長しつつあった。このように東京電気がその主要製品を変化させたのに対し，芝浦製作所は，製品多角化を図りつつも電力システムを構成する要素設備の製造・販売を主力にしつづけた。同社が両大戦間期に製造・販売を行った製品は，電力システム関係製品，動力関係製品，家庭用製品に区分できる。電力システムに関する製品としては，交流発電機，タービン発電機，非同期発電機，調相機，周波数変換機，回転変流機，水銀整流器，変圧器，消弧リアクトル，誘導電圧調整器，蓄電器，避雷装置，配電盤および配電装置，油入遮断器，気中遮断器および開閉器類があり，動力関係には，同期電動機，直流発電機および電動機，電気鉄道があった。また，両大戦間期に進出した家庭用電気製品には，ラジオ受信機，電気冷蔵庫，電気洗濯機，電気時計用電動機，電気保健機，電気掃除機，電気ポンプがあった（木村，1940，347-436）

両大戦間期における芝浦製作所の経営動向をみたのが，**表5-2**である。この表は，1919年から38年までの売上高を示している。これによると，1923年か

ら24年にかけて売上高が急激に落ち込んでいるが、これは関東大震災によって生産設備が破壊されたためである。1920年代後半に売上高はほぼ震災前の水準に回復するが、30年代初めは世界恐慌の影響で再び減少している。しかし1933年には、この落ち込みから回復し、36年以降は急激な売上高拡大をみせた。こうしたことから、東京電気の売上高の伸びが右肩上がりであったのに対し、芝浦製作所のそれには景気に大きく影響される側面のあったことがわかる。これは、芝浦製作所の製品売上が電力需要や工業需要に依存するものであったからであると考えられる。

このように、景気変動の影響を受けて売上高の変動は激しかったが、芝浦製作所もまた製品技術および製造技術の発達には一貫して精力を注ぎ、両大戦間期にその技術水準は大きく飛躍した（木村、1940、338）。

この期間における技術水準発展の特徴は、電気機械の大容量化として把握できる。表5-3は、芝浦製作所製品のうち、水車交流発電機、タービン発電機、変圧器の1製品当たり単位容量の拡大を示している。1921年に早川電力に納入した水車交流発電機の容量は8000kVAで、当時においては最大容量であったが、39年に鴨緑江水力発電に納入したものは10万kVAと、その容量が飛躍的に拡大している。大容量化には新技術の開発および改良が必要であったが、たとえば1928年に神岡水電に納入した1万3500kVA竪型交流発電機では、固定子を従来から用いていた鋳物を使ったものから新しい鋼板熔接式固定子に変更し、重量の30％減と強度信頼性の向上を果たしている（木村、1940、349-350）。

このような大容量化とそれを可能にした技術水準の向上は、GEからの技術移転に加え、芝浦製作所内部における研究開発組織の整備と拡充によってもたらされた。芝浦製作所の技術者は主に電機の設計製作現場で活動していたが、両大戦間期には現場との接触を保持しつつも独自の機能を果たす専門的な研究機関が設置された。芝浦製作所で最初に専業の研究機関が設置されたのは

表5-2 芝浦製作所の経営指標（1919～38年）
（単位：千円）

年	売上高	受注高
1919	21,732	20,411
20	21,487	21,452
21	19,868	18,910
22	18,604	19,127
23	13,443	14,299
24	7,903	8,718
25	12,867	16,846
26	17,805	16,075
27	15,858	19,287
28	18,515	15,645
29	18,234	17,093
30	13,359	9,427
31	7,794	7,302
32	8,360	10,729
33	13,837	18,486
34	20,145	32,617
35	21,336	17,065
36	37,674	43,351
37	42,743	93,683
38	55,518	118,210

出所：東京芝浦電気（1963、940-941）より作成。

表 5-3 芝浦製作所製品の大容量化

	年	容量 (kVA)	納入先
水車交流発電機	1921	8,000	早川電力
	26	10,000	関川電力
	28	13,500	神岡水電
	28	15,000	天竜川電力
	30	23,000	朝鮮窒素肥料
	35	26,500	日本電力黒部川第 2 発電所
	35	40,000	長津江水電
	39	100,000	鴨緑江水力発電
タービン発電機	1931	25,000	八幡製鉄所
	33	62,500	関西共同火力
	37	93,750	関西共同火力
変圧器	1925	13,333	小牧変電所
	28	36,000	朝鮮窒素肥料
	30	43,750	日本電力
	35	63,000	東京電燈
	39	80,000	長津江水電虚川江変電所
	40	100,000	鴨緑江水力発電

出所：木村（1940, 349-355, 378-388）より作成。

1906 年で，このとき検査係のなかに研究室が設置された。研究室では，製品の検査や設計・製作上の参考資料収集，予備実験や材料の探求が行われていた。その後 1915 年 9 月に，研究室は工務部に属すようになり名称も発達係と変更された。第 1 次世界大戦後の 1921 年 7 月に発達係は研究係に，次いで 31 年には独立して研究所となって，組織的な位置付けが高められていく。1930 年代後半には，研究所は，電気部・機械部・化学部・材料部・冶金部の 5 部を持つ組織となり，70 名あまりの職員と 100 名あまりの工具を擁する部署にまで拡充された（木村，1940, 293-296；東京芝浦電気鶴見研究所，1961, 3-21）。この研究所が，基礎研究から製品の改良，新製品・新素材・新工法の開発を行い，芝浦製作所における技術水準の向上を組織的に支えたのである。

2 技術交流と特許管理

グローバルな技術交流網のなかの日本
東京電気と芝浦製作所は 1919 年に GE と国際特許管理契約を締結したが，

第1章でもみたように，GEは19世紀末からイギリスのBTHやドイツのAEGと同様の契約を締結していた。国際特許管理契約は，企業間で相互に技術を交換し合い，それぞれのテリトリーでそれを特許として保護し活用するものであり，国際的な技術移転を促進・保障するための枠組みであった。1919年の契約は，東京電気と芝浦製作所がGEを中心とする国際的な技術交流ネットワークに加わったことを意味し，20年代と30年代における技術導入はそれ以前の時代と比較してはるかに大規模となった。

表 5-4 は，1892年から1941年までのGEの日本に対する技術移転の規模とその推移を，特許・実用新案の件数で示したものである。GEの日本における特許および実用新案には，GEや子会社のIGECが自らの名義で出願・取得したものと，国際特許管理契約によって提携企業である東京電気・芝浦製作所・東京芝浦電気の名義で出願・取得されたものがある。この表をみると，1919年の国際特許管理契約を契機として，GEの日本に対する技術移転が大規模化したことがわかる。絶対的な件数をみても，1898年から1918年までの21年間にGEとIGECの名義で出願・取得された特許が236件であったのに対し，19年から41年までの23年間にGE・IGEC・提携企業各社の名義で出願された特許と実用新案は4318件と，技術移転数が拡大している。また，GEによってアメリカで出願・取得された特許のうち日本に出願された割合をみると，1918年までは平均4.3％が日本に出願されるだけであったが，19年から41年までは30.8％，さらに日本の提携企業によるGE特許の出願と管理が本格化した22年から41年まででみると34.3％と，国際的な技術移転のあり方に質的な転換があったことがみえてくる。[5]

このように，1920年代と30年代はGEを中心として国際的な技術移転が組織され，国際的な技術のやりとりが大規模に行われた時代であった。GEと協定を締結している日本企業は，そのようなグローバルな技術移転ネットワークに参加し，外国技術を大規模に導入し，さらに研究開発も進めていった。項を改めて，東京電気と芝浦製作所における外国技術導入と研究開発の実際を，より詳しくみていこう。

第5章 技術移転と技術交流

表5-4 GEのアメリカと日本における特許出願（1892～1941年出願）

(単位：件，%)

出願年	アメリカ特許 (a)	日本特許・実用新案				合計 (b)	割合 (b/a)
		GE／IGEC名義		提携企業名義			
		特許	実用新案	特許	実用新案		
1892	33						
93	113						
94	71						
95	83						
96	121						
97	121						
98	151	9				9	6.0
99	179	16				16	8.9
1900	238	10				10	4.2
01	320	7				7	2.2
02	371	14				14	3.8
03	375	5				5	1.3
04	536	6				6	1.1
05	433	11				11	2.5
06	398	3				3	0.8
07	429	2				2	0.5
08	354	3				3	0.8
09	300	4				4	1.3
10	237	9				9	3.8
11	229	5				5	2.2
12	356	12				12	3.4
13	298	13				13	4.4
14	334	20				20	6.0
15	239	14				14	5.9
16	263	23				23	8.7
17	233	27				27	11.6
18	228	23				23	10.1
19	239	13		5		18	7.5
20	313	3		18	1	22	7.0
21	389	6		29		35	9.0
22	365	5		107	6	118	32.3
23	431	3		84	6	93	21.6
24	497	2		157	16	175	35.2
25	512			155	21	176	34.4
26	495			168	26	194	39.2
27	576	1		155	27	183	31.8
28	509	6		127	46	179	35.2
29	628	7		139	54	200	31.8
30	612	5	1	140	61	207	33.8
31	671	3		179	59	241	35.9
32	637			148	79	227	35.6
33	561			132	99	231	41.2
34	608			151	100	251	41.3
35	614			138	88	226	36.8
36	697			170	99	269	38.6
37	732			165	91	256	35.0
38	826			163	100	263	31.8
39	784			169	93	262	33.4
40	860			204	101	305	35.5
41	754			128	59	187	24.8

出所：USPTO, *Index of Patents*, 各号；『特許公報』『特許発明明細書』『実用新案公報』各号より作成。

技術導入と研究開発
(1) 東京電気

　東京電気は研究開発組織を拡充し，GE からの技術導入を進めつつ自社内部でも研究開発を進めた。ここでは，東京電気における技術導入と研究開発の実態について，特許の技術分類を利用して明らかにしていこう。[6]

　はじめに，技術導入と研究開発の全体的な傾向をみる。図5-1 は，1906 年から 38 年までに東京電気が出願した特許・実用新案の推移を，外国人発明・考案のものと日本人発明・考案のものに分けて示したものである。この図によると，技術導入を示す発明・考案者外国人の件数は 1920 年代中頃から急激に拡大し，20 年代後半と 30 年代前半には年間 50 件から 80 件となった。発明・考案者外国人の件数は 1934 年から再び増加し，35 年には年間 130 件の特許と実用新案が出願された。

　他方，東京電気の研究開発を示す発明・考案者日本人の特許・実用新案の推移をみると，1919 年には 10 件であったものが漸増し，26 年には年間 67 件が出願され，その後増減を繰り返すが，24 年から 38 年までの期間を通して平均で年間 56 件の出願がなされている。研究開発活動を出願件数から推察すると，1906 年から 18 年までの 13 年間に東京電気が自らの研究開発活動の成果として出願した特許が 12 件であったのに対し，[7] 19 年から 38 年までの 20 年間に出願された特許と実用新案は 924 件であったから，後者の期間に研究開発がきわめて活性化したと評価できる。[8] 全体の傾向として把握すると，両大戦間期には技術導入が拡大し，それと並行して研究開発活動も活発化したといえる。

　どのような技術が移転され，どのような技術が東京電気において開発されたかを明らかにするため，東京電気の特許と実用新案を，発明・考案者（国）別に技術分類ごとに分析したものが，**表 5-5** である。この表は，1921 年から 38 年までに出願されたものを対象としている。

　まず，技術導入についてみていこう。GE などの外国企業からの技術導入は，発明者・考案者が外国人の特許・実用新案に示されている。技術導入の傾向をみると，最も多くの技術導入が行われたのは，第 200 類「電燈」の分野で，特許・実用新案を合わせて 454 件，全体の 32.5％を占めていた。次いで多いのは，真空管・ラジオ機器に関連する第 199 類「高周波電気通信」に分類されるもので，同様に 230 件，16.5％にのぼった。

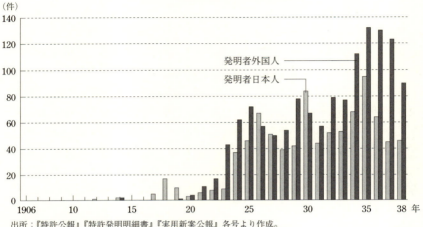

図 5-1 東京電気の特許と実用新案

出所:『特許公報』『特許発明明細書』『実用新案公報』各号より作成。

　電球分野における技術導入は第 1 次世界大戦期以前から行われており，東京電気はタングステン・フィラメント技術など白熱電球の基礎技術を導入していた。これに対し，両大戦間期の技術導入は，管型電球，両口金電球，高温高圧白熱電球などの一般家庭向けではない特殊電球について行われている。この期間に発売された新しい電球製品は，後述する二重螺旋フィラメントや内面艶消電球を除くと，GE など外国企業からの技術導入によってもたらされたものである。

　しかし，両大戦間期に最も活発に技術導入が行われた分野は，真空管・ラジオ機器であった。真空管技術は，第 199 類に分類される特許のほかに，電球類，電気部品・装置に分類される技術とも深く関連している。電球技術に含まれるゲッター，真空封緘，導入線は真空管と共通する技術であり，電気部品・装置に含まれるコンデンサー，電解コンデンサー，インダクタンス線輪，抵抗，調整装置，整流器や電池は，能動電子部品である真空管を作動させるために必須な部品である。これら真空管と関連する技術を含めると，東京電気は両大戦間期に真空管技術を中心とした技術導入を活発に行っていたことが明らかである。

　また東京電気は，ガラス，電球，真空管の製造機に関する技術導入を継続的に行った。これら第 105 類「窯業品製造機」や第 106 類「金属品製造機」に分類される外国人発明・考案の特許・実用新案は 86 件にのぼり，全体の約 6.2

表 5-5 東京電気の特許・実用新案の技術分類（1921～38 年出願）

(単位：件, %)

分類番号／分類		外国人発明・考案				日本人発明・考案				合　計	
		特許	実用新案	計		特許	実用新案	計			
1	測定器	13	7	20	1.4	5	13	18	2.0	38	1.65
2	写真器	5	3	8	0.6	1	12	13	1.4	21	0.91
105	窯業品製造機	65	5	70	5.0	18	12	30	3.3	100	4.33
106	金属品製造機	13	3	16	1.1	2	3	5	0.5	21	0.91
125	箱		4	4	0.3		9	9	1.0	13	0.56
139	燈具	5	1	6	0.4		11	11	1.2	17	0.74
144	無機化合物	11		11	0.8	10		10	1.1	21	0.91
154	金工	10		10	0.7	19		19	2.1	29	1.26
156	硝子及琺瑯	30		30	2.1	33	7	40	4.4	70	3.03
187	電気伝動	5	15	20	1.4	1	7	8	0.9	28	1.21
188	電気絶縁	2	3	5	0.4	1	6	7	0.8	12	0.52
190	発電及電動	11	1	12	0.9	3		3	0.3	15	0.65
191	変電	43	15	58	4.2	10	29	39	4.3	97	4.20
192	送電及配電	29	18	47	3.4	7	22	29	3.2	76	3.29
194	電気開閉器	61	64	125	8.9	1	18	19	2.1	144	6.24
195	電気及磁気計器	46	18	64	4.6	13	34	47	5.2	111	4.81
196	電気的及磁気的測定	19	6	25	1.8	6	14	20	2.2	45	1.95
197	電信及電話	3	1	4	0.3	14	11	25	2.7	29	1.26
198	電気信号及電気表示	25	3	28	2.0	12	15	27	3.0	55	2.38
199	高周波電気通信	182	48	230	16.5	51	63	114	12.5	344	14.90
200	電燈	259	195	454	32.5	38	161	199	21.8	653	28.29
201	電熱	5		5	0.4	2	3	5	0.5	10	0.43
204	電池				0.0	1	11	12	1.3	12	0.52
206	電気治療	46	13	59	4.2	16	67	83	9.1	142	6.15
207	電気雑工	29	6	35	2.5	12	11	23	2.5	58	2.51
	その他	41	10	51	3.7	44	52	96	10.5	147	6.37
	合計	956	441	1,397	100.0	320	591	911	100.0	2,308	100.00

注記：1) 特許と実用新案で 10 件以上登録されたものを表示している。
　　　2) 分類は，大正 10 年特許法に従った。
出所：『特許公報』『特許発明明細書』『実用新案公報』各号より作成。分類については，特許庁（1984, 589）を参照した。

％を占めていた。東京電気は電球や真空管の製品技術を導入するだけでなく，それら電球・真空管の大量生産とそれによるより効率的な生産を目的として技術導入を行ったといえる。

　製造機に関する技術導入は，東京電気が出願した GE 特許としてあらわれるもののほかに，他社の特許権の買収という形でもあらわれている。特許権の買収による技術導入は，主にガラス製造機に関する分野で多く行われた。東京電

気は1929年にフィリップス社から電球・真空管製造機に関する6件の特許を譲渡された。[9]また1930年にはリッベイ社，ウェストレーク社の特許を11件譲渡された（第4章参照）。[10]このうちリッベイ社の特許は一連のダンナー・マシンの特許である。ダンナー・マシンとは，自動でガラス管を製造する機械であり，この機械によって作り出されるガラス管は，直径や肉厚が均斉で屈曲などの欠点が少なく，電球と真空管の製造に画期的な機械であった（柏木，1950，21-22）。東京電気はダンナー・マシンを導入することで，電球や真空管といった主要製品の大量生産を進め，さらに競争力を持つようになった。[11]

次に，研究開発について分析しよう。東京電気が開発して出願した特許・実用新案は，前出の**表5-5**の日本人発明・考案に示されている。この表によると，最も件数の多いものは第200類「電燈」（199件，21.8％）で，次いで多いのは真空管・ラジオ機器に関する第199類「高周波電気通信」（114件，12.5％）であった。GEからの技術導入が集中していた分野において東京電気の特許・実用新案出願の件数が多いのは，東京電気が技術導入と研究開発を同時的に進めたこと，あるいは技術交流を活発に行ったことを示している。これらの分野では，東京電気による独自製品も生み出された。電球類では，三浦順一による二重螺旋コイル電球，[12]鉱山等での使用を想定して保護体を持たせた安全電球，[13]光学装置用の標準電球などが，それである。[14]

さらに，東京電気が開発した特許・実用新案の分布を，技術導入の分布と比較すると，前者のほうが出願件数の多い分類がいくつか存在することがわかる。それらのうち，この時代の特徴を最も示しているのは，第154類「金工」および第156類「硝子及琺瑯」に含まれる特許・実用新案であろう。これらの分類では，技術導入がそれぞれ10件と30件であったのに対し，東京電気の開発によるものは19件と40件であった。東京電気が開発した特許・実用新案で冶金・ガラスに分類されるものが多いのは，同社において電球等の国産化のための素材の研究と開発が活発に行われたためである。東京電気は技術導入を進める一方で材料の自給自足を目指し，「偶々是等材料の中，国内生産量の僅少なもの，或は全然その産出を見ないものに就いては，当社研究所に於て先づ之が代用品の研究に努め」ていた（安井，1940，224-225）。「電球製作の一貫作業を行ふためには，その材料がすべて国産化されることが必要」であり，1914年の実験室の独立も，電球製造に使用される材料の国産化を目的としていたので

ある（安井，1940，510-515）。

　両大戦間期には，素材を中心とする研究開発活動により，東京電気の代表的な発明品が生み出されている。第1に，1919年の板橋盛俊によるカナリヤ電球の発明がある。カナリヤ電球とは紫外線の吸収がよいガラスを使用した電球で，やわらかい光線を発生させる。この発明はガラスにウランを混ぜることを眼目としており，素材研究から生まれた特許であった。[15] 第2に，1920年の不破橘三による嫦娥ガラスの発明がある。[16] これはアメリカで発明されたアラバスターガラスの国産化を目指す研究から生まれたもので，電球や照明装置に使用できる半透明ガラスの発明であった。第3は，不破による内面艶消電球の発明である。嫦娥ガラスを開発した不破は引き続きガラスとその処理方法の研究を進め，1923年に電球を内面から艶消処理する方法を開発し，内面艶消電球の開発に成功した。[17] 第4は，石英ガラスの研究によって生み出された諸発明である。東京電気は，第1次世界大戦による石英ガラスの輸入途絶を契機として研究を開始し，医療装置用や排気管に使用する透明石英ガラス管，熱電高温計の部品や燃焼管に使用する不透明石英ガラス管の開発を行い，新製品として発売した（安井，1940，526-527）。

　東京電気の従業員が開発した技術は，IGECとの協定によりアメリカにおいても出願された。**表5-6**は，GEに譲渡されアメリカ特許庁（現・特許商標庁）に出願された日本人発明に基づく特許を，企業ごとに分類したものである。東京電気関係者によって発明され，1926年から38年までに日本で出願された特許のうち，33件が協定に従ってアメリカでも出願された。これらの特許には，不破の艶消ガラス製品，電球やガラス球の製造機械の改良，安全電球などが含まれていた。第2次世界大戦後に日本企業がアメリカで行った出願と比較すると，この表に示された件数は非常に少ないが，東京電気の研究開発成果のいくつかは一定の国際的な水準に達していたということができるだろう。

　とはいえ，特許の多くは，技術導入した特殊電球や従来の電球の改良発明であった。両大戦間期の研究開発は，技術導入を前提にそれを改良するという特徴があり，真空管関連技術についても，導入技術を改良する研究開発活動が行われていたのである。真空管事業は東京電気の経営発展を支えた主軸であったが，東京電気が独自に真空管を設計しはじめるのは1932年頃からであり（池谷，1976f，52），また日本独自の真空管が開発され製造できるようになったの

表 5-6　日本人発明のアメリカ特許（1938年12月31日日本出願まで）

（単位：件）

出願年	東京電気	芝浦製作所	その他
1924		1	
25		3	1
26	2	5	
27		2	1
28	3	2	1
29		2	
30	11	3	1
31	4	1	1
32	2	1	1
33	3	1	
34	2		
35	2	5	
36	2	2	1
37	1	3	
38	1	2	
合計	33	33	7

注記：出願年は日本への出願を採用した。
出所：USPTO, *Official Gazette*, Vol. 301（May 1923）-401（Dec 30）；USPTO, *Index of Patents*, 1931-45 より作成。

は第2次世界大戦中の1944年であった。したがって，真空管・ラジオ機器分野における研究開発も，特許出願件数が多かったとはいえ，その実態は改良発明を目指したものであったということができる。

(2) 芝浦製作所

はじめに，芝浦製作所についても，技術導入と研究開発がどのように推移したのかを確認しておこう。図5-2は，芝浦製作所による技術導入と研究開発の推移を出願件数で示したものである。これによると，技術導入を示す外国人発明・考案の特許・実用新案が1922年以降急激に増加していることが明らかである。発明・考案者外国人の出願件数は1922年から38年まで年間平均約127件，最も多いのは31年の181件であった。他方で，日本人発明・考案すなわち芝浦製作所の技術者の発明・考案に基づく特許・実用新案の出願は，1924年まで年間平均約21件であったものが，25年以降拡大している。1929年には128件の出願があり，同年までは外国人発明・考案の増加に誘発される形で日本人発明・考案も増加していることがわかる。したがって，芝浦製作所におい

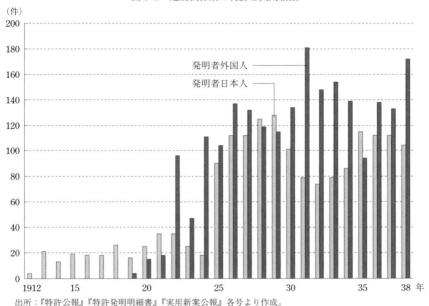

図5-2 芝浦製作所の特許と実用新案

出所：『特許公報』『特許発明明細書』『実用新案公報』各号より作成。

ても国際特許管理契約下の技術導入とそれによる同社の研究開発の拡大には、一定の関連性がみられたということができる。

しかし、日本人発明・考案に基づく出願は、1930年以降、低水準となる。1931年には出願件数が79件に、翌32年には74件に落ち込んだ。これは、外国人発明・考案に基づくものが1931年には181件、翌32年には148件と多く出願されたことと対照をなしている。これは、世界恐慌によって芝浦製作所が特許管理費を以前ほどは充当できなくなり、また出願についても日本人発明・考案によるものに関しては費用との関係で出願の要否基準を厳しくしたためであると考えられ、一概に研究開発活動が低調になったとは判断できない。社史によると、1931年から数年間、保有している特許をはじめとする工業所有権のうち不必要なものを処理したとの記述がある（木村、1940, 297）。特許権を保有しつづけるためには毎年特許料を支払う必要があるが、多数の特許を保有していると当然この費用は莫大なものになる。そこで、大恐慌の影響を受けた同社は、費用を削減するために不必要な権利を処理した。他方でGE特許の出願

に関しては，大恐慌時においても芝浦製作所が技術導入を積極的に進めるとともに，導入した技術の権利を確保するために継続されたといえるだろう。

東京電気の場合と同様に，芝浦製作所の特許と実用新案を，発明・考案者（国）に分けて技術分類ごとに整理したものが，**表5-7**である。この表も，東京電気の事例を分析した先の**表5-5**と同様に，1921年から38年までに出願されたものを対象としている。

技術導入の傾向をみると，第192類「送電及配電」，第193類「電気制御及電気調整」，第194類「電気開閉器」，そして第191類「変電」といった分野において件数が多い。これらの4分類の導入件数は合計1075件で，全体の約51.6％を占めた。これらは主に電力システムの要素設備に関する技術であり，芝浦製作所は主要製品分野において技術導入を盛んに行ったといえる。

同じく**表5-7**によって，芝浦製作所の研究開発動向もみてみよう。日本人による発明・考案の出願で最も多いのは，第192類「送電及配電」，第190類「発電及電動」，第193類「電気制御及電気調整」，そして第191類「変電」で，合計852件，全体の約57.2％を占めた。技術導入の内容と比較すると重点分野に若干の違いがあるが，総体としてみれば，技術導入が多い技術分野，すなわち主力製品である電力システム機器の分野においては，研究開発も活発であったということができる。

他方で，対照的なのはラジオ機器分野である。芝浦製作所は第199類「高周波電気通信」に関する特許と実用新案を合計120件出願しているが，同社内で開発され出願されたものはそのうち19件にすぎなかった。芝浦製作所が第199類をはじめとしてラジオ関連の特許・実用新案を出願していたのは，前章でも触れたように，1930年代半ばまで協定によってGEのラジオ関連特許が芝浦製作所に割り当てられていたからである。したがって芝浦製作所はラジオの生産と販売も行ったとはいえ，主力事業はあくまで電気機械であり，研究開発の中心は電力システム機器の開発，とくに両大戦間期に発展をみせた単位容量の大規模化に置かれたと考えられる。

技術導入と研究開発の並行的発展は，開発の多くが導入した外国技術を日本の気候や市場特性に適合させるための改良であったことを示している。しかし，芝浦製作所が開発した特許には，改良の域を越える重要な発明もあった。代表的な発明としては，1923年に百田貞次が発明した「磁電鉄心の改良」（特許第

表 5-7 芝浦製作所の特許・実用新案の技術分類（1921〜38 年出願）

(単位：件, %)

分類番号／分類		外国人発明・考案				日本人発明・考案				合　計	
		特許	実用新案	計		特許	実用新案	計			
1	測定器	8	4	12	0.6	3	6	9	0.6	21	0.59
6	蒸気タービン	11	4	15	0.7	1		1	0.1	16	0.45
9	内燃機関	5	1	6	0.3	1	4	5	0.3	11	0.31
14	蒸気発生器	9	3	12	0.6				0.0	12	0.34
19	保温，保冷及冷却	25	39	64	3.1	1	7	8	0.5	72	2.01
20	喞筒	5	4	9	0.4	2	9	11	0.7	20	0.56
21	扇風機	1		1	0.0		15	15	1.0	16	0.45
27	伝動装置	23	10	33	1.6	6	48	54	3.6	87	2.43
28	雑機構	6	4	10	0.5	7	15	22	1.5	32	0.90
31	車両	8	4	12	0.6	1		1	0.1	13	0.36
44	洗濯具	9	2	11	0.5		3	3	0.2	14	0.39
80	紡綯及紡績	2		2	0.1		9	9	0.6	11	0.31
154	金工	35	1	36	1.7	8	1	9	0.6	45	1.26
182	可塑物	26		26	1.2	1		1	0.1	27	0.76
187	電気伝導	7	18	25	1.2	4	12	16	1.1	41	1.15
188	電気絶縁	25	9	34	1.6	5	16	21	1.4	55	1.54
190	発電及電動	92	36	128	6.1	50	186	236	15.8	364	10.18
191	変電	163	63	226	10.8	70	94	164	11.0	390	10.91
192	送電及配電	221	88	309	14.8	119	123	242	16.3	551	15.42
193	電気制御及電気調整	262	44	306	14.7	139	71	210	14.1	516	14.44
194	電気開閉器	166	68	234	11.2	37	84	121	8.1	355	9.93
195	電気及磁気計器	46	6	52	2.5	17	26	43	2.9	95	2.66
196	電気的及磁気的測定	30	4	34	1.6	17	9	26	1.7	60	1.68
197	電信及電話（有線）	57	5	62	3.0	3	10	13	0.9	75	2.10
198	電気信号及電気表示	30	1	31	1.5	7	11	18	1.2	49	1.37
199	高周波電気通信	87	14	101	4.8	5	14	19	1.3	120	3.36
201	電熱（電気炉を除く）	59	39	98	4.7	11	46	57	3.8	155	4.34
202	電気鉄道	7	1	8	0.4	5	8	13	0.9	21	0.59
203	電動機応用	4	6	10	0.5	2	18	20	1.3	30	0.84
205	電気炉	7	3	10	0.5	7	15	22	1.5	32	0.90
206	電気治療	4	4	8	0.4	2	7	9	0.6	17	0.48
207	電気雑工	21	6	27	1.3	3	16	19	1.3	46	1.29
	その他	89	44	133	6.4	18	54	72	4.8	205	5.74
	合　計	1,550	535	2,085	100.0	552	937	1,489	100.0	3,574	100.00

注記：1）　特許と実用新案で10件以上登録されたものを表示している。
　　　2）　分類は，大正10年特許法に従った。
出所：『特許公報』『特許発明明細書』『実用新案公報』各号より作成。分類については，特許庁（1984，
　　　589）を参照した。

41583号)や38年に高村甚平が発明した「アスベスト被覆線条の製造法」(特許第128090号)がある。百田の特許は変圧器において磁束による渦電流損を減少させる鉄心の発明であり,大容量変圧器に不可欠なものとして戦後も実施されるほど重要な特許であった。また,高村の特許は発電機や電動機の捲線にアスベスト繊維層を被覆させる方法をカバーするもので,この技術も大型発電機の捲線の製造に不可欠なものとして戦後においても実施された(東京芝浦電気,1963,789-790)。

芝浦製作所の研究開発の水準は,国際的にみるとどのように評価できるであろうか。前出の**表5-6**にあるように,1924年から38年までに芝浦製作所が開発し日本で出願した特許のうち,33件がアメリカにも出願され特許登録された。これらの特許には,金属蒸気整流器,進相機,同期発電機,保安装置など電力システム関連機器の発明が含まれ,さらに紡績用電動機などの産業用機械も含まれている。しかし,33件というのは,1919年から38年までに芝浦製作所が開発した特許574件と比較するとわずかであり,さらに芝浦製作所が導入した特許1568件と比較すると特許取引においては大幅な入超であったといえる。このように,両大戦間期において同社では技術導入と研究開発の並行的進展がみられたのだが,研究開発の拡大は大規模な技術導入を前提としたものであったということができる。

特許部門の役割

上述のように,両大戦間期には東京電気・芝浦製作所いずれにおいても技術導入と研究開発の並行的な発展がみられたわけであるが,この連関は,1つには研究開発活動を行っている現場に新技術が導入されると,技術者の意欲が刺激されて研究開発活動が活性化し,同時に導入技術の改良発明も誘発されるという流れで説明することができる。しかし,技術導入と研究開発を結びつけるメカニズムは,この説明だけでは不十分である。以下では,両大戦間期における技術導入と研究開発の並行的進展に各社の特許部門の活動が果たした役割をみていこう。

東京電気と芝浦製作所のいずれにおいても,新技術とその情報は主に技術者の交流によってもたらされた。技術者の相互交流は,第1次世界大戦期以前の協定にすでに盛り込まれていたが,両大戦間期においても引き続き両社とも技

術者をGEの研究所や工場に派遣し，新技術を吸収させることによって技術導入を行った。東京電気は1919年から38年までにのべ78名の技術者を海外へ派遣しており，芝浦製作所も同時期にのべ47名の技術者を派遣して技術を習得させている[19]。これらの派遣された技術者は，帰国後，各社の研究所や設計現場などで，体得した技術の実現に努め，同時に研究開発が進められたと考えられる。加えて，このような人を媒介とした新技術の導入のほかにも，設計図供与などといった形態による技術情報の移転もあった。技術者の派遣は年に多くても7名程度，当時の日米間の交通を考えれば人を介して導入できる技術量には限界があったため，設計図などの技術書類による技術導入がそれを補完し，技術導入の効率を高めたと考えられる。

技術者の派遣や技術情報の移転は，両大戦間期においても技術導入を拡大させるとともに，研究開発をも活性化するものであった。しかし両大戦間期には，特許部門による特許管理活動を通じて技術導入と研究開発を促進・活性化させるメカニズムも存在した。すなわち，1919年の国際特許管理契約に基づく，東京電気および芝浦製作所の特許部門によるGE特許の出願業務が，技術導入と研究開発のインタラクションのための1つのチャネルとなったのである。

東京電気と芝浦製作所の特許部門は，それぞれ1922年頃からGE特許の出願業務を開始した。前章でみたように，GE特許の具体的な出願方法は次の通りであった[20]。両社が出願を検討するGE特許は，定期的にGEから送付されてくる。実際に送付されてくるものは，英文で書かれた特許明細書と特許局に出願する際に必要な譲渡証である。特許部門は送られてきた特許明細書を日本語に翻訳する。次いで，東京電気の場合には，特許課がGE特許の明細書の技術水準や事業における必要性を検討し，出願の要否を判断する。芝浦製作所の場合は，特許係と技術部門が参加する特許委員会が明細書の情報に基づいてその特許の技術水準や事業における必要性を検討し，出願の要否を決定する[21]。そうして出願が決定されたものは，日本語による明細書が作成され，譲渡証を添付して特許局（当時）に提出される。

このようなGE特許の出願業務は，東京電気と芝浦製作所が外国技術を導入し同時に研究開発を行う過程で，大きな意味を持った。第1に，GEが日本において独自に特許出願・取得した特許の使用許諾を得るという方法と比較すると，GE特許を自らが出願処理することによって，出願段階からその技術情報

を独占的に得ることができる。一般的に明細書に記述される技術情報は公開情報であるが，出願業務に携わることによって相当早いうちから未だ公開されていない情報を日本にいながら独占的に知ることができた。第2に，定期的に大量の英文明細書が送付されてくるため，特許部員がこれを読み込む過程で，外国における最新の技術動向や開発動向およびその他の技術情報を得ることができる。これはしかも，その特許を出願するかどうかに関係なく可能なのである。

両社の特許部門は，出願業務を通じてGE特許に盛り込まれた最新の技術情報を蓄積し，これらの技術情報が特許部門の提案発掘活動を通して研究開発現場へと移転された。東京電気の場合，特許課は研究所の建物の近くに設置され，日頃から研究者との交流が図られていた。特許課員は研究者と駄弁ることも仕事のうちで，そのなかから特許につながる提案を発掘することが大切である，とされていた。特許課員はGE特許に関する技術情報を持っており，研究所の技術者と接触するなかでその情報が技術者に移転されて研究開発が促進されたと考えられる。また同社は，1925年頃には規定数以上の特許提案をした発明者への報奨制度を設け，発明や研究開発活動を奨励していた。図5-3は，不破橘三とともに内面艶消電球を開発し，日本とアメリカの両国において特許を出願・取得した，露木恵次（明細書では圭治）に送られた発明改良賞メダルである。以上のような特許課員から技術者への組織的な情報提供や，報奨制度は，研究開発を促進させるメカニズムとして作用したと考えられるのである。

一方，芝浦製作所の場合には，最新の技術情報が研究開発現場へと移転され

図5-3　東京電気の発明改良賞メダル（1929年）

（表）　　　　　　　　　　（裏）

出所：露木紀夫氏所蔵。

る経路が組織的に設けられていた。芝浦製作所は，GE特許の出願要否の判断を前述のように技術部門が参加する特許委員会で行っていた。この特許委員会においてGE特許の技術的内容や価値が検討・評価され，この作業を通して情報は研究開発部門へと容易に移転されたと考えられる。同時に，技術検討・技術評価の作業それ自体によっても，特許係や技術部門の組織能力は向上したと考えられる。また，特許係による特許出願事務処理を通しても，最新の技術が現場へと移転された。GE特許の出願処理を行う係員は，英文明細書を読んだ後，必ず工場の設計部に行ってその特許の技術内容について話し合った。これは，特許係員にとっては最新技術のどの点が特許で主張すべき点なのかを確認しなければならないがゆえの作業であったが，設計部にとっても明細書の記載内容を知ることができて有益であったのである。[25]

　このように，GE特許の出願業務を行う特許部門の提案発掘活動，出願事務処理，また特許委員会による技術内容の検討・評価という過程を通して，GE技術が東京電気や芝浦製作所へと移転され，同時に両社の研究開発活動が活性化されたのである。したがって，GE特許の出願業務は，両大戦間期の技術経営にとっては不可欠なものであった。東京電気はすべての出願処理を特許課で行っていたが，芝浦製作所では出願件数が多かったため内部で事務処理を行う場合と外部の特許事務所に出願処理を依頼する場合があった。

　芝浦製作所の特許と実用新案の代理人はすでに前章の**表4-15**および**表4-16**においても確認したが，**表5-8**は，1912年から38年まで同社の出願処理が誰によって行われたのかを，特許と実用新案を区別せずに整理したものである。不明分を除くと，芝浦製作所の特許・実用新案は，主に東京特許代理局，杉村萬國特許事務所，岸清一事務所，そして芝浦製作所内部の弁理士によって出願されていた。前三者は外部の特許事務所であり，後者は芝浦製作所特許係である。これを発明・考案者が外国人かどうかでみると，芝浦製作所の技術者が発明・考案したものは，その大部分が外部の特許事務所によって出願処理されていることがわかる。他方，外国人発明・考案のものについては，1919年から21年までは外部の特許事務所に出願処理が依頼されていたが，22年以降はほとんどすべてが芝浦製作所の特許係によって出願処理されている。1919年の契約では，GE特許を芝浦製作所内部で出願処理するか外部に出願依頼するかは特別に規定されていない。実際，同社に出願処理能力が十分に備わる1922

表 5-8 芝浦製作所の特許・実用新案の出願代理人

(単位:件)

出願年	発明者・考案者日本人				発明者・考案者外国人			
	東京特許代理局	杉村萬國特許事務所	芝浦製作所特許係	記載なし	岸清一事務所	東京特許代理局	芝浦製作所特許係	記載なし
1912	3			1				
13	17			4				
14	11			2				
15	17			2				
16	16			2				
17	15			3				
18	4			22				
19				16	1			3
20				25	2			13
21				35	1			17
22	35				6	1	89	
23	25						47	
24	13	5					110	1
25	47	43					104	
26	62	50					137	
27	74	38					132	
28	72	53					119	
29	79	49					115	
30	53	48					134	
31	43	36					181	
32	29	29	16				148	
33	18	12	49				154	
34	26	15	45				138	
35	39	37	39				91	
36	61	47	2	1			132	
37	44	35	11	4			106	3
38	27	29	3	8			100	21

注記:各事務所の弁理士は次の通り。東京特許代理局:内村達次郎・伊東榮・藤田實雄・薗川武、杉村萬國特許事務所:杉村信近(1924年以降独立開業)、芝浦製作所:杉村信近(1923年まで)・平野三千三。
出所:『特許公報』『特許発明明細書』『実用新案公報』各号より作成。

年頃まで、GE 特許の出願処理は岸清一事務所によって行われていた。にもかかわらず、その後、GE 特許の出願業務は芝浦製作所内部において行われ、日本人による発明・考案の出願処理は外部事務所に依頼するようになっていったのである。このことは、特許係における GE 特許の出願業務が技術導入と研究開発のインタラクションにとって重要な役割を担っていたことを物語っている。

ま と め

　GE と提携していた東京電気と芝浦製作所は，両大戦間期にそれぞれ多角化や製品の大容量化を進めて経営拡大を図ったが，こうした両社の技術経営の基礎には技術力の向上があった。技術導入と研究開発の規模を特許出願件数を指標として比較すると，両大戦間期には第 1 次世界大戦期以前に比していずれも拡大しており，しかも，技術導入と研究開発は並行的に発展していた。このような技術導入と研究開発が交互に作用し合うメカニズムを支えた仕組みの 1 つが，両社における特許管理であった。両社の特許部門は 1919 年の国際特許管理契約に基づいて GE 特許の出願業務を行っており，この業務の過程で特許部門に蓄積された最新技術の情報が，研究所や研究開発の現場に移転されたのである。

　研究開発を行うための組織として研究所を設置・拡充し，また技術者の海外派遣や技術情報の移転を通して技術を吸収することも，技術導入や技術発展を支えた組織的能力であるが，技術導入を研究開発へ結びつけるためには，特許部門の確立と GE 特許の出願業務を含めた特許管理の組織的展開が不可欠であった。1919 年の IGEC との国際特許管理契約は，東京電気と芝浦製作所に特許管理を確立させる契機となったが，この契約は単に両社の特許権に基づく法的な地位を強化しただけではなく，技術導入と研究開発を通して，技術水準においても両社の地位を強化するものであったのである。

注

1　これらの売上高は転売品の売上を含んでおらず，自社生産した製品の売上高のみを示している。
2　売上高には示されていないが，東京電気は 1919 年にオーヂオン受信管を製作し陸軍省に納入した。また，1923 年には一般のラジオアマチュア向けの真空管 UV-200・UV-201 の製造・販売を開始した（安井，1940，424-426）。
3　山口は，その後 1943 年から 46 年まで東京芝浦電気会長を務めた（東京芝浦電気，1963，885）。
4　1918 年の研究所独立時点では，10 数名の科学者と技術者が配属されていた（東京電気『営業報告』第 41 回，1918 年 6-11 月）。

5 GEのアメリカ特許と日本の特許および実用新案は，一対一には対応していない。つまり，アメリカ特許が日本で登録されるときに分割して登録されることもあれば，いくつかの特許をまとめて1つの特許や実用新案として出願・登録されることもある。GEのアメリカ特許をどのような出願書類としてまとめるかは特許管理（出願処理）にかかわる問題であるが，アメリカから日本への技術移転の質的転換をみる上では支障はない。

6 技術力としてあげられるものには，ノウハウや設計力など，特許化されないものも含まれる。しかし，電気機械産業においては一般的に競争手段として特許権が広く利用され，新規技術はたいてい特許出願され，権利化される。特許化される新規技術との関連でみれば，ノウハウや設計力は，特許化された新技術を具体化し，より効率的に実現するために必要なものである。この点から，ノウハウの蓄積や設計力の向上を特許件数の増加に代表させることは，ある程度可能であると考えられる。

7 第3章を参照のこと。

8 件数については，前章**表 4-10, 4-11** を参照。

9 『特許公報』第 353 号，1929 年 5 月 24 日。

10 リッベイ社とウェストレーク社の特許は，まず 1927 年 6 月 3 日と同 10 月 26 日に IGEC へとそれぞれ譲渡登録され，その後 30 年 8 月 15 日に IGEC から東京電気へと譲渡登録されている（『特許公報』第 86 号，1927 年 7 月 20 日；同第 145 号，1927 年 12 月 14 日；同第 558 号，1930 年 9 月 26 日）。

11 なお，『特許公報』に掲載された 11 件の譲渡登録は 1930 年であるが，社史年表によれば，1924 年に「ダンナーマシン（硝子管及び棒曳機械）の特許権を購入す」とある。譲渡登録には形式的な側面があるので，社史にある通り，東京電気は 1924 年にこれら 11 件の技術を導入したと考えられる（安井，1940，290）。

12 特許第 50022 号「白熱電燈」（1922 年 8 月 18 日出願）。

13 特許第 102953 号「安全電球」（1932 年 11 月 19 日出願）。

14 特許第 118687 号「光学高温度計用標準電球」（1935 年 3 月 14 日出願）。

15 特許第 39255 号「白熱電燈」（1919 年 7 月 29 日出願）。

16 特許第 39448 号「乳色半透明硝子製造法」（1920 年 7 月 29 日出願）。

17 特許第 62921 号「白熱電燈」（1923 年 1 月 16 日出願）。

18 真空管「ソラ」が日本独自に開発した最初の真空管である（唐津ほか，1991，138-146）。

19 両社とも欧米への派遣のみ（安井，1940，267-268；木村，1940，165-167）。

20 GE 特許の出願業務については，関氏・小津氏・高橋氏からのヒアリングによる。

21 特許委員会の存在については，小津氏からのヒアリングによる。

22 小津氏からのヒアリング。

23 同上。

24 報奨制度については，小津氏からのヒアリングによる。また，芝浦製作所も報奨制度を設けており，従業員の発明が実施された場合はその成績に応じて報奨金を与え，1933 年以降は発明が特許登録されるごとに報奨金が与えられていた（木村，1940，182）。

25 高橋氏の書簡，2002年11月18日。高橋氏は，1958年に東芝特許部に入社しGE特許の出願業務を担当した。この記述は戦後のものであるが，処理方法は戦前と共通しているものと思われる。

第6章

日本企業による特許管理の展開（1）電球

はじめに

　1919年の国際特許管理契約は，東京電気と芝浦製作所が日本でGEの特許を出願して自社の名義で登録するだけではなく，それらの特許に基づき他社にライセンスを供与し，あるいは権利を行使し，テリトリーとして与えられた市場で事業を行うことを可能とするものであった。日本の提携企業は，自らの管理下に置いたGE特許と自社開発の特許を用いて，両大戦間期の事業を展開した。本章では，東京電気の電球分野における特許管理の展開を，権利行使とライセンス供与の側面から明らかにする。

　第2章でみたように，技術革新が急速に進んだ電球産業では，1910年代後半から激しい特許係争が開始され，20年代と30年代にもそれは激しく行われた。両大戦間期の電球特許係争に言及している研究として富田（1993）や上山（2000a）などをあげることができるが，その多くは，1920年代後半に国際電球カルテルの主要メンバーであったGEやフィリップス社と日本の中小電球メーカーとの間での北米市場などをめぐる特許係争に着目したものであり，日本国内における特許係争について体系的に明らかにした研究はない。両大戦間期の日本電球産業における産業統制を分析した平沢（2001）も，電球特許をめぐる企業間の係争に触れてはいるが断片的な指摘にとどまっており，産業統制と特許係争の処理との関係も十分には分析されていない。本章では，電球産業における特許係争事件の展開を，東京電気による特許管理の側面から明らかにする。

以下，第1節で日本の特許管理発展史における1920年代と30年代の位置付けを明らかにした上で，第2節で，両大戦間期における東京電気と中小電球メーカーとの間の審判事件の展開を詳述する。第3節では，1931年の工業組合法に基づいた産業統制組織である日本電球工業組合連合会へ東京電気が加盟する経緯に焦点を当て，連合会への加盟を通して東京電気が白熱電球に関する特許プールを形成したことを明らかにする。

1 1920年代・30年代の特許係争

　特許係争事件は，特許管理のなかでも，権利を行使するときに発生する。自らの保有する特許が第三者に侵害されている事実を発見した場合，権利者は通常，権利を侵害している第三者に警告し侵害の中止を求める。話し合いが成立しない場合，現制度下においては，権利者は侵害の差し止めや損害賠償を求めて民事訴訟を提起し，逆に侵害者とされた側は対抗手段として特許庁に該当する特許の無効審判を請求する（竹田，1999，343-345）。前者は民事裁判として裁判所で審理が行われ，後者は特許庁において行政手続きとして審判がなされる。[1] 両大戦間期においては，特許局（当時）に対する審判請求は，無効審判請求，権利範囲確認審判請求，抗告審判請求の3種類があった。無効審判請求は，相手方の特許の無効を訴えるものであり，権利範囲確認審判請求は，ある製品が自身の持つ特許の権利範囲にあるか否かの確認を請求するもので，権利侵害を確定させる主たる手続きであった。抗告審判請求は，特許局が行った審決に不服をとなえるものであり，この点で審判制度は二審制を採用していた。[2]

　特許権および実用新案権に関する審判請求件数の長期的な推移を示したのが，図6-1である。この図は，1906年から2010年までに特許局および特許庁に提出された，特許および実用新案それぞれの無効審判請求・権利範囲確認審判請求の件数を示しており，特許局および特許庁の審決に対する抗告審判請求は除外してある。[3] この図をみると，第1に，審判請求件数には1920年代後半から30年代，60年代，そして90年代半ば以降にピークがあることがわかる。第2に，1930年代のピークにおいては実用新案権に関する審判請求件数が特許権に関するものを上回っているが，60年代のピークには特許権に関する請求も実用新案権に関する請求もほぼ同じ件数となり，90年代半ば以降は圧倒的に

174　第6章　日本企業による特許管理の展開（1）電球

図 6-1　特許・実用新案の審判請求件数の推移（1906～2010年）

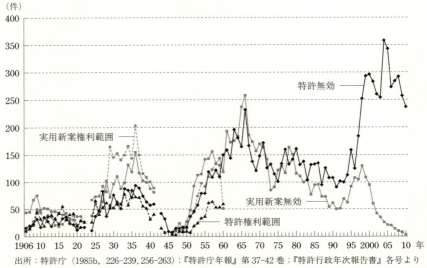

出所：特許庁（1985b, 226-239, 256-263）；『特許庁年報』第 37-42 巻；『特許行政年次報告書』各号より作成。

特許権に関する審判請求が多くなっている。

　さらに，審判請求の3つのピークの特徴をみてみよう。表 6-1 は，日本における権利数拡大と審判請求件数の関係を示したものである。ここでは，審判制度が開始された 1906 年から 2010 年までの特許と実用新案の新規登録件数と，特許と実用新案に関する無効審判請求件数について，ほぼ 10 年ごとの平均値を算出して比較している。また，権利行使の登録権利数に対する相対的な傾向をみるため，表には権利 1000 件当たりの審判請求件数を示した。これによれば，相対的な審判請求件数は低下傾向にある。制度開始から 1950 年代までは 1000 件当たり 3 件から 13 件となっており，1000 件の特許・実用新案を保有すれば 10 件程度は無効審判請求を受けていたといえる。しかし，1970 年代以降は件数が低下し，80 年代以降は 2 件弱となる。この表の権利数は各年の登録件数をもとにしているので，現存する権利数を分母とすれば，この値はさらに低くなるだろう。このように，第1のピークである 1920 年代と 30 年代は，特許と実用新案の登録件数と比較して，審判請求が相対的に多くなされていた時期，すなわち取得した権利を行使する傾向が強い時期であった。[4]

表 6-1　権利数と審判請求件数

(単位：件)

年	権利数 (年平均)	審判請求件数 (年平均)	権利1000件当たりの 審判請求件数
1906～10	5,553	78	13.97
11～20	5,454	67	12.19
21～30	12,391	91	7.37
31～40	19,561	186	9.49
41～50	12,579	44	3.48
51～60	23,402	211	9.03
61～70	52,810	356	6.74
71～80	87,840	266	3.03
81～90	105,171	206	1.95
91～2000	167,693	259	1.54
2001～10	160,074	308	1.92

注記：1)　権利数は，登録特許と登録実用新案の合計である。
　　　2)　審判請求件数は，特許と実用新案の無効審判請求件数の合計である。
出所：特許庁（1985b, 226-239, 256-263），『特許庁年報』『特許行政年次報告書』
　　　各号より作成。

2　国産電球運動と審判事件

東京電気による産業集中

　第2章でみたように，日本に登録されたクーリッジのタングステン電球特許を争点に特許裁判を戦い，1919年頃までに日本の電球産業を東京電気へと集中させたのは，GEであった。GEと争った大正電球・関西電球・大日本電球は，1917年から19年にかけて東京電気と特許ライセンス協定を締結するとともに，東京電気の系列下に入った。注意すべきは，これらの一連の特許係争は，東京電気ではなくGEによって主導されたということである。しかし，1919年の国際特許管理契約によって，それまでGEが行ってきた日本における電球特許の管理を，東京電気が行うようになった。東京電気は，1919年の契約以降，自らの特許管理によって電球産業の集中を進めていった。

　東京電気が最初に手がけたのは，大同電気（関東電気）との提携および吸収合併であった。大同電気株式会社は，1919年9月に設立された関東電気株式会社を前身としていた。関東電気は1925年8月に東洋電球株式会社を合併して大同電気と改称し，「関東ランプ」というブランド名で電球を製造・販売し

ていた。東京電気は同社に対し特許審判を仕掛けたのである。1923年5月5日，東京電気は関東電気を相手に第20894号特許の権利範囲確認審判を特許局に請求する。この特許はクーリッジが発明したタングステン電球の基本特許の1つであり，タングステン・フィラメントの製造方法をその請求範囲としていた。同時に，東京電気は第34530号特許の権利範囲確認審判も請求している。この特許は電球の導入線の1つであるジュメット線の権利に関するもので，GEのC. G. フィンク（Colin G. Fink）による発明であった。東京電気はすなわち，「関東ランプ」が第20894号特許と第34530号特許を侵害しているという確認を特許局に求めたのである。関東電気はこれに対し，第20894号特許・第34530号特許の無効審判請求を特許局に提出し，特許係争が開始された。

　審判の経過と結果を，それぞれの特許ごとにみると，次のようになる。東京電気が請求したクーリッジ特許の権利範囲確認審判については1924年10月14日に審決があり，その内容は「関東ランプ」はクーリッジ特許を侵害していないというものであった。これに対し東京電気はすぐに抗告審判を請求し，原審決の破棄と特許侵害の認定を求めた。

　一方，関東電気が請求したクーリッジ特許の無効審判請求については，1926年6月8日にクーリッジ特許を無効とする審判が下された。これに対して東京電気はすぐに抗告審判を請求し，原審決を破棄するよう特許局に求めた。ところが，審理を進めるうち，基本特許である第20894号特許は1926年10月30日に期間満了によって失効してしまう。この事実を踏まえて特許局は，クーリッジ特許の権利範囲確認に関する抗告審判請求に対し，1927年2月5日に原審決を破棄すると同時に，抗告審判請求についても却下する審決を下した。すなわち特許局は，「特許権利範囲確認ノ審判請求ハ現存スル特許権ノ範囲ヲ確定スルコトヲ目的トスルモノ」であるから，請求は却下すべきとしたのである。東京電気は，この審決を不服として大審院に出訴した。東京電気は，特許局が権利範囲確認審判制度を誤解し，その主たる目的が侵害訴訟であるという事実を無視していると主張し，侵害事実の有無を確定するためとして特許局審決の破棄を求めたのである。しかし，この上告は1927年5月16日に却下され，確定した。大審院の確定判決後，1930年5月24日に特許局は，クーリッジ特許無効審判に関する抗告審判請求についても，同様に権利が失効しているという理由から，原審決の破棄と抗告審判請求の却下を決定した。

第34530号特許の審判に関しては，最初に，関東電気がその無効を訴えた請求に対して審決があった。関東電気は，第34530号の発明は名称のごとく「真空容器」の発明であって新規性がなく特許は無効であると主張していたが，特許局は1924年10月3日に，この特許は導入線の発明で新規性があるとして，関東電気の請求を認めない審決を下した。一方，東京電気が関東電気を相手に行った権利範囲確認審判請求については，1927年5月2日に審決が下された。検分の結果，「関東ランプ」に使用されている導入線は膨張係数差が大きく，ガラスとの膨張係数差がきわめて小さいジュメット線とは異なっており，第34530号特許の権利範囲にないものである，つまり関東電気は特許侵害を行っていないと判定されたのである。

　このように，東京電気はクーリッジ特許とジュメット線の特許という白熱電球の基本特許や重要特許を使って，大同電気（関東電気）を抑え込むことができなかった。そこで東京電気は，1927年6月22日に，もう1つの電球の基本特許であるラングミュアのガス入り電球特許（第29955号）を用いて，大同電気を相手に権利範囲確認審判を請求する[11]。これに対し，大同電気も当初はガス入り電球特許の無効審判を特許局に請求してさらに争う姿勢をみせたが，後に東京電気の権利を認め請求を取り下げた[12]。というのも，交渉の結果，東京電気と大同電気は1928年8月に電球製造と特許ライセンス供与に関して協定を締結することになったからである。こうして東京電気は，ラングミュア特許を利用することによって大同電気を自らの系列下に置くことに成功し，最終的には1930年に大同電気を吸収合併した[13]（安井，1940，651）。

国産電球運動

　大同電気（関東電気）との特許審判事件は東京電気が電球産業の集中を進める1つの手段であったわけだが，審判の途中でクーリッジの基本特許が満期失効したことは，東京電気による電球産業支配が次第に困難なものになることを予感させるものであった。**表6-2**は，東京電気の国内電球生産全体に占める割合を示したものである。東京電気のシェアは，1920年に金額でみて国内電球生産全体の約70％に達していたが，両大戦間期には次第に低くなり，33年には38.9％にまで低下した。これは，東京電気の傘下に入らない中小電球メーカーのシェアが拡大し，加えて，国際特許管理契約を締結しているがゆえに東

表 6-2 電球産業の動向と東京電気の電球シェア

(単位:千円, %)

年	総生産	東京電気		輸 出	輸出依存度
		売 上	シェア		
1915	4,264	2,855	67.0	———	0.0
20	11,665	8,124	69.6	2,146	18.4
25	17,089	8,945	52.3	2,956	17.3
30	15,192	8,248	54.3	5,316	35.0
33	21,971	8,557	38.9	10,167	46.3
35	21,210	9,534	45.0	7,637	36.0

出所:Hasegawa (1992, 182)。

京電気が参入できない外国市場向けの電球生産をこれら中小電球メーカーが拡大させたことによるものであった。中小電球メーカーは，次にみるように，東京電気の持つ強力な特許権に対し，審判制度を利用して攻撃を加え無効化することにより，自らの生産を拡大する条件をつくり出していった。

東京電気の支配下に入らなかった企業として，愛国電気，旭電気，エビス電球，メトロ電球，帝国電気，連合電球製作所など，10数社をあげることができる。これらの企業は1922年頃から，国産電球運動と称して，東京電気は資本の一部が外資であるからその製品は国産品ではないと主張し，東京電気製の電球を排斥する運動を繰り広げた（日本電球工業会，1963，85）。運動のなかで，メトロ電球・旭電気・エビス電球・帝国電気などは国産電球連合会を結成，講演活動などにより国産品推奨を訴える一方，審判制度を利用して東京電気に対して攻撃を仕掛けた。**表 6-3**は，国産電球運動側の企業と東京電気との間の主な特許係争を一覧表にしたものである。以下では，この表を参考にしながら，どのように係争が行われたかをみていこう。

国産電球連合会と東京電気との間で争点となった特許の1つが，ラングミュアのガス入り電球特許（第29955号）である。この特許は1931年8月29日に期間満了により失効するはずであったが，東京電気は特許局に対して3年間の特許権存続期間延長の申請を行った（特許庁，1984，538）。[14] 電球の基本特許の1つであるガス入り電球特許の延長は，電球産業における東京電気の支配を維持・継続させるものであったため，東京電気系列に属さない電球企業は，この延長に対して反対運動を起こすとともに，ガス入り電球特許に関する審判請求を行った。1928年に国産電球連合会に所属する電球製造業者である元吉常雄・

表 6-3　電球特許をめぐる主な審判事件一覧

		審　判	審　決	備　考
ラングミュア特許（第 29955 号）に関する係争		1928 年，元吉常雄，長峰文夫，森田末五郎，白松千歳，旭電気が東京電気を相手に権利範囲確認審判を請求（侵害していない旨の確認）	1929 年 8 月，却下　①	請求人らの電球がラングミュア特許を侵害している審決
		1929 年，元吉常雄，長峰文夫，森田末五郎，白松千歳，旭電気が審決①を不服として抗告審判を請求（審決破棄，侵害していない旨の確認）	1931 年 9 月，却下	第 29955 号特許が 1931 年 8 月 30 日に満期失効したため
		1930 年，帝国電気，メトロ電球が東京電気を相手に権利範囲確認審判を請求	1931 年 9 月，却下	
内面艶消電球特許（第62921号）に関する係争	権利範囲確認審判を用いたもの	1929 年，愛国電気が東京電気を相手に権利範囲確認審判を請求	1930 年 1 月，却下　②	愛国電球の製造・販売する電球の特許侵害が確定
		1930 年，愛国電気が審決②を不服として抗告審判を請求	1930 年 9 月，却下　③	
		1930 年，愛国電気が審決③を不服として大審院に出訴	1931 年 5 月，上告棄却	
	無効審判を用いたもの	1928 年，長峰文夫が東京電気を相手に無効審判請求	1928 年 9 月，却下　④	
		1929 年，旭電気が東京電気を相手に無効審判請求	1930 年 3 月，却下　⑤	
		1928 年，帝国電気が東京電気を相手に無効審判請求	1930 年 11 月，却下	
		1929 年，森武次郎が東京電気を相手に無効審判請求	1930 年 11 月，却下　⑥	
		1930 年，黒坂矩雄，黒坂泰輔が東京電気を相手に無効審判請求	1930 年 11 月，特許無効	帝国電気など却下された無効審判請求では，当該特許が新規性を持たないことを主張。黒坂らは公知であるから無効であると主張
		1930 年，元吉常雄，渡邊牧三が東京電気を相手に無効審判請求	1930 年 11 月，却下　⑦	
		1930 年，エビス電球，メトロ電球が東京電気を相手に無効審判請求	1930 年 11 月，却下	
		1928 年，長峰文夫が審決④を不服として抗告審判を請求	1931 年 6 月，却下	1931 年 3 月 5 日，特許無効となる（東京電気が審判放棄）。特許無効につき請求却下の審決
		1930 年，旭電気が審決⑤を不服として抗告審判を請求	1931 年 5 月，却下	
		1931 年，森武次郎が審決⑥を不服として抗告審判を請求	1931 年 6 月，却下	
		1931 年，元吉常雄，渡邊牧三が審決⑦を不服として抗告審判請求	1931 年 6 月，却下	
ビブキン特許（第 71092 号）に関する係争		1932 年，帝国電気，エビス電球，メトロ電球，旭電気が東京電気を相手に無効審判を請求	1933 年 3 月，却下	その後抗告審判請求されず

出所：『特許公報』『審決公報』各号より作成。

長峰文夫・森田末五郎・白松千歳，そして法人である旭電気は，東京電気を相手に，彼らの製造・販売するガス入り電球が第29955号特許の権利範囲外にあること，すなわちガス入り電球特許を侵害していないことの確認を求める審判請求を，特許局に提出した。[15] 元吉らの目論見がどうであったかはわからないが，この審判に対する審決は1929年8月14日に下され，請求人らの製造・販売するガス入り電球はラングミュアの第29955号特許を侵害していることが確認されてしまった。これに対し国産電球運動側は1929年11月4日に抗告審判を請求し，原審決の破棄と彼らの電球が第29955号特許を侵害していない旨の確認を求めた。[16] また，この抗告審判が審理されている最中の1930年には，国産電球運動に加わっていた帝国電気とメトロ電球も同様に，東京電気を相手どった第29955号特許の権利範囲確認審判を特許局に請求している。[17]

元吉らの抗告審判請求と帝国電気らの審判請求に対する審決は，それぞれ1931年9月5日と9月7日に下された。それらはいずれも，第29955号特許が期間延長されずに予定通り1931年8月30日に満期失効したために，請求を却下するというものであった。国産電球運動側の審判請求は一見したところ失敗したようにみえるが，ラングミュアのガス入り電球特許の延長に関して特許局内外で反対運動を起こし，第29955号特許が延長されなかったという点で，運動の目的は達成されたということができるだろう。

国産電球運動に参加する電球企業は，ガス入り電球特許に関する審判請求を行う一方で，東京電気の保有する内面艶消電球の特許に対しても攻撃を加えた。問題とされた特許は，東京電気の技師・不破橘三が発明者となっている特許第62921号（以下，不破特許）[18]と，GEのM.ピプキン（Marvin Pipkin）が発明者となっている特許第71092号（以下，ピプキン特許）[19]であった。

1929年，運動に加わっていた愛国電気が，東京電気を相手どって不破特許の権利範囲確認審判請求を特許局に行った。[20] 愛国電気は，自らの製造する白熱電球が不破特許を侵害していない確認を求めたのである。この審判請求に対して特許局は1930年1月11日に愛国電気の請求を却下する審決を下し，愛国電気の製造・販売する電球が特許侵害にあたることを認めた。愛国電気はこの審決を不服として同年に抗告審判を請求したが，抗告審判においても愛国電気の請求は認められなかった。[21] 愛国電気は抗告審判の審決も不服であるとして1930年に大審院に出訴し判断を仰ぐこととした。[22] しかし，やはり愛国電気の

上告は棄却されたため，愛国電気の電球が不破特許を侵害していることが確定してしまった．

このように，愛国電気のとった権利範囲確認審判を請求する方法では東京電気の特許独占は崩せなかったが，一方，国産電球運動の他のメンバーによる不破特許それ自体の無効審判を請求する方法は，功を奏した．1928年から30年にかけ，運動グループによって不破特許の無効審判請求が7件提出された．1928年には長峰文夫と帝国電気が，29年には旭電気と森武次郎が，30年には黒坂矩雄および黒坂泰輔，元吉常雄および渡邊牧三，そしてエビス電球およびメトロ電球が，それぞれ無効審判請求を提出したのである．これらの審判請求のうち，長峰の審判請求に対しては1928年9月22日に，旭電気の審判請求に対しては30年3月27日に請求を棄却する審判が出され，いずれもすぐに抗告審判が請求された．国産電球運動グループの提出した審判請求と抗告審判請求は同時に審理が進められ，1930年11月26日に，帝国電気，森武次郎，黒坂矩雄および黒坂泰輔，元吉常雄および渡邊牧三，エビス電球およびメトロ電球の審判請求に対して審決が下された．

以上5つの事件のうち，黒坂らの請求を除く4つについては請求が却下された．これら4つの請求はその理由として，不破特許の発明内容は，ランプほやを艶消しする方法と差異がなく新規性がないので無効であると主張していた．ところが，黒坂らの請求理由は異なっていた．黒坂らは，不破特許はアメリカ特許第733972号の内容から容易に実施可能で，しかもこのアメリカ特許は1903年に登録されており，不破特許の出願時すでにその明細書は日本の特許局に寄贈されていたから出願前に公知であったと主張し，その無効を訴えたのである．特許局はこの黒坂らの審判請求については認め，同日，不破特許の無効を審決した．

1930年11月26日に請求を却下された者のうち，元吉および渡邊と森武次郎は，それぞれ抗告審判を請求した．これで，不破特許に関する抗告審判は1931年初めに4件が審理されつつあったことになるが，東京電気はこれらの動きに抵抗しなかったようである．1931年に提出された抗告審判に対し，東京電気は抗弁せず審判を放棄している．結局，黒坂らに対する審決が1931年3月5日に確定登録され，不破特許は無効となった．東京電気が不破特許の保護に力を入れなかった理由は，不破特許が無効となっても自社名義で管理して

いるピプキン特許が現存したからであると考えられる。加えて，抗告審判を請求したり大審院に出訴したりすることによって国産電球運動側を刺激することは，東京電気の電球事業全体にとって好ましくないと判断したのではないかと考えられる。

しかし，不破特許が無効となり勢いづいた国産電球運動側は，追い討ちをかけるように 1932 年にピプキン特許の無効審判を請求した。帝国電気・エビス電球・メトロ電球・旭電気が東京電気を相手にピプキン特許の無効審判請求を提出し，不破特許に対する黒坂らのようにアメリカ特許第 733972 号を使ってピプキン特許の無効を主張したのである[33]。しかし，これについては国産電球運動側の主張が認められず，ピプキン特許の有効性が認められる結果となった。東京電気は艶消電球の基本特許の1つであるピプキン特許の有効性を確保したのであるが，この審決に対して国産電球運動側は何ら抗告審判を請求していない[34]。激しく不破特許を攻撃した国産電球運動グループの東京電気排斥運動が急速に沈静化した理由は，次に述べる電球産業統制にあった。

3 特許プールの形成

電球産業統制と権利調整

1930 年代以降，電球産業は政府による産業統制の対象となり，31 年の工業組合法を契機として産業の組織化が行われた。工業組合法は，大恐慌に苦しむ中小企業を救済・保護し雇用の安定化を図るため，1925 年に制定された重要輸出品工業組合法を改正し，国内向け商品にもその適用範囲を広げて競争を組織化し市場と社会の安定を図ろうとするものであった（平沢，2001，7-8）。この法律に基づき，国産電球運動に参加していたメトロ電球・旭電気・エビス電球・帝国電気，そして東電電球は相互に連携，1932 年に東京電球工業組合を組織した。これと前後して，同様に工業組合法に基づき，1931 年に東京輸出電球工業組合，大阪輸出電球工業組合，関西標準電球工業組合が結成されている。前二者は電球輸出問題を契機とした輸出電球の品質向上を，東京電球工業組合と関西標準電球工業組合は電球規格の統一や製品検査等を，それぞれ目的としていた。こうして東京と大阪を中心に電球工業組合が結成されるなか，外務省と商工省はさらなる電球産業統制のため，東京電球工業組合の理事長であ

った益田元亮に全国的な統一機関を設立するよう働きかけた。益田はこれに応え，1933年10月20日に上記の4組合を結集して日本電球工業組合連合会を設立，11月30日に設立認可を受けた（日本電球工業会，1963，85-88）。

ここに，日本の電球産業が，東京電気および東京電気と資本関係にある大阪電球と，日本電球工業組合連合会（以下，連合会）に二分される構造があらわれた。同時に，それまでは中小電球メーカーと東京電気という個別企業間の問題であった特許係争も，以後は連合会と東京電気という2大グループ間の，すなわち日本電球産業全体の問題となっていく。

連合会設立後，最初に問題となった特許は，第105060号であった。これはGEのA. パクツ（Aladar Pacz）が発明した不垂下タングステンに関する特許だが，その出現の仕方は，今日でいういわゆるサブマリン特許のようであった。[35] タングステン・フィラメントは，高温度で白熱すると地球の重力によって垂れ下がり，タングステンの結晶転位現象によって早期に断線する。この垂れ下がり現象を防止するため，パクツは1%の4分の3以下の非金属物質をタングステンに添加することでこの現象を防ぐ技術を発明した[36]（日本電球工業会，1963，267-268）。この技術はタングステン電球製造に不可欠なものであり，その特許は白熱電球の基本特許の1つであった。

不垂下タングステン特許は優先権（1917年2月20日アメリカ出願）を主張し，1918年2月3日に日本の特許局に出願された。名称は「白熱電燈用繊條」，特許権者はGEである。この特許出願に対し特許局が1924年4月に訂正命令書を出したため，GEは24年，25年，30年に上申書を提出した。その後いったんは拒絶査定されたものの，GEが不服抗告審判を請求し，1933年5月16日に特許すべき旨の審決が確定，34年2月20日に特許権者をGEとして特許登録された。出願されてから16年後に特許権が登録されたのは，最初の特許出願が1909年のいわゆる明治42年特許法によって受理されたからである。当時，特許権には登録から15年間の権利が与えられており，現在のように出願から20年間といった出願日を基点とする期間計算はなされていなかったのである。

こうして1934年2月20日から15年間の特許期間を与えられた第105060号特許は，同年9月19日にGEから東京電気へと譲渡登録され，東京電気が管理することとなった。[37] しかし，不垂下タングステン・フィラメントの製造技術は，この時点ですでに日本全国に普及していた。その製造は日本では1930年

には行われており，フィラメントを製造する伸線作業に関する改良もすでに進んでいた（日本電球工業会，1963，267-268）。東京電気の戦略次第で電球産業の集中がさらに進みかねない決定的な特許に対し，連合会は1934年4月9日に開催した第6回理事会で，特許第105060号に関して主務省に陳情を行うことを決議し（北地，1943，339），この特許が「我国国産電球工業の浮沈に関する不当な特許」であるとして松本烝治商工大臣に陳情書を提出した。[38]

全国的な電球産業統制の観点からすれば，東京電気と連合会がタングステン電球に関する重要な特許で対立したままでは統制の現実性は乏しく，国内における電球の製造・販売に関しても，連合会に東京電気が加盟することなしにはその統制は不完全なものとならざるをえない。そこで商工省は東京電気に対し，連合会と交渉して同会に加盟するよう働きかけた。

一方，東京電気はこのときすでに，係争中のピプキン特許を除いて白熱電球に関する基本特許を喪失していた。先にみたように，クーリッジのタングステン電球の基本特許およびラングミュアのガス入り電球特許は特許係争中に満期失効，不破の内面艶消電球特許も特許係争により失効していた。また，もう1つのクーリッジ特許であった第18961号特許も，1925年12月に満期失効している。1920年代までの電球産業独占の基礎となっていた基本特許がほとんど消滅したことは，何よりも東京電気のそれまでの特許管理方法が限界に達したことを示しており，東京電気に新たな特許戦略への変更を迫るものであった。1934年6月から，東京電気は，政府の働きかけに応じて連合会側と交渉を持った。東京電気側の参加者は，副社長の清水與七郎，津守豊治，特許課長の藤井隣次，そして技師の安井正太郎であった（日本電球工業会，1963，89-90）。交渉メンバーに藤井が含まれている点は，数10回にわたる加盟交渉のなかで特許問題が重要な課題であったこと，東京電気が特許に関して何らかの新たな枠組みを構築しようとしていたことを示している。

交渉の結果，双方は合意に達し，1934年11月12日に東京電気の社長・山口喜三郎と連合会の益田との間で加盟に関する協定書が交わされた。協定書では，電球統制の範囲としては一般照明用電球を対象とし，統制の形式としては東京電気と大阪電球以外の各社が共販会社を設立すること，すべての電球の検査を行うことなどが規定された（日本電球工業会，1963，89）。注目すべきは特許権についてであるが，契約書では，内地におけるこれまでの特許係争事件を一

表 6-4 共販会社にライセンス供与された特許（1934年11月12日協定締結時点）

特許番号	特許登録日	満期予定日	発明者	国籍	発明の名称
43745	1922年10月21日	1937年10月21日	ロリス・エドウィン・ミッチェル，アーサー・ジェームス・ホワイト	アメリカ	尖無白熱燈及其類似品製造方法
50470	1923年6月9日	1938年2月23日	不破橘三，森二郎	日本	電球用バルブ硝子
62406	1925年2月17日	1939年10月8日	サムエル・エル・ホイト	アメリカ	封入導線
71092	1927年2月21日	1941年10月22日	マーヴィン・ピプキン	アメリカ	電燈用硝子球及其類似硝子製品ノ処理法
73504	1927年9月15日	1942年6月1日	マーヴィン・ピプキン	アメリカ	内面ヲ艶消シタル硝子製品
73509	1927年9月15日	1942年6月3日	露木圭治	日本	硝球ノ内面一部ニ艶消ヲ施ス方法
105060	1934年2月20日	1949年2月20日	アラダー・パクツ	アメリカ	白熱電燈用繊條

注記：権利者はすべて東京電気である。
出所：北地（1943, 139-140）；『特許公報』各号より作成。

掃して双方円満に解決すること，具体的には東京電気が共販会社に参加する12社に対して**表6-4**にある合計7件の特許ライセンスを供与すること，その代償として共販会社は東京電気に対し10年間にわたり総額27万5000円を支払うことが規定されている（北地, 1943, 139-140）。すなわち，東京電気は自社と共販会社に参加する中小電球メーカーとの間で特許プールを形成することを決断し，連合会との間で協定を締結したのである。7件の特許のなかには連合会との間で問題となっていた不垂下タングステン特許も含まれており，特許プールの形成によってこの特許に対する係争を回避しつつ権利を保持し，この特許によって連合会側に対する交渉力を残して電球産業統制の枠内での優位性を確保しようとしたものと考えられる。

特許プールは協定締結時点で東京電気と共販会社の12社によって形成されたが，協定には，共販会社への参加や脱退により東京電気がライセンスを供与する企業が増減すること，またライセンス料もそれに従って増減すること，これらの事項については東京電気と共販会社の間で交渉することが，盛り込まれていた（北地, 1943, 139-140）。特許プール運営の主導権を確保すること，すなわち，新たに参加する企業に対するライセンス供与やライセンス料に関し判断

の余地を残しておくことは，連合会の枠内であるにせよ東京電気が電球事業を安定的に維持するのに必要だったと考えられる。したがって，東京電気は特許プールの運営を監視するため，特許課長の藤井を上位団体である連合会の理事に送り込んでいる。藤井は1934年12月24日に連合会の理事に就任し，連合会が解散する42年12月13日まで理事を務めた（日本電球工業会，1963, 640）。

アウトサイダーとの係争

東京電気と大阪電球が連合会に加盟してからは，国産電球運動のように東京電気の持つ電球特許を攻撃する審判事件はほとんどなくなった。これは，連合会への加盟が東京電気の特許を基礎とした特許プールの形成をともなっていたからである。しかし，電球特許に関する審判事件がまったくなくなったわけではない。1930年代後半には，特許プールに参加しない企業による審判事件が発生した。1930年代後半以降，東京電気の特許管理には，特許プールの運営に加えて新たにアウトサイダーとの係争が加わったのである。

1935年，川西機械製作所が東京電気を相手どって，東京電気が保有する第105060号特許の無効審判請求を特許局に提出した[39]。川西機械は1934年から電球フィラメントの製造・販売に進出したが，同年時点では連合会に参加していないアウトサイダー企業であった。川西機械の参入は劇的なもので，フィラメント製造企業全体の生産能力が月産400万mであった当時において，同社は1社でそれに匹敵する月産400万mの生産能力を有していたのである[40]。東京電気も参加していた日本繊條工業組合は，全国生産能力の50％を占めようとする川西機械に加盟を求めたが，川西機械はこれを拒否しあくまで独自行動を貫こうとしていた[41]。

川西機械は，第105060号特許について，特許内容が製造方法に関するものであるにもかかわらず物質を特許しているのは違法であること，新規性がないこと，実施不可能なことから，特許の無効を主張した。しかし特許局は，1936年6月9日に川西機械の請求を却下する審決を下す。この審決を受けて川西機械は，第105060号特許に新規性がないという点に主張を絞って抗告審判を請求した[42]。これに対し特許局は1937年6月1日に原審決を取り消し，第105060号特許は無効であるとする審決を下した。東京電気側はこの基本特許の無効が審決されたことに対して異議を唱え，すぐに大審院に出訴した[43]。こうして特許

係争の舞台は大審院へと移っていったが，並行して東京電気は法廷の外で川西機械との和解交渉を進めた。その結果，1938年10月20日に両社は，東京電気が川西機械に対して第105060号特許の無償ライセンスを供与すること，川西機械はこの特許の無効を主張しないこと，相互に損害賠償請求を放棄することについて，和解協定を締結した。[44] この和解協定には川西機械が東京電気による特許プールに参加することが含まれており，川西機械はこれと前後して連合会傘下の大阪輸出電球工業組合に加盟することとなった[45]（北地，1943，459）。東京電気は，不利な審決を下された抗告審判の成り行きをみて，アウトサイダー企業との特許係争を最後まで争うよりも，彼らを特許プールに参加させ，同時に基本特許を温存することを選択したものと考えられる。

しかし，東京電気が川西機械と和解交渉をしている間に，第105060号特許に対してもう1つ審判請求が提出される。1937年にアウトサイダーである東亜冶金株式会社によって無効審判請求が提出されたのである。[46] 東亜冶金は，川西機械の抗告審判請求と同様に，第105060号特許が製造方法に関するものであるにもかかわらず物質を特許しているのは違法であること，および発明に新規性がないことを主張して，無効審判を求めた。この請求に対しては，特許局は1939年12月15日に特許が無効であるとする審決を下した。この審決に対して東京芝浦電気（東京電気）は2つの対応をとった。1つ目の対応として同社は，発明の名称を「白熱電球用繊條ノ製造方法」に訂正する審判を特許局に提出した。[47] これは，物の発明であれば新規性を争う上で不利であると考えたものであろう。次いで同社は，原審決の破棄を求めて特許局に抗告審判を請求した。[48] 東京芝浦電気がとったこれら2つの対応は，1942年2月21日と3月31日にそれぞれ東京芝浦電気の訴えが認められない旨の審決が下される結果となった。東京芝浦電気は，主張が認められなかった抗告審判の審決の破棄を求めて大審院に出訴した。[49] しかし，大審院は1943年5月24日に上告棄却の判決を下し，特許無効が確定する。この確定判決を受け，第105060号特許は8月3日に登録が抹消されてしまった。

ただし，このときすでに日本は太平洋戦争に突入しており，特許プールが形成された連合会の枠組みも戦時生産のために崩壊，統制組織も1942年には新しく日本電球工業組合へと再編されていたのである（日本電球工業会，1963，102-105）。

まとめ

　1920年代と30年代は，特許と実用新案に関する審判事件が数多く起こされた時代であった。なかでも電球産業は，特許係争が激しく争われた産業の1つであった。しかし，電球の基本特許を争点とした1920年代の活発な特許係争は，30年代に特許プールが形成されたことによって沈静化していく。この特許プールの形成はまた，産業統制の動きとも密接に関連していた。これを東京電気の特許管理の展開としてまとめると，次のようになろう。

　東京電気は，1919年の国際特許管理契約によって自ら管理することとなったGEが開発した電球の基本特許や自社開発の特許に基づき，審判制度を利用して，1920年代における大同電気との提携・合併にみられたように電球産業でより強固な地位を得ようとし，産業集中を進めた。しかし，1930年前後から東京電気の支配的地位を嫌う中小電球メーカーが国産電球運動を繰り広げ，東京電気に対して多数の特許審判事件を提起した。その過程で，東京電気の電球独占の基盤となっていたクーリッジ特許やラングミュア特許，不破特許といった基本特許の多くが消滅した。東京電気は，1930年代前半にそれまでの特許管理方法の限界に直面し，基本特許の独占に基づく特許管理から，特許プールを形成してその主導権を握ることで電球シェアの確保を図るよう戦略を変更した。これが，同社が1934年に日本電球工業組合連合会に加盟した背景にあった意思決定であり，特許管理もこれに沿って展開した。他方，1930年代後半からは，こうした特許プールの運営にアウトサイダー企業との特許係争が加わり，それは太平洋戦争中まで続いた。

注
1　特許権者が権利侵害の事実を発見して警告書を発した件数の統計などは存在しないため，特許係争事件の全貌を捉えるのは困難である。本章では，特許庁に請求された審判請求から特許係争事件の実態を明らかにしていく。
2　抗告審判制度・権利範囲確認審判制度は，1959年の特許法改正により廃止された（特許庁，1985a，335-336）。
3　戦前発行の特許局『特許公報』，特許局および技術院発行の『審決公報』第1号か

ら第 88 号（1944 年）までを，調査対象とした。
4 　全国の地方裁判所に提起された特許に関する民事裁判の件数は，1990 年代後半においては約 150 件から 200 件前後であった（最高裁判所調べ）。1930 年代の民事裁判提起件数は不明であるが，審判件数の伸びと対応していると考えられるので，30 年代に特許・実用新案をめぐる係争の第 1 のピークがあったと推定される。
5 　審判第 4808 号審決（『特許公報』第 738 号，1924 年 11 月 3 日）。なお，審決の公報には請求日が記載されていないが，営業報告には記載がある（東京電気『営業報告』第 50 回，1922 年 12 月-1923 年 5 月）。
6 　審判第 4809 号審決（『特許公報』第 55 号，1927 年 5 月 20 日）。
7 　それぞれ，審判第 4862 号審決，および審判第 4875 号審決（『特許公報』第 493 号，1926 年 6 月 30 日；同第 735 号，1924 年 10 月 22 日）。
8 　大正 13 年抗告審判第 592 号審決（『特許公報』第 18 号，1927 年 2 月 28 日）。
9 　大正 15 年抗告審判第 467 号審決（『特許公報』第 524 号，1930 年 7 月 11 日）。
10 　昭和 2 年（オ）第 321 号判決（『特許公報』第 80 号，1927 年 7 月 9 日）。
11 　東京電気『営業報告』第 59 回，1927 年 6-11 月。
12 　東京電気『営業報告』第 60 回，1927 年 12 月-28 年 5 月。
13 　大同電気の事案のほかにも，特許を用いて電球産業の集中を進める動きがあった。東京電気は，1924 年 10 月 2 日に，東亜電球工業株式会社を相手にガス入り電球特許（第 29955 号）の権利範囲審判を請求し，東亜電球に電球の製造・販売を行わないことを約束させた（東京電気『営業報告』第 53 回，1924 年 6-11 月；同，第 55 回，1925 年 6-11 月）。
14 　なお，平沢は内面艶消電球特許の延長問題によって国産電球運動が促進されたと指摘しているが，これは誤りである。後に詳述するように，内面艶消電球については，不破特許が 1939 年 11 月，ピプキン特許が 41 年 10 月に満期予定であるから，1930 年代前半には特許期間延長問題は起こりえない（平沢，2001，123-124）。
15 　昭和 3 年審判第 176 号審決（『特許公報』第 403 号，1929 年 10 月 10 日）。元吉は 1947 年 6 月末時点でコロナ電球株式会社の代表，長峰は東京輸出電球工業組合に所属する東京電気商品株式会社の代表であった（日本電球工業会，1963，673，676）。森田・白松の所属は不明であるが問屋の可能性もある。
16 　昭和 4 年抗告審判第 1274 号審決（『特許公報』第 701 号，1931 年 10 月 2 日）。
17 　昭和 5 年審判第 465 号審決（『特許公報』第 716 号，1931 年 11 月 11 日）。
18 　1923 年 1 月 16 日に出願され，24 年 11 月 29 日公告，25 年 3 月 19 日に登録された。発明の名称は「白熱電燈」，発明者は不破橘三，特許権者は東京電気である。
19 　優先権（1924 年 2 月 4 日アメリカ出願）を主張して 1925 年 1 月 27 日に出願され，26 年 10 月 22 日に公告，27 年 2 月 21 日に登録された。発明の名称は「電燈用硝子及び其類似の硝子製品の処理法」，発明者はマーヴィン・ピプキン，特許権者は東京電気株式会社である。
20 　昭和 4 年審判第 284 号審決（『特許公報』第 466 号，1930 年 2 月 17 日）。
21 　昭和 5 年抗告審判第 279 号審決（『特許公報』第 567 号，1930 年 10 月 20 日）。
22 　昭和 5 年（オ）第 2850 号判決（『特許公報』第 671 号，1931 年 7 月 15 日）。

23 昭和3年審判第223号審決（『特許公報』第273号，1928年10月23日）。
24 昭和3年審判第439号審決（『特許公報』第605号，1931年1月26日）。
25 昭和4年審判第308号審決（『特許公報』第500号，1930年5月7日）。
26 昭和4年審判第315号審決（『特許公報』第605号，1931年1月26日）。
27 昭和5年審判第83号審決（『特許公報』第605号，1931年1月26日）。黒坂矩雄は関東電球製造工業組合に所属する株式会社黒坂電気製作所の代表であった（日本電球工業会，1963, 674）。
28 昭和5年審判第88号審決（『特許公報』第605号，1931年1月26日）。
29 昭和5年審判第95号審決（『特許公報』第605号，1931年1月26日）。
30 昭和3年抗告審判第1300号審決（『特許公報』第671号，1931年7月15日）；昭和5年抗告審判第593号審決（『特許公報』第650号，1931年5月22日）。
31 昭和6年抗告審判第124号審決；昭和6年抗告審判第125号審決（『特許公報』第674号，1931年7月22日）。
32 不破特許がそもそも存在しなかったことが確定したので，4件の抗告審判は，1931年5月から6月にかけて原審決の破棄および抗告審判請求の却下が審決された。
33 昭和7年審判第45号審決（『特許公報』第948号，1933年4月24日）。
34 いったんは抗告審判を請求したが取り下げたものと考えられる。
35 サブマリン特許については，坂井（1994, 43-44, 57-60）を参照した。アメリカ独特の特許制度がサブマリン特許の発生する根拠であるが，本文でも述べるように，日本においても戦前はサブマリン特許の発生する可能性があった。
36 特許第105060号明細書。
37 『特許公報』第1177号，1934年11月17日。
38 「米国電球会社の不当特許で陳情」『中外商業新報』1934年4月12日。
39 昭和10年審判第79号審決（『特許公報』第1428号，1936年6月29日）。
40 「米国資本に対立　川西電球界進出」『神戸又新日報』1934年5月18日。
41 「マツダと川西対立　電球界に大波紋」『神戸又新日報』1934年6月24日。
42 昭和11年抗告審判第1001号審決（『特許公報』第1567号，1937年6月28日）。
43 昭和12年（オ）第1413号判決（『審決公報』第9号，1939年2月28日）。
44 この結果，和解協定の締結を根拠に，大審院は1938年12月10日，最初の審決および抗告審判の審決を破棄することと，大審院における川西機械の請求すなわち第105060号特許の無効を求める請求を棄却する判決を下した。
45 正確にいつ加盟したかは不明。
46 昭和12年審判第151号審決（『審決公報』第25号，1940年2月7日）。
47 昭和14年審判第436号審決（『審決公報』第62号，1942年4月21日）。
48 昭和15年抗告審判第114号審決（『審決公報』第65号，1942年7月9日）。
49 昭和17年（オ）第431号判決（『審決公報』第81号，1943年10月19日）。

第7章

日本企業による特許管理の展開 (2) 真空管

はじめに

　前章でみたように，東京電気は，クーリッジ特許をはじめとする電球の基本特許が次々失効していくなかで，審判事件を戦いながらも，特許プールを形成しライセンス供与することによって，電球産業における自らの事業を維持・展開しようとした。

　他方，同時期に，真空管事業が急速な成長をみせ，技術革新も長足の進歩を遂げた。電球分野の場合と同じく，真空管分野においても基本特許が成立し，国際特許管理契約のもとで東京電気がそれを管理するようになる。GEとの契約下で，外国で次々に開発される真空管特許は継続的に東京電気へともたらされた。本章では，東京電気による真空管分野の特許管理を，権利行使とライセンス供与の側面から分析し，それらが日本の真空管産業の成長と構造にどのような影響を与えたかを明らかにする。[1]

　以下，第1節では真空管産業が急成長した1930年代初めまでの，第2節では東京電気が基本特許を積極的に行使した30年代前半の，第3節では基本特許が失効した35年以降における，東京電気の特許管理の展開を述べる。

第7章　日本企業による特許管理の展開（2）真空管

1　真空管と基本特許

真空管事業の形成

　日本における真空管の導入は，1910年に逓信省電気試験所の鳥潟右一がアメリカからL. ド・フォレ（Lee De Forest）のオージオン・バルブを送付してきたことに始まる（池谷，1975a，31-32；平本，2007，2）。逓信省はこのオージオン・バルブをもとに真空管研究を開始，続いて海軍省や陸軍省も1910年代前半に研究を開始した。民間企業のなかで最初に研究に着手したのは東京電気であり，それは1916年のことであった（安井，1940，424）。東京電気は外国から取り寄せた真空管を研究・模倣することによって，1917年に日本で最初の真空管を完成させ，19年から20年頃には真空管を陸軍省・海軍省・逓信省に納入するようになる。この時期になると，それぞれ個別に研究を行っていた逓信省や海軍も真空管の研究および製造を東京電気に集中させる方針をとり，それまでに蓄積された真空管製造に関するデータなどは，すべて東京電気へ供給された（池谷，1975b，37；平本，2007，4-5）。

　真空管の研究と製造を開始した企業は，東京電気だけではなかった。1916年には沖電気が真空管の研究を開始し，17年には日本無線電信電話（当時は日本無線電信機製造所），18年には宮田製作所，22年には安中電機製作所と日本真空管製作所が，真空管の研究と製造を開始した。なかでも沖電気による取り組みは電気試験所と協力して行われ，安中電機も電気試験所の佐伯美津留技師の指導を受けて真空管の製造に取り組んだ。このような，政府による民間企業の育成は，電気通信機や船舶無線機など官需の高まりを背景としたものであった。こうして東京電気を含む先発各メーカーは，1922年頃には真空管の本格的な製造・販売を開始した（池谷，1975b，37-39；平本，2007，5-6）。

　官需が主であった真空管市場に，一般のラジオアマチュア向け製品が投入されたのは，1923年である。東京電気はこの年，UV-200とUV-201という2種類の真空管を発売した。これらの真空管は，そもそも1920年にGEが製造しRCAが販売した真空管を日本で製造するようになったもので，前者がソフト・バルブ，後者が高真空のハード・バルブであった。これらの真空管はラジオの検波用・増幅用に用いられたが，駆動電源に蓄電池を用いる必要があり，

ラジオ受信システムとしてみると蓄電池の分のコストが嵩むという弱点があった。東京電気は翌年、フィラメントにトリエーテッド・タングステンを用いたUV-199とUV-201Aを発売した。これらはそれぞれソフト・バルブとハード・バルブであるが、どちらも電子放射の効率がよく、小電力で機能した。UV-199とUV-201Aを用いたラジオ受信機は蓄電池でなく乾電池で駆動させることができ、これらは1920年代後半における真空管のドミナント・デザインとなった[2]（池谷, 1976b, 25：平本, 2007, 11）。

表7-1 1925, 26年頃の受信管メーカー

企業名	商標
アポロ電機商会	アポロトロン
安中電機製作所	——
イーストロン真空管製作所	イーストロン
エッキストロン真空管製作所	Xトロン
岡田商会	オーケー
沖電気	——
オスアトロン真空管製作所	オスアトロン
オリエンタル商会	ローロス
上林商会（再生メーカー）	——
極東真空管製作所	KT
光栄舎電気工業所	ラジアー
障子ラジオ電気製作所	シルバートロン
スーパーラジオトロン製作所	スーパーラジオトロン
太平洋無線電信電話真空管工業社	ラウディオトロン
竹上商店	——
千代田製作所	エーロバルブ
東京真空球製作所	TVV
東京電気	サイモトロン
ドン真空管製作所	ドン
中島商事	KVV
日本真空管製作所	NVV
日本無線電信電話	——
ノーブル真空管製作所	ノーブル
汎電社	HV
堀川工業所	KOトロン
宮田製作所	エレバム
森川製作所	ヘリオトロン
安田電球製造所	ベスト
山中電気商会	ファーストラジオチューブ

出所：池谷（1976c, 31, 表1）をもとに作成。

1925年3月に，東京放送局がラジオの本放送を開始した。ラジオ放送の開始は，受信機の需要とともに主要部品である真空管の需要を飛躍的に増大させ，最大の真空管メーカーであった東京電気においても，「真空管工場の多忙は全く言語に絶するものがあり，夜を昼に継いでの生産も全く需要を満たすことが出来ず，数次の工場増築を行っても尚且つ注文に追はれる状態」が続いた（安井，1940，426）。この頃の真空管の需要を示す統計は存在しないが，聴取申し込み数と平均的な受信機に利用される真空管の球数から，1926年度のラジオ用真空管の需要は14万本から15万本であったと推定される[3]。そのうち5万本から6万本が輸入で賄われ，約10万本が国内メーカーによって生産されなければならなかったが，東京電気でさえ年間6000本ほどの生産高であった。先発メーカーによっては満たすことができない超過需要は，放送開始直後に真空管を製造する中小メーカーを簇生させた。

表7-1は，1925, 26年頃の受信機用真空管メーカーの一覧である。先発企業も含めて約30社のメーカーが，さまざまな商標で真空管を製造・販売していたことがわかる。このように多数のメーカーが製造した真空管が「作っても，作っても，飛ぶように売れる状態」は，1929年頃をピークにかなり長く続いた（池谷，1976a，39）。

真空管特許の出願状況

先発企業による官需向けの製造・販売，および1925年のラジオ放送開始を契機とした中小メーカーの簇生とラジオ用真空管の製造・販売という産業の展開のなかで，特許権はどのように調整されたのであろうか。

表7-2は，『真空管特許総覧』に記載されている，日本に出願・登録された真空管関連特許を，発明者（外国人，日本人）によって分類し，出願年ごとに集計したものである。この表は，メーカー間の権利関係ではなく，真空管の開発が行われた場所を示している。これによると，外国人によって発明された特許が，ほぼ一貫して日本人によるものを上回っていることがわかる。721件の真空管関連特許のうち，471件（約65%）は外国人によるものであった。日本人発明による特許出願は，1918年からみられるようになるものの，30年代初期まではほとんど年間10件に満たなかったが，30年代中頃になると急速に増加して37年には37件の発明が特許出願されるようになった。

1 真空管と基本特許 195

表7-2 日本に出願された真空管特許の発明者分布

(単位:件)

出願年	合計	発明者による分類				
		外国人発明	日本人発明	東芝・日電	政府	その他
1912	1	1				
13	1	1				
14	3	3				
15	3	3				
16	2	2				
17	2	2				
18	6	5	1			1
19	13	9	4			4
20	9	8	1			1
21	11	2	9			9
22	9	2	7			7
23	26	25	1			1
24	29	28	1	1		
25	40	32	8	1	1	6
26	29	18	11	4		7
27	27	20	7			7
28	27	23	4	1		3
29	33	26	7	4		3
30	25	18	7	5		2
31	19	10	9	2	2	5
32	10	5	5	2		3
33	18	10	8	3		5
34	27	9	18	3	3	12
35	38	22	16	2	4	10
36	44	28	16	2	4	10
37	73	36	37	5	15	17
38	66	36	30	9	10	11
39	56	38	18	6	6	6
40	47	34	13	3	4	6
41	26	14	12	3	1	8
不詳	1	1				
合計	721	471	250	56	50	144

出所:帝国発明協会(1944)より作成。

　真空管関連特許を最も多く出願・登録していたのは,GEおよび同社の日本における提携企業である東京電気と芝浦製作所(1939年に合併して東京芝浦電気)であった。GEと東京電気は1905年に資本・特許協定を締結しているが,両

196　第7章　日本企業による特許管理の展開（2）真空管

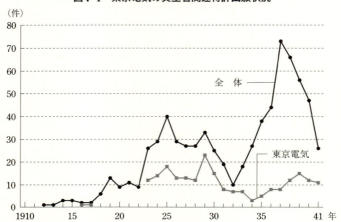

図7-1　東京電気の真空管関連特許出願状況

出所：帝国発明協会（1944）；『特許公報』各号より作成。

者の特許協定に真空管が含められたのは18年のことである（Hasegawa, 1995, 33）。1919年以降は，国際特許管理契約に基づき，GEの真空管特許は東京電気によって管理されるようになった。すなわち，**表7-2**でみた外国人発明のうち，GEの技術者による発明は東京電気名義で出願されるようになったのである。**図7-1**は，東京電気による真空管関連特許の出願状況を，全体の状況と比較したものである。全期間を通して，東京電気は220件の特許を出願・登録した。なかでも1920年代後半からおよそ32年まで，東京電気の特許出願は全体の約半数を占めるほどであった。

東京電気に次いで出願が多かったのは，日本電気である。日本電気には，アメリカのウェスタン・エレクトリック社（WE）が日本で有する特許がライセンス供与されていた。ウェスタン・エレクトリックとその子会社に加え，日本電気が後に改称した住友通信工業の名義のものも含めると，1912年から41年までに100件の特許が出願され，登録された。

しかし，先の**表7-2**によると，日本人発明のなかには，東京電気や日本電気の技術者，あるいは通信省・陸軍省・海軍省の技術者によるものでないものも，相当数ある。これらの特許の権利者は，ほとんどが以下にみるような中小メーカーとその創業者であった。

宮田製作所は，1918年に真空管製造を開始した。創業者の宮田繁太郎は

1927年に3件の特許を出願，33年と34年にはそれぞれ2件と1件の特許を出願している。これらの発明は，真空管の電極支持構造や陰極の構造などに関するものであった。一方，宮田が出願・登録した実用新案は，1927年の電極支持構造に関するものが最初であった。同社は，ラジオ放送開始後の中小メーカーの簇生期に開発活動を開始し，自らの特許権・実用新案権を事業の基礎に置いていたといえよう。

　日本真空管製作所は，1922年から真空管製造を開始した。同社には，日本真空管製作所あるいは社長の平尾亮吾名義での特許出願はなく，1929年に出願されて後に登録された実用新案を1件持つのみであった。ところが，1928年のラジオ雑誌に掲載された広告には，「豊富なる経験と優秀なる特許とにより一大改良を加へたる NVV は今や白熱的歓迎を受けて居ます」というキャッチコピーに加え，真空管特許の登録番号が8件記載されている[5]。これらはすべて後述の安藤博の特許であった。日本真空管製作所は，安藤特許のライセンスをもとに真空管事業を行っていたのである。

基本特許の権利行使

　真空管産業の構造を決定したのは，ラングミュア特許とその権利を持つ東京電気の特許管理であった。ラングミュア特許とは，GE の技術者ラングミュアが発明者となっている特許第27285号である。この特許は1914年10月15日に日本の特許局に出願され，15年2月19日に権利者を GE として登録されたもので，「容器内ノ空所ヲ瓦斯電離ノ生スル圧力以下ニ排気シテ電圧及温度ノ常規ノ働作範囲内ニ於テ通過スル電流カ『カソード』ノ電子放射ニ関係スル或ル最小電圧以上ノ電圧ニ対シテハ適用電圧ノ二分ノ三乗ニ従ヒテ変化スル一ノ装置ヲ構成スル放電装置」を請求範囲としていた[6]。この特許は陽極電流が陽極電圧の2分の3乗に比例することを権利の範囲としているが，これはいわゆるラングミュアの理論式といわれるもので，真空度の高い真空管ならばすべてこの性質を持っているという点で基本特許であった（池谷，1978，44）。GE は1918年の協定でこの基本特許を東京電気に対してライセンス供与し，国際特許管理契約下では，東京電気がラングミュア特許の日本における管理者として行動するようになった[7]（Hasegawa, 1995, 33）。

　ラングミュア特許に対し最初に審判制度を用いて異議を唱えたのは，日本電

気である。日本電気は，1922年9月に東京電気を相手としてラングミュア特許の無効審判請求を特許局に提出した（平本，2007, 12）。日本電気は，関連するフランス特許・イギリス特許・アメリカ特許などを証拠として提出し，ラングミュア特許が日本に出願される以前にすでに公知であったことを理由に無効を主張した。[8]

しかし，審理が進められている途中の1926年12月に，東京電気と日本電気は協定を締結する。その内容は，日本電気は真空管を製造しない，日本電気は東京電気から真空管を割引価格で購入する，そして，東京電気は日本電気がラジオ放送用の真空管を輸入することを認めるというものであり，日本電気がラジオ用の真空管製造に進出しないことを取り決めた市場分割協定であった（Hasegawa, 1995, 35-36）。したがって，1931年にラングミュア特許の有効性が確認され日本電気の無効審判請求を退ける審決が下されたとき，日本電気は抗告審判を請求せず，特許の有効性を承認したのである。

東京電気と日本電気という真空管関連特許を最も多く持つ2企業間の権利調整は，市場分割協定によって決着したが，東京電気は，中小真空管メーカーに対しては異なる対応に出た。

東京電気は，ラジオ放送が開始され真空管需要が高まりはじめた1924年から25年にかけて，ラジオ機器メーカーと真空管を輸入している商社に対し特許侵害の警告を行ったのである。警告書の内容は，三井物産，大倉商事，ラジオ機器メーカーは，10日以内に真空管の輸入や製造を中止すべきであり，ラジオ機器メーカーは東京電気にロイヤリティを支払うとともに東京電気から真空管を購入すべきであるというものであった。この通知により，日本無線や沖電気などいくつかのメーカーは，真空管の製造・販売を中止せざるをえなくなった（Hasegawa, 1995, 35；平本, 2007, 12-13）。東京電気は，真空管の需要側の企業に基本特許を無視した購買活動をしないよう圧力をかけたのである。

さらに1925年12月，東京電気は，日本真空管製作所の平尾を相手どってラングミュア特許の権利範囲確認審判を特許局に請求した。[9]すなわち，日本真空管製作所の製造・販売する真空管は2分の3乗法則に従っており，ゆえに東京電気の管理するラングミュアの基本特許を侵害していると主張したのである。この審判請求に対して特許局は1930年7月，日本真空管製作所の製造する真空管がラングミュア特許を侵害している旨の審決を下した。これに対し平尾側

は，すぐに抗告審判を請求し原審決の破棄を求めている[10]。そして，日本真空管製作所の抗告審判請求に対しては1932年7月に審決が下され，いずれの真空管もラングミュア特許の権利範囲内にあるとされた。

この平尾に対する審判請求は，重要な意味を持っていたと考えられる。というのも，日本真空管製作所は安藤博の特許のライセンスを受けており，安藤特許に基づいた真空管を認めることは，ラングミュア特許に対抗できる安藤特許の効力を認めることになるからである。特許局が下した日本真空管製作所の真空管はラングミュア特許の権利範囲に含まれるという審決は，安藤特許が基本特許の範囲に含まれる可能性のあることを示すものであった。東京電気は，審判制度を用いて真空管の基本特許の地位を確立したともいえるのである。

東京電気はまた，対平尾の権利範囲確認審判事件のほかにも，中小メーカーとの基本特許に関する審判事件をいくつか起こした。同社は1927年7月30日に，大同電気（関東電気）を相手にラングミュア特許に関する権利範囲確認審判を請求した[11]。大同電気に対しては，前章でもみたように，その約1カ月前の1927年6月22日には，ラングミュアのガス入り電球特許（第29955号）に関する権利範囲確認審判を請求している。しかし，ラングミュア特許（真空管）に関する審判請求に対して審判がなされたかどうかは，『特許公報』では確認できない。1930年には東京電気が大同電気を吸収合併したため，おそらく東京電気が請求を取り下げたものと考えられる。

東京電気は，1931年3月12日には，宮田製作所の宮田繁太郎に対してもラングミュア特許（第27285号）の権利範囲確認審判を請求している[12]。これに対して宮田も，東京電気が保有する特許第80948号「多極真空球」に対する無効審判を請求した[13]（平本，2012，9）。宮田に対する請求の審判の結果も，請求が取り下げられたために，『特許公報』では確認することができない。とはいえ，東京電気と宮田製作所との間の真空管特許をめぐる審判事件は，1932年9月に，東京電気が宮田製作所を含む8社の中小真空管メーカーと協定を締結したことで決着した。この協定では，相互に訴訟を取り下げるとともに，東京電気が中小メーカーに対してラングミュア特許を含む真空管特許のライセンスを供与し，それに対して中小メーカー側はロイヤリティの支払いと，東京電気が決定する生産量と価格に従うことが，定められた（平本，2012，9-10）。このように東京電気は，すべての中小真空管メーカーを洩れなく支配できたわけではな

かったが，ラングミュアの基本特許を用いることで真空管産業において強大な支配力を保持するようになったのである。[14]

2 多極管の時代

基本特許の期間延長

　真空管市場は拡大を続け，需要が供給を大幅に上回る状態は継続していた。真空管市場において十分な供給体制を確立するため，東京電気は，1929 年に真空管の自動封止・排気機械である最新鋭のシーレックス・マシンを GE から輸入して据え付けた。これにより，東京電気はラジオ用真空管需要の 7 割から 8 割を供給できるようになる（池谷，1976b，28；池谷，1976g，43；平本，2007，11-12）。そして，このような真空管の大量生産体制の確立は，東京電気の特許管理にも影響を与えた。

　はじめに，東京電気はラングミュア特許の延長を申請した。1915 年 2 月 19 日に特許登録されたラングミュア特許（真空管）は，本来ならば 15 年の特許期間を過ぎた 30 年 2 月 19 日に満期失効するはずであったが，東京電気の強力な働きかけによって 5 年間の延長が許可された。大量生産方式を軌道に乗せ真空管市場の大半に供給を行うためには，まだ特許の排他的権利が必要だったのである。

　基本特許延長が決まった後で，東京電気はラングミュア特許を用いて，中小真空管メーカーの行動と真空管の輸入を制限する措置に出た。

　1930 年から 32 年にかけて，東京電気は多数の中小真空管メーカーと交渉し，彼らの生産や市場行動を制限した。日本無線電信電話も，東京電気からより厳しい条件の付いたライセンス協定を迫られた企業の 1 つである。それでも日本無線電信電話は「度重なる折衝の末，高真空管の僅かな生産を許可される」ようになったが（日本無線，1971，282），同社社史によれば，中小メーカーのなかには生産を断念した企業もあったという。それのみならず，東京電気は交渉の末，いくつかの中小メーカーに出資をして，それらを資本系列下に収めていった。このとき東京電気の系列下に入った企業には，ドン真空管製作所，太田真空管製作所，極東真空管製作所，貝塚真空管製作所，堀川製作所，安田真空管製作所，東京電波工業所などがある（池谷，1976g，43；池谷，1979，52；Hasegawa, 1995, 36；平本, 2012, 15-16)。

　他方で，輸入方面においても新たな動きが生まれていた。1930年にオランダのフィリップス社が日本に現地法人を設立し，競争力のある真空管の輸入販売を開始したのである（池谷, 1979, 51）。これに対し，東京電気は1931年に，フィリップス日本ラヂオ株式会社を相手どって，ラングミュア特許の権利範囲確認審判請求を行った。東京電気は，フィリップス社の輸入するフィリップス・ミニワットF109号と呼ばれる真空管がラングミュアの基本特許を侵害しているとした。審決は1932年4月に下され，フィリップス社が輸入する真空管はラングミュア特許の権利範囲内にあることが認められた。これを受けて東京電気は直ちに，フィリップス社に対して真空管の輸入販売禁止の訴訟を提起している。しかし，両社の交渉の結果，この問題については何らかの市場取り決めが行われ，フィリップス側は抗告審判を請求せず，東京電気も1932年のうちに訴訟を取り下げて，決着が図られた。

多極管の出現と基本特許

　東京電気が期間延長されたラングミュア特許を用いて真空管市場における支配的な地位を強固なものにしようとした一方で，真空管それ自体にも，技術的な変化が起きていた。1924年に東京電気によって発売されたUV-199やUV-201Aは，アノード（陽極）・カソード（陰極）・グリッド（格子）という3つの電極で構成される3極管であった。しかし，ラジオの普及や受信機の高性能化にともない，電子放射のための陰極とヒーターを分離した傍熱型真空管，4つ以上の電極で構成される多極管など，真空管は多様化が急速に進んでいく。

　最初にあらわれた新型真空管は，酸化物塗布フィラメント真空管であり，1928年に東京電気が販売したUX-112AとUX-226がそれであった。これらの真空管は陰極のフィラメントに酸化物を塗布し電子放射性能を高めたものであり，電池が不要な交流式ラジオ受信機（エリミネータ）用として発売された。しかし，これらの真空管は交流用としては未完成で，より受信性能のよい検波方式には使えなかった。エリミネータ用の真空管として理想的なものは，1929年に東京電気によって発売された傍熱型酸化物フィラメント真空管UX-227であった（池谷, 1976d, 46-48)。

　真空管はまた，急速に多極化していった（池谷, 1976e, 30-31；池谷, 1976f,

38-39；安井，1940，428）。日本における最初の4極管は，1929年7月に東京電気によって発売されたUX-222であるが，翌30年には傍熱型の遮蔽格子4極真空管UY-224が，同じく東京電気から発売されている。これらの多極管は，ラジオ受信機の高周波増幅の性能を高めるものであった。さらに，1932年になるとより高性能な増幅管として5極管であるUY-247が発売，また33年には，7極管や複合管と呼ばれる，1つの真空管に複数の多極管を封入したものなどが出現し，この年には「使用者が選択に迷うほど多くの受信管が市場に現れた」（池谷，1977a，44）のである。

こうした真空管の多様化もまた，東京電気の特許管理に影響を及ぼした。1932年1月，東京電気は日本電気との協定を改定し，日本電気に基本特許を含む真空管特許のライセンスを供与している。しかし，この協定にも日本電気がラジオ分野に進出しないようにする市場分割の取り決めが含まれており，基本特許のライセンスを供与されたといっても，日本電気はすぐにラジオ用の真空管生産に進出できるようになったわけではなかった（Hasegawa, 1995, 37-38）。それでも東京電気がラングミュア特許を含む真空管特許のライセンスを，多数の真空管関連特許を持つ日本電気に供与した背景の1つには，ラングミュア特許だけでは真空管の多様化に対応できない特許ポートフォリオ上の弱点があったことが考えられる。

傍熱型酸化物フィラメント真空管UX-227は，東京電気からは1929年に発売されているが，日本で最初に発売したのは宮田製作所で28年のことであった。これは，傍熱型真空管の特許を保有していたのが日本電気で，宮田製作所はそのライセンスをすぐに得ることができた一方，東京電気とはライセンス交渉が難航して発売が1年遅れたためであった（池谷，1977c，37）。こうしたことから，真空管の多様化に対応するために東京電気は，1932年の協定の改定において，重要特許を持つ日本電気に対してラングミュア特許のライセンスを供与し，逆に自らも傍熱型真空管など重要特許のライセンスを得る，クロス・ライセンス協定を締結したと考えられる。

このようななか，中小メーカーも次第に技術力をつけていった。5極管UY-247は1932年に発売されたが，国産1号を製造したのはケーオー真空管製作所（後に品川電機）であり，続いて宮田製作所もUY-247を完成させている。これ以外にも，東京電気に先駆けて改良製品が製造・販売されるようになって

いった（池谷, 1976g, 44）。宮田製作所やケーオー真空管の特許出願状況をみると，前者は，1933年と34年に3件の特許を出願しており，実用新案も33年から36年までに10件を出願し，後に登録されている。後者も，1933年から39年にかけて4件の特許を出願，実用新案も36年以降9件を出願し，登録されている。このように，中小真空管メーカーのなかには独自に研究開発活動を行って特許や実用新案を取得するようになった企業もあり，彼らは東京電気に対して徐々に交渉力を高めたと考えられるのである。

中小真空管メーカーと審判事件

しかし，多極管の重要特許のいくつかは，ラングミュア特許のライセンスを受けないアウトサイダーによって保有されていた。多極管特許を保有していたのが，安藤博である。安藤は1919年に16歳の若さで多極管を発明して特許出願をしたとされ，多極真空管に関する多くの特許を出願・取得していた（上山, 2000b, 28-31）。多極管が市場に登場した頃の東京電気の特許管理においては，多極管特許をどのように管理するか，基本特許のライセンス枠組みをどのように維持するかが焦点となった。

1930年，東京電気と芝浦製作所はそれぞれ，安藤が持つ第63774号特許の無効審判を特許局に請求した[18]。この特許の名称は「真空球電極間静電連結減少又ハ防止方法」で，ヘテロダイン受信機や送信機に利用する真空管回路を請求範囲としていた。ともにラジオ機器事業を営んでいた東京電気と芝浦製作所は，機器製造における特許の重要性に鑑み，これを否定しようとしたのである。両社の請求に対する審決は1930年10月に下され，その内容は安藤特許を無効とするというものであった。これに対して安藤はすぐに抗告審判を請求し原審決の破棄を求めている[19]。しかし同時に，東京電気と芝浦製作所は審理と並行して安藤特許を買収する交渉を進め，この特許は1930年12月に両社へ譲渡された。2つの抗告審判は1931年2月に審決され，特許権が安藤から東京電気と芝浦製作所へ移転されていることから，すでに双方が特許の無効を請求することに何らの利害も持たないという理由で，原審決の破棄および抗告審判請求の却下が決定した。原審決が破棄されたことによって，第63774号特許は有効なものとして東京電気と芝浦製作所の特許管理に入ることとなったのである[20]。

これに加えて，東京電気は，安藤から多数の特許の譲渡を受けた。1930年

には上記特許を含む9件の特許が安藤から東京電気へと譲渡され，32年にも3件の特許が安藤から東京電気と松下幸之助に譲渡登録されている[21]。東京電気は多極管に関する安藤特許を買収することによって，基本特許のライセンス枠組みを維持しようとしたのである。

しかし，その一方で，安藤特許の多くは，安藤自身が取締役を務める中小真空管メーカー・日本無線通信に保有されていた[22]。日本無線通信の実態は不明であるが，それまで東京電気が交渉を持ったことのないアウトサイダーであり，東京電気は同社を相手としても審判請求を行った。

東京電気は，1933年に日本無線通信の持つ特許の無効審判を請求し，「真空管ノ回路装置」（第77241号）という安藤特許の請求内容は出願前に公知であったため無効であると主張した[23]。この審判請求に対して，特許局は1934年3月に特許を無効とする審決を下し，日本無線通信はこれを不服として抗告審判請求を提出する[24]。しかし，抗告審判においてもこの特許が無効と審決されたため，日本無線通信は1935年に大審院へ出訴して審決の全部破棄を求めた[25]。ところが，大審院も1936年7月に上告棄却の判決を下し，この安藤特許の無効が確定してしまう。日本無線通信も逆に，1936年に東京電気の持つ真空管特許の無効審判を請求したが，請求はすべて認められなかった[26]。これを受けて日本無線通信は，1937年と38年に5件の抗告審判を特許局に請求し[27]，さらに42年には東京芝浦電気の実用新案が安藤特許である第82587号特許を侵害しているとする権利範囲確認審判を請求するなど，東京電気に対して徹底的に抗戦した[28]。東京電気（1939年以降は東京芝浦電気）も応戦し，ライセンス関係に入らないアウトサイダーの動きを徹底的に封じるために審判事件を提起しつづけたのである。

3 基本特許失効後の特許管理

基本特許の失効

1935年2月19日，ラングミュア特許（真空管）は20年間の特許期間を終え，ついに満期失効した。上述のように，東京電気は，ラングミュア特許が有効であった1935年までは，傍熱管や多極管の重要特許をクロス・ライセンスや譲渡によって確保し，基本特許のライセンスを受けていないアウトサイダーに対

しては審判請求を用いて相手特許の無効を訴えるという，特許管理を行っていた。しかし，基本特許失効以降，さらに異なった管理が要求されることとなる。

　1935年を境に多数のメーカーが真空管分野に進出してくることは十分予見可能であったから，東京電気は主要な電機企業とはあらかじめ協定を締結し，相手が真空管市場に参入しないようにしている。1935年初頭に東京電気は日本無線電信電話と協定を締結，この協定により，東京電気は日本無線の株式53％を取得して同社を自らの資本系列下に置き，一方で自社の持つ真空管特許のライセンスを供与した（Hasegawa, 1995, 40-41；池谷, 1977b, 26）。同年1月には富士電機製造とも協定を締結し，電話機器メーカーである富士通信機製造はラジオ機器分野に進出しない，また東京電気も電話機器分野に進出しないという市場分割を取り決めた（Hasegawa, 1995, 41-42）。このように，基本特許失効後も真空管市場で支配的な地位を占めるため，東京電気は他の真空管関連メーカーと協定を結んでいったのである。

　しかし，1935年以降に東京電気とは協定せずに市場へ参入してきた有力企業が2社あった。1つは日本電気であり，もう1つが川西機械製作所である。

　日本電気は，1932年の東京電気との協定にもかかわらず，同年に真空管製造へ乗り出した（Hasegawa, 1995, 38-40）。この背景には，日本電気の経営権がウェスタン・エレクトリック社の子会社インターナショナル・スタンダード・エレクトリック社（International Standard Electric, Inc., 以下ISE）から住友合資に委譲され，住友合資より志田文雄が経営者として送り込まれたことがあった。志田はISEの反対を押し切って送信用の大型真空管製造を開始し，さらに1935年には受信用真空管の生産に乗り出した。この日本電気による協定違反の行動に対して東京電気は，住友合資に圧力をかけるため，1936年に昭和電線電纜を設立した。昭和電線電纜はワイヤ・ケーブルのメーカーであり，住友のグループ企業・住友電線の牙城であるこの分野にアウトサイダーとして進出・対抗したのである。このとき東京電気が特許審判や特許訴訟でなくワイヤ・ケーブル市場への報復的参入によって対抗したのは，先に述べた東京電気と日本電気のクロス・ライセンス協定の有効性が継続していたからであると考えられる。

　とはいえ，東京電気は日本電気が協定を破って真空管市場に参入したことにたしかに衝撃を受けたであろうが，より大きな衝撃は1936年11月に川西機械

が東京電気の技術者を引き抜いて受信管の製造に着手したことであった（池谷，1977b, 26）。引き抜かれた技術者が瀬戸口一夫・宮内忠二らで，いずれも東京電気在籍中に真空管の研究開発で大きな成果を上げた技術者だったからである。[29]

新規参入企業との特許係争

1936年，東京電気は川西機械を相手どって第68096号特許の権利範囲確認審判請求を特許局に提出した。[30] 東京電気は，川西機械の製造・販売する真空管GEB-204が自らの保有する特許を侵害していると主張したのである。この発明の要点は陽極表面の熱幅射効率を高めるために表面を粗くすることにあったが，特許局ではGEB-204の陽極がこの権利範囲に入るのかどうかが審理された。結果，1938年6月に特許局は，東京電気の主張を認めない審決を出した。これに対して東京電気は同年，抗告審判を請求したが，抗告審判でも東京電気の訴えは認められず，1940年に大審院に出訴した。[31] 大審院は特許局の抗告審判が不十分なものであると認定，1940年10月に原審決の破棄と特許局への差し戻しの判決を下した。こうして審理は特許局に戻されたが，審理途中の1940年12月に特許が満期失効してしまった。結局，特許局は1941年3月1日に特許が失効したことを理由として抗告審判棄却の審決を下し，第68096号特許に関する一連の審理は終了した。[32]

これ以外にも，東京電気は，川西機械を相手とした審判請求を数多く提出している。[33] 1936年と37年にも2件の権利範囲確認審判請求が行われているが，[34] いずれも川西機械の製造・販売する真空管が東京電気の保有する特許権を侵害していることを確認する審判請求であった。東京電気はまた，1941年には川西機械の保有する特許の無効審判請求を特許局に提出し，川西機械を攻撃している。[35]

東京電気の攻撃に対し，川西機械も無効審判を請求することによって反撃した。1941年，川西機械は東京芝浦電気を相手に特許第115950号の無効審判請求を提出する。[36] この特許は，GEのA. W. ハル（Albert W. Hull）が発明した「放電装置」で，東京電気名義で出願され，その後東京芝浦電気へと移転されたものであった。川西機械はこの特許の出願前にすでに発明内容が公知になっていたと主張し，無効を訴えたのである。これに対しては，1942年4月に第115950号特許を無効であるとする審決が下される結果となるが，このときす

でに日米開戦の火蓋は切られていた。

　1935年に基本特許が失効して以降,東京電気は,日本無線や富士通信機に対しては資本参加や協定を用いてその行動に制約を加えるとともに,日本電気や川西機械に対しては相手の事業分野へ報復的に参入したり審判請求を行うなど,特許管理の対象と方法を変化させた。しかし,東京電気とさまざまに争った日本電気や川西機械は,真空管分野における特許保有を次第に増やし強固なものとしていく。東京電気と審判事件を争った川西機械も,その特許はほとんど失効せず,むしろ審判を通して自らが保有する特許の地位を確立していった。結果として,日本の真空管産業では,東京電気が特許管理によってガリバー的な地位を占めつつも,有力企業である日本電気や川西機械が着実に成長していったのである。

ま と め

　東京電気の特許管理は,日本の真空管産業の成長の経路を決定付ける,きわめて大きな要素であった。ここで,中小真空管メーカーが一定の厚みを持つ産業構造がどのように形成されたのか,東京電気の特許管理との関係でまとめておこう。

　真空管製造に取り組む中小メーカーは,1925年のラジオ放送開始前後に簇生した。すでに基本特許であるラングミュア特許は東京電気によって留保されていたが,大幅な超過需要が存在する市場環境のもと,実質的には特許権による制限を受けずに真空管を製造・販売しつづけることが可能であった。しかし東京電気は,1930年前後に真空管の大量生産体制を構築すると,基本特許の排他的権利を行使し,真空管市場を統制し支配下に置こうとした。これに対し,中小メーカーはライセンスを受けるか資本を受け入れるかして市場を確保せざるをえなくなった。

　他方で1930年代半ばになると,真空管が多様化するなかで,中小メーカーが次第に技術力をつけていく。こうしたなかには,独自に研究開発を行い,特許や実用新案を取得するようになった企業もあった。これらの企業は,東京電気のライセンスの枠組みにおいて真空管事業を営みながらも,その枠内で交渉力を高めていったと考えられる。一方,ライセンスを嫌ったアウトサイダーで

表7-3 日本真空管工業組合加盟企業（1942年）

アテナ電気（株）
市川真空管製作所
HW真空管製作所
大久保製作所
太田真空管製作所
貝崎真空管製作所
（株）川西機械製作所
極東真空管製作所
作古真空管製作所
サン真空管製作所
サン電池製作所
品川電機（株）
千村製作所
東京芝浦電気（株）
東京電気（株）
東京電波工業所
東洋真空管
（株）ドン真空管製作所
日本光音工業（株）
日本電気（株）
日本電子工業（株）
日本無線電信電話（株）
堀川製作所
松島電機製作所
（株）宮田製作所
安田真空管工業（株）
理研真空管（株）

出所：池谷（1977d, 27, 表1）より作成。

あった安藤と彼の特許を基礎とする中小メーカーに対しては，東京電気は，審判制度を用いて特許を枠内に置いたり，相手を市場から排除しようとしたりした。

しかし，1935年の基本特許の失効は，日本電気や川西機械など大手企業の真空管市場への参入を促し，東京電気とこれら新規参入企業との報復的参入や審判請求を用いた権利行使が活発になった。東京電気が支配的な地位を維持しようとして大手との係争に集中する一方で，一部の中小メーカーは引き続き技術力を高め，特許や実用新案を取得し，生産の一翼を担いつづけた。表7-3は，1942年に日本真空管工業組合に所属していた企業の一覧である。需要超過のもと，東京電気が基本特許を一部の中小メーカーにライセンスしたこと，真空管が多様化するなかで中小メーカーが次第に独自の知的財産権を持つようになったこと，基本特許失効によって東京電気による特許支配が緩んだことで，真空管産業における中小メーカーは比較的厚い層として存在しつづけたのである。

注

1 日本の真空管産業を対象とした代表的な研究として，Hasegawa（1995），平本（2000；2003；2007；2010；2012）があげられる。長谷川は，真空管産業の展開を国際カルテルやアメリカの反トラスト法との関連から明らかにしており，平本の一連の研究は，真空管だけでなくラジオセット・メーカーの成長も含めた真空管産業を詳細に分析したものである。本章は，これらの先行研究の成果を踏まえつつ，東京電気における特許管理の展開を明らかにしていく。

2 東京電気は1928年まで新製品を発売しておらず，この時期に参入したメーカーもUV-199・UV-201Aと同じクラスの真空管を製造・販売していたと推定される。

注　209

3　真空管需要については，池谷（1976a, 38-39）における推定を用いた。
4　第4章を参照。
5　『ラヂオの日本』第6巻第2号，1928年2月号掲載。記載されている真空管特許番号は，第41644号，第42397号，第43646号，第45526号，第63787号，第64237号，第64414号，第66533号。
6　特許第27285号明細書。
7　1925年3月に，ラングミュア特許はGEから東京電気に譲渡された（平本，2007, 13）。
8　審判第4637号審決（『特許公報』第638号，1931年4月22日）。
9　大正14年審判第311号審決（『特許公報』第552号，1930年9月8日）；東京電気『営業報告』第56回，1925年12月-26年5月。
10　昭和5年抗告審判第1196号審決（『特許公報』第817号，1932年7月15日）。
11　東京電気『営業報告』第59回，1927年6-11月。
12　東京電気『営業報告』第66回，1930年12月-31年5月。
13　特許第80948号は，安藤博が発明し，1929年3月16日に出願されたもので，30年7月25日付で東京電気へ譲渡登録された（『特許公報』第553号，1930年9月10日）。
14　平本は，1932年9月には特許権による東京電気の支配が完成し，それは真空管の価格下落が止まり安定化したことにあらわれていると指摘している（平本，2012, 10）。
15　Hasegawa（1995）は，1932年に東京電気が8社の中小真空管メーカーに基本特許のライセンスを許諾したと述べている。
16　昭和6年審判第116号審決（『特許公報』第797号，1932年5月30日）。
17　フィリップス真空管の輸入禁止訴訟については，判決を待たずに目的が達成されたので訴訟が取り下げられたものと考えられる（東京電気『営業報告』第68回，1931年12月-32年5月；同第69回，1932年6-11月）。
18　昭和5年審判第140号審決；昭和5年審判第146号審決（『特許公報』第576号，1930年11月10日）。
19　昭和5年抗告審判第1529号審決；昭和5年抗告審判第1530号審決（『特許公報』第628号，1931年3月27日）。
20　安藤博を相手として安藤特許の無効審判が請求された事件は，ほかに，昭和16年審判第320号（第133990号特許無効審判請求事件）と，昭和16年審判第326号（第118402号特許無効審判請求事件）がある（『審決公報』第81号，1943年10月19日；同第78号，1943年5月18日）。
21　特許第42397号・第45526号・第64414号の3件については，1932年12月27日に松下幸之助との共有によってその権利の一部が東京電気に移転された旨，登録されている（『特許公報』第915号，1933年2月6日）。
22　「日本無線」と名前のつく企業には，日本無線電信電話株式会社（1920年設立，24年ドイツテレフンケン社と資本および特許協定，35年東京電気が株式の53％を取得），日本無線電信株式会社（1925年，日本無線電信株式会社法による特殊法人として設立），そして安藤博特許を持つ日本無線通信株式会社があった。

23 昭和8年審判第249号審決（『特許公報』第1097号，1934年4月16日）。
24 昭和9年抗告審判第533号審決（『特許公報』第1300号，1935年8月26日）。
25 昭和10年（オ）第2143号判決（『特許公報』第1450号，1936年8月24日）。
26 順に昭和11年審判第493号審決；昭和11年審判第494号審決；昭和11年審判第534号審決；昭和11年審判第652号審決；昭和11年審判第206号審決（『特許公報』第1645号，1938年1月21日）。
27 昭和12年抗告審判第2016号審決（『審決公報』第12号，1939年5月16日）；昭和13年抗告審判第166号審決（同第36号，1940年10月1日）；昭和13年抗告審判第138号審決（同47号，1941年5月6日）；昭和13年抗告審判第174号審決（同第38号，1940年11月5日）；昭和13年抗告審判第168号審決（同第37号，1940年10月15日）。
28 昭和17年審判第102号審決（『審決公報』第80号，1943年8月17日）。
29 第5章で言及した露木恵次も，川西機械製作所に引き抜かれている。
30 昭和11年審判第383号審決（『特許公報』第1715号，1938年7月11日）。
31 昭和13年抗告審判第1225号審決（『審決公報』第30号，1940年7月2日）；昭和15年（オ）第602号判決（同第43号，1941年2月4日）。
32 昭和13年抗告審判第1225号審決（『審決公報』第47号，1941年5月6日）。
33 平本が東芝社史編纂資料を調査したところによると，1937年12月に東京電気は，川西機械と業務用無線通信用真空管に関する特許ライセンス協定を締結している（平本，2012, 14）。一方で審判制度を用いた訴訟を提起しながら，他方でライセンスを供与したのは，おそらくこのライセンス協定が無線通信業者向けの「業務用」真空管のみを対象としていたからであろう。東京電気は，川西機械による一般向け（ラジオ受信機用）真空管の製造と販売に対しては，審判制度を用いて激しく攻撃した。
34 昭和12年審判第382号審決（『審決公報』第42号，1941年1月21日）；昭和12年審判第412号審決（同第1715号，1938年7月11日）；昭和13年抗告審判第1289号審決（同第22号，1939年11月7日）。なお，前者では，問題とされた特許が1940年9月4日に満期失効したため，同年11月1日に却下の審決が下された。後者においては，1938年6月11日に請求を認めない審判が下されたので東京電気は抗告審判を請求したが，この抗告審判も認められず，39年9月13日に審決が下された。
35 昭和16年審判第199号審決（『審決公報』第58号，1942年1月19日）。この審判の審理に対して川西機械は答弁を行わず，1941年10月22日に無効の審決が下されている。
36 昭和16年審判第90号審決（『審決公報』第65号，1942年7月9日）。

第8章

日本企業による特許管理の展開 (3) 重電機器

はじめに

　前章と第6章でみたように，電球産業と真空管産業では，基本特許や重要特許をめぐって特許係争が数多くみられた。しかし，その一方で，審判制度や裁判制度を通さない形で，互いに権利関係を調整することもあった。代表的なのは，発電機など重電機器分野の事例である。重電機器分野では，審判制度を通して権利調整が行われる場合もあったが，一般的には話し合いによる調整が行われた。本章では，芝浦製作所がGEとの国際特許管理契約のもとで，どのように権利を行使したのかを明らかにする。また，1930年代は，重電機器分野における権利調整をきっかけとして，企業の特許管理担当者が業界団体を形成し，企業による特許管理が社会的に確立した時期でもあった。本章では，日本における特許管理形成にみられた特徴についても明らかにしていく。

　以下，第1節では，1920年代と30年代における重電機器企業間の特許審判事件について，芝浦製作所を中心に明らかにする。その際，1930年代の産業政策との関連に着目し，この時代における特許管理の特徴を分析する。第2節では，1938年の重陽会設立について明らかにするとともに，重陽会と日本企業の特許管理能力形成との関係について述べる。

第8章 日本企業による特許管理の展開（3）重電機器

1 重電機器特許をめぐる権利調整

販売カルテル

　重電機器企業間の特許審判事件をみる前に，1930年代における重電機器産業の全般的特徴を明らかにしておく必要がある。というのは，特許権や実用新案権の行使は経営行動の一部分であり，各社の経営戦略や産業全体の競争・協調のあり方と相互関係があるからである。

　第1次世界大戦後の電力需要拡大は，大容量の発電機や電動機，送電・変電システム関連機器の需要拡大をも促した。本書ですでにみたように，芝浦製作所は1909年からGEと特許協定を締結して技術を導入し，両大戦間期においても最大の重電機器企業として事業を展開していた。そのような重電機器産業へ，1920年代前半に，外国からの技術援助を受けた三菱電機と富士電機製造が新たに参入してきた。三菱電機は，1921年に三菱造船の電機製作所を母体として設立，23年11月20日にウェスチングハウス社と資本導入および特許ライセンス協定を締結している（三菱電機社史編纂室，1982, 31-32）。また富士電機製造は，1923年にジーメンス・シュッケルトヴェルケ社と古河財閥の共同出資によって設立され，ジーメンス社から特許および技術を導入して重電機器分野に参入した。[1]

　これら外国企業から技術援助を受ける3社に，純国産技術を標榜する日立製作所を加えた重電4社は，1920年代後半まで国内市場で激しい競争を繰り広げた。電力需要の伸びが1927年から低下すると，これら4社の競争はさらに激化した。重電機器の国内価格が1924年から32年までに54％も下落したことが，この分野における競争の激しさを物語っている。国際的には，GEとAEG，およびウェスチングハウス社とジーメンス社が，特許協定を締結して競争を排除する傾向にあったが，GEとジーメンス社という2大企業の間に協定関係がなかったことが，日本市場における競争激化の1つの要因となったのである（Hasegawa, 1992, 175-177）。

　しかし，1929年に始まった世界恐慌によってさらに需要が減退すると，激しい競争で共倒れになることを回避すべく，重電4社は独自に日本の市場を対象としたカルテル協定を締結した。1931年5月に重電4社は販売協定を締結，

芝浦製作所，日立製作所，三菱電機，富士電機製造の販売割合を，39 対 35.5 対 25.5 対 12（原文ママ）とする取り決めがなされた（長谷川，1983，104）。この 4 社販売協定には，1932 年 3 月に安川電機製作所が，33 年 12 月には明電舎が加入し，「さつき会」という名称で会合が行われるようになった。このように，1930 年代における重電機器産業では，需要の収縮を背景として主要メーカーが販売カルテルを形成し市場秩序を維持しようとする協調的な傾向がみられたのである。

ところが，販売カルテルが締結されたにもかかわらず，重電機器市場はなお，競争的な側面を有していた。なぜならば，販売カルテルが対象とした製品の範囲が，一部の製品に限定されていたためである。カルテルが対象としていた製品は大型発電機・変圧器・配電盤・大型電動機などであったが，1930 年代を通して水車発電機・柱上変圧器・電鉄用機器・大型変圧器についてはカルテルが強化された。しかし，外国製品の輸入が残っていた大型発電機や蒸気タービン発電機，電動機など市場の成長がみられた製品，小型電動機などの量産品については，競争を排除できず，競争的な状態のままであった（長谷川，1983，107-108，125-126）。

審判事件

1930 年代の重電機器市場は，上述のように競争的な側面を含みつつも，販売カルテル協定によって市場秩序を維持しようとする協調的な傾向が強かったといえる。こうした協調的傾向のもと，重電 4 社間で特許権に関してどのような競争と協調が行われたのか，芝浦製作所を中心にみていこう。

表 8-1 は，芝浦製作所と富士電機製造およびジーメンス社との間の特許審判事件および特許取引を一覧にしたものである。芝浦製作所，富士電機製造およびジーメンス社の関係する特許取引は，1930 年以前には 1 件も記録されていない。1931 年にジーメンス社から芝浦製作所に対して第 63227 号特許のライセンスが供与されたのが最初である。ライセンス供与や特許審判事件が増加したのは 1930 年代半ば以降で，芝浦製作所がジーメンス社が日本で保有する特許の無効審判を請求すれば，逆に富士電機製造は芝浦製作所の保有する特許の無効審判を請求するなど，38 年から 39 年にかけてはとくに激しい審判請求合戦が繰り広げられた。しかし，芝浦製作所と富士電機製造の両社は，互いに無

表 8-1 芝浦製作所と富士電機製造（ジーメンス）との間の特許審判事件および取引

審判／取引	特許番号	権利者	発明の内容（分類）
1931 年，ジーメンスが芝浦にライセンス供与	63227	ジーメンス	故障電線路又ハ設備ノ遮断表示装置（保安装置）
1934 年，芝浦が無効審判請求 1)	80190	ジーメンス	流動絶縁材中ニ於ル接触片（油入開閉器）
1935 年，富士が無効審判請求 →36 年に芝浦が富士にライセンス供与	87844	芝浦製作所	並行送電線接地選択指示装置（保安装置）
1935 年，芝浦が無効審判請求	88727	ジーメンス	自動遮断器（開閉器）
1935 年，芝浦が無効審判請求 →37 年，ジーメンスが芝浦にライセンス供与	89216	ジーメンス	開閉片（油入開閉器）
1936 年，ジーメンスが芝浦にライセンス供与	96011	ジーメンス	接触体（開閉器）
1937 年，富士が無効審判請求 2)	97515	芝浦製作所	放電管作動電路（電気制御，変電）
1938 年，富士が権利範囲確認審判請求	61139	ジーメンス	金属蒸気器ノ陰極（整流器）
1938 年，芝浦が無効審判請求	99394	ジーメンス	膨張遮断器（開閉器）
1938 年，富士が無効審判請求 →39 年，芝浦が富士にライセンス供与	100498	芝浦製作所	蒸気放電装置ノ逆弧保護装置（保安装置）
1938 年，富士が無効審判請求	102590	芝浦製作所	発條運転装置（開閉器）
1938 年，芝浦が無効審判請求	103400	ジーメンス	レオナード運転装置ヲ使用スル機械ノ制動装置（電機制御）
1938 年，芝浦が権利範囲確認審判請求（2 件）	90653	芝浦製作所	消弧装置（油入開閉器）
1939 年，ジーメンスが芝浦にライセンス供与	102535	ジーメンス	電圧測定用部分容量間隙ヲ具フル変流器（変電）
1939 年，東芝が無効審判請求	105787	ジーメンス	金属蒸気放電器ノ点弧装置（整流器）
1939 年，富士が無効審判請求	121055	東京芝浦電気	金属蒸気整流器保護方式（保安装置）
1939 年，ジーメンスが東芝にライセンス供与	109585	ジーメンス	制御電極付電気弇ニヨル直流ヨリ交流ヘノ変換装置（変電）
1939 年，東芝が無効審判請求	107026	ジーメンス	制御電極附電気弇ノ制御装置（変電）
1940 年，東芝が無効審判請求	110012	ジーメンス	電動機ノ給電方式（電動機制御）
1940 年，富士が無効審判請求	112543	東京芝浦電気	油入遮断器（油入開閉器）
1941 年，東芝が無効審判請求	114025	ジーメンス	調整変圧器（変成器）

注記：1) ジーメンス特許の無効審判を請求する場合は，ジーメンスを審判相手としている。
　　　2) 第 97515 号特許に対しては同年日立製作所，川西機械製作所も無効審判請求を行っている。
出所：『特許公報』『審決公報』各号より作成。

効審判請求によって相手の拠って立つ特許を攻撃し，審判手続きを通して自己の権利の優位性を確定する一方で，芝浦製作所とジーメンス社は互いが保有する特許のライセンスを供与し合っていた。この点から，1930年代後半以降の特許取引は，審判制度を利用しながら互いの法的権利を調整するものであったといえる。また，富士電機製造が無効審判を請求した特許には，芝浦製作所が管理するGE特許と芝浦製作所が開発した特許の両方が含まれていた。したがって，芝浦製作所と富士電機製造およびジーメンス社との審判事件には，日本におけるGEとジーメンス社の権利の調整過程という側面があったといえる。

表8-2 芝浦製作所と三菱電機（ウェスチングハウス）との間の特許審判事件および取引

審判／取引	特許番号	権利者（原権利者）	発明の内容（分類）
1930年，ウェスチングハウスが芝浦にライセンス供与	62920	ウェスチングハウス	槽ノ保護装置（油入開閉器）
1934年，三菱が芝浦にライセンス供与	73198	三菱電機（三菱造船）	鋳造法
1935年，ウェスチングハウスが芝浦にライセンス供与	83861	ウェスチングハウス	調整方式（電気調整）
1935年，芝浦が三菱を相手に無効審判請求→37年，三菱が芝浦にライセンス供与	88950	三菱電機（ウェスチングハウス）	電気制御方式（保安装置）
1937年，三菱が芝浦にライセンス供与	87495	三菱電機（ウェスチングハウス）	感光閉扉装置（開閉器）
1937年，ウェスチングハウスが芝浦にライセンス供与	97444	ウェスチングハウス	時限装置（開閉器）
1938年，三菱が権利範囲確認審判請求（注）	95008	芝浦製作所	熔接装置
1939年，東芝が三菱を相手に無効審判請求	105506	三菱電機（ウェスチングハウス）	弧光放電装置（整流器）
1940年，東芝がウェスチングハウスを相手に無効審判請求	115849	ウェスチングハウス	弧光放電装置（整流器）
1940年，東芝がウェスチングハウスを相手に無効審判請求	110455	ウェスチングハウス	放電装置ノ出力制御装置（整流器）
1940年，東芝がウェスチングハウスを相手に無効審判請求	109989	ウェスチングハウス	誘導円盤型電気器ニ於ケル廻転力補償装置（電力計）

注記：第95008号特許に対しては，1937年に日本電池・川西機械製作所が無効審判請求を行っており，この審判には日立製作所が参加人として加わっている。
出所：『特許公報』『審決公報』各号より作成。

表 8-3 芝浦製作所と日立製作所との間の特許審判事件および取引

審判／取引	特許番号	権利者（原権利者）	発明の内容（分類）
1931年，日立が権利範囲確認審判請求	61824	芝浦製作所（AEG）	高電圧網ノ地気電流ヲ阻止スル装置（保安装置）
1932年，日立が無効審判請求	71336	芝浦製作所	接地線輪ヲ有スル送電線路ノ保護方式（保安装置）
1932年，芝浦が無効審判請求	73553	日立製作所	電気機起動装置ノ改良（電機起動装置）
1935年，芝浦が権利範囲確認審判請求	83337	芝浦製作所	圧搾機（冷却装置）
1935年，芝浦が権利範囲確認審判請求	83076	芝浦製作所	冷凍機ノ改良（冷却装置）
1938年，芝浦が権利範囲確認審判請求	72001	芝浦製作所	変動電圧電源ヨリ一定電圧ヲ得ル装置（電気調整）
1939年，東芝が無効審判請求	116169	日立製作所	液圧作動装置
1940年，日立が無効審判請求	111380	芝浦製作所	負荷時電圧調整装置（変成器）

出所：『特許公報』『審決公報』各号より作成。

同様に，**表 8-2** は，芝浦製作所と三菱電機およびウェスチングハウス社との間の審判事件と特許取引について明らかにしている。富士電機製造との場合と同じく，1930年代中頃から審判事件やライセンス供与の件数が増加している。三菱電機との取引に用いられた特許は，すべてウェスチングハウス社が開発したもので，1930年代においては，ウェスチングハウス社から三菱電機に譲渡された特許に対して，芝浦製作所が無効審判を請求したりライセンス供与を受けたりしていた。しかし，両社間の取引をみると，富士電機製造の場合と同様に，審判制度を用いつつも芝浦製作所がライセンスを供与されることも多く，両社は日本における特許に関して権利の調整を行っていたということができる。

表 8-3 は，芝浦製作所と日立製作所との間の審判事件および特許取引の一覧である。日立製作所に対しても同様に，1930年代中頃から審判事件が多くなっていることがわかる。しかし，富士電機製造や三菱電機と相違するところは，芝浦製作所と日立製作所との間にはライセンス供与の関係がなく，両社の権利関係についてはあくまでも特許審判で白黒がつけられている点である。特許の側面からみると，両社は相手特許の無効審判や権利侵害の確認を請求することを通して競争していた側面が強いといえる。

以上，芝浦製作所の特許管理を通して重電4社間における競争と協調の関係

をみてきたが，共通した特徴として次の諸点をあげることができる。

第1に，いずれも1930年代初めから審判事件やライセンス供与などの特許取引が始まり，30年代半ばから後半にかけてその件数が増加していることである。1930年代初めには，先にみたように4社販売協定が締結され，不完全ながらもカルテル体制が成立している。1930年代から始まる芝浦製作所と残り3社との審判事件および特許取引は，一方では，提携企業から導入した特許の法的権利を確立し自らの優位性を求める競争であるという側面を持つが，他方では，カルテル体制を前提に各社が保有する特許の権利を調整する過程であり，協調の側面を持つといえるだろう。

第2に，日立製作所との取引は別にして，芝浦製作所と富士電機製造および三菱電機の取引は，GE，ジーメンス社，ウェスチングハウス社という，各社が提携していた外国企業から得た権利を，日本独自に調整する過程であったといえる。というのも，互いに問題とし合っていた特許は，芝浦製作所による一部の内部発明を除いては，すべて外国で発明され各社に導入されたものであったからである。日本市場においては，これら3社に加え国産技術で勝負する日立製作所を含めて特許の調整過程が進行したといえよう。

第3に，電球分野や真空管分野の特許取引と比べると，重電機器分野には基本特許がなく，要素技術の特許に関する権利調整が図られたという特徴がある。前章と第6章でみたように，電球・真空管ともに基本特許や重要な特許をめぐって特許係争が繰り広げられ，とくにアウトサイダーとの闘争は妥協を許さないものであった。これに対して，芝浦製作所の重電機器分野の特許取引をみると，4社販売協定にみられるように協調的な傾向が強く，徹底的に相手特許を否定したりすることはなかった。

2　重陽会の設立

　主要メーカーによる販売カルテル体制のもと，重電機器分野においては重電4社を中心とした特許の権利調整過程が進行した。しかし，重電4社に限らず広く日本企業一般をみても，両大戦間期には企業間で特許係争事件を争う場面が増加しており，同時期は日本企業各社において権利行使や権利調整といった特許管理が芽生えた時代であったといえる（第6章参照）。以下では，日本企業

における特許管理の展開と社会的な定着を，重陽会（現，日本知的財産協会）の設立を通して明らかにしていこう。

　日本企業における特許管理の発生は，外国企業と提携した電機企業が最も早かった。東京電気は1906年の第1号特許から会社名義で特許を出願し法人財産としてそれを管理する姿勢をみせており，芝浦製作所も12年に特許担当者を置いてそれを管理するようになった。しかし，日本企業が社員や技師の開発した特許を自社の権利として保有するようになるのは，一般に両大戦間期になってからであった。これは，1921年に施行された特許法，すなわち大正10年特許法において，職務発明規定が明確化されたことが1つの背景となっている。改正された特許法では，職務発明に関して特許を受ける権利があるのは原則被用者（発明者）であるとされ，被用者が特許を受けた場合は会社がその実施権を持ち，あらかじめ契約すれば相当の補償金と引き換えに会社が特許を受けることができると定められていた（特許庁，1984, 422）。したがって，各社に従業員の特許を会社として管理する規則を作成する必要が生じ，これを契機として特許部門が立ち上げられたのである。

　また，何社かで特許部門が設置されたのと並行して，東京電気の藤井隣次や芝浦製作所の杉村信近・平野三千三のように，弁理士が企業の特許部門を担当する事例も増加した。重電機器分野においても，外国企業との特許・技術協定を契機として，三菱電機は1920年代中頃から，富士電機製造は23年の設立時から特許部門を設置し，その業務を弁理士に担当させていた。外国企業と提携関係のなかった日立製作所でも，1921年には特許専任者を2名置き，33年には経営組織上特許係が設置されている（日立製作所知的所有権本部，1995, 21-24）。

　こうして電機企業を中心とした主要企業で特許管理が行われるようになるなか，1929, 30年頃から，重電4社，すなわち芝浦製作所・日立製作所・三菱電機・富士電機製造の特許事務担当者が頻繁に会談を持つようになり，懇親を重ねるとともに特許係争を話し合いによって解決するようになっていく（重陽会十五周年記念事業委員会，1953, 15）。この懇談を最初に持ちかけたのは三菱電機である。というのも，各社が競って特許出願を行った結果，1920年代中頃から，重電4社の間では特許問題が頻発していたからであった。これを調整するため，三菱電機の特許担当者だった徳久正元が，芝浦製作所の平野と日立製作所の伊藤文寿に懇談を持ちかけたのである。平野に対し徳久は「両者間に於て

特許権の抵触問題が起こった場合には，審判手続きをとる前に一応御内示願えぬか，しからば懇談的に解決する方途もあることと思えるが如何」と打診し，平野はこれに賛意を示した。さらに徳久の働きかけに日立製作所も応じ，3社によって特許問題を調整する制度がつくりあげられた。この3社の打ち合わせに富士電機製造の担当者・高橋松次も加わって，重電4社による「4社特許事務打ち合わせ」の制度が成立した。ここに，重電4社という限られた範囲ではあるが，特許に関する非公式な権利調整システムが形成されたということができる。

　重電機器分野ではこのようにして権利調整システムが形成され，それは日本の特許管理の特徴の1つとなるのだが，電球分野や真空管分野においてはこの種の調整システムは形成されず，激しい特許係争が継続していた。重電4社の特許担当者は，他の電機分野の企業も含めて権利調整を行う協調的な体制がつくられるべきであると考え，東京電気の藤井に合流を持ちかけた。1935年の夏に三菱電機の徳久が藤井に接触し，その後，芝浦製作所の平野，日立製作所の伊藤を交えて藤井との懇談が定期的に持たれるようになる。しかし藤井は，弱電関係の企業はそのような会合に「直ちに全面的に参加することは困難で，寧ろ権利は権利で主張し，特許審判制度によって解決することが妥当である」という意見を変えなかった。これは，電球分野や真空管分野においては基本特許や重要特許を使って徹底的に審判を戦う傾向が強く，実際に藤井は徳久と接触した当時も，真空管特許に関して重要な審判事件を多数抱えていたからであった。

　ところが，電機分野を中心に企業に雇用されている弁理士が特許管理活動を活発化させるなかで，それに反対する動きが持ちあがった。1938年頃，弁理士会内で，弁理士会令規を変更して弁理士の企業勤務を禁止しようとする提案が，一部の弁理士から提起されたのである。これは，企業に雇用される弁理士と彼らが取り扱う事件件数が増加し，一般の弁理士の扱う事件が減少したためであった。企業に雇用されている弁理士は一致団結し，この提案に対する反対運動を起こした。反対運動には重電4社の弁理士のみならず藤井も賛同し，共同でこの案を廃案とすることに成功した。弁理士の企業雇用禁止に対する反対運動とその成功によって，企業が弁理士を雇用し特許管理を行う制度が社会的に確立したのであり，これは日本における特許管理形成の1つのメルクマール

であるといえよう。

弁理士会令規の変更に関する反対運動を契機に，また，一般的な産業統制と協調体制構築の傾向を反映して，1938年9月9日（重陽の節句），企業の特許部門を担当する弁理士の懇親団体として重陽会が設立された。重陽会の役割は，特許係争事案が発生した場合に審判手続きに入る前にメンバー間で意見調整を行うことや，特許ライセンス供与を調整し合うことなどであった。また，メンバー以外の企業に対する審判事件に対しては，互いに援助し合うことも，その役割の1つであった。たとえば，日本無線電信電話がアウトサイダーである安藤博と特許審判事件で争った際には，東京電気の藤井やその後継者である井上一男が援助している。したがって，重陽会は，重電4社による特許事務打ち合わせ会合という電機企業間の権利調整システムを，他産業にも拡大させたものであるということができる。同会の設立は，非公式な権利調整システムを特徴とする特許管理が，広く日本企業に定着し普及する出発点となったのである。

ところで，1930年代における電機企業を中心とした権利調整システムの形成は，国際的な企業間関係を前提に形成された点にも特徴がある。表8-4に，

表 8-4 重陽会の会員企業と会員（1938年9月9日時点）

所在地	会社名	会員
東 京	沖電気株式会社	渡辺清
東 京	株式会社芝浦製作所	平野三千三 吉成誠一郎
川 崎	東京電気株式会社	藤井隣次 山根省三 井上一男
東 京	日本電気株式会社	富田忠詮 清水林次郎
東 京	日本無線電信電話株式会社	竹藤三雄
東 京	株式会社日立製作所	小谷武信
川 崎	富士電機製造株式会社	高橋松次
東 京	古河電気工業株式会社	馬場礼次郎
東 京	三菱電機株式会社	徳久正元 中間正己
大 阪	住友電気工業株式会社	滝本浩 篠原清助

出所：重陽会十五周年記念事業委員会（1953, 15）。

設立時における重陽会のメンバーが示されている。重陽会はその後加盟企業が増加し拡大していくが，1938年の設立時のメンバーである，芝浦製作所，東京電気，日本電気，日本無線電信電話，富士電機製造，三菱電機は，いずれも外国企業から特許や技術を供与されている企業であった。これらの企業の特許担当者は，提携企業が日本で有している特許についても管理を行っていた。したがって，重陽会には，電気機械分野における国際的な企業間協定関係を日本独自に調整する機関として出発したという側面もあったといえるであろう。

ま と め

　日本における特許制度の歴史を振り返った場合，1920年代と30年代は，特許や実用新案の権利が行使され，審判事件が数多く発生した最初の時代であり，かつ歴史上，権利者が最もその権利を行使した時代であった。また，企業による特許管理の発展の歴史としてみた場合にも，同時期は，企業がその所有する特許の権利行使を活発に行った時代であった。
　本章では，主に1930年代における日本企業の特許管理の特徴を，重電機器分野の主要メーカー間の審判事件を通して分析してきたが，その特徴をまとめれば次のようになるだろう。第1に，重電機器産業は1931年の販売カルテル協定にみられるように基本的に協調的な特徴を有しており，これに対応して重電4社間で権利調整システムが形成された。各社は権利調整システムを通して特許管理の経験を蓄積した。第2に，重電4社が権利調整システムを通して調整した権利は，主に，芝浦製作所，富士電機製造，三菱電機が，それぞれGE，ジーメンス社，ウェスチングハウス社から譲渡され管理を任された，外国人発明の特許であった。したがって，重電機器分野の日本企業における1930年代の権利行使は強力な外国特許に基づいて行われ，日本企業は外国特許の管理経験を通してその能力を次第に蓄積させたといえる。そして第3に，1920年代後半から権利調整を進めていた重電4社が中心となって重陽会が設立され，権利調整システムは電気機械企業を中心として他産業の主要企業も参加するものへと拡大した。
　こうして日本企業に形成された権利調整システム，あるいは，審判制度を利用した権利調整ではなく話し合いによる協調的な権利調整という方式は，第2

次世界大戦後における外国企業からの特許および技術の導入，研究開発による特許出願，そして近年における「知的財産の経営戦略化」へと続く，特許管理の日本的な発展の第1段階となったのである。

注

1 さしあたり藤原（1973）を参照。
2 日本における重電カルテルについては，長谷川（1983；1985）を参照した。
3 第1審の審判請求のみを一覧表にしており，審決（第1審）に対する抗告審判請求や大審院への出訴は除いている。
4 第4章で述べたように，芝浦製作所は，1919年の国際特許管理契約によってGEの日本特許を芝浦製作所名義で登録・管理するようになった。
5 第3章を参照のこと。
6 徳久正元氏の回想による（重陽会十五周年記念事業委員会，1953，100-101）。
7 徳久正元氏の回想による（重陽会十五周年記念事業委員会，1953，101）。
8 児玉寛一氏の回想による（重陽会十五周年記念事業委員会，1953，93）。
9 佐竹三雄氏の回想による（重陽会十五周年記念事業委員会，1953，98）。

第 III 部

第 2 次世界大戦と
国際特許管理の展開

第 **9** 章　日米開戦と敵産処分
第 **10** 章　占領政策と GE 特許
第 **11** 章　間接的な管理から直接的な管理へ

第9章

日米開戦と敵産処分

はじめに

　GE が日本に販売事務所を設置して事業を行うようになったのは 1903 年のことであったが，20 世紀前半における対日事業のほとんどは，東京電気と芝浦製作所への資本参加と特許協定を通して行われた。これまでみてきたように，GE は 1905 年に東京電気と，09 年に芝浦製作所とそれぞれ提携関係を築き，両大戦間期には国際特許管理契約のもとで大きな権益を持つようになった。1939 年に東京電気と芝浦製作所は合併して東京芝浦電気となり，GE の関連会社として日本市場で強力な地位を確立した。しかし，1941 年 12 月の日米開戦から 45 年 8 月の終戦，そして GHQ/SCAP による占領に至る一連の混乱は，半世紀にわたって蓄積された GE の日本における事業と資産に大きな影響を与えた。

　GE の国際経営は，直接投資によって現地に完全所有子会社を設置して生産を行うよりも，工業諸国の有力な電機企業に少数資本参加し，同時に特許と技術に関する協定を締結するという形で行われた（Wilkins, 1974, 67-68）。多国籍企業は，製品・技術・組織といった経営資源を国境を越えて移転させ，進出先国の国民経済や企業システムに影響を与えるが（Jones, 2005, 262-266），GE による国際特許管理の日本的展開は，東京芝浦電気だけではなく日本企業一般における特許管理能力の形成をも強く規定しており，単なる一社の経営活動の成否にとどまらない歴史的な影響力を有するものであった。したがって，日米

企業間で締結された国際特許管理契約がいつまで履行されたのか，いつ頃どのように再編されたのか，そして日本企業の特許管理にいかなる影響を与えたのかという論点は，解明されるべき一連の課題である。なかでも，第2次世界大戦中に GE の日本における事業と資産がどのような状況にあったのかを明らかにすることは，第2次世界大戦後の国際事業の再編過程と20世紀後半の展開をみる上での出発点となろう。そこで本章では，両大戦間期における GE の対日事業を，主として資産状況から明らかにするとともに，それらが日米開戦によってどのように処理されたのかを解明する。

以下，第1節では，日米開戦直前の GE の日本における事業を，東京芝浦電気による特許管理の分析を通して明らかにする。第2節では，1941年12月以降の太平洋戦争期に，GE と東京芝浦電気との協定，日本特許，対日資産が，どのように処理あるいは処分されたのかについて，明らかにする。

1 開戦直前の GE の対日事業

日本事業の基本構造

GE は，両大戦間期において，東京電気と芝浦製作所への資本参加と役員派遣，そして両社への特許ライセンスの供与を通して，対日事業を行っていた。この方法は，日本のみならずヨーロッパをはじめとする工業国において，GE がとった一般的な国際経営の方法であった。

1905年に GE は東京電気と特許ライセンス協定を締結するとともに資本参加した。協定締結時における GE の持株比率は51.0％であり，東京電気は GE が株式の過半数を所有する電球の製造子会社であった。芝浦製作所に対しても同様に，1909年に特許ライセンス協定を締結するとともに資本参加し，当初の持株比率は24.8％であった。GE の両社に対する持株比率は1930年代に徐々に引き下げられていったが，それでも両社の合併直前の時点で GE は，子会社 IGEC を通して東京電気株式の33.5％を，芝浦製作所株式の21.5％を所有していた（表9-1）。

GE はまた，株式保有とともに，両社の取締役会に役員を派遣して経営に直接に関与した。両社の合併直前の役員構成をみると，東京電気では，取締役副社長として H. U. ピアース（Homer U. Pearce）が，取締役として O. プルスマン

表 9-1　合併前の両社の株主構成

(単位：株，%)

	芝浦製作所 (1939年4月30日)		東京電気 (1938年11月30日)	
IGEC	129,114	21.5	398,400	33.5
外人株主	238	0.0	58,338	4.9
三井合名	186,226	31.0	45,000	3.8
三井物産	19,900	3.3	0	0.0
三井生命	10,000	1.7	10,400	0.9
芝浦製作所	—		35,300	3.0
東京電気	143,500	23.9	—	
その他	111,022	18.5	642,562	54.0
合　計	600,000	100.0	1,190,000	100.0

出所：東京芝浦電気 (1963, 85) より作成。

(O. Pruessman) と W. K. ファウラー (W. K. Fowler) が席を占めていた (安井, 1940, 263-266)。取締役社長は 1927 年から山口喜三郎が務めていたが, ピアースは 26 年から取締役, 30 年から専務取締役副社長, 36 年から副社長を務め, 一貫して GE を代表して東京電気の経営に関与していた。なお, 東京電気の取締役は 10 名で構成されていたので, GE はその 30 % を占めていたことになる。芝浦製作所でも, プルスマンが 1920 年から, ピアースが 31 年から取締役を務めていた (木村, 1940, 131-136)。芝浦製作所の取締役は 11 名だったので, GE はそのうち 2 名, 約 18 % を占めていたことになる。

　他方で, 特許ライセンスの方法は, 1919 年を境に変化した。同年の国際特許管理契約は, 提携企業である東京電気と芝浦製作所が, GE の特許を自社の名義で出願・取得して, 権利行使やサブ・ライセンスの供与も行い, それらを全面的に利用して各社の事業に生かすというものであった (第 4 章参照)。その事業モデルは, GE が東京電気と芝浦製作所に特許を割り当て, 両社がそれらを利用することによって競争優位を高めて企業価値を上昇させ, 持株に対する配当などによって収入を得るというものであった。第 1 次世界大戦期以前においても, 電機企業への少数投資とその企業への特許ライセンス供与により収入を得るという構造は同じであったが, 1919 年の国際特許管理契約以前は GE が自ら日本での特許を管理していたのに対し, 両大戦間期には提携企業が GE 特許を出願・取得し利用するようになったことで, この事業モデルの現地適応が進み, より効率的に日本における事業を進めることが可能になったのである。

1 開戦直前のGEの対日事業　227

　第2次世界大戦以前にGEが日本の事業から受け取っていた収入は，大きく分けると，配当と技術報償費という2つの形態をとっていた。配当の金額は，たとえば，1942年3月の東京芝浦電気からの支払いが134万4806円85銭，同年6月には123万327円1銭であった（後掲表9-6を参照）。これに対し，技術報償費は，1942年第1期が51万2671円5銭，第2期が54万4600円3銭であった（後掲表9-9を参照）。技術報償費には，東京芝浦電気がGEから受け取った発明・特許・技術情報への対価と，従業員がGEの工場や研究所を訪問して技術研究を行うことに対する対価が含まれており，両大戦間期後半においては利益金額の4％と定められていた。[4] GEが受け取っていた収入には，ほかに特許権の譲渡に対する対価などもあったが，主たる収入は配当と技術報償費であった。

東京芝浦電気による特許管理
(1) 東京電気と芝浦製作所の合併

　日米開戦直前におけるGEの対日事業を明らかにするため，1939年の東京芝浦電気の設立と事業展開を，特許管理の側面から確認しておこう。

　東京電気と芝浦製作所は当初，比較的分割された事業分野で活動していた。東京電気は電球，真空管・ラジオ用品，家庭用電気製品などのいわゆる軽電機器を，芝浦製作所はタービン，発電機，電動機，変圧器などの重電機器を，それぞれの事業分野としていた。そして，このような事業分割に従って，GEは両社にそれぞれが管理すべき特許権を割り当てていた。しかし，技術の発展にともない，軽電と重電を組み合わせて1つの製品あるいは技術システムを形成し作動させるといった事例があらわれるようになる。たとえば，東京放送局第1・第2放送所の送信機は，東京電気による大電力真空管と芝浦製作所による水銀整流器・電動発電機が組み合わされており，両社の事業分野の境界線は，次第に曖昧になっていったのである。[5]

　そうして事業の領域が重なっていくにつれ，両社の間でも特許権の使用にあたって摩擦が起こる場面が増加したため，東京電気と芝浦製作所に対する特許の割り当てが調整されるようになった。第4章でも述べたように，ラジオ関係品，すなわち無線電話・無線電信・無線方向探知機などにかかわる特許は，はじめ芝浦製作所にライセンスが供与され，1919年以降もラジオ関連のGE特

許は芝浦製作所によって出願・登録されていた。しかし，真空管の発達やラジオセット市場の発展によって，ラジオ関連事業は，重電機器の生産を中心事業とする芝浦製作所よりも，電球の大量生産を得意とする東京電気に集中させるほうがよいと判断された。そこで，1934年に締結されたIGECと芝浦製作所の協定ではライセンスされる特許からラジオ関係品が除外され，また，35年に東京電気がRCAと特許協定を締結することで，東京電気への真空管・ラジオ事業の集中が行われた。この動きに対応して権利の調整も行われ，1936年8月5日と翌37年3月27日に芝浦製作所から東京電気へラジオ関係特許126件が譲渡登録された。

このような事業と特許権の関連性の深化に加え，双方がGEの提携企業であったこと，東京電気の社長で芝浦製作所の取締役会会長も務めていた山口喜三郎のイニシアチブ，そして政治的な産業合理化圧力が条件となり（東京芝浦電気，1963, 88），東京電気と芝浦製作所は合併して，1939年に東京芝浦電気株式会社となった。「合併認可申請書」に掲げられた両社の合併の効果は，①研究機関の統合強化，②事務組織の統一合理化，③技術上の能力増加，④事業設備の利用拡大，⑤工業所有権の相互利用と紛争の回避，⑥原材料の利用節約であり，東京芝浦電気の設立が両社の特許権を合同するという側面を持っていたことが確認できる（東京芝浦電気，1963, 88-89）。

合併にあたっては，まず1939年5月に芝浦製作所が社名を東京芝浦電気株式会社へと変更，次いで7月1日に東京電気が解散してこれに合流するという方法がとられたから（東京芝浦電気，1963, 92），権利の合同は東京電気から東京芝浦電気への工業所有権の譲渡という形態をとることとなった。東京電気から東京芝浦電気への移転登録は，特許権については1939年10月10日，10月24日，12月4日に行われ，その件数は全部で1090件にのぼった[6]。また，実用新案権も，同年10月10日，10月24日，11月30日付で668件が移転登録された[7]。1939年時点で芝浦製作所が保有していた特許権は1024件，実用新案権が760件であったので（木村，1940, 297），設立された東京芝浦電気は，合計2114件の特許権と1428件の実用新案権を保有・管理する，巨大企業となったのである。

(2) 特許管理の統合

東京芝浦電気設立前後も当然，特許出願は継続された。東京芝浦電気の

1 開戦直前の GE の対日事業   229

表 9-2 東京芝浦電気の特許出願（1939 年 1 月 1 日〜45 年 8 月 15 日出願）

（単位：件）

年	日本人発明[1]	外国人発明[2]	アメリカ	ドイツ	イギリス	オランダ	カナダ	合計
1939	54	169	161	4	1	3		223
40	78	204	195		4	5		282
41	88	128	127			1		216
42	90							90
43	121							121
44	71							71
45	32							32
全体計	534	501	483	4	5	9	0	1,035

注記：1) 子会社名義で登録された特許は含まない。
　　　2) 発明者の住所により分類した。
出所：『特許公報』各号より作成。

表 9-3 東京芝浦電気の実用新案出願（1939 年 1 月 1 日〜45 年 8 月 15 日出願）

（単位：件）

年	日本人考案[1]	外国人考案[2]	アメリカ	オランダ	カナダ	合計
1939	85	93	91	2		178
40	123	101	98	1	2	224
41	130	59	59			189
42	139	1	1			140
43	164	1	1			165
44	79					79
45	23					23
全体計	743	255	250	3	2	998

注記：1) 子会社名義で登録された特許は含まない。
　　　2) 発明者の住所により分類した。
出所：『実用新案公報』各号より作成。

1939 年 1 月 1 日から 45 年 8 月 15 日までの特許出願状況を技術者（国）別に示したものが**表 9-2**，実用新案の出願状況を示したものが**表 9-3** である。前身企業の研究開発活動による日本人発明・考案の出願，また国際特許管理契約による出願が継続されていることが確認できよう。GE 特許の出願件数（外国人発明・考案による特許・実用新案の合計）は，1938 年に東京電気と芝浦製作所がそれぞれ 142 件と 121 件であったから（第 4 章），39 年の東京芝浦電気による出願数 262 件は，合併後もほぼ同様のペースで GE 特許の出願が行われたことを示している。IGEC と東京電気および芝浦製作所との国際特許管理契約は 1939 年 10 月 21 日に統合され，IGEC と東京芝浦電気との協定に置き換えられた。

この協定の第3章4節が東京芝浦電気によるGE特許の日本における出願と管理を規定しており、東京芝浦電気は、この契約に従い1943年までに合計501件の特許と255件の実用新案の出願を行っている。しかし、東京芝浦電気名義で出願されたGE特許は、1941年12月8日の日米開戦を区切りにその件数がゼロとなり、実用新案も44年には件数がゼロになった。戦争中もGEからは英文明細書が不定期に送付されてきていたようだが、出願に必要な譲渡証が添付されていない場合が多く、出願処理はされたもののほとんどすべてが拒絶査定になったとみられる。[8]

次に、特許・実用新案の出願処理がどのようになされたのかを、特許・実用新案の代理人によってみていこう。表9-4は、発明者・考案者が外国人であるもの、すなわちGE特許の出願処理の状況を示している。この表によると、1939年以降も藤井隣次と平野三千三がほとんどのGE特許を出願処理していることがわかる。合併以前は、東京電気では特許課がすべての特許を、芝浦製作所では特許係がGE特許を専一的に出願処理していたので、合併後も引き続き同じ体制がとられたことがうかがえる。他方、表9-5は、発明者・考案者が日本人であるものの出願処理の状況を示している。東京芝浦電気の日本人発明の出願には多くの代理人がかかわっているが、そのうち藤井、平野、井上一男、吉成誠一郎、久保正吉は東京芝浦電気の特許部門に籍を置く弁理士であり、彼らによる出願は内部処理されたものといえる。一方、杉村信近、藤田實雄、市川一男、猪股清は外部の弁理士（後ろ三者は後に現在の協和特許法律事務所の所長を務めた）であり、彼らによる出願は、東京芝浦電気が出願処理を外部委託したものである。合併前との違いは、芝浦製作所時代には同社の特許係は主にGE特許の出願処理を行い、日本人発明・考案については外部事務所に処理を委託していたものが、合併後は日本人発明・考案についても内部で処理するようになったことである。これはおそらく、GE特許の出願処理件数が減少し、内部処理できる余裕が発生したためであると考えられる。

合併後の特許部門の展開を、部門の再編からみてみよう。前出の表9-2にあるように、東京芝浦電気は、GE特許501件を含めて終戦までの期間に1035件の新規出願を行っており、また、前述のような合併時に管理していた2114件の特許を含めると、合計3000件を超える特許を管理しなければならなかった。実用新案に関しても、前身の東京電気と芝浦製作所の実用新案を引き継ぐ

1 開戦直前のGEの対日事業

表 9-4 東京芝浦電気の出願代理人（発明者・考案者外国人）

出願年	藤井隣次 特許	藤井隣次 実用新案	平野三千三 特許	平野三千三 実用新案	井上一男 特許	井上一男 実用新案	吉成誠一郎 特許	吉成誠一郎 実用新案	記載なし 特許	記載なし 実用新案
1939	33	27	42	39					94	27
40	52	9	57	29		1			95	62
41	49	5	70	30	3			3	6	21
42		1								
43				1						
44										
45										

出所：『特許公報』『実用新案公報』各号より作成。

表 9-5 東京芝浦電気の出願代理人（発明者・考案者日本人）

出願年	藤井隣次 特許	藤井隣次 実用新案	平野三千三 特許	平野三千三 実用新案	井上一男 特許	井上一男 実用新案	吉成誠一郎 特許	吉成誠一郎 実用新案	久保正吉 特許	久保正吉 実用新案	杉村信近 特許	杉村信近 実用新案	藤田實雄 特許	藤田實雄 実用新案	市川一男 特許	市川一男 実用新案	猪股清 特許	猪股清 実用新案	記載なし 特許	記載なし 実用新案
1939	10	15		1							6	11	2	16					36	42
40	33	27	6								3	6	17	27	1				18	63
41	37	38	4	5		18	6	1		1	5	19	30	26	3	7			2	26
42	47	64		5	6	3		2			1	28	23	34	5					5
43	6	12					72	62	10	13	2	20	22	23		3	1	3	8	3
44							35	17	10	25	10	3	12	23					4	11
45							12		5	7		1	8	12					9	4

出所：『特許公報』『実用新案公報』各号より作成。

とともに，前出の**表 9-3**に示された998件の実用新案を新規に出願し，管理しなければならなかった。管理対象となる特許や実用新案の増加にともない，同社の特許部門は次のように再編された。

図 9-1に，合併直後の1939年7月時点における東京芝浦電気の本社組織を示している。東京電気の特許課と芝浦製作所の特許係は，本社第三部マツダ特許課，本社第二部芝浦特許課として，それぞれ本社機構の一部となった。すなわち，合併時点では前身企業から引き継がれた特許部門が統合されておらず，独立して特許管理を行う体制になっていたのである。ただし，両部門とも取締役副社長であるピアースによって監督されていた（東京芝浦電気，1963, 105）。

図 9-1　東京芝浦電気の本社組織図（1939 年 7 月）

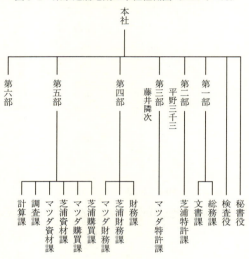

出所：東京芝浦電気（1963, 891）。

　こうして，しばらくは旧東京電気関係と旧芝浦製作所関係の特許課が並存していたが，1942 年に本社第二部と第三部は統合されて特許協約部となり，東京電気出身の藤井隣次が部長となった。課編成は，芝浦特許課，マツダ特許課，統制協約部の 3 課体制で，1 人の部長のもとに前身企業の特許部門が統合されたのである（東京芝浦電気, 1963, 190-191）。その後も何度か課の再編や特許部への改称（1944 年）はあったものの，基本的には 1942 年に東京芝浦電気としての統一した特許管理体制が完成したといえる。

　国際特許管理の側面からみれば，東京芝浦電気の合併成立は IGEC が東京電気および芝浦製作所と締結していた国際特許管理契約を一本化するものであり，さらに，日本における特許管理機能の統合強化であったということができる。ただし，東京芝浦電気において特許管理機能が統一されたのは上述のように1942 年になってからであり，このときすでに日米は戦争状態にあった。したがって，特許管理機能は両大戦間期を通して徐々に移転・統合されたが，日本企業が形成した能力を発揮し，それが日米の企業間関係に作用するには，日本の敗戦および戦後処理を待たなければならなかったのである。

2 敵産処分と戦時経営

敵産管理法と工業所有権戦時法

　東京芝浦電気への資本参加と国際特許管理契約を通じた GE の対日事業は，1941 年 12 月 8 日の日米開戦を契機に暗転する。GE の日本における権益と資産は敵産管理法と工業所有権戦時法の影響を受けるのだが，その資産規模と処理内容を明らかにすることで，両大戦間期における GE の対日事業の規模と戦後の展開を解明する足がかりを得ることができるだろう。

(1)　敵産管理法による処分

　敵産管理法は，1941 年 12 月 22 日に公布施行された。その目的は，①敵国にある日本の財産の要償担保，②報復として日本にある敵国人の資産を管理すること，③敵産を積極的に利用すること，④利敵行為を禁止すること，そして⑤敵産を国際法上の私的財産尊重の原則に則って適切に保護することであり，より具体的には，日本政府が必要に応じて敵産を管理する管理人を選任し，敵産の売却など必要な命令を発することができるようにするものであった（大蔵省，1965a，185-187）。しかし，特許をはじめとする工業所有権については，後述する工業所有権戦時法が優先適用され，工業所有権に基づいて発生する債権債務関係を除いて敵産管理法の適用からは除外された。

　敵産管理に付されるようになった GE の資産は，東京芝浦電気に対する持株とそこから発生する配当，および技術報償費などで，敵産管理人には横浜正金銀行が指定された。**表 9-6** は，横浜正金銀行の特殊財産管理勘定にあった IGEC の口座細目を示している。この表をみると，債務者である東京芝浦電気が，IGEC 名義の口座に，配当・特許使用料（技術報償費）・特許権譲渡の対価を支払うとともに預託金を返還していることがわかる。また，1943 年 5 月には横浜正金銀行から東京芝浦電気株式の売却益が振り込まれているが，これは，IGEC の保有する持株が敵産管理委員会の決定によって処分されたことによる収入を戦後の清算に備えて預金したものである。

　特殊財産口座に支払われた IGEC の資産のうち，最も金額の大きいものは株式売却益の約 5600 万円であり，配当も 1942 年末までに 400 万円近くが払い込まれた。その他のものも含め，敵産管理に付された IGEC の日本資産は合計

表 9-6 横浜正金銀行特殊財産管理勘定の細目（International General Electric 社，1949 年 1 月 27 日）

（単位：円）

日付	支払者	摘要	借方	貸方	残高
1942 年 3 月 28 日		配当		1,344,806.85	1,344,806.85
6 月 24 日		配当		1,230,327.01	2,575,133.86
6 月 30 日		特許使用料		39,071.11	2,614,204.97
8 月 8 日		特許権譲渡支払		2,353.99	2,616,558.96
8 月 27 日	東京芝浦電気株式会社	特許使用料		42,722.59	2,659,281.55
12 月 29 日		配当		1,230,424.13	3,889,705.68
43 年 2 月 1 日		預託金の返還		1,000,000.00	4,889,705.68
3 月 1 日		預託金の返還		1,000,000.00	5,889,705.68
3 月 1 日		特許使用料		45,518.39	5,935,224.07
3 月 31 日		預託金の返還		1,000,000.00	6,935,224.07
4 月 30 日		預託金の返還		1,000,000.00	7,935,224.07
5 月 8 日	横浜正金銀行	東京芝浦電気株式売却益		50,168,163.40	58,103,387.47
5 月 15 日		東京芝浦電気株式売却益		6,083,089.80	64,186,477.27
6 月 1 日	東京芝浦電気株式会社	預託金の返還		1,000,000.00	65,186,477.27
7 月 1 日		預託金の返還及びその利子		1,747,362.75	66,933,840.02
7 月 2 日	横浜正金銀行	株式売却手数料	18,550.65		66,915,289.37
9 月 7 日		特許使用料		45,696.39	66,960,985.76
11 月 9 日	三井信託株式会社	日本国債売却益		52,579.58	67,013,565.34
11 月 15 日		利子預託		119.86	67,013,685.20

出所：「ハセガワから V. W. ウィリアムスへ」1949 年 1 月 27 日，RG 331, Box 3801 より作成。

6701 万円あまりであった。この資産額は，連合国籍の他の企業の資産と比較すると非常に巨額であることがわかる。**表 9-7** は，敵産処理された連合国企業の資産残高を，上位 20 社まで列記したものである。これによると，IGEC の資産（表ではインターナショナル・ゼネラル・エレクトリック）は，第 2 位のインターナショナル・スタンダード・エレクトリック（ISE，日本電気に権益を持つ）の 1.7 倍，あるいはライバル企業であるウェスチングハウス社（第 5 位）の約 10 倍の規模があったことがわかる。また，敵産処理された連合国資産は全体で約 4 億 5000 万円であったため，IGEC の資産はそのうちの約 14.9 ％を占めたことになる。両大戦間期における GE の日本事業がいかに大規模で，同社が日本で事業を行う外資系企業のなかでも大きな影響力を持っていたかがわかるであろう。

(2) 工業所有権戦時法による処分

先にみた通り，GE の日本特許は，提携企業である東京電気，芝浦製作所，

表 9-7 　特殊財産管理勘定残高表（1945 年 9 月 26 日）

(単位：円)

順位	会社名	残高
1	インターナショナル・ゼネラル・エレクトリック	67,013,685.20
2	インターナショナル・スタンダード・エレクトリック	39,525,022.38
3	ライジングサン石油	20,906,782.79
4	シンガー・ソーイング・マシン	9,807,198.53
5	ウェスチングハウス・エレクトリック・インターナショナル	6,740,786.78
6	日本フォード自動車	5,686,495.65
7	スタンダード・バキューム・オイル	4,308,327.01
8	バブコック・アンド・ウィルコックス（ロンドン）	4,207,260.53
9	ブルナーモンド・エンド・コンパニー・ジャパン・リミテッド	3,870,037.85
10	日本ゼネラルモーターズ	3,375,380.66
11	日本ワットソン統計会計機械	3,254,117.56
12	ダンロップ・ラバー	3,186,924.87
13	日本フォード金融	3,161,401.17
14	アルミニウム・リミテッド	2,970,860.42
15	シエー・アール・ギアリ	2,920,115.53
16	ユニオン・エンジニアリング・アンド・ファンドリー	2,611,000.00
17	アジアティック・プトロリアム（ロンドン）	2,421,955.46
18	シー・エー・プロクトル	2,280,000.00
19	メトロ・ゴールドウィン・メイヤー	2,179,555.71
20	パラマウント・フィルム・リミテッド	2,164,131.40

注記：管理費等が支出された後の残高。日本フォードは外国為替管理法違反に対する罰金 15,000,000 円を支払い済み。バブコック・アンド・ウィルコックスの三井物産株式会社に対する債務支払い 1,255,041 円も支払い済み。
出所：大蔵省（1965a, 449-516）より作成。

あるいは東京芝浦電気の名義で出願され権利化されており，その件数は，両大戦間期に特許が約 3000 件，実用新案が約 1200 件にのぼった。ここでは，この時期にこれらの特許・実用新案および GE と提携企業との国際特許管理契約がどのようになったのかをみていこう。

　太平洋戦争中に特許権に影響を与えたのは，工業所有権戦時法であった（特許庁，1984, 410-412）。この法律は，第 1 次世界大戦期の 1917 年 7 月に公布され，同年 9 月に施行されたものである。当時は敵国であったドイツの工業所有権の処分に適用されたが，第 2 次世界大戦に際してはアメリカをはじめとする連合国人の持つ工業所有権の処分に適用された。工業所有権戦時法の内容は，次の 4 点である。第 1 に，敵国人に対しては工業所有権を与えない。第 2 に，特許を与えない措置に対する敵国人からの異議申し立てを許さず，パリ条約で

表 9-8　工業所有権戦時法に基づく連合国人の保有する工業所有権の処分

(単位：件)

		アメリカ	イギリス	オランダ	カナダ	オーストラリア	ベルギー	その他	合計
特許	1941年12月7日時点の特許権	1,988	483	117	28	8	16	497	3,137
	戦時法による取り消し	1,058	218	74	17	2	4	9	1,382
	特許料不納による取り消し	668	225	33	4	6	10	260	1,206
	無効審判による取り消し	2	1						3
	権利期間満了	106	23	3	7			51	190
	専用権の設定された特許件数	67	21	4					92
	審判請求却下等	156	53	31			4	2	246
	不特許処分件数	209	26	7		2	3	1	248
	1946年9月13日時点の特許権	154	16	7	0	0	2	177	356
実用新案	1941年12月7日時点の実用新案権	559	74	6	2	1	5	37	684
	登録料不納による取り消し	259	52	3	2	1	3	14	334
	権利期間満了	99	7				1	10	117
	不登録処分件数	45	14	2				1	62
	1946年9月13日時点の実用新案権	201	15	3	0	0	1	13	233
意匠	1941年12月7日時点の意匠権	21	26	4				15	66
	登録料不納による取り消し	16	21	1				13	51
	権利期間満了	5	5	3				2	15
	1946年9月13日時点の意匠権	0	0	0	0	0	0	0	0
商標	1941年12月7日時点の商標権	4,826	3,526	517	57	16	36	1,246	10,224
	戦時法による取り消し	26	26		2				54
	営業停止にともなう取り消し			6					6
	権利期間満了	150	84	1				25	260
	1946年9月13日時点の商標権	4,650	3,410	516	55	16	36	1,221	9,904

出所：特許庁（1985a, 10）より作成。

規定された優先権の主張も認めない。第3に，敵国人の特許権や商標権は，軍事上または公益上の必要があれば取り消すことができる。そして第4に，敵国人の特許権や取り消された特許権に対して専用権を設定し，それを他の者に与えることができる（専用免許）。その目的は，敵国人の所有する特許権や特許技術を自国の産業に利用して戦争遂行能力を高めることにあった（大蔵省，1965a，376）。

表9-8は，工業所有権戦時法によって処分された連合国人の工業所有権の全体像を示している。1941年12月7日時点において，アメリカ国籍の法人ある

いは個人が日本で保有する特許は1988件，同様に実用新案が559件，意匠が21件，商標が4826件であった。これらの特許権のうち，法律によって取り消されたものが1058件，専用権が設定されたものが67件あった。アメリカの特許に限ってみると，1946年9月時点では現存する特許権が154件にまで減ってしまっており，工業所有権戦時法と戦争による混乱で権利が大きく損なわれたことを示している。

　他方，1941年12月7日時点でGEが日本において保有する特許は1760件あった。[9]上でみたように，アメリカ企業あるいはアメリカ人が日本で保有する特許の件数が同時点で1988件であったことと比較すると，GE特許の規模の大きさがうかがえるであろう。しかし，他のアメリカ人の特許と異なり，GEの日本特許は東京芝浦電気をはじめとする日本企業の名義によって出願・登録されていたので，取り消されるようなことはなかった。工業所有権戦時法下にあっても，国際特許管理契約によって提携日本企業に移転された権利は，取り消されることも専用権が設定されて他社に強制ライセンスされることもなかったのである。

　とはいえ，国際特許管理契約に基づいたGEと東京芝浦電気との特許取引は，次第に困難になっていく。1942年以降は東京芝浦電気によってGE特許が出願されても（前掲表9-2および表9-3），登録に至らなくなっていった。前述のように，日米開戦後もしばらくはアメリカから明細書が送付され，東京芝浦電気の特許部門によって出願処理がなされていたようだが，出願に必要な譲渡証が添付されていないものが増え，出願しても登録されなくなった。さらに，日米間の交通が遮断されると，GE特許の明細書自体も次第に送付されてこなくなった。GE特許を提携企業の名義で出願・登録し，それを提携企業が利用することによって収益を上げるという事業構造は，戦争の激化とともに不可能となっていったのである。

　戦争によって国際特許管理契約の履行が困難になっていったことは，東京芝浦電気のIGECに対する技術報償費支払いの動きからも読み取ることができる。表9-9は，敵産管理人である横浜正金銀行の特殊勘定に振り込まれた特許および技術報償費の詳細を示している。技術報償費は，特許と技術情報の受け取りに対して利益額の4％を東京芝浦電気がIGECに対して支払っていたものであるが（前節参照），大蔵省・横浜正金銀行・敵産管理委員会の指示に基づいて，

238　第9章　日米開戦と敵産処分

表 9-9　IGEC に対する報償額

(単位：円)

年	会計期	本来の支払額	預託額 (契約額の 12 分の 1)	未払額
1941	第 2 期	468,853.30	39,071.11	429,782.19
42	第 1 期	512,671.05	42,722.59	469,948.46
	第 2 期	544,600.03	45,371.06	499,228.97
43	第 1 期	548,356.70	45,696.39	502,660.31
	第 2 期	623,869.35	0.00	623,869.35
44	特　別	620,203.04	0.00	620,203.04
	第 1 期	344,581.28	0.00	344,581.28
	第 2 期	1,016,342.92	0.00	1,016,342.92
45	第 1 期	0.00	0.00	0.00
	第 2 期	0.00	0.00	0.00
46	第 1 期	0.00	0.00	0.00
	第 2 期	0.00	0.00	0.00
		5,179,477.67	172,861.15	5,006,616.52

出所：「新開廣作から W. R. ヘロッドへ」1947 年 7 月 14 日，RG 331, Box 3801 より作成．

　1941 年第 2 期から本来の支払額の 12 分の 1 だけが支払われるようになり，43 年第 2 期からは支払い自体が停止された。報償費の支払いが 12 分の 1 に減額されたのは，GE から受けていた①継続して発明と特許を受け取る，②送られてくる技術情報を保有する，そして③技術研究のために GE 工場あるいは研究所を訪問するという利益が，戦争によって失われたからである[10]。他方で，上記のような利益が失われたにもかかわらず 12 分の 1 の報償費を支払っていたのは，東京芝浦電気が出願・登録したいくつかの GE 特許が有効で，かつそれを実際にも使用していたからであった[11]。その後 1943 年第 2 期から支払いがなされなくなったのは，同年 8 月 23 日の大蔵省外資局長通牒の指示によるものであったが，その根拠は，上述のように GE から利益を享受する権利を失ったことに求められた（高石，1974a, 422）。

　以上のように，GE と東京芝浦電気の特許関係は，およそ 1943 年半ばまでは，一部ではあるが実効性があったが，それ以降は，戦闘状態の激化やそれにともなう交通の遮断によって実質的に関係が失われたといってよいだろう。

戦時経営と特許

　1939年に東京芝浦電気が設立された際，IGECは発行済み株式174万株，資本金8700万円のうちの32.8％を保有していた。GE側の持株はその後徐々に減らされ，日米開戦時の持株は353万株のうちの85万958株，24.1％であった（東京芝浦電気，1963，103-105, 183）。その持株も，先にみたように敵産管理人である横浜正金銀行の管理に付され，1943年4月10日の政府の命令によって売却された。

　東京芝浦電気の取締役構成をみると，合併時点では，取締役副社長としてピアースが，取締役としてプルスマンがGEから派遣され，経営に直接的に関与していた。その後，1940年7月にプルスマンは帰国して9月22日付で取締役を退任，代わってアメリカからC. C. グリンネル（C. C. Grinnel）が派遣されて取締役となった。しかし，日米間の緊張関係が次第に高まっていったために，副社長のピアースと取締役のグリンネルは真珠湾攻撃の直前に帰国し，1942年6月16日付でそれぞれの役職を退任している（東京芝浦電気，1963，196）。

　GEと資本関係および役員派遣による関係がなくなった東京芝浦電気は，日米開戦以降，その業容を急速に転換していく（東京芝浦電気，1963，108-112）。1941年12月以前においても，東京芝浦電気は軍需生産に従事していたが，GEから派遣された役員が本社の経営にあたっていたため，子会社を通して軍需品の生産を行う形態をとっていた。しかし，開戦後は東京芝浦電気本体でも軍需生産を行うようになり，「大東亜共栄圏」建設のための民需生産とともにグループ全体の生産能力が増強された。生産設備の拡張のため，東京芝浦電気は1941年12月に増資して資本金を2億8240万円とし，さらに45年2月には6億2200万円にまで増加させた。民需と軍需の生産比率は，1943年半ばまでは軍需が3割程度であったが，それ以降は電波兵器・無線機・真空管といった航空機関連機器の生産に資源を集中させていった。1944年1月には軍需会社に指定され生産体制が強化されたが，45年春からは空襲による破壊，労働力の減少，電力不足，輸送力の低下，食料不足などが原因となって生産力を低下させ，8月の敗戦を迎えることになる。

　このように，東京芝浦電気は太平洋戦争開戦を契機に急速に平時の経営から戦時経営へ転換したのだが，特許活動や研究開発はどのような状況に置かれたのだろうか。

先にみたように，東京芝浦電気は GE から特許と技術を得て経営を行っていた。GE 特許は日本企業の名義で出願・登録されていたため，工業所有権戦時法による取り消し対象とはならず，特許技術もしばらくの間は使用されていた。他方で，政府と軍部は，東京芝浦電気の持つ GE 技術，とくに真空管製造技術を，他社に公開するよう迫るようになった。というのも，第 2 次世界大戦において真空管は，その性能が勝敗を分けるほどの戦略的部品となり，高性能なものを大量に生産することが求められていたが，十分な技術と生産能力を備えていたのは GE 技術を持つ東京芝浦電気に限られていたからである。東京芝浦電気から日本電気（住友通信工業），日本無線，川西機械といった真空管関連企業への特許技術の移転は，1944 年半ば以降に政府・軍部の指令のもとで強制的に行われた（吉田，1990，114-121）。東京芝浦電気は，技術者や工具を各社の工場へ派遣するとともに，真空管の図面や機器の貸与，材料の供給，ノウハウの提供などを行ったのである。しかし反対に，日本電気や日本無線から東京芝浦電気に移転された技術もあった。なお，東京芝浦電気が政府や軍当局の要請によって他社に公開した技術には，真空管技術のほかに，特殊合金製造法，放電管制御，溶接装置などがある（東京芝浦電気，1963，111）。

このように，戦争末期には特許制度の趣旨や特許権の効力が無視される傾向が強まり，国家主導のもとに技術が他社に移転させられる事例もみられるようになった。[12] 競争優位として保護されるべき技術が強制的に他社に移転させられる状況下にあっては，企業経営における特許管理の位置付けは低いものとならざるをえない。企業によっては特許部門を閉鎖したところもあったが，東京芝浦電気は特許課を維持した。とはいえ，両大戦間期のように GE の特許を出願することもなくなり，技術提案の件数も減少し，さらに軍事関連技術は秘匿されて特許出願されなかったので，特許課の活動は低調に推移した。しかし，特許や実用新案の出願件数は，減少はしたもののゼロになったわけではない。前出の**表 9-2** および**表 9-3** をみると，1942 年に特許が 90 件と実用新案が 139 件，翌 43 年にはそれぞれ 121 件と 164 件，44 年には 71 件と 79 件の日本人発明・考案の出願が行われている。これらは，戦争中に開発活動が行われた人造マイカをはじめとする代用品に関する発明・考案が，出願されたものである。なお，これらの特許および実用新案の出願処理は，特許課内で行われたものが大半であったが，一部は外部事務所において行われている。

ま と め

　第2次世界大戦以前における多国籍企業の外国事業は，一般的に論じられてきた以上に規模が大きく，各国の経済成長に大きな影響を与えていたことが，近年明らかになってきている（Jones, 2005, 19-23）。GE は，外国に完全子会社を設立して現地生産を行うという方法はとらなかったが，現地の電機企業に資本参加し，特許と技術を移転することによって国際事業を営んだ。日本におけるその規模は，日米開戦時の特許件数でみれば 1700 件あまり，敵産処理に付された資産は 6700 万円あまりにのぼった。これらの特許件数と資産規模は，連合国人財産のなかでも群を抜くものだったのである。

　第2次世界大戦は，人的被害や物理的被害を生じさせただけではなく，半世紀にわたって維持・継続されていた国際的な企業間関係をも中断させた。GE が東京芝浦電気と締結していた国際特許管理契約は，開戦に際して両社間で破棄することが明確に同意されたことはなかったが，日米間の交通の遮断により実際上履行できなくなった。また，GE 特許は日本企業名義で出願・登録されていたため，工業所有権戦時法による直接的な影響を受けることはなかったが，政府と軍部による技術の強制開示にみられたような特許の価値を棄損させる事態が進行し，戦争末期になると協定から利益を受けることはできなくなった。

　後の章でみるように，終戦後，GE は，大戦中の敵産処分によって失われた資産の回復と，戦争により影響を受けて失効した特許権の回復を要求する。しかし，戦後の回復過程は単に 1941 年 12 月時点の状態への回帰ではなかった。第2次世界大戦後の GE の国際経営戦略には，アメリカ政府の戦後外交政策，米ソ冷戦の進展，アメリカ国内における反トラスト法規制といった，国家の強力なプレゼンスが複雑に影響した。GE が日本において事業を再開するのは，ようやく 1951 年になってからであるが，その国際事業の方法は，もはや両大戦間期のそれとはまったく異なるものだったのである。

注────

1　Swope, Jr., "Historical Review," p. 5.

第 9 章　日米開戦と敵産処分

2　GE の対日資産の1つであった特許が，第2次世界大戦中にどのように扱われたのかについて言及したものに，富田（2001）がある。富田は，発明者が外国人で権利者が日本企業である特許が電気分野を中心に 3842 件存在していたことを発見し，戦間期の日本における外国企業の特許活動の特異性に注意を喚起している（富田，2001，456-460）。さらに，これら発明者外国人の特許は，権利者が日本企業であるため，戦争中の工業所有権戦時法や敵産管理法によって収容されることはなかったが，1943年の特許発明等実施令によって日本企業にライセンス供与されていた技術が拡散したと指摘している。この発明者外国人の特許こそ，GE が日本企業と締結した国際特許管理契約によって取引されたものであるが，20 世紀の国際経営史の展開をみるためには，この契約が戦争中にどのような状態にあったのか，また特許を含む GE と日本企業との契約と在日資産がどのような状態にあったのかという点まで明らかにする必要があるだろう。

3　本章では，両大戦間期における GE の対日事業と資産を明らかにするため，主として連合国最高司令官総司令部（GHQ/SCAP）民間財産管理局（Civil Property Custodian，CPC）資料を用いた。民間財産管理局は日本にあった連合国の資産等を保全・管理することを任務としており，その資料は，GE をはじめ戦前に日本に権益を有していた多国籍企業の資産や工業所有権の規模と状態について豊富な資料を提供している。資料は国立国会図書館憲政資料室とアメリカ国立公文書館（The U.S. National Archives and Records Administration）にて収集した。国会図書館のマイクロフィッシュ資料はアメリカ国立公文書館 RG 331 の資料に基づいている。資料を引用・参照する場合は，RG 331 の資料を優先する。

4　「新開廣作から W. R. ヘロッドへ」1947 年 7 月 14 日，GHQ/SCAP, Civil Property Custodian, RG 331, Box 3801, The U.S. National Archives and Records Administration.

5　両社が共同事業を行う場合もあった。1934 年 12 月には，ダイヤロイ（東京電気）やタンガロイ（芝浦）といった特殊合金を共同で事業化するため特殊合金工具株式会社が設立され，特許とノウハウが相互に開放された。また，1936 年 4 月にも，家庭用電気製品の製造・販売を目的として大井電気株式会社（後に芝浦マツダ工業）が折半出資で設立されている（東京芝浦電気，1963，87-88）。

6　特許局『特許公報』第 1873 号，1940 年 1 月 17 日；同第 1885 号，1940 年 3 月 5 日。

7　特許局『実用新案公報』第 2563 号，1940 年 1 月 18 日；同第 2574 号，1940 年 2 月 8 日。なお，1939 年 11 月 30 日に移転登録された 666 件のうち 2 件は持分の移転であった。

8　関氏・小津氏からのヒアリング。

9　「東京芝浦電気の特許でもと IGEC のもの」1949 年 7 月 26 日，CPC-4509, 4510, 4511。

10　「新開廣作から W. R. ヘロッドへ」1947 年 7 月 14 日，RG 331, Box 3801.

11　「新開廣作から W. R. ヘロッドへ」1947 年 7 月 14 日，RG 331, Box 3801.

12　第 2 次世界大戦中における工業所有権行政の展開と企業の対応については，佐竹（2015）が詳しい。

第 **10** 章

占領政策と GE 特許

はじめに

　GE が戦前の日本で行った国際経営の最も際立った特徴は，東京電気，芝浦製作所，そして両社の合併後は東京芝浦電気との国際特許管理契約を通して，本国から遠く離れたところにある事業を管理したことである。しかし，国際特許管理契約を通した経営方法は超歴史的なものではなく，両大戦間期に特徴的なものであった。GE がなぜ，いかにして特許管理契約による事業展開という形態をとるようになったのかを明らかにすることは，特許管理の理解にとっても重要な論点である。それを解明する1つの手がかりは，国際的な特許管理方法が第2次世界大戦後にどのように再編されたのかを明らかにすることである。

　再編過程の一部は終戦から 1952 年の講和条約発効までの混乱した状況のもとで進められたが，2つの論点を設定することにより再編過程の大きな流れを浮かび上がらせることができる。1つは，日本企業名で出願・取得され管理されていた GE 特許が占領期にどのように扱われ，戦後回復措置の過程でどのように処理されたのか，という点である。もう1つは，国際特許管理契約が第2次世界大戦後にも引き継がれたのか，あるいは異なる協定関係になったのか，という点である。

　これらの2点には，占領期から講和後に至る GE の一連の意思決定や行動を明らかにすることで答えることが可能となる。戦後措置は連合国最高司令官総司令部（以下，GHQ/SCAP）およびその指令に基づいた日本政府の諸法令によ

って行われたが，GE は，日本に保有する工業所有権を維持し，回復過程においてはその権利を回復させ補償措置を受けるため，アメリカ政府や GHQ/SCAP に対してさまざまな働きかけを行った。同時に同社は，トップ・マネジメントの意思決定によって，日本市場を含む戦後の国際経営戦略の枠組みを構築し，ヨーロッパ諸国や日本の電機企業と新しい特許協定を締結して，両大戦間期の国際特許管理の方法と組織を再編していった。GE による国際特許管理の再編過程はこうした２つの流れのなかに浮かび上がってくるのだが，本章では，これら２つの論点のうち前者を明らかにする。

以下，第１節では連合国人が所有する工業所有権に対する一連の戦後措置について概観し，その上で第２節において GE に個別に焦点を当て，同社の工業所有権回復過程を占領政策との関係に留意しつつ明らかにしていく。

1 工業所有権に関する戦後措置

日本の工業所有権制度および工業所有権に対する第２次世界大戦後の措置は，大別すると２つに区分できる。第１は，秘密特許制度・工業所有権戦時法・工業所有権戦時特例の廃止である。これらは，日本の工業所有権制度それ自体に対してとられた，戦時制度を平時のものに戻す措置であった。第２は，連合国人・ドイツ人・中立国人など，日本人でない個人や法人の工業所有権に対する措置である。このうち連合国人に対する戦後措置について，以下でより詳しくみていこう。

連合国人所有の工業所有権に対する戦後措置は，戦時中に行われた取り消し処分や専用実施権設定等の処分に対して，回復措置や代償措置をとるというものであった。日本の工業所有権戦後措置の１つの特徴は，平和条約の発効（1952年４月）を待たずに「連合国人工業所有権戦後措置令」（49年８月）や「連合国人商標戦後措置令」（50年１月）が施行されたことである。この背景には，米ソ対立の激化により平和条約の締結に時間がかかるという予測のもとで，工業所有権に関しては早急に戦後措置を行い，日本の経済復興と国際社会への復帰を果たそうとする動きがあった（特許庁，1985a, 14-15）。経済発展の根幹の１つをなす工業所有権制度が復興過程において重視され，連合国の主導によって回復と復興の措置がとられたことは，それが冷戦下における日本企業の成

長や日米企業間関係のあり方を規定した1つの要因であったことを物語っている。

　工業所有権に対する戦後措置は，終戦直後から1947年中頃までの保護・保全措置，時期は一部重なるが46年中頃から49年中頃までの実態調査，そして49年中頃から51年までの回復措置というように，3つの段階を経て行われた。

　大戦終了直後，連合国人工業所有権の保全に関する連合国最高司令官指令（SCAPIN）が発せられた。1945年9月13日の「連合国及び枢軸国財産の保全に関する覚書」（SCAPIN 26号）がそれである。これに基づき同年9月26日に日本政府が「連合国財産の保全に関する件」（大蔵省令第80号）を発令し，この大蔵省令では「連合国人の財産は大蔵大臣の許可なくしては一切処分変更してはならないこと」が規定された（特許庁，1985a，7）。さらに，1946年11月30日には「連合国及びその国民の所有する財産の保全強化に関する件」（SCAPIN 1370号）が，翌年5月12日には「連合国及びその国民の財産の保全と保護に関する件」（SCAPIN 1670号）が発せられた。これらは，日本政府による保全措置が不十分であることを指摘し，政府に対して連合国財産の保全に関し実行力のある措置を講ずることを求めるものであった（特許庁，1985a，8）。

　次いでGHQ/SCAPは，連合国人が日本においてどれほどの規模の工業所有権を保有しているかを把握するため，1946年7月13日に「特許実用新案，意匠及び商標に関する件」（SCAPIN 1725-A号）を発した。この覚書は，1941年12月7日時点において「日本国籍を有しない者の名義で登録されていた一切の特許権，実用新案権，意匠権及び商標権並びに同日現在係属していた全出願について，特許又は登録番号，権利者の氏名，国籍及び住所，権利付与日，発明などの名称，権利などが取り消された場合は取消しの日付及びその理由，並びに同日以降に支払われるべきであった実施料などについての完全な報告書」を，日本政府が作成し提出することを指令したものであった。さらに，1947年8月28日にはGHQ民間財産管理局覚書「特定の外国国籍者の名義で登録した工業所有権に関する件」を発し，連合国をはじめとする57カ国の41年12月7日時点における工業所有権について，種別ごとにその件数を提出するよう特許標準局に指令した（特許庁，1985a，9）。この2つの覚書によってGHQ/SCAPは，日本において連合国人が所有していた工業所有権の規模や戦争中の処分の実態をほぼ把握することができたのである。

246　第10章　占領政策とGE特許

表 10-1　個別企業の特許調査

覚　書	日　付
日満水素添加特許権株式会社の特許権の状態	1946年12月5日
オーチス・エレベータ株式会社（米）の日本特許	12月5日
山武工業株式会社からブラウン・インスツルメント社（米）に支払われるべきロイヤリティ	47年1月2日
ウェスチングハウス・エア・ブレーキ社（米）と日本各社との間のライセンス契約	4月28日
ロイヤリティ支払いに関する要求	8月29日
インターナショナル・デラバード・マニュファクチュアリング社（加）と久保田鉄工所との間の特許ライセンス契約に関する報告書要求	9月24日
セント・レジス・ペーパー社（米）の特許財産に関する報告書要求	9月24日
ウェスチングハウス・エレクトリック・アンド・マニュファクチャリング社（米）の日本における特許財産	48年1月2日
シンガー・ミシン社（米）の特許財産	2月4日
シンガー・マニュファクチャリング社（米）の商標	2月9日
連合国人名義の登録商標	3月1日
国際水素添加特許権株式会社（オランダ）所有の特許権の使用	3月2日
ドイツ・ハンブルグ在住チャールス・ロブロークス（オランダ人）の特許財産	3月12日
日満水素添加特許権株式会社	3月23日
パワー・ガス・コーポレーション（英）に属する特許財産の使用	7月6日
フィリップス・スクリュー・カンパニー（米）の特許財産	7月20日
インペリアル・ケミカル・インダストリーズ（英）の特許財産	8月27日
コニンクリーケ・インダストリエレ・アマチヤッピに属する特許財産	10月8日
チャールス・ロブロークス（オランダ人）の特許財産	10月9日
スペリー・ジャイロスコープ社（米）の特許財産	10月26日
モルガン・クルーシブル社（英）およびモルガナイト・カーボン株式会社の特許財産	49年2月8日
E. I. デュポン社（米）とグッドイヤー・タイヤ・アンド・ラバー社（米）の特許財産	3月5日
キャリヤ・エンジニアリング社（米）の特許財産	5月20日
もとインターナショナル・ゼネラル・エレクトリック社の特許で東京芝浦電気所有の特許	6月4日

出所：連合国最高司令部（1951, 181-188）より作成。

1 工業所有権に関する戦後措置   247

に関する民間財産管理局覚書

要　旨
同社が所有する特許権と特許出願について特許権の取り消し，実施の有無，既払・未払実施料の金額，出願の処分状況を報告するよう指令
同社が所有する特許権を子会社である東洋造機工業株式会社がどのように使用しているかを調査報告するよう指令
ブラウン社と山武工業ほか1社との間の契約書，およびこの契約に基づいて山武工業がブラウン社に支払うべき実施料に関する報告書を提出するよう指令
同社と三菱電機株式会社ほか1社との実施契約および実施料に関して調査報告するよう指令
ブラウン・インスツルメント社の特許権を実施している日立製作所ほか3社の実施数量，実施料の既払・未払を調査するよう指令
両社間の特許実施契約と実施料に関する報告書提出を指令
1941年12月7日時点で同社および東洋紙袋株式会社ほか1社名義で登録されていた特許・実用新案およびそれらの出願中のものに関する報告書提出を指令
同社名義で登録されている特許・実用新案・商標およびそれぞれの出願に関する現状報告を提出するよう指令
同社提出のリストに基づき，特許出願，実用新案出願，および特許権，実用新案権，意匠権についての現状報告を提出するよう指令
同社の所有する別記リスト掲載の商標権について満了の日および現状報告を提出するよう指令
連合国人が所有する別記リスト掲載の商標権に関する調査報告を提出するよう指令
同社との実施契約に基づいて実施している別記リスト掲載の会社の実施報告を提出するよう指令
同氏と実施契約を有する合同油脂グリセリン株式会社における食用固形鰯油の実施状況および実施料に関する報告を提出するよう指令
同社の所有する特許第116358号ほか2件および特許出願2件の現状報告を提出するよう指令
同社と三菱商事株式会社との実施契約に関し，その実施状況および実施料に関する報告書の提出を指令
同社に対して大澤商店が支払うべき実施料額の報告を行うよう指令
同社の特許権の日本人実施権者による実施状況および特許出願10件の現状報告を提出するよう指令
森崎久吉（高知市）による同社の特許権の実施状況を調査報告するよう指令
合同油脂グリセリン株式会社およびその継承者である日産化学株式会社による同社の特許権の実施状況および実施料支払いに関して報告書の提出を指令
同社と三井物産株式会社ほか1社との特実施契約による実施状況および実施料に関する報告を提出するよう指令
両社の所有する特許・商標の目録，それらの現状および実施料についての調査報告を提出するよう指令
デュポン社の所有する日本特許第129993号の現状報告，およびグッドイヤー・タイヤ社の発明した方法によるゴム酸化防止剤を実施している三井化学ほか3社による生産報告を提出するよう指令
同社および東洋キャリヤー工業株式会社の有する特許権の状態および権利消滅理由の報告を提出するよう指令
インターナショナル・ゼネラル・エレクトリック社の特許・実用新案，およびこれらの出願で，1941年12月7日以降に東京芝浦電気株式会社名義で登録されたものを報告するよう指令

並行して，連合国人が所有する工業所有権の実施状況も調査された。この調査は，1946年12月17日に出された覚書「連合国人の特許権，実用新案権，意匠権，商標権及び著作権に関する件」（SCAPIN 2811-A号）によって指令されたもので，日本政府は41年12月7日時点かあるいはそれ以降に登録された連合国人名義の工業所有権について，46年12月1日までの実施状況（特許番号，登録番号，発明の名称，使用者の住所，氏名，実施の根拠・態様・範囲など）を明らかにした報告書を作成することを求められた。また，「連合国人の特許権及び著作権の使用料に基づく銀行預金に関する件」（1946年11月30日，SCAPIN 1371号）も発せられ，日本政府は，1941年12月7日以降の銀行預金のうち連合国人の特許権または著作権の使用料に該当するものについて調査し報告することが求められた（特許庁，1985a, 10-11）。

以上は連合国人の工業所有権の実施に関する全体的な調査であったが，1946年から49年まで，特定企業の工業所有権に関する調査も個別に指令された。これらの指令は民間財産管理局によってなされ，1946年12月5日の「日満水素添加特許権株式会社の特許権の状態」から49年6月4日の「もとインターナショナル・ゼネラル・エレクトリック社の特許で東京芝浦電気所有の特許」まで，24回にわたった（連合国最高司令部，1951, 181-188）。**表10-1**は，それらの一覧である[5]。

連合国人の工業所有権の回復は，1949年に公布された「連合国人工業所有権戦後措置令」（昭和24年政令第309号）に基づいて行われた。同年4月8日に，GHQ/SCAPは日本政府に対して覚書「連合国人の特許，実用新案，意匠の返還手続きに関する件」（SCAPIN 1990号）を通知した。これは，同年3月に極東委員会が決定した「連合国人の有する工業所有権の戦後処理についての方針」に基づいたものであった。日本政府は，このGHQ/SCAPの覚書に従って，8月16日に戦後措置令を公布し9月1日より施行した（特許庁，1985a, 13-16）。

「連合国人工業所有権戦後措置令」は，特許権の回復と出願に関して主として次のことを定めていた[6]。第1に，1941年12月7日の開戦日に連合国人が所有していた特許権で，それ以降特許料の未納により取り消された特許，または工業所有権戦時法の規定によって商工大臣が取り消しの決定を行い消滅したものについては，原権利者またはその承継人が回復の申請をすれば，消滅または取り消しの日に遡って回復される。第2に，回復された特許権，または連合国

人が開戦の日に所有していた特許権のうち，現存するものと，措置令施行前に期間満了により消滅したものについては，戦争開始の日から回復申請の登録日までの期間を特許権の存続期間に算入しない。ただし，この不算入期間における実施料の請求や損害賠償の請求はできない。第3に，申請により回復した特許権であっても存続期間の特例を申請しないものについては，戦争開始の日から申請登録の日までの特許料納入を不要とする。そして第4に，連合国人が戦争開始の日より1年前までの期間にいずれかの国に特許出願した発明を日本に出願する場合，その出願日に日本に出願したものとみなすという，優先権の特例が規定された。これらの規定は，実用新案権と意匠権にも準用された。

このように，第2次世界大戦終了直後から1951年にかけて，連合国人が日本に保有していた工業所有権は回復され，また，戦争期間中に権利が消滅したり，出願・登録していたにもかかわらず本来得られるべき発明に対する法的保護を得られなかったりした特許権については，特例が定められて実質的な補償措置がとられた。このような回復過程を経て，日本は工業所有権制度において国際社会へと復帰することができたのである。以下では節を改めて，GEが日本においてどのように特許に関する権益を回復しようとしたのか，それがアメリカの占領政策とどのように関連していたのかについて，詳しくみていくことにしよう。

2 GEによる工業所有権回復過程

現状把握と権利保護の要請
(1) ファウラーによる調査報告

第2次世界大戦終結後，GEが自社が日本に持つ資産の状況を把握したのは，比較的早い時期であった。東京芝浦電気の社史は，早くも1945年10月に旧東京電気の取締役でGEの子会社IGECの極東部長であったファウラーが爆撃調査団の一員として来日し，東京芝浦電気の戦災状況などを詳細に調査したと記している（東京芝浦電気，1963, 319）。このとき，IGECがどのような点に関心を持ち，どのような情報を得たかについては，帰国後にファウラーが記した機密内部文書に示されている。

IGECに報告されたファウラーの内部文書の内容は，特許およびロイヤリテ

ィ等に関するものと,持株に関するものとに,大きく区別される。[7]前者に関してファウラーは,国際特許管理契約が1941年12月の日米開戦以降どのように取り扱われていたのかについて報告している。GEの発明による特許については,「東京芝浦電気はそれ以前と同じようにそれらを検討し,彼らが価値があると考えたものを日本政府に特許出願していた。しかし,これらの出願の大部分は,通信の途絶によって譲渡証のような必要書類の提出が不可能になり,受理されなかった。したがって,彼らは上記のような出願だけを行い,その後必要書類の提出の期限を延ばそうとあらゆることを行った」ことを明らかにしている。東京芝浦電気は書類提出の期限を2カ月から8カ月に延ばすことに成功したものの,結局は1942年7月に特許当局が決定を下し,出願は無効になっていた。以上は,IGECが戦後初めて知りえた日本におけるGE特許の状態であった。

ファウラーは戦争により逸失した権利についても明確にしている。IGECと東京芝浦電気との間の特許協定の第8節第3条では,東京芝浦電気が出願しないと判断したGE発明については,「東京芝浦電気はそのような情報の概要をIGECに通知し,IGECがその特許権と実用新案権を返還されることを望んでいるかどうかを尋ねることになっている。しかし東京芝浦電気は戦争のために協定のこの部分を実行することができず,したがって東京芝浦電気は特許料を支払わないことによって不必要な権利を放棄し」,IGECの権利が失われたと述べている。[8]

ロイヤリティと補償金についても正確に把握された。東京芝浦電気は,戦争中IGECから特許や技術援助を受けておらず,IGECが協定で定められた義務を履行できなかったという理由で,協定で定められていたロイヤリティの12分の1のみを大蔵省の指示に従って横浜正金銀行に払い込んでいた。ファウラーは,その額が1941年第2期から43年第1期までに合計17万3008円48銭にのぼったことを報告している。この額は横浜正金銀行の特殊財産勘定の金額と一致しており,さらに,IGECに支払われる予定であった特許譲渡に関する補償金2363円99銭が横浜正金銀行に払われたことについても正確に報告がなされている。

持株に関しては,戦争勃発によって東京芝浦電気に対するIGECの持株がどのように処理されたのかが報告されている。IGECの持株は敵産管理法によっ

て横浜正金銀行が管理するようになったこと，配当金384万415円11銭が同じく同銀行に預けられたこと，そして，1943年の大蔵省令によりIGECの持株が処分されて2020名の日本人株主へ売却され，代金は横浜正金銀行が保管していることが，明らかにされた。また，戦争中の東京芝浦電気の増資についても報告がなされ，増資の際にIGECに割り当てられるはずであった株式の予約購入権が放棄されたことも明らかにされている。最後に，IGECの預託金と，東京芝浦電気が同社取締役であったピアース，ファウラー，グリンネルに支払うべき報酬とボーナスも，同様に敵産として横浜正金銀行に引き渡されていたことも報告された。

　日米が戦闘状態にあった間は通信が途絶し，IGECは日本における権益がどのようになっているかについて，まったく把握できていなかった。財産と財産権の保護を求め，逸失したものを回復するためには，まずそれらがどのような状態にあるかを知ることが重要であるが，IGECは，戦後直後のファウラーの来日調査によって日本における自社の権益の状態を正確に知ることができたのである。同社は，次いで，アメリカ政府と占領当局に対して日本における権益の保護と回復を求めていく。

(2) 国務省への申し立て

　1946年7月17日と同年10月25日に，IGEC社長補佐のA. T. ブラウン（Arthur T. Brown）は，国務長官に対して日本と朝鮮における工業所有権を含む財産の保護を要求する申立書を提出した[9]。これは，同年7月9日にGHQ/SCAP経済科学局（ESS）が発した電報C-62853に答えたもので，ブラウンは申立書のなかで権益の確保と権益の状態に関する調査を要求し，さらに調査結果をIGECに送付することを要求した[10]。2つの申立書のうち7月17日のものでは，工業所有権，東京芝浦電気に対する持株，IGECが東京芝浦電気に対する持株を通して支配する日本の企業について，権利の主張と保護の要請がなされている。また10月25日の申立書では，銀行預金や有価証券の額，債権債務の額に関する申し立てを行っている。

　前者の申立書では，IGECが日本で有する特許に関する権利が主張された。GEの特許は，国際特許管理契約のもと，東京芝浦電気，その関連企業や子会社，あるいは前身企業である東京電気と芝浦製作所の名義によって，出願・登録されていた。したがって，法律的にはGEの発明によるそれらの特許は

IGEC や GE ではなく日本の企業のものだったのだが，これに対してブラウンは，IGEC にはそれらの特許を自社に帰属させる権利があると主張した。加えて，東京芝浦電気などの日本企業名で出願・登録された特許や実用新案が返還されるまでの期間，IGEC は，これら日本における特許に基づいて製品を生産し使用し販売する権利やサブ・ライセンスを与える権利を自らが持つと主張した。これらの根拠としてブラウンは，IGEC と東京芝浦電気との間の最新の協定（1939 年 10 月 12 日）に，協定の終了時には東京芝浦電気等の名義で出願・登録された特許は IGEC に返還されると明記されていること，両社間の協定は戦争によって終了したあるいは破棄されたことをあげている。実は，両社間の協定がいつ失効したかについては，まだこの段階では一致した認識は形成されておらず，IGEC と東京芝浦電気との間で後に協議されたのであるが，[11] IGEC は国務省に権利を主張し保護を求めるために，協定は終了し，すべての特許権は IGEC の権利であると強く主張した。

　7 月 17 日の申立書では，上記のほかにも，IGEC が東京芝浦電気の議決権株式の 15.07 ％を保有していること，払込済み株式の 19.51 ％を保有していることを述べ，最後に IGEC が東京芝浦電気の持株を通して持つ日本の企業 67 社のリストと所有比率を明示した。その上で IGEC は，これらの権益を国務省が認定し保護する措置をとるように要求し，申立書に列記された特許権や物理的な財産が売却されたり処分されたりする場合は，事前に IGEC に通知することを求めた。[12]

(3)　民間財産管理局による調査と回答

　1946 年 7 月 17 日と 10 月 25 日のブラウンから国務長官への申し立ては，11 月 15 日に国務省から GHQ/SCAP 合衆国政治顧問へと送られ，国務省は IGEC に日本における利権の現状を知らせることができるよう調査を行うことを求めた。[13] これに従って GHQ/SCAP 民間財産管理局は，1947 年 4 月 9 日に大蔵省宛ての覚書「インターナショナル・ゼネラル・エレクトリック社の日本における財産」を通知した。[14] 覚書は日本政府に IGEC の「日本におけるすべての財産に関する完全な情報と財産目録を記載した報告書を提出する」ことを指令し，具体的には次の点を明らかにするように求めた。すなわち，①1940 年 12 月 31 日時点において IGEC が東京芝浦電気に持っていた利権，②同日以降のすべての取引，③41 年 12 月 7 日時点での利権，④現在の利権，⑤利権に関

して今日までに発生した配当・利子・ロイヤリティ・負債と債権，⑥IGEC が持つ有価証券に関して今日までに発生した権利や特典，⑦開戦時点のものも含む 40 年 12 月 31 日以降の貸借対照表，⑧40 年 12 月 31 日から今日までに発生した資本と組織に関するすべての変更および個人と工場に加えられた重要な変更，⑨同期間における操業の状況と規模および将来計画，⑩爆撃や法令によって被った重大な損失，⑪その他 IGEC に関する情報について，5 月 15 日までに調査し報告するように求めたのである。

さらに同日，民間財産管理局は日本政府終戦連絡中央事務局（CLO）宛てに覚書「インターナショナル・ゼネラル・エレクトリック社と東京芝浦電気株式会社との間の特許ライセンス協定」を通知した。[15] この覚書で政府は，1939 年 10 月 12 日付の IGEC と東京芝浦電気との間の特許協定について，ロイヤリティおよびその計算根拠と協定によって取引された特許の現状の説明を含んだ報告書を調査・作成し，同年 5 月 15 日までに提出することを命ぜられた。

これらの覚書に基づいて日本政府は調査を行い，次のような対応がなされた。最初に提出された報告書は，1947 年 5 月 15 日に終戦連絡中央事務局から GHQ/SCAP へ宛てられた「インターナショナル・ゼネラル・エレクトリック社と東京芝浦電気株式会社との間の特許ライセンス協定」に関する報告書であった。[16] この報告書には，東京芝浦電気が日本に保有していた IGEC の特許・実用新案・商標と，満洲に保有していた IGEC の特許と商標のリストが添付されていた。これと前後して，IGEC は東京芝浦電気社長の新開廣作からも同様のリストが記載された報告書を受け取っている。[17] **表 10-2** は，新開の報告書に記されていた工業所有権の件数を，日本における特許権と実用新案権に限定して示したものである。

次いで 5 月 21 日に，大蔵省から GHQ/SCAP 民間財産管理局へ「インターナショナル・ゼネラル・エレクトリック社の日本における財産に関する報告書」が提出された。[18] これは，4 月 9 日の大蔵省宛ての覚書に従って三井信託株式会社が作成したもので，主に IGEC が保有する東京芝浦電気株式に影響を及ぼした増資・配当の処分や財務状況が詳細に報告された。加えて，覚書にもあったように，取引や操業の状態，法令や爆撃によって被った損害についてもまとめられ報告された。

最後に，5 月 29 日に終戦連絡中央事務局から GHQ/SCAP 民間財産管理局

表 10-2　報告書に記された日本における GE の特許権・実用新案権の状態

(単位：件)

	特許権	実用新案権
(1) 1941 年 6 月 1 日時点で現存していたもの	1,713	736
うち，マツダ支社に関連するもの	902	359
芝浦支社に関連するもの	811	377
(2) 1941 年 6 月 1 日時点で出願中のもの，それ以降に出願されたもの	524	212
うち，マツダ支社に関連するもの	263	85
芝浦支社に関連するもの	261	127
(3) (2)のうち，1946 年 8 月 10 日までに登録されたもの	370	179
うち，マツダ支社に関連するもの	165	71
芝浦支社に関連するもの	205	108
(4) 1941 年 6 月 1 日から 46 年 8 月 10 日までに期間満了により権利消滅したもの	406	239
うち，マツダ支社に関連するもの	309	159
芝浦支社に関連するもの	97	80
(5) 1941 年 6 月 1 日から 46 年 8 月 10 日までに年金不払いにより権利消滅したもの	200	188
うち，マツダ支社に関連するもの	48	50
芝浦支社に関連するもの	152	138
(6) 1941 年 6 月 1 日から 46 年 8 月 10 日までに無効審判により失効したもの	2	0
うち，マツダ支社に関連するもの	1	0
芝浦支社に関連するもの	1	0
(7) (2)のうち，1941 年 6 月 1 日から 46 年 8 月 10 日までに出願無効となったもの	137	27
うち，マツダ支社に関連するもの	98	14
芝浦支社に関連するもの	39	13
(8) 1946 年 8 月 10 日時点で現存しているもの	1,475	488
うち，マツダ支社に関連するもの	709	221
芝浦支社に関連するもの	766	267
(9) 1941 年 6 月 1 日から 46 年 8 月 10 日までに実施されたもの	114	46
うち，マツダ支社に関連するもの	48	7
芝浦支社に関連するもの	66	39

出所：「新開廣作から W. R. ヘロッドへ」1947 年 7 月 14 日，RG 331, Box 3801 より作成。

宛てに「補償計算に関する陳述書」と題された報告書が提出された。[19] この報告書は先の 5 月 15 日に提出された報告書を補完するもので，東京芝浦電気等の名義で出願・登録された IGEC の特許のロイヤリティや譲渡に関する補償金について詳細な説明が行われている。以上のように GE は，1947 年中頃には，

独自の調査や国務省と GHQ/SCAP による調査を通して，自らが持つ株式と工業所有権を中心とした財産と権益について，その全体像と現状をほぼ把握するに至った。

ところで，報告書によって，前出の**表 10-2** にみられるように，具体的な工業所有権の件数とその内訳の詳細が判明した。東京芝浦電気等の名義で登録されている IGEC の特許権は，マツダ支社の範囲に属するものと芝浦支社の範囲に属するものを合計すると，1941 年 6 月 1 日時点に現存したものが 1713 件，実用新案権が 736 件であった。しかしより重要なのは，戦後の時点で工業所有権がどのような状態にあったかであった。特許についてみれば，この表から，1946 年 8 月 10 日に現存していた権利が 1475 件，戦時中に失効したものが 608 件，戦時中に出願が無効となったものが 137 件あったことがわかる。前者は引き続き東京芝浦電気名義ではあるものの権利は存在していたが，後二者は工業所有権の回復を図るべき対象だったのである。

IGEC は現存特許を継続してライセンスする一方で，戦時中に失効した特許や出願無効とされた特許出願等について，権利回復や補償を獲得しようとした。しかし，これらの利権はすぐに回復されたわけではなく，回復手続きが開始されたのはようやく 1951 年になってからであった。この間，戦後日本の特許制度をどのように変革するか，工業所有権の回復手続きをどのように策定するかという連合国間の議論とともに，IGEC が利権を持つ東京芝浦電気などの大企業が占領政策のもとでどのように再編されるのかという問題が，GE にとって重大な関心事となった。

特許権回復に影響を与えた占領政策
(1) 工業所有権制度の改革

占領政策のうち，GE の特許権の回復に影響を与えたのは，主に日本の特許制度の変革に関する政策と集中排除政策であった。最初に，以下で日本の工業所有権制度の変革をめぐる議論からみていくこととしよう。

1947 年，IGEC 副社長の H. B. パース（Herbert B. Peirce）が，合衆国賠償・補償代表団（United States Reparation & Restitution Delegation）の一員として来日した。8 月 23 日から 9 月 10 日までの滞在期間中，パースは東京芝浦電気と三菱電機の主力工場を視察するとともに，アメリカ政府担当者や公職追放されて

いる日本の産業指導者と会談した。[20] 9月9日に民間財産管理局のP. H. タンゼイ（Patrick H. Tansey）准将との間で行われた会談では、パースは特許権の回復と戦時中の特許侵害に対する賠償について意見を述べている。[21] そのなかでパースは、IGECは数年以内の施行が予想される日本の新しい特許法について知りえないので、特許権の回復手続きの策定を急いではいないと表明した上で、議論されている新しい日本の特許法に対し、一部の国務省職員の間にみられる強制ライセンス規定を含めようとする動きには反対を表明した。そして、新しい特許法のもとでGEの事業がどのようになるか明らかになるまでは、日本に対して大規模な投資をしないと述べた。これに対してタンゼイは、日本で登録された特許権の取り扱いに関する方針はワシントンで熟慮中であるが、GHQ/SCAPはまだいかなる指令も受け取っていないのでわからないと返答している。

日本の特許法がどのように改正されるかは、第2次世界大戦後においても引き続き事業を継続しようとしていたGEにとって必要不可欠な情報であった。ニューヨークに戻ったパースは、翌年2月17日にタンゼイ宛て書簡を送り、戦後日本で施行される新しい特許法の草案の入手を要求した。[22] しかし、タンゼイはパースに対して、極東委員会が日本に対する特許政策を決定するまでは何も詳しいことはわからないので、そのようなときになったら再度要求するようにと返信している。[23] このようにパースが日本の特許法に対して注意を払い何度も問い合わせたのは、占領政策、とくに財閥解体と集中排除政策との関係で、日本の特許法を変革し強制ライセンス規定を含めようとする動きがあったからである。

日本の特許制度の変革について触れた報告書に、エドワーズ調査団の報告書がある。この調査団は、財閥解体に関する政策勧告の作成を任務とした、国務省と司法省の合同調査団で、1946年1月7日に来日した（大蔵省財政史室, 1981, 144-145）。エドワーズ調査団は同年3月に調査結果をまとめGHQ/SCAPを通じて陸軍省と国務省に報告書を提出したが、特許法については次のように改正されるべきであると述べている。「発明者又はその最初の特許権譲受者が実施中の分野以外では、すべての申請者は正当かつ無差別の条件で、商業的規制なしに実施権を与えられるべきである。発明者等が実施中の分野で、ある実施権が認められた場合には、すべての申請者に無差別の条件で実施権が与えられるべきである。公式に登録されていない譲渡や実施権は無効である。この方

針に違反して不法に用いられた特許は無効とすることができる」（大蔵省財政史室，1981，156）。これが，パースが反対を表明していた強制ライセンス規定である。この強制実施規定を含んだ報告書は，同年8月には「日本の過度経済力集中に関する米国の政策」（SFE-182）となり，その後改訂作業が行われた。

改訂作業では，エドワーズ報告の特許制度にかかわる箇所について，日本の特許法は全面的に改正する必要があり，その準備も進んでいるので，部分的な改正はやめたほうがよいという意見が出され，報告書における指摘としては特許法が経済力の集中を助長しないように改正すべきであるという簡潔な表現に落ち着いた（大蔵省財政史室，1981，177）。改訂された政策文書は，1947年5月12日，「日本の過度経済力集中に関する政策」（FEC-230）としてアメリカ政府により極東委員会へ提出された。しかし，FEC-230で示された集中排除政策は直後に大きな反響を呼び起こし，アメリカの占領政策の変容とともに次第に緩やかなものになっていく。

このように，FEC-230には日本の特許法は全面的に改正されるべきであるという考えが盛り込まれたが，一方，日本の特許法の改正と連合国人が所有する特許の取り扱いに関する極東委員会の議論は，特許法の大幅な改正は不要であるという認識で進められていた。日本の特許制度については，1947年12月15日にイギリス代表団によって提出された工業所有権の取り扱いに関する注釈的覚書とGHQ/SCAPへの助言案が極東委員会に回覧され，議論が開始された。この覚書のなかでイギリス代表団は，「日本は特許，商標，意匠，実用新案，不正競争，著作権を対象とした完全な法システムを有している。一般的に言って，これらの問題に関する日本の法律は，日本が参加している国際協約が決めた水準に従っており，適切に運営されるならば，いかなる劇的な変更も必要とは思われない」と述べている[24]。

このような認識は工業所有権政策に関する議論が進むなかでも一貫して保持され，1949年3月17日には「日本における特許，実用新案，および意匠に対する政策」（政策決定第56号）が採択された[25]。この決定はアメリカ国務省へ送付された後にGHQ/SCAPに指令され，同年4月8日に覚書「連合国人の特許，実用新案，意匠の返還手続きに関する件」（SCAPIN 1990号）として日本政府に通知された。この覚書で指令された内容は，先に述べたように，同年8月16日に前述の「連合国人工業所有権戦後措置令」（政令第309号）として公布され，

この政令に基づいて，GE をはじめとする連合国人が日本に保有していた特許権の回復が図られていったのである。

極東委員会で日本の特許制度と連合国人の工業所有権回復について政策議論がなされている頃，ワシントンにおいては，国務省と全米外国貿易評議会 (National Foreign Trade Council, 以下 NFTC) との間で日本の特許制度に関する会談が持たれていた。この会談に先立つ 1948 年 4 月 2 日，NFTC 内部では日本に関する特許小委員会が開催され，国務省への提案内容を議論している。この小委員会は，オーチス・エレベータ社 (Otis Elevator Co.) の W. E. F. ブラッドリー (W. E. F. Bradley)，IGEC のブラウン，アンダーウッド社 (Underwood Co.) の J. A. ホルトン (J. A. Holton)，インターナショナル・テレフォン・アンド・テレグラフ社 (International Tel. & Tel. Co., ITT) の E. D. フィニー (Edward D. Phinney) によって構成されていた。小委員会は，日本の特許法の改正と工業所有権の回復に関する国務省への提案をまとめた。

前者については，「日本の特許法が一から起草される場合は，アメリカの特許法が採用されるべきである」，「現行の日本の特許法に大きな変更が加えられる場合は，新しい条項はアメリカ特許法の様式に従うべきである」，そして「本質的な変更がなされない場合は，委員会は現行の日本の特許法に反対しない（これは日本の特許法の条項が規定するいかなるコミットメントも，いかなる国においてもあるいはいかなるときにおいても望ましいものとすることを意味するものではない）」という立場をとった。[26] つまり，日本の特許制度を本質的に変革する必要はなく，小さな改革でよいとの意見である。また，後者に関しては，連合国人が所有する特許と商標権の実質的な所有権は認められるべきであり，すべての連合国民の特許と商標権はただちに回復されるべきであるという意見であった。

このような意見がまとめられた後の 4 月 21 日に，国務省において，国務省担当者と NFTC による会談が実施されたのである。NFTC 側の出席者は，特許小委員会のブラッドリーとホルトン，そしてブラウンであった。会談において，NFTC は小委員会で議論した提案を述べ，これに対して国務省側は次のように回答している。まず，日本の特許制度に関しては現行法の小規模な変更が予定されており，その修正点は秘密特許制度の廃止と料金に関する改正であって，「いかなる根本的な諸点においても日本の特許法を修正する意図はない」[27]。次いで工業所有権の回復については，連合国人に対する権利回復の規定がつく

られるであろうことが述べられ，その方法についても，「戦争中に日本政府によって接収されたか，あるいは特許料未納で失効した特許を要求によって回復する規定と，回復された特許を所有者の要求によって，戦争によって逸した期間と同じ期間の延長を行う規定である。一般的に，それらの規定はイタリアとバルカン諸国との講和条約に組み込まれたものと同じものになるであろう」と，詳しい内容が回答されている[28]。

このように，1948年頃には，極東委員会でもアメリカ国務省でも，日本の特許法は大きな変革を加えずに一部改正にとどめておくという方向性が明確になり，49年4月にはGHQ/SCAP覚書として，そして8月には政令として，その方向性は確定するのである。

(2) 集中排除政策

GEの特許権の回復過程に影響を与えた2つ目の要因は，集中排除政策であった。東京芝浦電気は，1946年3月14日に関係会社29社とともに制限会社に指定され，同年12月には持株会社整理委員会から持株会社の指定を受けた（東京芝浦電気，1963，255）。制限会社の指定によって東京芝浦電気は資産の売却等が制限され，持株会社の指定によって集中排除政策に基づいた企業分割の対象となった。IGECは集中排除政策に重大な関心を持ち，状況の把握と東京芝浦電気の分割阻止に動き出した。

IGEC社長のW. R. ヘロッド（William R. Herod）は，1947年4月14日に東京芝浦電気へ書簡を送って状況を問い合わせた。これに対して東京芝浦電気は，7月14日に経営状況と経営を取り巻くさまざまな要素についての詳細な報告書をIGECに返信している[29]。報告書においては，1945年からの製造品リストとGHQ/SCAPが承認した第1次工場再建計画が示されて当時の経営と生産の状況が報告され，戦時中に拡大された工場の閉鎖や再編計画についても説明された。加えて，企業再編に関する法令として，「戦時補償特別措置法」（昭和21年法律第38号），「会社経理応急措置法」（昭和21年法律第7号），そして「企業再建整備法」（昭和21年法律第40号）も解説されている。IGECが持つ東京芝浦電気株式については，戦時中に敵産管理法によって処分され，現在は持株会社整理員会によって管理されていることが述べられ，「会社の証券保有制限等に関する勅令」（昭和21年勅令第567号）と「持株会社整理委員会令」（昭和21年勅令第233号）の解説が添付された[30]。

8月から9月にかけて来日し調査を行ったパースも，同様に集中排除政策に対して重大な関心を持った。パースは10月16日にアメリカ陸軍次官 W. H. ドレーパー・ジュニア（William H. Draper, Jr.）へ書簡を送り，「東京芝浦電気は独占体でないし，分割によりかなりの経費が増加し，ただでさえ少ない企業経営者への需要を増大させる。電機企業はたくさんあるし，大企業も東京芝浦電気，三菱電機，日立製作所といったように3つもある。どの企業も日本の電機産業を独占していない」として，東京芝浦電気の分割に強く反対した。ドレーパーは，ディロン・リード社（Dillon, Read & Co.）の元副社長で，アメリカの対日占領政策の経済改革路線から復興路線への変更を主導した1人である（Schonberger, 1989, 161-163, 175-178）。厳格な集中排除政策によって日本に所有する事業資産が棄損する恐れがあったため，IGEC はアメリカ大企業の利益を代弁するドレーパーと連絡し，東京芝浦電気の企業分割を避けようとしたのである。

1947年12月8日に大企業の分割を内容とした過度経済力集中排除法が公布，翌48年2月8日に東京芝浦電気は集中排除法による指定を受けた。法令に従って東京芝浦電気は会社の再編成計画要綱を作成し4月に提出したが，11月に会社を5社に分割するという厳しい内容の GHQ/SCAP 指令案の原案が示された。そこには「《市場の独占の目的または取引制限のために使用された》すべての特許権・実用新案権の一般公開，新設会社が旧社名・商号を使用することの禁止」も含まれていた（東京芝浦電気，1963, 283）。ところが，アメリカの対日占領政策の変化によって再編成計画は緩やかなものとなる。1949年2月に持株会社整理委員会から改めて再編成計画に関する指令案の原案が通達されるが，そこでは5社に分割する指令も特許・実用新案の一般公開の指令も削除され，残されていたのは工場の一部処分案のみであった（東京芝浦電気，1963, 283-285）。

こうして東京芝浦電気が取り組むべき再編計画の内容が明らかになったため，東京芝浦電気の名義で存在している GE の日本特許やライセンスが再編でどのような影響を受けるのかについても，具体的な検討ができるようになった。そしてこの問題には，資産回復を担当するために IGEC の特別代表として来日した F. H. エール（Francis H. Ale）が対応した。エールは1949年3月31日に東京芝浦電気に対して質問表を送り，事業再編計画によって IGEC が東京芝浦電気にライセンスを供与している特許や商標がどのような影響を受けるかについて

回答するように求めた。

　質問は3つに分けられていた。1つ目は，指令によって企業が分割された場合，GEの特許と商標および東京芝浦電気の特許と商標がどうなるか，2つ目は，持株会社整理委員会の命令によって関連企業の株式を処分しなければならなくなった場合，GEの特許と商標および東京芝浦電気の特許と商標はどうなるか，3つ目は，日米開戦後に東京芝浦電気がライセンスを供与した企業や協定があれば情報を提供してもらいたい，というものであった。

　これらの質問に対する回答は，1949年4月27日付でエール宛てに送付された[32]。なかで1つ目の質問に対しては，①IGECと東京芝浦電気との間の協定が戦争によって失効したとみる場合，②IGECと東京芝浦電気との協定の有効性が継続しているとみる場合，に分けて回答されている。

　①の場合，GE特許が東京芝浦電気の名義で取得されていても，東京芝浦電気はIGECの代わりに保管業務を行っていることになるし，東京芝浦電気はそれをIGECに返還する義務を負っていることになり，それらに対して東京芝浦電気は支配権を持っていないことになる。また，集中排除法によってもIGECは「第2会社」へのライセンスを供与する義務はないというのが回答であった。

　②の場合については，さらに，ⓐ東京芝浦電気が工場を閉鎖する場合，ⓑ東京芝浦電気が第三者に工場を売却することによって移転する場合，ⓒ「第2会社」設立によって資産を処分する場合，に分けて回答がなされた。ⓐは問題ないとして，ⓑⓒについて詳しく回答しているが，基本的にはいずれの場合も，東京芝浦電気もIGECもGE特許をライセンスを供与する義務を負わなくてよいとしている。ただし，ⓑの場合は特許で保護された設備を売却することになり（この場合ライセンスを供与しなければならない），ⓒの場合はカーバイドに関するものに限りライセンスが必要になると回答されている。また，IGECの商標に関しては，分離工場に移転する義務も必要性もないと回答されている。

　2つ目の質問に対する回答は，次のようなものであった。関連会社の処分が工業所有権の問題となるのは，東京芝浦電気が子会社に対してGE特許のサブ・ライセンスを供与している場合であり，具体的には8社（石川島芝浦タービン，日本電興，日本ビクター，芝浦製作所，東京真空管，宮田製作所，ドン真空管，ほか1社）へのサブ・ライセンス供与が問題であった[33]。IGECと東京芝浦電気との協定は戦争によって失効したとみるのであれば，GE特許のサブ・ライセン

ス権も自動的に失効していることになるので問題はないが，それが継続しているとみるのであれば，日本電興と日本ビクターとのライセンス協定によって供与されたサブ・ライセンスは，持株処分後にも有効性を喪失しない。ただし，そのようなサブ・ライセンスが不都合な場合は，東京芝浦電気は協定を破棄するだろうと回答している。石川島芝浦タービンとのライセンス協定でも，持株が51％を切った場合その有効性が喪失すると規定されているので，持株会社整理委員会が東京芝浦電気の持株の処分を決定すればライセンス協定は失効すると回答された。

東京芝浦電気の再編成計画については，1949年6月17日に「再編成計画に関する決定指令」が出され，8月19日に企業再建整備計画法に基づく「整備計画認可申請書」が大蔵大臣に提出されて同年末に認可された。その主な内容は，14社の「第2会社」を設立し，12工場を処分するというものであった（東京芝浦電気，1963，283-285）。東京芝浦電気の事業再編計画が具体的なものになり，しかも当初の急進的な分割案ではなく，戦時中に膨張した不要な事業を合理的な条件によって処分するという計画内容も明らかになったことで，東京芝浦電気の名義で保有される工業所有権とライセンス関係に関する予見可能性が高まり，GEは特許権の回復に向けて踏み出すことができるようになった。

回復請求と回復措置

1949年4月27日に東京芝浦電気から回答を受け取ったエールは，5月23日，民間財産管理局に対し，東京芝浦電気の名義で登録されているIGECの特許権の回復に関する情報を提供するよう口頭で要求した。[34] 民間財産管理局は，このエールの要求に応じ，日本政府（特許標準局）に対して覚書「もとインターナショナル・ゼネラル・エレクトリック社の特許で東京芝浦電気所有の特許」を通知した[35]（表10-1参照）。この覚書は，IGECの特許，実用新案，およびこれらの出願に関し，1941年12月7日以降に東京芝浦電気株式会社名義で登録されたものを報告するよう命じており，日本政府は，該当するすべての特許と実用新案の登録番号・公告日・出願日の報告，および該当する特許・実用新案の出願状況の報告を求められた。特許標準局は覚書に従って報告書を作成，7月26日に民間財産管理局へ提出した。

報告書にまとめられた東京芝浦電気等の名義で登録されたGE特許は，開戦

表 10-3　大戦期間中の東京芝浦電気所有の GE 特許の状況

(単位：件)

(1) 1941 年 12 月 7 日時点で存在した特許権	1,760
うち，(a) 失効したもの	639
(b) 年金未納で取り消されたもの	226
(c) 無効審判で取り消されたもの	5
(2) 1941 年 12 月 8 日以降に登録された特許権	295
うち，年金未納で取り消されたもの	4
(3) 1941 年 12 月 7 日時点で特許出願中のもの，あるいは 41 年 12 月 8 日以降出願がなされたもの	120
うち，(a) 出願が無効になったもの	92
(b) 不服審査に付されているもの	1
(c) 拒絶されたもの	27
(4) 1941 年 12 月 7 日時点で存在した実用新案権	779
うち，(a) 失効したもの	325
(b) 年金未納で取り消されたもの	202
(5) 1941 年 12 月 8 日以降に登録された実用新案権	132
うち，年金未納で取り消されたもの	6
(6) 1941 年 12 月 7 日時点で実用新案出願中のもの，あるいは 41 年 12 月 8 日以降出願がなされたもの	27
うち，(a) 出願が無効になったもの	19
(b) 不服審査に付されているもの	1
(c) 拒絶されたもの	7

出所：「特許局から民間財産管理局へ」1949 年 7 月 26 日，RG 331, Box 3822 より作成。

時に存在したものが 1760 件で，そのうち失効したものが 639 件，年金未納で取り消されたものが 226 件等であった。同様に，実用新案権に関しては，開戦時に存在したものが 779 件で，そのうち失効したものが 325 件，年金未納で取り消されたものが 202 件等であった（**表 10-3**）。エールはこの報告書に基づいて回復手続きを開始し，1951 年 2 月 20 日と 3 月 30 日に，「情報請求」（Request for Information），「回復申請」（Demand for Restoration），「延長申請」（Demand for Extension），および「代行権限書」（Power of Attorney, P/A）を，民間財産管理局に提出，これらの書類が民間財産管理局から日本政府（特許標準局）に送付されて回復が指示された。[36]

しかし，エールの特許権回復請求には問題が含まれていた。それは，特許の名義が GE や IGEC といった連合国人ではなく，東京芝浦電気という日本企業

の名義であったことである。回復請求を受け取った民間財産管理局でも，エールの請求は「1941 年 12 月 7 日において合法的に所有していなかったか，あるいは上記の以前の所有者によってすでに決められていた契約によってその日以後に他社に譲渡された特許の回復を要求しているという点で，特異である」として，注意が払われた。[37]

　この問題の解決，すなわちこのような財産が回復できるかどうかという問題は，1949 年 4 月の GHQ/SCAP 覚書「連合国人の特許，実用新案，意匠の返還手続きに関する件」(SCAPIN 1990 号) の法的解釈を含んでいたため，民間財産管理局はこの問題を GHQ/SCAP 法務局 (Law Section) の検討に回した。そして，法務局からの回答を受け，1951 年 4 月 5 日に民間財産管理局は日本政府特許標準局への覚書「インターナショナル・ゼネラル・エレクトリック社が保有する日本における特許財産の回復」を通知した。[38] この覚書は，IGEC の特許の回復について次の 2 つを除いて速やかに手続きを行うよう，日本政府に指令するものであった。その 2 つとは，「1941 年 12 月 8 日時点でインターナショナル・ゼネラル・エレクトリック社の名義で登録されていない特許財産」と「開戦以前の日付で譲渡され，開戦以後にインターナショナル・ゼネラル・エレクトリック社から移転された特許財産」である。言い換えれば，1941 年 12 月 8 日時点で IGEC の名義で登録されていない特許権，戦前に定められた割り当てによって開戦後に IGEC から移転された特許権については，回復を行わなくてもよい，という指令であった。

　結果，エールが回復請求を行ったうち，東京芝浦電気等の日本企業名義の登録済み特許 611 件，登録済み実用新案権 163 件，無効とされた特許出願 49 件，同じく実用新案登録申請 19 件は，回復不許可と回答された。1951 年 7 月 30 日付の通知書には，特許標準局による不許可の理由について次のように記載されている。すなわち，「(a) これらの特許・実用新案は，1941 年 12 月 7 日以前における適切な譲渡により東京芝浦電気株式会社に移転されており，1941 年 12 月 8 日時点において東京芝浦電気株式会社の名義で登録されている，(b) "特許あるいは登録を取得する権利" が 1941 年 12 月 7 日以前における適切な譲渡により東京芝浦電気株式会社に移転されており，出願は 1941 年 12 月 8 日時点において東京芝浦電気株式会社の名義で申請されている，(c) 東京芝浦電気株式会社の名義において最初の出願申請がなされている，(d) 1941 年 12

8日以降にこれらの特許権が東京芝浦電気株式会社から IGEC に譲渡された記録がない。したがって，上記の申請者は，回復及び延長を要求する権利がない」[39]。東京芝浦電気名義等で出願・登録された特許と実用新案のうち，失効したものや無効になったものを回復しようとする IGEC の試みは失敗したといえよう[40]。

ま と め

本章の目的は，日本企業名義で出願・登録され管理されていた GE 特許が工業所有権戦後措置の過程でどのように処理されたかについて，GE の行動との関連に注意しながら明らかにすることにあった。この目的に沿って内容を要約すると，次のようになろう。

1941 年 12 月 8 日の日米開戦から終戦までの期間，日米間の通信と交通は途絶し，GE の特許権を持つ東京芝浦電気がどのような経営を行い，資産が戦時法令によってどのように処分されたのかという情報は，まったくつかめなくなった。しかし，1945 年 10 月には，爆撃調査団の一員として来日したファウラーが GE 特許の管理状況も含めて詳細な状況を把握し本社に報告した。GE はまた，アメリカ政府や占領機関を通して日本に保有する資産の調査と保護を求め，1947 年中頃には財産と権益についての全体像を把握した。特許権に関していえば，東京芝浦電気等の名義で出願・登録されていた GE 特許のうち，1400 件あまりは現存しており，約 750 件が戦時中に失効したり出願無効になったりしていることが判明した。回復措置の対象となったのは後者であった。

だが，GE はすぐに日本における特許を回復しようとはしなかった。工業所有権に関する回復手続きが定められていなかったことも一因ではあったが，GE による回復手続きが 1951 年になるまで行われなかったのは，占領政策の方向性を見極めることと占領政策の変更を働きかけることに時間と労力を費やしていたからである。特許制度に対して加えられようとしていた変更や集中排除政策による東京芝浦電気の分割案の行方は，GE の日本における利権に直接的に影響し，戦後の対日事業のあり方を大きく左右するものであった。占領政策は，1948 年からいわゆる逆コースと呼ばれたように力点が経済復興へと移動し，工業所有権にも持株にも大きな影響を与えるものではなくなった。GE

は，1951年になってようやく，戦時中に失効した特許を中心に特許の回復や期間延長を請求する。しかし，究極的にはGEの特許であったとしても出願や登録が日本企業名義でなされていたため，戦時中に消滅した権利の回復や延長措置の獲得は，GEが目論んだようには成功しなかった。

　失地回復には失敗したものの，GEは占領期間中，戦前の東京芝浦電気との国際特許管理契約下にあった特許を保持していた。しかし同時に，GEのトップ・マネジメントにおいては，両大戦間期の国際特許管理契約網や国際経営戦略を見直し，特許協定を第2次世界大戦後の世界経済の現状に合致させる作業が進められていた。GEの国際経営戦略が再検討されるなかで，日本における国際特許管理も次第に新たな形態へと転換を遂げていくが，それについては次章で明らかにすることにしよう。

注

1　なお，GEの日本における財産の回復および補償措置は，本章で明らかにする工業所有権を対象にしたもののほかに，次のものがあった。1つは，敵産管理法（1941年）によって処分された持株の売却益・配当・技術報償費を対象にしたものである。これらの財産は，戦時中，横浜正金銀行の特殊財産勘定に預けられており，前章でみたように，GEの残高は連合国人としては最大の6700万円あまりに及んでいた。特殊財産勘定は，1945年10月の「大蔵省告示」（第370号）によって名義人である連合国人に資金を払い戻すことが可能となり，47年にはGHQ/SCAP民間財産管理局（CPC）から日本銀行に宛てられた覚書により払戻手続きが整えられた（大蔵省，1965b, 309）。GEはこの規定に基づいて預金を払い戻し，回収したと考えられる。これに加えて，GEは日米財産委員会に対し，戦時中に大蔵大臣の決定によって減額あるいは免除された特許使用料・特許譲渡報酬・配当金等に関する請求を行い，審決を得て損失を回復している（大蔵省，1965b, 565）。もう1つは，GEの東京芝浦電気に対する持株の回復である。株式に関しては「連合国財産である株式の回復に関する政令」（昭和24年政令第310号）に基づいて回復措置がとられ，GEは1951年8月に手続きを開始，53年に持株を回復している（東京芝浦電気，1963, 319-320）。

2　GEによる戦後の工業所有権回復過程を明らかにするにあたり，GHQ/SCAP民間財産管理局資料（RG 331），国務省（U.S. Department of State）資料（RG 59），および極東委員会資料を用いた。これらの資料は，国立国会図書館憲政資料室とアメリカ国立公文書館にて収集した。

3　工業所有権に関する戦後措置については，特許庁（1985a, 5-54）を参照した。

4　なお，ドイツ人の工業所有権に対する措置は1950年1月27日に施行されたが（「ドイツ人工業所有権戦後措置令」昭和25年政令第4号），中立国人の工業所有権に

関する措置は平和条約発効後に各国との間で取り決められた（特許庁, 1985a, 6-7）。
5 後にみるように，この『覚書集』に記載されている覚書以外にも個別企業の工業所有権の調査に関して発せられた覚書は多数ある。『覚書集』に列記されている覚書は，特許標準局に対して出されたものに限られている。
6 連合国人工業所有権戦後措置令の内容については，特許庁（1985a, 14），高石（1974b, 362-363）を参照した。
7 内部報告の内容については「J. H. A. Torry から General S. B. Aiken へ」1946 年 4 月 22 日，RG 331, Box 3801 に添付された報告書による。Torry は IGEC 社長補佐。
8 「J. H. A. Torry から General S. B. Aiken へ」1946 年 4 月 22 日，RG 331, Box 3801.
9 「A. T. ブラウンから国務長官へ」1946 年 7 月 17 日；「A. T. ブラウンから国務長官へ」1946 年 10 月 25 日，RG 331, Box 3801.
10 「GHQ/SCAP CPC Check Sheet」1946 年 12 月 2 日，RG 331, Box 3801.
11 後述のように，1949 年にも IGEC と東京芝浦電気の間で，戦前の協定が戦争によって失効したとみるべきかどうかについて議論されている。
12 ドイツのオスラム社が日本で持っていた特許権についても，IGEC は権益を持つと主張した。具体的には，IGEC は白熱電球と蛍光灯の分野において，オスラム社とその関連企業である特許信託会社（Patent-Treuhand Gesellschaft），オーサ産業投資株式会社（Osa Industrielle Beteiligungen A.G.）などの名義で出願・登録された日本における特許出願権・特許権・商標権に，29.63 ％の利権を持つと主張したのである。これは，IGEC がオスラム社に対して直接的に有する権益と，IGEC が 24.94 ％の権益を持つドイツ AEG を通して有するオスラム社への権益（AEG はオスラム社の 32.05 ％を所有）に基づくものであった。
13 「国務省から連合国最高司令部合衆国政治顧問へ」Airmail Instruction No. 316, 1946 年 11 月 15 日，RG 331, Box 3801.
14 「Property of the International General Electric in Japan」095 (9 APR 1947) CPC/FP, 1947 年 4 月 9 日，RG 331, Box 3801.
15 「Patent License Agreement Between International General Electric Company, Inc., and Tokyo Shibaura Electric Co., Ltd.」072 (9 APR 1947) CPC/FP, 1947 年 4 月 9 日，RG 331, Box 3801.
16 「終戦連絡中央事務局から GHQ/SCAP へ」CLO 3716 (RP), 1947 年 5 月 15 日，RG 331, Box 3801.
17 「新開廣作から W. R. へロッドへ」1947 年 7 月 14 日，RG 331, Box 3801.
18 「大蔵省から GHQ/SCAP へ」LO1522 (SF/FP), 1947 年 5 月 21 日，RG 331, Box 3801.
19 「終戦連絡中央事務局から GHQ/SCAP へ」CLO 4112 (RP), 1947 年 5 月 29 日，RG 331, Box 3801.
20 「H. B. パースから C. L. ホッジへ」1947 年 10 月 17 日，U.S. Department of State, RG 59, Box 2, The U.S. National Archives and Records Administration.
21 「US R & R 代表団技術アドバイザー・パース氏との会談」RG 331, Box 3822.
22 「H. B. パースから P. H. タンゼイへ」1948 年 2 月 17 日，RG 331, Box 3822.

23 「P. H. タンゼイから H. B. パースへ」1948 年 3 月 2 日，RG 331, Box 3822.
24 「日本人が所有するかあるいは日本で登録された特許および類似の工業所有権に対する政策」FEC-284 文書，1947 年 12 月 15 日，極東委員会資料，FEC(B)-0013, 国立国会図書館憲政資料室.
25 FEC-284/18, 1949 年 3 月 21 日，FEC(B)-0014。
26 NFTC「特許に関する日本小委員会会議に関する報告書」1948 年 4 月 8 日，RG 59, Box 5.
27 NFTC「全米外国貿易評議会日本特許小委員会代表団と国務省代表団との会談に関する報告書」1948 年 5 月 19 日，RG 59, Box 5.
28 NFTC「全米外国貿易評議会日本特許小委員会代表団と国務省代表団との会談に関する報告書」1948 年 5 月 19 日，RG 59, Box 5.
29 4 月 14 日の書簡は，東京芝浦電気元社長津守豊治が同年 2 月 14 日にヘロッド宛てに送った書簡への返答であった。「新開廣作から W. R. ヘロッドへ」1947 年 7 月 14 日，RG 331, Box 3801.
30 この報告書では，ほかに，原材料不足の問題，取締役の公職追放と変更，工業所有権の状況とそれに対する補償についても報告されている。
31 「H. B. パースから W. H. ドレーパーへ」1947 年 10 月 16 日，RG 59, Box 2.
32 「石黒直一から F. H. エールへ」1949 年 4 月 27 日，RG 331, Box 3801.
33 あと 1 社は Musen Suki Sangyo と表記されているが特定できない。
34 「Memo for Record」1949 年 6 月 4 日，RG 331, Box 3822.
35 「Tokyo Shibaura Patents of International General Electric Origin」072（4 Jun 1949）CPC/FP, 1949 年 6 月 4 日，RG 331, Box 3822.
36 エールが申請した件数は，2 月と 3 月の申請を合わせると，「情報請求」「回復申請」「延長申請」ともに特許権が 610 件，実用新案権が 232 件であった。これらは後に回復不可能と決定された件数とは一致しない。CPC-4507, 4508。
37 「Memo for Record」1951 年 3 月 15 日，RG 331, Box 3822.
38 「Restoration of Patent Property in Japan Owned by International General Electric Company, Incorporated」072（17 Jan 51）CPC/OD, 1951 年 4 月 5 日，RG 331, Box 3822.
39 「Notification of Impossibility of Restoration and Extension」1951 年 7 月 30 日，CPC-4506, 4507。
40 なお，商標権の回復についても，IGEC が行った回復申請のうち，商標第 142589 号（クーリッジ管球のマーク）の回復と期間延長は認められたが，もう 1 つの商標であった第 142633 号（「クーリッヂ管球」とカタカナで表示されたもの）は 1935 年 5 月 7 日に東京電気（東京芝浦電気）へ移転されているので回復の対象にならないと決定された。「E. C. ミラー・ジュニアから F. H. エールへ」1950 年 12 月 28 日，RG 331, Box 3822.

第11章

間接的な管理から直接的な管理へ

はじめに

　前章では，国際特許管理契約下において日本企業名義で出願・登録され管理されていたGE特許が，占領期にどのように扱われ，工業所有権回復の過程でどのように処理されたのかを明らかにした。本章では，両大戦間期の国際特許管理の方法と組織が，いかなる要因によって，どのように再編されたかについてみていく。

　GEと東京芝浦電気は終戦直後から接触を重ねたが，両社が関係を回復するまでには時間がかかった。ようやく1951年に特許関係を回復し，53年になってGEの東京芝浦電気に対する持株が回復された。前章でみたように，GEの日本への復帰に時間がかかった理由として，1つにはアメリカの対日占領政策，具体的には特許制度の変更や集中排除政策の方向性を見極めることに時間が費やされたことがある。他方で，GEのトップ・マネジメントはこの間，日本市場を含む戦後の国際経営の枠組みについて意思決定を行い，1951年頃からヨーロッパ諸国や日本の企業と新しい特許協定を締結していった。すなわち，GEの戦後の国際特許管理政策は，占領政策とは相対的に独自に決定されたのだが，それにも相応の時間的経過を必要としたのである。

　戦後の国際経営戦略の策定過程で議論となった問題の1つに，両大戦間期の国際企業間協定を違法であるとしたアメリカでの反トラスト法裁判があった。1948年12月17日，日本を訪問していたIGEC副社長のZ. ジェフリーズ（Zay

Jeffries）は，GE の日本への復帰をめぐる GHQ/SCAP 民間財産管理局員との電話会談のなかで，東京芝浦電気との関係復活を延期せざるをえない理由が，3 点あると指摘している。1 つ目は，日本における経営環境の不安定さと東京芝浦電気の財務状況の悪さ，2 つ目は，IGEC が東京芝浦電気の持株の大部分を帳簿から抹消しており回復したならば財務省に税金を払い戻す必要が生じること，そして 3 つ目が，アメリカで IGEC とヨーロッパ諸国および日本の企業との国際協定に関する訴訟が未解決であること，であった。ジェフリーズはとくに反トラスト法裁判の行方に対しては悲観的であり，GE と IGEC はおそらく裁判に負けるだろうと考えていた。また，IGEC 社長のヘロッドも日本への復帰を考える上でこの問題が最も重要な要素だと考えていると述べた。GE の国際協定を対象にした反トラスト法裁判は，対日市場戦略だけではなく GE の国際経営戦略全体に影響する問題であった。戦後戦略を検討する議論のなかで，この問題に対してどのような意思決定がなされたのかを明らかにすることは必要であろう。

以下，第 1 節では，GE と IGEC のトップ・マネジメントの戦後構想を検討し，反トラスト法訴訟が決着する前に，トップ・マネジメントの間では両大戦間期の特許協定を改定して新たな協定を結ぶ必要性があると認識されていたことを明らかにする。第 2 節では，GE と IGEC が 1951 年から行った両大戦間期の特許・技術協定の改定と新協定の締結について検討する。第 3 節では，新しい戦後の協定に基づき，両大戦間期の国際特許管理の方法と組織がどのように再編されたかについて，日本の事例を明らかにする。

1 国際協定の再編

反トラスト法訴訟

第 2 次世界大戦後，GE のトップ・マネジメントが対応しなければならなかった最も大きな問題は，反トラスト法裁判であった。GE は，1941 年に提訴された電球訴訟以降，外国企業との特許・技術協定を問題にした一連の裁判に巻き込まれていく。電球訴訟は，電球カルテルであるフェバス協定に参加したことと，独占的な特許・技術協定を締結したことを問われたものであった。電球訴訟は第 2 次世界大戦前に司法省によって提訴されていたが，大戦中は裁判が

戦時生産の障害になるという理由で審理が差し止められていた。したがって，GE が一連の反トラスト法裁判に正面から対応しなければならなくなったのは，戦争が終結してからであった。

　1945 年にはさらに，GE と IGEC に対して，新たに 2 件の反トラスト法訴訟が提訴された。1 つは，GE と IGEC が重電機器分野における国際カルテルである国際通知・補償協定に参加したことを違法であるとした電気機械輸出組合訴訟であり，もう 1 つは，両大戦間期における IGEC の外国企業との特許・技術協定それ自体の違法性が問題とされた海外協定訴訟である。

　電気機械輸出組合訴訟は，GE と IGEC がウェスチングハウス社の子会社ウェスチングハウス・エレクトリック・インターナショナル社（Westinghouse Electric International Co.）とともに電気機械輸出組合をつくり国際通知・補償協定に参加したことを問題とした。GE は戦後，積極的な輸出戦略を推進する上では国際カルテル自体が制約となるので，この訴訟については 1947 年に同意判決に署名し，解決を図った（USFTC, 1948, 93-94）。

　GE と IGEC が両大戦間期の特許・技術協定を戦後協定へと展開させる上で直接的な関係があったのは，海外協定訴訟のほうである。海外協定訴訟の内容は，IGEC が，AEI（Associated Electrical Industries, Ltd., イギリス），CFTH（フランス），AEG（ドイツ），SEM（Société d'Electricité et de Mécanique，ベルギー），CGE（Compagnie Generale di Elettrucutà，イタリア），そして東京芝浦電気の 6 社との間で締結していた，広範囲にわたる包括的な協定，すなわち両大戦間期の特許・技術協定が，アメリカの反トラスト法に違反するというものであった。そして司法省は，①「共謀」企業に対するすべての投資の放棄と禁止，②海外諸協定の破棄と以後の制限的条項を含む協定の締結の禁止，③すべての希望者に対する特許の無償ライセンスとノウハウの供与を要求した。

　このように 1945 年以降，GE と IGEC の経営者は，第 2 次世界大戦後の世界市場に対して積極的で有効な戦略を策定すると同時に，司法省から提訴された一連の反トラスト法訴訟にも対応していかなければならなかったのである。

ヘロッド報告

　このような情勢のなか，第 2 次世界大戦終了直後の 1945 年 9 月 27 日に行われた GE の社長年次検討会議（President's Annual Review Meeting）において，

IGEC の社長ヘロッドは，前身企業時代から 45 年までの GE の国際経営と，戦後の国際経営の可能性に関する包括的な報告を行った。この報告のなかでヘロッドは，第 2 次世界大戦後の新しい特許・技術協定の必要性について述べている。

ヘロッドは最初に反トラスト法裁判に言及した。なぜなら反トラスト法裁判が，両大戦間期における「IGEC の経営のかなりの部分の，まさに根本を攻撃しているようにみえる」からであった[5]。ヘロッドは，「この訴訟が 26 年間に 1500 万ドルにのぼったロイヤリティとサービス料収入を明らかに減少させるという事実，訴訟がわれわれに現在簿価 1330 万ドルで運用されている原価 7000 万ドルの投資の放棄を要求しているという事実」をあげて，海外協定訴訟が IGEC 経営の根本にかかわるものであるという認識を示した[6]。

しかしヘロッドは次に，「戦争によって変化した経済や外国貿易の状況からみれば，そして純粋に商業的な考慮の観点からすれば，新しい，改定された協定を引き受けることは望ましいだろう。さらに，われわれは（両大戦間期とは──引用者注）異なったフレームワークでそのような将来の諸協定を取り決めなければならないだろう」という見方を示す[7]。注目すべきは，ヘロッドが早くも 1945 年に，「純粋に商業的な」観点から，両大戦間期における特許・技術協定の枠組みとは異なった新しい協定枠組みを議論し，実際に改定すべきであると提起していることである。

さらにヘロッドは，「法的な状況がまだ不明確なので明確な見通しは述べられない」としながらも，「新しい，改定された協定」の内容は「もし何らかの技術情報が得られるならば，排他的ライセンスの規定がなく，われわれあるいは協定相手の外国企業の販売に関して制限がなく，われわれ自身の防衛のために，1 年から 3 年前の通告で破棄することができる『選択された』協定を結ぶべきだ」という見解を示している[8]。

最後にヘロッドは，新協定に関する提案を，「これは IGEC にとって重要なだけではなく，GE にとっても重要」なものであるとした[9]。つまり，両大戦間期の協定を改定し新しい協定を締結することは，GE 全体の戦後戦略としても重要であると指摘したのである。

1945 年の検討会議におけるヘロッドの提案は，GE と IGEC のトップ・マネジメントに支持され，GE 全体の意思へと高められていった。1948 年に，GE

のトップとミドルのマネジメント全員に向けた演説のなかで，ヘロッドは特許・技術協定について次のように説明している。「全体的な提案として，われわれは，何らかの法的なフレームワークが調整できるところでは，外国において技術提携に関する積極的な政策を採用し，それを利用しなければならない」[10]。つまり，1948年には，法的な有効性を見通せたところから早急に戦後の新しい特許・技術協定を締結・展開すべきであることを，全体方針として述べていたのである。

GEの取締役会会長であったP. D. リード（Philip D. Reed, IGECの会長でもあった）も，1950年に行われたトップ・マネジメントとミドル・マネジメント向けのキャンプで，IGECの特許・技術協定に触れている。リードもヘロッドと同様に，輸出の強化と現地生産の継続について述べた後で，ノウハウ供与は両大戦間期のように無制限にではなく限定して行い，特許ライセンスの供与も継続していくという見解を示した[11]。

このように，1945年にヘロッドによって提起された課題，すなわち両大戦間期の特許・技術協定を改定し積極的に新しい協定を締結していくという方針は，GEとIGECのトップ・マネジメントに共有されており，さらに全管理者に浸透させていこうとされていたのである。

新協定の必要性

上述のように，ヘロッドは，「戦争によって変化した経済，外国貿易からみれば，そして純粋に商業的な考慮の観点」から，両大戦間期の特許・技術協定を見直すことが必要であると述べた。では，ヘロッドのいう「純粋に商業的な考慮の観点」とは何を指していたのであろうか。ここで，当時のトップ・マネジメントが考えていた第2次世界大戦後の国際経営戦略と，GEとIGECが直面していた客観的状況についてみておこう。

(1) 輸出拡大と輸出製品の多様化

第1に，GEの戦後国際経営の大方針は，拡大する世界市場に対して積極的に輸出を行うというものであった。

1945年9月の検討会議でヘロッドは，両大戦間期からの貿易の流れと輸出製品の変遷を分析した後，「次の2年間におけるアメリカからの電機製品輸出の見通しは，需要の増大と，ドイツ，日本の競争の排除」によって拡大する可

能性があり[12]，これに対応して輸出を強化することが必要であると述べた。

他方でヘロッドは，IGEC の輸出が拡大する可能性もあるが，その水準は外国でのドル信用の利用可能性にかかっているとも述べた[13]。外国におけるドル信用の獲得は，アメリカの対外政策上の問題であり，GE は政治的にもアメリカ政府に働きかけていく必要があった。ヘロッドは，1948 年にフォート・ウェインで行った演説でマーシャル・プランを強く支持する意見を述べ[14]，さらに同じ年の8月に行った演説においても，輸出を拡大するためには「(略) より多くの注意を，一般的な消費者に向けるよりもむしろ，ワシントンと国内外の政府当局に向ける必要がある」と主張した[15]。さらに，ヘロッドと連携しながら GE の国際関係を統括していたリードも，1948 年のキャンプにおける演説で，全トップ・マネジメントとミドル・マネジメントに対してマーシャル・プランの意義を強調している[16]。このようなヘロッドとリードの演説，および実際の行動からも，GE が輸出を拡大していこうと考えていたことは明らかである。

ヘロッドはまた，IGEC が輸出を拡大するためには，GE の現業部門と輸出部門である IGEC の組織的連携が必要であるとも述べている。GE—IGEC 間の組織問題は，1946 年の IGEC 取締役会の再編，52 年の IGEC の事業部化として解決され，GE は生産と輸出を有機的に連携させることによって輸出競争力を強化しようとした（西村, 2000）。こうした組織再編の点からみても，第2次世界大戦後に GE が輸出を軸とした国際経営戦略をとったことは明らかである。

第2は，輸出製品を多様化させる必要があったことである。ヘロッドは，両大戦間期におけるアメリカの電機輸出の傾向を分析して，次のように述べている。市場分割協定や国際カルテルによって重電機器の輸出が制限されるなかで，アメリカの電機輸出に占めるその割合は，1919 年頃の 75％から第2次世界大戦直前には 40％以下にまで低下し，その他の電機製品の輸出が増加した[17]。しかし重電機器の輸出は「今日の状況下では，戦争の結果として，再びわれわれの輸出の主要な部分になっている」が，「長期的視野でみた重電機器輸出に関する情勢は（略）それほど楽観的ではない」[18]。というのも，重電機器産業には労働集約的な性質があり，アメリカは相対的に賃金が高かったために，GE はコスト上ヨーロッパの電機企業に対して決定的に劣位に置かれていたからである[19]。

第2次世界大戦後に GE が諸外国の企業に対する価格上の優位性を有したの

は，冷蔵庫・洗濯機・室内家電・エアコンなどのような，アメリカ企業が技術的に優位にあった当時のハイテク家電分野であった。そこで GE は，重電機器の輸出を重視しつつも，重電機器に限らず輸出製品を多様化して輸出を増加させる方針をとった。実際，1947年における IGEC の輸出実績は，全輸出のうち「約20％から25％はエレクトロニクス，電気器具，家電，化学製品」であり，それらの品目が「満足すべきマージンをあげた」のである。[20]

(2) 研究開発

輸出拡大と輸出製品の多様化の基礎には，新技術の開発と獲得があった。特許・技術協定は何よりも技術を対象とするため，第2次世界大戦中と戦後の研究開発は，新しい協定への展開において重要な意味を持った。以下，3点にわたって戦後の研究開発の特徴をみていこう。

第1に，何よりも第2次世界大戦が，GE が新技術を獲得する契機となった。軍需に関連した研究開発を行うことによって，GE は，主に原子力，ジェット・エンジン，エレクトロニクス分野における新技術を獲得したのである（小林，1970，150-159；坂本，1997，114-133）。同社の原子力技術がマンハッタン計画に由来していることは有名であるが，GE は大戦後も自社のノールズ研究所や政府から運営委託を受けたハンフォード研究所において研究開発を進めた。[21]結果，ウラン濃縮技術，プルトニウム生産技術，また沸騰水型原子炉の開発など，原子力産業において戦略的に重要な技術を多数保有するようになった。同様に，ジェット・エンジン，エレクトロニクスの各分野においても，多くの戦略的な技術を獲得した。

第2に，以上のような国家政策と密接な関係にあった原子力，ジェット・エンジン，エレクトロニクス分野における研究開発は，その費用の大部分が政府資金によって賄われていたことも，戦前とは異なった特徴であった（小林，1970，173-174）。

第3に，GE は独自に内部で組織体制を拡充し，研究開発を進めた。1945年，GE 研究所（GE Research Laboratory）所長に就任した C. G. スーツ（Chauncey G. Suits）が，GE 研究所の設備拡張計画を提出する。この拡張計画は，一般的な技術発展に対応するのみならず，さらに独自に基礎研究と応用技術の開発を促進することを目的としていた。その主要な内容は，1945年時点で185名いた研究者を350名にまで増やし，それとともに設備を拡張するというものであっ

表 11-1 第 2 次世界大戦後における GE の研究開発体制の拡充（1945～55 年）

研究所	設立年	所在地	研究内容
GE 研究所	1900	スケネクタディ	基礎研究
冶金・セラミック研究所	1953	〃	金属，冶金の研究
燃焼研究所	1953	〃	ガスタービン開発に関する基礎研究
ハンフォード研究所	1946(注)	ハンフォード	プルトニウムの生産
放射線冶金研究所	1954	〃	金属の研究・開発
X 線研究所	1947	ミルウォーキー	医歯学，産業用への応用研究
エレクトロニクス研究所	1947	シェラキュース	エレクトロニクスの研究
航空機ガスタービン研究所	1947	リン	ジェット・エンジンの研究開発
高電圧研究所	1949	ピッツフィールド	大型変圧器などの設計・研究
ノールズ研究所	1950	スケネクタディ	原子力エネルギーの開発
計測機器研究所	1950	ウェスト・リン	航空機・核施設の計測機器の開発
スイッチギア研究所	1952	フィラデルフィア	スイッチギアの開発，試験
音響試験研究所	1953	ピッツフィールド	大型変圧器の音波の研究・試験
タービン開発研究所	1955	スケネクタディ	ガスタービンの開発

注記：1946 年に政府より運営委託を受けた。
出所：GE, *Annual Report*, 1945-55 各所より作成。

た。[22]

　1900 年に設立された GE 研究所は，純粋な科学研究も行う機関で，化学研究・電子物理学研究・一般物理学研究という 3 つの部門により構成されていた。戦後の研究開発体制拡充における 1 つのトピックは，1953 年に冶金・セラミック研究部門が新設され，GE 研究所が 4 部門体制になったことである。[23] 冶金・セラミック研究部門新設の目的は，原子力，ジェット・エンジン，ガスタービン，蒸気タービン開発の強化であった。これらの戦略分野における新製品開発には，高圧・高温・高速回転に耐えられる素材の開発が不可欠だったのである。

　この時期にはさらに，GE 研究所以外の研究所の拡張も決定されている。**表 11-1** に，1955 年までの GE における主な研究所の新設や拡張を示した。この表によれば，1946 年から 55 年にかけて集中的に新しい研究所が設立されていたことがわかる。開閉装置の研究を行ったスイッチギア研究所や，大型変圧器の研究・試験を行った音響試験研究所のように，従来技術をさらに発展させるための研究所が新たに設置された一方で，原子力や，ガスタービン，ジェット・エンジン，エレクトロニクスのための研究所が，政府資金を用いて研究開発を進め，技術的な優位性を獲得するために新設されたのである。

(3) 両大戦間期の特許・技術協定の制限性

輸出拡大と輸出製品の多様化や新たな研究開発体制の構築により，GE は必然的・不可避的に，両大戦間期における特許・技術協定の見直しと新協定の締結を求められることとなった。

輸出を制限した両大戦間期の特許・技術協定は，輸出拡大の戦略と明らかに対立するが，それは輸出製品の多様化とも対立した。というのも，多様な分野の製品の輸出競争力を高めるためには，輸出先市場においても当該製品の特許を管理しなければならないが，そのような特許は 1 企業のみならず複数の多様な企業によって取得されていたからである。したがって多くの企業と特許協定を締結しなければならなくなるという点で，両大戦間期の特許・技術協定が有していた，排他的ライセンスを供与するという特徴および広範囲な製品を含むという特徴と対立したのである。

加えて，政府資金を導入した戦略的技術分野に関する研究開発を行っている以上，包括的かつ無制限なノウハウの流出の可能性を持つ特許・技術協定は，安全保障の観点からも問題となる。戦略分野における特許・技術協定には，政府間の協定を媒介させる必要があった。したがって，民間レベルの協定においては，これらの技術に関する項目を除外しなければならず，この点でも両大戦間期の特許・技術協定は戦後の国際経営戦略と対立した。

また，無制限なノウハウの流出は，第 2 次世界大戦によって獲得した技術や GE 内部で新たに開発されるであろう技術を無防備にするものであり，技術競争力・輸出競争力を維持できなくする恐れがあった。この点においても両大戦間期の特許・技術協定は GE の新しい国際経営戦略と対立し，GE と IGEC のトップ・マネジメントに新協定を締結する必要性を認識させたのである。

2 新協定の締結と展開

ヨーロッパ企業との交渉

1945 年の検討会議におけるヘロッドの提起，48 年のトップ・マネジメントおよびミドル・マネジメントへの提起を経て，GE が全社的に両大戦間期の特許・技術協定を戦後の新しい協定へと展開する意思を持つようになったことは，先にみた通りである。このように提起された協定の枠組みに向けた取り組みが

始められたのは，ようやく1951年からであった。

　第2次世界大戦直後においてもまだ有効であった特許・技術協定は，AEI・SEM・CFTHとの協定で，残るAEG・CGE・東京芝浦電気との協定は，大戦中これらの企業が枢軸国側にあったため，停止された状態にあった。以下では，まず連合国側にあった企業との協定の改定についてみていこう。

　AEI・SEM・CFTHとの特許・技術協定の改定交渉は，1951年6月から開始された。IGECの取締役会議事録によると，IGECの執行副社長G. V. エベレス・ジュニア (George V. Eveleth, Jr.) がヨーロッパに出向き，これらの企業と改定交渉を行った。[24]

　交渉を行った企業のうち，AEIとの協定は次のように改定された。すなわち，「両社それぞれの外国特許について，非排他的，制限なし，ロイヤリティなしで交換を行うこととし，ノウハウの交換を含むその他の義務や引き受け」については1951年6月30日付で終了させる。また，SEMとの交渉では，「すべての特許ライセンスを非排他的なものとし，製品の生産，使用，販売を規制あるいは制限する両社のすべての引き受けと義務を（協定から——引用者注）除外する」という協定内容への改定を，1953年6月15日付で行うことで合意した。[26]

　他方でエベレスは，CFTHとの改定交渉については1951年6月の渡欧時に完了させることができなかった。というのも，CFTHが交渉のなかでIGECがフランスにおいて有する特許の排他的ライセンスを1965年まで保持したいと主張したからである。そこでエベレスは再度渡欧し，同年6月30日付でCFTHと修正協定を締結した。IGECとCFTHとの修正協定の内容は，次のようなものであった。すなわち，「戦前のCFTHとの協定が合衆国連合国資産管理局 (U.S. Office of Alien Property) によって剝奪される場合には，製品の生産，使用，あるいは販売に対するすべての規制と制限を協定から削除する」，そして「供与されるライセンスは非排他的とし，両社のすべての外国特許に基づく販売権にまで範囲を拡大する」。しかし，剝奪されない場合は，「CFTHがIGECの特許に基づいてフランス国内で排他的な生産を行う権利を1965年まで保持する」。[27]つまり，CFTHの要求を受け入れ，協定の改定は実質的には1965年まで行われないことになったのである。

　しかし，CFTHに対する排他的ライセンスの供与は，二重の意味でIGEC

にとって都合が悪かった。第1に，CFTHとの排他的なライセンス協定を維持すると，IGECはそれ以外の有力なフランス企業との間でCFTH協定に含まれる製品については特許・技術協定を締結できない。第2に，協定の改定は反トラスト法裁判をも意識して行われたものであったが，制限的な条項を含んだままでは進行中の裁判に悪影響を及ぼしかねない。そこで，IGECはCFTHから，「しばらくの間は，制限的契約条項の放棄あるいは排他的ライセンス供与の削除という規定に反する行動は行わない[28]」という同意をとりつけたのである。他方でこのような妥協は，IGECにとってフランス国内における情勢を見極め，柔軟に対応できる行動の自由を獲得したことを意味した。

以上，連合国側にあった3社との両大戦間期の特許・技術協定の改定交渉と改定された戦後協定の内容をまとめると，次の点が指摘できる。第1は，特許ライセンスを非排他的としたことである。非排他的ライセンスの供与は，一方で，IGECの協定相手企業に対する支配を弱めるが，他方で，他の企業にも特許ライセンスを供与できるようになるので，より広範な企業との提携や協業を可能にする。第2は，両大戦間期の特許・技術協定に含まれていた諸制限を削除したことである。諸制限とは，特許権に基づいた製品の生産・使用・販売に対する制限であり，具体的には市場分割条項を意味している。これら2つの特徴は，ヘロッドが1945年9月の検討会議で示した見解に沿うものであった。

東京芝浦電気との新協定

このようにAEI・SEM・CFTHとの特許・技術協定は1951年に改定され，戦後協定の枠組みに沿った提携関係が始まったのだが，AEG・CGE・東京芝浦電気との間の特許・技術協定は，第2次世界大戦の勃発とともに事実上停止されたままとなっていた。これら枢軸国側にあった3社は，戦後に改めてIGECと新協定を締結していく。ここでは3社のうち東京芝浦電気について，IGECとの特許・技術協定の復活とその内容をみていこう。

東京芝浦電気がIGECと特許・技術協定を復活させるにあたっては，連合国側にあった企業とは異なり，問題が単に新しい協定を結べばよいということにとどまらなかった。日本の経済的・政治的状況の混乱，GHQ/SCAPによる対外取引の統制，外資導入環境の確立の遅れなど，両社間の特許・技術協定の締結を遅らせる要因があったのである（東京芝浦電気，1963，796-797）。

東京芝浦電気の社史によれば，IGECと東京芝浦電気の関係は次第に復活していったという。まず，1949年にIGECが東京事務所を再開し，東京芝浦電気との交渉を行った。このときはしかし，「戦前に契約した特許の継続使用について同社の了承を得るに至った」が，新たな協定を締結するには至らなかった（東京芝浦電気，1963，797）。というのも，「当時GE社は，各種拘束約款を含む外国技術援助契約に関連して，米国独占禁止法上の訴追を受けており，これが解決するまでは，具体的な方策が打ち出せない事情にあった」からである（東京芝浦電気，1963，796-797）。東京芝浦電気社史におけるこのような評価から，この時点ではGEにもまだ，戦後協定の枠組みが有効であるかについての確信がなかったことがうかがえる。1949年は，電球訴訟に対する第1審裁判所の意見が提出された年である。電球訴訟には海外協定訴訟と共通する内容，すなわち海外企業との特許・技術協定が含まれていたために，審理が同時に進められていたが，第1審裁判所の意見のなかでGEは有罪であると述べられており[29]，同社もこの時点では戦後の協定に関する法的枠組みの可能性についてはまだ明確な見通しを持てなかったと考えられる。

他方で，戦前からのライセンスは実質的に継続されていた。IGECと東京芝浦電気の間の特許ライセンス協定に関してGHQ/SCAPに提出された報告書では，両社の協定関係が次のように記されていた[30]。すなわち，戦時中の敵産管理法や工業所有権戦時法によって両社の関係が影響を受けることはなかったが，1946年1月23日に公布された勅令「国際的協定又は国際的契約の禁止等に関する件」（昭和21年勅令第33号）によって両社間の協定は取り消されたとみなされる。この勅令は，生産量や販売量に関する項目，販売価格・販売量・市場などに関する項目，顧客あるいは他の取引に関する項目に関して外国企業と協定を締結している企業は，勅令発効後30日以内に協定を破棄する必要があると定めており，IGECと東京芝浦電気との協定もこれに該当したからである。しかし，協定が破棄されライセンスされている特許権等が使用不能になれば，GEのシステムを採用していた東京芝浦電気の生産が全面的に停止してしまい，「この事態はこの会社にとっての破局にとどまらず，日本電機産業の復興に大きな混乱をもたらす」ことになる[31]。そこで日本政府がGHQ/SCAPに働きかけ，両社間の協定は破棄されたとみなすけれども「本協定に含まれていた特許と諸発明の実施は，いつでも要求に従ってロイヤリティを支払う用意を持つという

2 新協定の締結と展開

表 11-2 日本の電機企業と GE（IGEC 事業部）との技術導入協定（1951～62年）

認可年月日	日本側企業	技術題目	協定の形態
1951年10月	東京芝浦電気	ディーゼル電気機関車	特許実施・技術援助契約
52年11月21日	東京芝浦電気	電力用機器，蓄電器，ヒューズ，制御開閉装置の製造技術	特許実施・技術援助契約
52年11月21日	東京芝浦電気	蒸気タービンおよびタービン発電機（100 MW以下）	特許実施・技術援助契約
53年3月3日	日立製作所	蒸気タービンおよびタービン発電機（100 MW以下）	
54年3月2日	東京芝浦電気	閃光電球の製造	特許実施契約
54年3月2日	ウエスト電気	閃光電球の製造	
55年12月6日	東京芝浦電気	サークライン型ならびにビッドスタート型蛍光灯の製造	特許実施契約
56年11月6日	東京芝浦電気	蒸気タービンおよびタービン発電機（125 MW以下） 蒸気タービンおよびタービン発電機（156.25 MW以下） 蒸気タービンおよびタービン発電機（175 MW以下）	特許実施・技術援助契約
56年11月6日	日立製作所	蒸気タービンおよびタービン発電機（156.25 MW） 蒸気タービンおよびタービン発電機（175 MW）	
57年2月17日	日立製作所	蒸気タービンおよびタービン発電機（125 MW）	
57年10月3日	東京芝浦電気	蒸気タービンおよびタービン発電機（220 MW）	特許実施・技術援助契約
58年4月1日	電元社	不活性ガスアーク溶接法による金属溶接装置	
58年5月20日	日立ランプ	環状蛍光灯の製造（1963年に契約延長）	
59年10月6日	東京芝浦電気	金属ゲルマニウムまたはシリコンを半導体とした整流装置	特許実施・技術援助契約
59年10月6日	日立製作所	金属ゲルマニウムまたはシリコンを半導体とした整流装置	
59年11月17日	日立製作所	蒸気タービンおよびタービン発電機（220 MW）（契約一本化）	
59年12月1日	三菱電機	円形蛍光灯および瞬時点灯式蛍光灯	
60年6月21日	東京芝浦電気	蒸気タービンおよびタービン発電機（265 MW）	特許実施・技術援助契約
60年6月21日	東京芝浦電気	変圧器，避雷器，保護開閉装置	特許実施・技術援助契約
60年12月6日	日立製作所	蒸気タービンおよびタービン発電機（265 MW）	
61年8月1日	新日本電気	丸形蛍光灯および即時点灯型蛍光灯の製造	
62年1月19日	日立製作所	蒸気タービンおよびタービン発電機（240 MW）	
62年3月7日	岩崎電気	石英沃素電球	
62年3月7日	東京芝浦電気	石英沃素電球	特許実施契約
62年3月7日	東京芝浦電気	赤外線電球	特許実施契約
62年3月20日	東京芝浦電気	蒸気タービンおよびタービン発電機（375 MW） 蒸気タービンおよびタービン発電機（350 MW）	特許実施・技術援助契約
62年3月20日	日立製作所	蒸気タービンおよびタービン発電機（375 MW） 蒸気タービンおよびタービン発電機（350 MW）	
62年4月3日	牛尾工業	石英沃素電球	
62年4月3日	牛尾工業	赤外線電球	
62年4月16日	日立ランプ	赤外線電球	
62年5月15日	日本電熱	電気毛布	
62年6月5日	東京芝浦電気	蒸気タービンおよびタービン発電機（240 MW）	特許実施・技術援助契約

出所：岡崎（1963a；1963b；1963c）；東京芝浦電気（1963, 797-803）より作成。

条件のもと，さらなる指令が発令されるまでは黙認される」こととなったと報告されたというわけである。[32] こうして，東京芝浦電気名義で存在していた1400件あまりのGEの特許権や500件弱の実用新案権は，引き続き東京芝浦電気にライセンスされることになったのである。

戦後協定が締結されるのはようやく1951年からで，同年にディーゼル機関車に関する協定が締結され，翌52年には蒸気タービン発電機・水車発電機・電動機・変圧器など重電機器に関する協定が締結された（東京芝浦電気, 1963, 797）。つまり，AEIなどと同じく，東京芝浦電気との新しい協定の締結も，1951年から始められたのである。

その後も東京芝浦電気はIGEC（1952年以降はIGEC事業部）との間で特許・技術協定を結んでいくが，IGECは戦後においては東京芝浦電気とだけ特許・技術協定を締結したわけではなかった。表11-2は，1951年から62年までの期間に，GEと日本の電機企業との間に締結された特許・技術協定の一覧表である。この表にあらわれている特徴は，第1に，GEの協定相手企業が東京芝浦電気以外にも複数あるという点である。たとえば蒸気タービン発電機技術をみても，東京芝浦電気のほかに日立製作所とも特許・技術協定を締結している。第2は，蒸気タービン発電機という単一製品についても協定が規模ごとに締結されているという点である。これは，蒸気タービンの規模によって用いられる技術が異なっているためと考えられる。この表からは，日本企業に対するGEの特許・技術協定が，両大戦間期の協定のように「ほとんどすべての製品を広くカバーし，無制限な技術情報を提供」するものではなく，「製品の範囲が明確に制限され」，非排他的なライセンスを供与する協定であったことが見て取れるのである。[33]

戦後協定の戦略的意味

拡大する戦後の世界市場に対して積極的な輸出を行うというGEの戦略は，制限的な両大戦間期の特許・技術協定を改定し，新協定を締結することを不可避にした。特許・技術協定自体は，GEにとっても，また電気機械産業において競争する企業すべてにとっても，不可欠のものである。問題は，特許・技術協定の形態であった。1945年にヘロッドが表明した新協定の必要性や，51年以降実際に締結されていった戦後協定を総括すると，GEとIGECが戦後に締

結した特許・技術協定の枠組みは次のようなものであったといえよう。

　第1は，特許ライセンスを非排他的なものにする，あるいは非排他的な特許ライセンスを供与するということである。これは，ある国において，1つの企業（あるいは団体，個人）だけにしか特許ライセンスを供与しないのではなく，複数に特許ライセンスを供与することを可能にするものである。これによって，同一技術についても広範な企業と提携・協業することができるようになる。第2は，協定範囲を明確化，あるいは特定技術に限定していることである。このように特許ライセンスを非排他的にし，製品の範囲を明確化することによって，協定相手と協定技術を戦略的に選択することが可能となる。すなわち，個別技術ごとに特許・技術協定を結ぶことができるようになるのである。

　第3の特徴は，無制限なノウハウの交換を停止する，あるいはノウハウ交換協定を含まない特許・技術協定を締結するということである。両大戦間期の特許・技術協定は無制限なノウハウ・技術情報の交換を規定していたが，戦後には限られた企業以外にはノウハウが流出しないようにする必要があると考えられるようになった。そこで，ノウハウの供与も，個別技術・個別企業ごとに，選択的・戦略的に行われるようになったのである。

　第4は，市場分割条項を全面的に排除していることである。戦後の輸出拡大を軸にした国際経営戦略にとって，市場分割はむしろ制限となったからである。

　このような新しい協定は，AEI・SEM・CFTHの場合には既存の両大戦間期の協定を改定することによって，枢軸国側にあったAEG・CGE・東京芝浦電気の場合には新協定を締結するによって，展開されていった。特許ライセンスを非排他的なものにし特許・技術協定の製品範囲を明確化するという戦後の協定は，両大戦間期のように企業同士が広範囲にわたる製品について長期・固定的に関係を保持するというものではなかった。むしろその時々の技術発展や技術分野ごとの戦略などに柔軟に対応できる，いわゆる戦略的提携を可能とするものであった。そして，特許・技術協定のこのような新しい形態が，以降のGEの国際経営戦略において，軸となっていったのである。

3 国際特許管理の新展開

出願の再開

戦後の国際経営戦略の枠組みを議論し決定していくなかで，GE が両大戦間期の国際特許管理の方法と組織をどのように再編していったのかについて，日本での場合をみてみよう。そのために，以下では，戦後の日本における GE の出願動向を特許に限定して検討していく。

1941 年 12 月の日米開戦以降，連合国人による日本への特許出願は戦時法で禁止されていたが，戦後も GHQ/SCAP の指令で引き続き出願が禁止された。1947 年 12 月 23 日に民間財産管理局が覚書「外国人の特許権等の出願受理に関する件」を通知し，これによって特許標準局は外国人からの出願を受理しないように指令されたのである。しかし，その翌年には外国人にも特許出願が可能となる。1948 年 9 月 7 日に GHQ/SCAP 覚書「在外人申請の各種特許権の登録許可に関する件」（SCAPIN 5981-A 号）が出され，同月 1 日に遡及して外国人出願の受理・審査・審判・登録などの手続きが開始されたのである（特許庁，1985a, 19-20）。

GE は 1949 年 6 月頃から日本での特許出願を再開した。図 11-1 は，1962 年までに出願されその後公告された，GE 特許の件数の推移を示している。これらの特許は，両大戦間期までのように東京芝浦電気など提携関係にある日本企業の名義によって出願・登録されたのではなく，IGEC と GE の名義によって出願・登録された。なお，1952 年までに出願された特許については IGEC が出願人となっているが，それ以降は GE が出願人となっている。これは，GE が 100％子会社であった IGEC を 1952 年の組織変革の際に本体へ吸収し，IGEC が GE の一事業部となったことによる。

出願件数の推移を図 11-1 で確認すると，早くも 1951 年には 100 件を超える出願が行われていたことがわかる。その後，出願件数はいったん減少するが，1950 年代半ば以降は年間約 150 件程度の出願がなされている。1954 年から 62 年までの平均をとると，年間出願件数は 148 件となる。この水準は 1920 年代半ばから 40 年代初めまでの件数と変わらない。1924 年から 41 年までに出願され権利化された特許件数の平均が年間約 155 件であった。上述のように，こ

図 11-1　戦後の GE による日本での特許出願

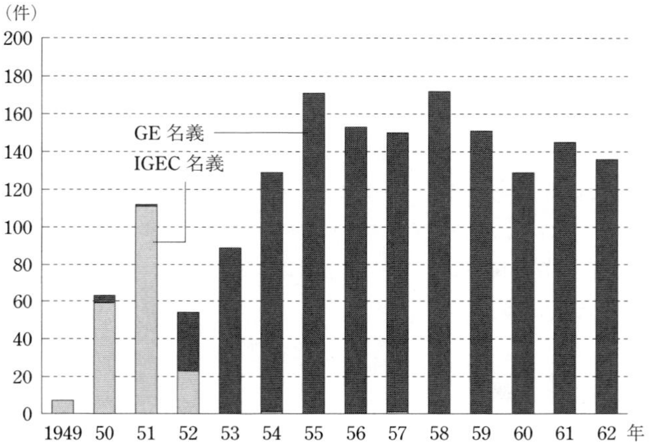
(件)
200
180
160
140
120
100
80
60
40
20
0
GE 名義
IGEC 名義
1949
50
51
52
53
54
55
56
57
58
59
60
61
62
年

注記：1964 年 12 月 31 日までに公告された特許に基づき集計した。
出所：『特許公報』等より筆者作成。

の当時の特許出願・取得は東京電気・芝浦製作所・東京芝浦電気という日本企業名義でなされていたが，GE がどの程度特許を日本に出願していたかは，これで比較することができよう。

戦後最初に出願されたのは，オハイオ州クリーブランドの A. グライナー（Alfred Greiner）が発明した「電球又は其類似装置」で，1949 年 6 月 30 日に出願され，50 年 11 月 30 日に出願公告されている。出願人は「インターナショナル・ゼネラル・エレクトリック・コムパニー・インコーポレーテッド」である。[34]

なお，この特許の出願においては通常の優先権が主張されているが，1951 年 3 月までに出願された特許は，そのほとんどについて「工業所有権戦後措置法に依る優先権主張」がなされている。この優先権に関する特例は，連合国人工業所有権戦後措置令第 9 条に基づくもので，「連合国人が戦争開始の日前十二箇月以後にいずれかの国に最初の特許出願をした場合において，その者又はその承継人が特許庁にその特許出願に係る発明につき特許を出願したときは，その出願は，最初の特許出願の時にしたものとみなす」と規定されていた。[35] 通常優先権を主張できる期間は 12 カ月だが，この規定はそれを延長するものだったのである。IGEC は，1951 年頃までは，出願が許可されていなかった期間

に出願できずに溜まっていた分を出願していたとみられる。同社はすなわち，1949 年に出願された 7 件のうち 5 件，50 年に出願された 59 件のうち 55 件，51 年 3 月末までに出願された 70 件のうち 67 件について，優先権の延長を主張しているのである。

1951 年 4 月以降にも「工業所有権戦後措置法に依る優先権主張」を行使している特許出願は 6 件あるが，その他の特許は通常の優先権を主張して出願されるようになっている。したがって，GE による戦後の特許出願は，1951 年頃から本格的に始まり，50 年代半ば以降，年間約 150 件が出願される程度にまで拡大したといえるだろう。

出願処理の方法と組織

戦後に IGEC と GE が日本に出願した特許は，どのように出願処理がなされたのであろうか。誰によって出願処理がなされたかを明らかにするための手がかりの 1 つは，公告特許公報等に記されている出願代理人の弁理士を調べることであった。

表 11-3 は，1964 年 3 月 31 日までに出願され，後に出願公告された IGEC および GE 名義の特許を，代理人ごとに集計したものである。代理人が複数記されている場合には筆頭の代理人を集計している。この表によると，1957 年までは，ほとんどの出願特許の代理人が井上一男であった。井上は，東京芝浦電気の特許部長であり弁理士であった。1957 年までに GE が出願した特許 928 件のうち 919 件が井上によって処理されていることから，この頃までは GE 特許の出願手続きの大部分は両大戦間期と同じく日本の提携企業によって担われていたことがわかる。

なお，1957 年以前にも，東京芝浦電気特許部以外が出願処理を行っている場合がいくつかあった。このうち，市川一男が代理人となっている特許は，協和特許法律事務所（元，内村特許事務所）によって出願処理がなされたものである。内村特許事務所の設立者である内村達次郎は，両大戦間期に芝浦製作所の特許出願処理も行っていた（第 4 章参照）。GE は日本で特許を出願するにあたり，かつて日本の提携会社を介して関係のあった特許事務所を一部で利用していたのである。

しかし，1958 年になると，GE は日本における特許の出願処理を東京芝浦電

3 国際特許管理の新展開

表11-3 IGEC・GE特許の出願代理人

(単位:件)

年	井上一男	市川一男	中松潤之助	飯田治躬	安達世殷	猪股清	その他	なし
1949	7							
50	63							
51	112							
52	54							
53	87	2						
54	127	1					1	
55	170	1						
56	150		2				1	
57	149						1	
58	69	9	42	18	34			
59	9	17	49	25	49	2		
60	11	11	36	32	37	1		1
61	20	7	25	36	38	19		
62	10		34	11	71	10		

注記:1) 1964年12月31日までに公告された特許に基づき集計した。
　　 2) 筆頭代理人を集計した。
出所:『特許公報』等より筆者作成。

気特許部だけでなく,外部特許事務所に依頼する事例が増加する。1958年,GEは172件の特許出願の処理について,69件を東京芝浦電気(井上一男)に,9件を協和特許事務所(市川一男)に,42件を中松潤之助に,18件を飯田治躬に,34件を安達世殷に,というように分散させている。この傾向は1959年以降も継続し,東京芝浦電気特許部と外部特許事務所に区分すると,後者に出願処理を依頼する割合が次第に大きくなっていった。

　この表から明らかなように,1957年までは,GEは戦前と同じように東京芝浦電気特許部に出願を依頼し,東京芝浦電気が出願事務を代行していた。GEが東京芝浦電気に出願を依頼していたのは,第1に,代理人選定を確実なものにするためであった。日本において特許出願を確実に行うためには,能力があり信頼できる特許事務所を選定する必要があるが,戦後しばらくはどのような事務所がどの程度の能力を持っているかの把握は難しかったと考えられる。むしろ,すでに戦前から提携関係が長く,以前からGE特許の出願を代理していた東京芝浦電気特許部を利用するほうが合理的であった。第2に,GEは戦後も,東京芝浦電気と包括的ではなかったものの一部の製品分野においては特許

ライセンスを供与する協定を締結しており，将来的に東京芝浦電気に特許ライセンスを供与する特許については日本での出願を同社に代理させることが合理的であった。

他方で，GE が 1958 年から外部の特許事務所に出願を依頼しはじめた要因のうち最も主要なものは，同社と東京芝浦電気の間の特許協定が，戦前のような包括的な協定から個別協定へと変更されたことである。前出の**表 11-2** にもあったように，GE は戦後，東京芝浦電気以外にも，日立製作所をはじめウエスト電気・電元社・三菱電機・岩崎電気など，多数の企業へ特許ライセンスを供与した。なかには東京芝浦電気の競争相手となる企業もあったため，その特許の出願を東京芝浦電気が処理しては合理性が損なわれる場合も考えられた。これを回避するために GE は，将来さまざまな日本企業にライセンスを供与することを見越して，出願処理を外部事務所に依頼するようになったものと考えられる。

次に，GE がどのように外部特許事務所を選択したのかをみておこう。**表 11-4** は，1958 年から 62 年までに GE が出願し後に公告された特許について，代理人と技術分類の関係を示したものである。この表をみると，たとえば東京芝浦電気特許部が出願処理している特許は，第 55 類から第 59 類の発電機や送電装置に関するものが多いことがわかる。これは，東京芝浦電気が戦後にも GE から発電機に関する技術導入を継続して行っていたことと適合的である。外部事務所の場合をみると，たとえば中松は幅広い技術分野の特許を出願処理しているが，なかでもテレビ関連技術のものを多く処理しており，飯田は第 51 類や第 85 類に含まれる航空機エンジン分野のものを，安達はシリコンをはじめとする化学製品分野のものを，多く出願処理している。このように分野が分散するのは，特許事務所によって得意分野があるからであり，GE は技術分野ごとに特許事務所を選択し，日本での特許を独自に出願・管理するようになったといえよう。すなわち，1919 年から続いた，提携会社の組織能力に依拠した間接的な特許管理ではなく，直接的な国際特許管理が行われるようになったのである。

最後に，GE と東京芝浦電気の特許出願傾向から，両社の関係変化を確認しておこう。国際特許管理契約下においては，東京電気・芝浦製作所・東京芝浦電気の名義で出願された GE 特許の件数は，日本の提携企業の従業員が発明し

表 11-4　GE 特許の技術分類と出願代理人（1958〜62 年）

(単位：件)

特許分類		井上一男	市川一男	中松潤之助	飯田治躬	安達世殷	猪股清	合計
第 10 類	冶金，合金，金属の熱処理	3		8	1	23	1	36
第 12 類	金属の加工	1		7	13	19		40
第 13 類	化学一般	1	2	7	1	6		17
第 14 類	非金属元素					12		12
第 15 類	無機化合物			3		29		32
第 20 類	陶磁器，耐火物		1	2		5		8
第 25 類	ゴム，可塑物					26		26
第 26 類	高分子重合物					56		56
第 39 類	パルプ，紙					6		6
第 50 類	蒸気原動機	8			2		1	11
第 51 類	内燃機関	2		1	55			58
第 53 類	機械要素	4		1	9			14
第 54 類	機構，伝動	8		5	2	11	1	27
第 55 類	発電，電動	27	2	8	6	1	2	46
第 56 類	変電	16	1	11		3	2	33
第 57 類	電池		2	1		7	1	11
第 58 類	送電，配電	16	1	2	2		6	27
第 59 類	一般的電気部分品	23	10	5	1	3	7	49
第 60 類	電線，ケーブル，配線	2	1	2		1		6
第 62 類	電気材料	2		3	1	13		19
第 63 類	ポンプ			2	9		1	12
第 67 類	加熱		7	3		1		11
第 85 類	航空				24			24
第 93 類	照明		4	7			3	14
第 97 類	写真，書画等の伝送，テレビジョン	2		10				12
第 98 類	高周波電気通信			12				12
第 99 類	電子管	1	1	13		1		16
第 100 類	電気的諸装置		1	21		1		23
第 103 類	写真，映画			4		1		5
第 106 類	長さ，角度，形の測定	2		3				5
第 111 類	速度，力，熱，光，気象，その他の測定			6	1			7
第 114 類	計算			21				21
第 136 類	原子炉		2				4	6

注記：1）　1958 年から 62 年までに出願された特許に基づき集計した。
　　　2）　出現頻度が 5 件に満たない特許分類は表示していない。
出所：『特許公報』等より筆者作成。

出願された特許の件数を上回っていた（第4章表 4-10, 4-13）[36]。さらに，技術交流の結果として，GE 特許の出願件数が拡大するにつれ，日本の提携企業の出願

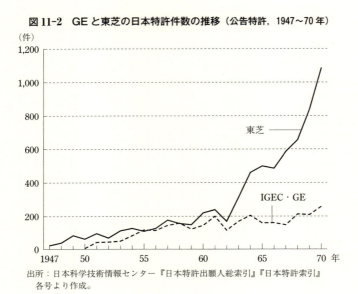

図 11-2　GE と東芝の日本特許件数の推移（公告特許，1947〜70 年）

出所：日本科学技術情報センター『日本特許出願人総索引』『日本特許索引』各号より作成。

件数も拡大するという関係がみられた（第5章）。しかし，戦後の新協定のもとで GE の特許管理と東芝の特許管理が相互に独立すると，出願件数はそれぞれ独自の動向を示すようになった。図 11-2 は，1947 年から 70 年までに公告された両社の特許を公告年ごとにまとめ，推移を示したものである。1960 年頃までは GE の特許も東京芝浦電気の特許も，増減をみせつつも年間 200 件程度にまで拡大するが，公告件数は一部の年を除き東京芝浦電気が上回っていた。さらに，1960 年代に入ると東京芝浦電気の公告特許件数が急拡大し，70 年には年間 1087 件が公告された。それに対し，同年の GE 公告特許の件数は 258 件であった。これは，狭義の特許管理だけではなく，研究開発も含め，GE と東京芝浦電気の経営が独自性を強くしたことを示しているといえる。

ま と め

両大戦間期における GE の日本特許の管理は，1919 年に東京電気・芝浦製作所それぞれと締結した国際特許管理契約に基づいて行われていた。それは，両社の特許部門の組織能力に依拠して，スケネクタディから遠く離れた外国市

場において特許を利用し，利益を生む方式であった。この管理方式は，両大戦間期における GE の国際特許管理契約の包括性と親和的であり，同社の国際経営を大きく前進させた。

　両大戦間期の国際特許管理の方法は，しかし，戦後の国際経営戦略に規定されて再編される。GE と IGEC のトップ・マネジメントは，1945 年頃から自社の戦後の国際経営戦略の枠組みを議論しはじめている。それには 1940 年代初めから提起された一連の反トラスト法訴訟の影響もあったが，むしろトップ・マネジメントは，GE における技術の多様化，製品の多様化，そして協定に含まれていた輸出制限が成長の桎梏となっているという点から，特許協定を包括的なものから，非排他的で範囲と期間が限定された個別協定へと変更することを意思決定した。この決定に基づき，1951 年から IGEC は主要国の提携企業との協定を改定していった。

　国際経営戦略の転換と協定改定に規定され，国際特許管理の方法と組織も再編された。1949 年から GE は日本での特許出願を再開するが，それらは両大戦間期のように提携企業である東京芝浦電気の名義ではなく，IGEC や GE の名義でなされた。しかし 1957 年までは，GE は自らの特許の出願処理を東京芝浦電気の特許部に依頼していた。ただし，これも，両大戦間期のように東京芝浦電気が自社名義の GE 特許を管理し利用するという関係ではなく，後に GE が東京芝浦電気にライセンスを供与することを踏まえて，外部特許事務所に出願を依頼するよりも合理的であるという理由からであった。しかし 1958 年になると，東京芝浦電気特許部に出願依頼する割合は急速に減少し，外部特許事務所への出願依頼が増加していく。この頃になってようやく，日本でも，GE の戦後の国際特許戦略である，非排他的なライセンスを供与し事業を行う方式が本格的に実践されるようになっていた。実質的にも東京芝浦電気にのみライセンスを供与する排他的関係がなくなったことで，出願処理の方法と組織も変更されたのである。

　外部特許事務所に出願を依頼し，GE が直接日本における特許を管理するという方式は，同社が 1919 年の国際特許管理契約以前にとっていた方式である。したがって，GE の国際特許管理の方法と組織は，直接的な方法から間接的な方法になり，戦後に再び直接的な管理方式になったということができる。しかし，1919 年以前に GE が直接的な管理を行っていた理由は，日本や日本企業

に十分な特許管理能力がなかったためであった。国際特許管理契約によって日本の提携企業は特許管理の組織能力を蓄積し，また特許管理能力は日本企業に広くいきわたっていった。1958年以降にGEが再び直接的な特許管理方式をとりはじめたのは，したがって，技術とその権利をめぐるグローバル競争が新しい段階へと移行したことに対応している。1960年代以降，GEと東芝は，資本関係や特許関係を維持しつつ，次第にグローバル市場における競合相手となっていったのである。

注

1 「Memo for Files」1948年12月17日，RG 331, Box 3801.
2 Swope, Jr., "Historical Review," pp. 23-24.
3 同上。
4 Swope, Jr., "Historical Review," pp. 25-28； General Electric Co., The Minutes of Directors' Meeting, #4750 and Exhibit A, at 645th Meeting, 19 October, 1953, The Museum of Innovation and Science Archives. なお，海外協定訴訟は1953年にGEが同意判決に署名して終了した。
5 Herod, "The I.G.E. Picture," pp. 11-12.
6 同上。
7 同上。
8 同上。
9 同上。
10 Herod, William R., "Camp Wilson, Association Island," August 2-4, 1948, Herod Collection, Box 1, Folder 10, The Museum of Innovation and Science Archives.
11 Reed, Philip D., "Notes for Talks at General Electric Camp, I to X, Association Island," July 1950, P. D. Reed Papers, Box 36, File: Speech Notes, 1950-52, Hagley Museum & Library.
12 Herod, "The I.G.E. Picture," pp. 20-21.
13 Herod, "The I.G.E. Picture," p. 21.
14 Herod, William R., "IGE and the International Outlook with Particular Reference to Marshall Plan," Herod Collection, Box 1, Folder 10, The Museum of Innovation and Science Archives.
15 Herod, "Camp Wilson, Association Island".
16 Reed, Philip D., "Camps General Electric," 1948, P. D. Reed Papers, Box 36, File: Speech Notes, 1950-52, Hagley Museum & Library.
17 Herod, "The I.G.E. Picture," pp. 13-14.
18 Herod, "The I.G.E. Picture," p. 19.

19　Herod, "The I.G.E. Picture," p. 14.
20　Herod, "IGE and the International Outlook".
21　GE, *Annual Report*, 1945.
22　General Electric Co., "Research in Chemistry at the General Electric Research Laboratory," p. 4, The Museum of Innovation and Science Archives.
23　GE, "Research in Chemistry," p 7.
24　International General Electric Co., Minutes of the Three Hundred Twenty-First Meeting of the Board of Directors, Thursday, June 28, 1951, P. D. Reed Papers, Box 8, File: General Electric, Misc., April 1964-66, Hagley Museum & Library.
25　同上。
26　同上。
27　International General Electric Co., Minutes of the Three Hundred Twenty-Second Meeting of the Board of Directors, Thursday, September 6, 1951, P. D. Reed Papers, Box 8, File: General Electric, Misc., April 1964-66, Hagley Museum & Library.
28　同上。
29　Swope, Jr., "Historical Review," pp. 23-28.
30　「終戦連絡事務局からGHQ/SCAPへ」1947年5月15日，RG 331, Box 3801.
31　同上。
32　同上。
33　Swope, Jr., "Historical Review," pp. 28-29.
34　特許出願公告 昭25-4160。この特許は，出願後審査され，特許公告されたもののうち，出願日が最も新しいものである。公告されなかったがこれ以前に出願されたものがあった可能性は排除できない。なお，この発明は，アメリカでは1948年7月2日に出願され，50年2月14日に特許2497545号として登録された。
35　連合国人工業所有権戦後措置令。
36　実用新案では，東京電気・芝浦製作所・東京芝浦電気の従業員の考案に基づく出願がGEの出願を上回ることもあった。

終章

グローバル経営の進化と特許管理

1 特許管理の展開にみる国際的契機

　本書の課題は，日本企業（東京電気，芝浦製作所，東京芝浦電気）における特許管理の形成と展開を，その国際的契機に注目しながら明らかにすることであった。その際，本書は国際関係経営史の分析枠組みを用いて，日本の提携企業による特許管理という契機を含んだGEの国際特許管理の展開という側面と，同時に，GEの国際特許管理の展開という契機を含んだ日本企業の特許管理の展開という側面を抽出し，これらの両側面を総合してグローバル経営の進化を描くことを課題とした。

　まずは，本書の内容をそれぞれの側面からまとめておこう。

GEの国際特許管理と日本企業

　第1は，GEの国際特許管理の展開のなかで，日本の提携企業における特許管理が形成され，発展した側面である。

　GEは，日本がパリ条約に加盟した1899年直後から日本においても多数の特許を取得していたが，第1次世界大戦期以前は，それらの特許を自社で直接管理していた。GEは，弁護士でありかつ弁理士でもある岸清一を日本における代理人に任命した。岸は，GE特許の出願処理を行うとともに，タングステン電球特許裁判では訴訟代理人としてGE本社の関係部門と密接に連絡をとりつつ活動した。GEはまた，取得した特許を利用して日本における事業を進め

た。1905 年には，電球分野に関して東京電気と資本・特許協定を締結し，09 年には，重電機器分野に関して芝浦製作所と同様の協定を締結した。これらの協定では，GE が日本で有する特許のライセンスを両社に供与することが規定されたが，特許ライセンスの供与は GE 自らの特許管理のもとで行われた。さらに，タングステン電球特許裁判も GE の特許管理活動の 1 つであった。GE は，中小の電球メーカーと特許裁判を戦って，日本の電球産業を東京電気へと集中させていった。電球産業の集中過程をみれば，東京電気ではなく GE が特許の権利を行使し，それを進めたことは明らかなのである。

しかし，両大戦間期になると，GE の日本における国際特許管理の方法は，直接的な管理から特許管理契約を媒介とした間接的な管理へと変化した。1919 年に GE の子会社 IGEC は東京電気・芝浦製作所それぞれとの協定を改定し新協定を締結したが，これらには互いのテリトリーで相互に相手の特許管理を代理する条項が含まれていた。新しい協定には GE の日本特許を日本の提携企業が自らの名義で出願・取得してもよいという規定が含まれており，それは国際特許管理契約と呼ばれるべきものであった。両大戦間期に GE は，日本における特許管理を東京電気・芝浦製作所の組織能力を媒介して行うようになったのである。具体的には，GE 特許の出願処理，ライセンスの供与，さらに特許審判事件の提起や，ライバル企業との権利調整が，提携企業によって行われた。

このような国際特許管理の方法と組織を規定したのは，GE の国際経営戦略であった。GE の前身企業は，早くから，国際的な出願によって相手国で取得した特許を手段にして外国事業を行っていた。GE は，1897 年にイギリスの BTH と，1892 年にフランスの CFTH と，そして 1903 年にドイツの AEG と，国際協定を締結した。これらヨーロッパ企業との初期の国際協定は，特許権と技術の交換および市場分割を規定していたが，同時に協定には——片務的にせよ双務的にせよ——国際特許管理契約が含まれていた。ヨーロッパ企業はそれぞれの排他的市場で GE 特許を管理し，逆に GE はアメリカで提携企業の特許を取得・管理していたのである。

第 1 次世界大戦は国際経済に大きな変化を引き起こした。戦後の新しい情勢に対応しつつ国際経営を強化するために，GE は 1919 年に子会社 IGEC を設立し対象企業を広げて新しい特許協定網を構築しようとした。両大戦間期の協定は，特許権の交換，技術の相互交流，市場分割を一般的なパターンとしてい

たが，東京電気と芝浦製作所との特許協定もこのパターンに沿う形で締結された。1919年の協定更改により，GEと日本企業との特許協定は，それ以前から運用されてきたヨーロッパ企業との国際特許管理契約を含む協定と内容的に同格のものになった。同時に，日本企業との国際特許管理契約の締結は，主要工業国企業を網羅したGEの国際特許管理体制の完成でもあったのである。

1920年代と30年代にGEは，東京電気と芝浦製作所（39年の両社合併以降は東京芝浦電気）の特許管理を通して，大量の特許と技術を日本に移転させた。提携企業の名義で出願・登録された特許と実用新案は提携企業によって利用され，事業に役立てられた。提携企業の日本市場における事業の成功と成長は，少数株式を所有するGEにとっては，株主価値の増大と配当収入の増加を通してその利益を拡大させるものであった。アメリカ国内における研究開発の成果を，世界の各地域——提携企業のテリトリーという形態をとる——に移転し，グローバルに利潤を追求する。これが，両大戦間期におけるGEの国際経営戦略であり，それを実現するための組織が各国の提携企業による特許管理であった。

しかし，両大戦間期における間接的な国際特許管理の方法は，第2次世界大戦を契機に大きく転換し，戦後の国際経営戦略に規定されて，再び直接的な管理が行われるようになった。戦後の国際経営戦略は，1945年頃からGEとIGECのトップ・マネジメントによって議論されはじめた。GEが訴えられた一連の反トラスト法訴訟の影響もあったが，むしろトップ・マネジメントは，GEにおける技術の多様化，製品の多様化，そして両大戦間期の協定に含まれていた輸出制限が成長の桎梏となっているという点から，特許・技術協定を包括的なものから製品別の協定へ，そして非排他的な協定へと変更することを決定した。この決定に従い，GEは1951年から主要国の提携企業と協定改定を行った。東京芝浦電気との新協定においても両大戦間期のような特許管理条項が排除され，GEの特許管理体制は，原則的には提携企業（東京芝浦電気）の組織能力を利用せず，日本において自ら直接的に管理を行う形へ移行したのである。

日本企業における特許管理の展開

日本企業（東京芝浦電気）における特許管理の形成と展開は，上記のようなGEの国際特許管理の展開から決定的な影響を受けている。ここでは，第2の，

GE の国際特許管理という契機を含んだ日本企業の特許管理の展開という流れをみていこう。

　第1次世界大戦以前から，東京電気や芝浦製作所では，社内で開発した技術を特許や実用新案として出願し登録するため，特許担当者が任命されていた。しかし，1919 年の国際特許管理契約によって，東京電気と芝浦製作所が求められることになった特許管理能力は，当時日本企業が持っていた能力の水準を超えるものであった。両社はそれぞれ，GE との国際特許管理契約を契機に，特許管理部門を確立し能力を強化した。東京電気は，1921 年に特許課を設置するとともに，23 年には特許局出身の藤井隣次を入社させて責任者とした。芝浦製作所においても，1921 年に特許係が設置され，特許局出身の平野三千三が特許管理の責任者となり，特許管理が強化された。そして両社の特許部門は，次第に増加する GE 特許の出願処理，審判事件，特許ライセンス供与や特許プールの組織，さらには同業者間での権利調整に取り組むなかで，その管理能力を鍛えていった。両大戦間期においては，GE の国際特許管理の成否は，提携企業の持つ特許管理能力に依存していたため，GE は東京電気と芝浦製作所における特許管理の形成を積極的に推進・支援し，日本企業に特許管理能力が蓄積されたのである。

　さらに，東京電気，芝浦製作所，そして東京芝浦電気という，GE の提携企業による特許管理の展開は，競争を媒介として，他の日本企業の特許管理の成長を誘発した。1938 年に企業に雇用されている弁理士が集まり設立された重陽会は，それ以前に行われていた重電機器企業の担当者による4社打ち合わせ会合をより一般化したものであり，同時にそれは，弁理士の企業雇用を社会的に承認させた1つのメルクマールともなった。GE の国際特許管理は，日本企業一般に対しても，間接的に，特許管理の能力蓄積という歴史的な影響を与えたということができる。

　国際特許管理契約はまた，日本企業の技術力の向上を促すものであった。東京電気と芝浦製作所は，第1次世界大戦期以前から GE と提携し，特許ライセンスと技術を供与されていた。両社とも独自に研究開発活動を行っており，GE との協定は外国技術の導入と自社の研究開発を有機的に関連させ，導入と開発の両側面を並行的に拡大させて，技術水準を高める目的で行われた。ただし，第1次世界大戦期以前においては，技術的な対話のメカニズムは主に，

GEからの製造機械の導入，両社間の人的交流，設計図の導入によって担われていた。ところが両大戦間期には，両社の特許部門が，国際的な技術の対話における役割を果たすようになった。

特許管理は，発明の権利化を行う特許部門と，その発明を行う研究開発部門の密接な連携によってなされるが，両大戦間期には，GE特許の出願・管理業務を行う特許部門が，最新の技術情報を蓄積するようになり，提案発掘活動などを通してその情報が研究開発部門へと移転され，技術導入と研究開発の両方を活発化させるメカニズムが形成された。特許部門と研究開発部門の連携による技術的な対話の組織能力も，日本企業に蓄積された特許管理能力の1つであったのである。

他方で，GEの国際特許管理によって規定されていたとはいえ，日本の提携企業が行った特許管理は，きわめてナショナル（ローカル）なものであった。まず，多数のGE特許のうち，どの特許を日本で出願・登録するかは，日本市場における競争を考慮して提携企業が決定した。したがって，日本においてでき上がったGE特許のポートフォリオは，アメリカにおけるGE特許のポートフォリオとも，イギリスにおけるGE特許のポートフォリオとも，異なっていた。また，権利行使やライセンス供与も，日本独自に展開された。たとえば電球特許に関して，東京電気は，クーリッジ特許・ラングミュア特許・不破特許などの主要特許を用いて日本の中小電球メーカーと特許審判・裁判を戦い，さらに，政府の産業統制政策とも相まって特許プールとなる共販会社を設立した。一方，重電機器分野においては，電球や真空管のように基本特許を用いた権利行使や激しい裁判闘争が繰り広げられることはなく，話し合いで権利調整が行われた。話し合いを行った重電企業による4社打ち合わせ会合は，その後重陽会へと発展し，両大戦間期から戦後にかけて日本企業に特許管理を普及させる契機となった。ここに，アメリカとは異なる，日本的な特許管理の特徴を指摘することができる。

2 組織された技術的対話

グローバル経営の進化をみる視点

前節でまとめたように，GEと東京芝浦電気との，特許管理に関する関係史

は，東京芝浦電気による特許管理という契機を含んだ GE の国際特許管理の展開と，GE の国際特許管理の展開という契機を含んだ東京芝浦電気の特許管理の展開という，2 つの側面から捉えられる。ここでは，GE の国際特許管理と東京芝浦電気の特許管理の展開が，グローバル経営の進化とどのように関係しているかを検討しよう。

　グローバル経営の展開を通史的に明らかにする視点を提供してくれるのは，多国籍企業史である。代表的な研究者である M. ウィルキンスや G. ジョーンズが，長期的なグローバル化の像を提供してきた。なかでもジョーンズは，1914 年までの第 1 次グローバル経済の進展，2 度の世界大戦とその後の管理経済下におけるグローバル化の衰退，そして 1980 年代以降のグローバル化（第 2 次グローバル経済）を，一貫した視点から描き出している。しかし，ジョーンズのグローバル経営の進化分析は，海外直接投資の視点に基づくもので，いわば資本のグローバル化の歴史として描き出されたものである。したがって，ジョーンズによると，世界大恐慌に続く 1930 年代は，国際カルテルに支配されて，グローバル化が停滞あるいは後退した時代であると評価される。

　しかし，1930 年代をグローバル化が停滞または後退した時期であると評価することに，筆者は抵抗がある。本書が明らかにしたように，GE と東京電気・芝浦製作所・東京芝浦電気との関係史をみた場合，特許と実用新案の出願・登録数に示される国際的な技術移転の規模は，1930 年代が最も大きかった。資本のグローバル化は，通貨ブロックや高関税といった要因によって停滞・後退したが，技術と知識のグローバル化は，むしろ拡大したのである。電球を例にとれば，国際カルテル（フェバス協定）は，技術と知識のグローバル化を推進した大きな要因であった。GE と日本の提携企業との関係でいえば，1920 年代から 30 年代にかけて，GE から日本企業への国境をまたいだ技術移転の規模が拡大し，それに刺激されて日本国内の研究開発も活性化し，その成果は日本において特許・実用新案として出願され，さらにそれらは GE に通知され，一部はアメリカにおいても特許が出願・登録された。このように，研究開発の規模や質は非対称ではあったものの，日米企業間で技術的対話は進行していたのである。

　日米企業間における国際技術移転と技術的対話の歴史的ともいえる規模の拡大には，GE および日本の提携企業の双方における特許管理の確立が必須条件

であった。つまり，東京芝浦電気による特許管理という契機を含んだ GE の国際特許管理の展開という側面と，GE の国際特許管理の展開という契機を含んだ東京芝浦電気の特許管理の展開という側面は相互前提関係にあり，両側面が有機的に結びついて同時的に成長し，技術的対話の発展につながったのである。両大戦間期における国際的な技術移転と技術的対話の拡大，すなわち技術と知識のグローバル化の進展こそが，両大戦間期におけるグローバル化の重要な特徴なのである。

　もちろん，ウィルキンスやジョーンズが焦点を当てている資本のグローバル化と，技術と知識のグローバル化は，相反するものではない。海外直接投資によって事業拠点を設け，技術を移転しそれを保護するためには，現地において特許を出願・取得するとともに，現地において特許管理を行わなければならない。一般的に多国籍企業は，海外進出にともなって国際的な特許管理を拡張していく。問題は，資本のグローバル化と技術・知識のグローバル化は，相対的に独立した動きをするということである。海外直接投資のフローやストックは増減するのに対し，技術や知識は目立って減少するということはない。また，いったん形成された特許管理能力は，研究開発志向の事業を継続する限り，蓄積されることはあっても，急速に棄損されることはほとんどないであろう。資本のグローバル化だけではなく，技術と知識のグローバル化にも焦点を当てることで，グローバル化の進化をより具体的に把握することができるといえよう。

技術と知識のグローバル化の歴史的位相

　近代の国際的な技術移転と技術的対話は，特許制度を利用して行われている。主要国では 19 世紀末に特許制度が整備され（日本では 1885 年に専売特許条例が制定された），1883 年にはパリ条約が批准されて，国境を越えた特許出願が可能となった。このような一連の特許制度を用い，実際に技術を移転し，技術的な対話を行ったのは，大企業であった。大企業は，特許制度を用いるために特許管理を内部化し，継続的な研究開発と特許出願を行うとともに，グローバルな規模で技術的対話を進めたのである。

　より長期の時間的尺度で観察するグローバル・ヒストリーの視点から捉えるならば，国際技術移転と技術的対話の近代的な特徴は，大企業による国際特許管理として組織化されていることである，といえるであろう。このような視点

は，第1に，国際的な技術移転を促進させる制度として特許制度は整備されているが，実際に技術を移転し技術的対話を行っているのは大企業であることを明確にする。ここに，特許制度をどのように整備するかという論点とともに，誰が，どのような目的で，どのように特許制度を利用しようとしているのか，という論点を提起することができるだろう。また，第2に，グローバル・ヒストリーの視点は，現代社会における大企業の役割とその歴史性を浮かび上がらせる。国際技術移転と技術的対話は，大企業による特許管理という形態で組織されており，それが19世紀末から21世紀の今日まで，持続的かつ幾何級数的に拡大してきているのである。

3 残された課題

本書は，19世紀末からおよそ1950年代までの，GEの国際特許管理の展開と，それに規定された日本企業における特許管理の展開を具体的に明らかにしてきたのであるが，残された課題もいくつかある。

最も大きな課題は，本書がGEの日本における事例のみを扱っているため，GEによる国際特許管理の方法が普遍的なものであるのかどうかが明確でない点である。しかし，この課題については，第1に，同時期の他の企業の事例と比較分析すること，第2に，比較分析を通してなぜ国際特許管理がGEの事例のように提携企業の特許管理を媒介とした間接管理という形態をとるようになったのかを明らかにすることで，回答可能である。これら2つの手続きの展望を概観しておこう。

まず第1に，同時期の他企業との比較をしよう。両大戦間期の日本には，ほかにも電機企業を中心に，アメリカやヨーロッパ企業と特許・技術協定を締結していた企業があった。そのうち，三菱電機は，アメリカのウェスチングハウス社と特許・技術協定を結んでいた。両社の特許取引では，三菱電機はウェスチングハウス社の日本における特許を管理していない。ウェスチングハウス社は原則として，自らの代理人を立て，自らの名義で日本特許を出願・取得し，権利を行使していた（Nishimura, 2015）。ウェスチングハウス社の国際特許管理の方法は，GEの方法と大きく異なっていたのである。他方で，ウェスタン・エレクトリック社は，日本電気と資本・提携関係にあったが，日本におけ

る特許の大部分を日本電気の名義で出願・登録していた（日本電気社史編纂室，2001，130）。ウェスタン・エレクトリック社の国際特許管理の方法には，GEの方法と共通点があるといえる。

　少ない事例ではあるが，外国企業の日本における特許管理の方法には，GEやウェスタン・エレクトリック社のように，現地の子会社や関連会社に特許を管理させる方法と，ウェスチングハウス社のように，関連会社には原則管理させず，自らが管理する方法とがあった。したがって，GEの国際特許管理の方法は唯一のものではないが，少なくとも数社とは共通点を持っていたといえる。この課題については，事例分析の件数を増やしていくことで回答することができるであろう。

　第2に，なぜGE（あるいはウェスタン・エレクトリック社）は，両大戦間期に，日本において直接的な管理をせず，間接的な特許管理の方法を選択したか，である。本書では，両大戦間期における外部環境がそのような選択をなさしめたと指摘したが，19世紀末にGEとBTHやAEGとの間で国際特許管理契約が締結された際に，誰が，どのような認識のもとに，いかなる構想をもってそのような契約を行ったのか，本書の内容でいえば，1919年に，それまで締結していなかった日本企業との国際特許管理契約の締結を，誰がどのような構想に基づき決定したのか，その結果は当初の構想を実現するものであったのか否か，これを探求する必要があるだろう。

あとがき

　国際特許管理の史的展開という本書の素になる着想を得たのは，私が大学院博士後期課程の正規在籍年限を超えて，オーバードクター生活に突入しようとしていた頃であったと記憶している。国立国会図書館憲政資料室に所蔵されている GHQ/SCAP 資料を繰っていたとき，第2次世界大戦後に GE が日本における特許の回復請求をしている資料をみつけたのである。資料に記載された特許番号を頼りに明細書を調べてみると，たしかに発明者の欄には外国人の名前が記載されていたが，それらは GE の特許ではなく，提携企業であった東京芝浦電気が自社の名義で出願・登録した特許であることがわかった。発明者が外国人である東芝の特許が大量に存在しているということに，どのような意味があるのだろうか。この現象は，GE と東芝両社の経営発展の歴史に，どのように位置付けられるのだろうか。この事例から，今日に至るグローバル化の歴史を見通せないだろうか。おおよそこのようなことを考えながら研究を続け，ようやく単著として成果をまとめ，ここに出版することとなった。

　着想のはるか以前から今日の出版に至るまで，長期間にわたって研究を続けることができたのは，多くの方々の支えあってのことである。

　立命館大学経済学部では，故上野俊樹教授のもとで経済学や方法論を学んだ。決して高く評価していただいていたわけではなかったと思うが，一度だけゼミでの報告内容を褒められたことがある。このことがなければ，私は研究者になっていなかったであろうし，本書も存在しなかったであろう。先生は私に研究者になるとはどういうことかを考えるよう問うてくださり，また，アメリカ企業研究の重要性にも気づかせてくださった。これらのことを含め，私に研究者になる機会を与えてくださったことに感謝したい。

　京都大学大学院経済学研究科への進学に際しては，西牟田祐二教授に指導教員をお願いし，寛大にも他大学出身者である私をゼミ生として受け入れていただいた。また，坂井昭夫教授（現・名誉教授）や下谷政弘教授（同）にも，授業への参加をお許しいただいた。西牟田先生をはじめとする京都大学の人間味あふれる教授陣，そして同時期に大学院に在籍していた院生仲間に，心から感謝

する。今から振り返ると，大学院生時代はまさに「人生の放牧期」（本田靖春『警察回り』新潮文庫，1989 年）であった。自分の興味のみに従い，面白いと思うことを研究し，納得いくまで考え，そして議論し合う。もちろん，このような理想的なプロセスが教科書通りに進むといったことは決してなかったが，それでも，そのような雰囲気が存在したことは確かである。本書の着想も，こうした雰囲気のなかで得たものである。すべての方の名前はあげられないが，太田原準（同志社大学），河﨑信樹（関西大学），岸田未来（摂南大学），菅原歩（東北大学），堀内義隆（三重大学），山縣宏之（立教大学）の各氏が同世代の院生仲間であったことを，ここに記しておきたい。

しかし，無頼な研究は形を成さない。博士後期課程を終えてからは，またしても寛大なことに今度は今久保幸生教授（現・名誉教授，京都橘大学教授）のゼミへの参加を許され，研究方法や論文叙述の厳密さを指導していただいた。また，今久保先生のゼミを通しては，黒澤隆文（京都大学），ピエール＝イヴ・ドンゼ（大阪大学）といった，私が京都大学を離れた後も共同研究でご一緒させていただいている先生方とのつながりを得ることができた。ここに名前を記さなかった先生方を含めて，京都大学には，このように私の研究を見守り育ててくれる環境があったことをとくに記し，謝意に代えたいと思う。

京都大学大学院経済学研究科の在籍年限を迎えた後に，幸いにも日本学術振興会特別研究員に採用されることとなり，同大学院工学研究科に在籍した。研究分野のまったく異なる私を受け入れてくださった松重和美教授（現・名誉教授，四国大学学長）に，まずもって感謝申し上げる。大学院工学研究科と京都大学ベンチャー・ビジネス・ラボラトリー（VBL）で過ごした 3 年間は，とても刺激に満ちたものであった。工学研究科の研究会では，専門的な内容こそ理解できなかったものの，そこへ参加することによって，工学者が何を目指しどのような手続きで研究を行っているのかを垣間見ることができた。それだけでなく，松重先生はもちろんのこと川畑弘氏をはじめとする VBL メンバーは，自らも研究を行って成果を権利化し社会に還元しているという実践的な立場から，私の研究に対しても貴重なコメントをしてくださり，さらには共同研究にも加えてくださった。重ねて感謝申し上げたい。

2008 年には関西大学商学部に奉職する機会を得た。奉職に際しては，経営史担当の前任者であった井上昭一名誉教授から，多大なる励ましを賜り，大学

教員としての生活を歩み出した私を応援していただいた。記して感謝申し上げる。また，廣瀬幹好教授，伊藤健市教授をはじめとする商学部の先生方にも，日頃から研究と教育の両面について大いに励ましていただいている。商学部はとても居心地がよく，いつも知的な雰囲気にあふれている。本書の研究の最終段階を，そのような雰囲気のなかで進められたことに感謝したい。

経営史学会の先生方からは，大学院生時代から現在に至るまで，部会例会や全国大会の場で私の拙い研究を真摯に批評していただいた。諸先輩の厳しく親切なコメントは，間違いなく私の研究を鍛え，本書を出版に耐えうるものにしてくださったと思っている。感謝申し上げたい。また，社会経済史学会，日本経営学会，さらに経済史研究会，現代社会研究会，管理論研究会といった各研究会においても，幾度も発表の機会を与えていただき，そのたびに有益なコメントを頂戴した。関係の諸先生方に感謝申し上げる次第である。

本書の研究の過程においては，多くの方から資料や情報の提供を受けた。関晴雄氏（元・東芝常務取締役），小津厚二郎氏（元・同社特許部長），高橋甫氏（元・同社特許部〔知的財産部〕技監）からは，GEと東芝の特許契約をはじめ，多岐にわたる貴重な情報を提供していただいた。夕陽丘にあった大阪府立特許情報センター（2010年に廃止）および大阪府商工労働部には，戦前の特許資料の調査に関して長期間にわたり多大な便宜を図っていただいた。京都技術科学センター（旧・近畿地方発明センター），工業所有権情報・研修館にも同様に，歴史的な特許資料の調査でお世話になった。日本弁理士会には，資料の情報を提供していただいた。露木紀夫氏には，ご尊父に授与された東京電気の発明改良賞メダルの実物をみせていただき，撮影までさせていただいた。また，三井文庫，スケネクタディ博物館・文書館（現・The Museum of Innovation and Science Archives），ハグリー博物館・図書館，そしてセントローレンス大学オーウェン・D. ヤング図書館には，経営史料の収集でとくにお世話になった。みなさんに感謝申し上げたい。

なお，本書にまとめた研究成果を得る過程では，研究代表者として次の研究助成を受けている。特別研究員奨励費（2005〜07年度），科学研究費補助金若手研究（スタートアップ）（課題番号20830122，2008〜09年度），科学研究費補助金若手研究（B）（課題番号22730322，2010〜12年度），学術研究助成基金助成金基盤研究（C）（課題番号15K03704，2015〜17年度予定）。記して謝意を表したい。

最後に，厳しい出版事情にもかかわらず，本書の出版を決断いただいた株式会社有斐閣，および書籍編集第二部の柴田守氏と得地道代氏にも感謝申し上げる。出版について最初に相談させていただいてから，すでに4年が経過してしまった。最後の段階に至っても蝸牛の歩みをみせる私を何もいわずに温かく見守っていただけたことに，重ねて感謝申し上げたい。

　　2016年8月　ノルゲ・ベルゲン

西　村　成　弘

初 出 一 覧

　本書の各章を構成する主な内容は，以下の諸論文によってすでに公表されているものである。ただし，本書をまとめるにあたり，いずれについても大幅な加筆および修正を施した。なお，序章と終章は書き下ろしである。

"Foreign Business and Patent Management before WWI: A Case Study of the General Electric Company," *Kansai University Review of Business and Commerce*, 11, March 2009.［第 **1** 章］

「戦前における GE の国際特許管理――『代理出願』契約と東京電気の組織能力」，『経営史学』第 37 巻第 3 号，2002 年 12 月。［第 **2** 章，第 **4** 章］

「第一次大戦以前における東京電気の技術開発と特許管理」，『経済論叢』（京都大学）第 170 巻第 4 号，2002 年 10 月。［第 **3** 章］

「外国技術の導入と特許部門の役割――芝浦製作所における特許部門の設立と展開」，『国民経済雑誌』第 186 巻第 4 号，2002 年 10 月。［第 **3** 章，第 **4** 章，第 **5** 章］

「IGEC の事業部化と国際戦略の転換」，『経営史学』第 35 巻第 3 号，2000 年 12 月。［第 **4** 章］

「戦間期における東京電気の技術導入と技術開発」，『経済論叢』（京都大学）第 172 巻第 4 号，2003 年 10 月。［第 **5** 章］

「特許プールと電球産業統制――東京電気による知的財産管理の展開」，『経済論叢』（京都大学）第 175 巻第 1 号，2005 年 1 月。［第 **6** 章］

「ドミナント企業の基本特許とベンチャービジネス――真空管産業における特許マネジメントの事例分析」，『経済論叢』（京都大学）第 180 巻第 2 号，2007 年 8 月。［第 **7** 章］

「日本における知的財産管理の形成――重電機器をめぐる特許係争事件を中心に」，『経済論叢』（京都大学）第 174 巻第 3 号，2004 年 9 月。［第 **8** 章］

「国際特許管理契約と日米開戦――GE の対日事業と敵産処分」，『関西大学商学論集』第 54 巻第 6 号，2010 年 2 月。［第 **9** 章］

「日米企業間関係と占領政策――工業所有権回復過程における GE 特許の位置」，『関西大学商学論集』第 55 巻第 5 号，2010 年 12 月。［第 **10** 章］

「第二次大戦後における国際特許管理の展開――代理契約の終焉とグローバル経営の進化」，『関西大学商学論集』第 55 巻第 6 号，2011 年 2 月。［第 **11** 章］

参考文献・資料一覧

1　未公刊資料

The Museum of Innovation and Science Archives（Schenectady Museum & Archives）
　General Electric Company, Executive File, "Report upon Foreign Business," November 22, 1918.
　General Electric Company, The Minutes of Directors' Meeting.
　General Electric Company, "Research in Chemistry at the General Electric Research Laboratory," 1959.
　Herod Collection:
　　Herod, William R., "The I.G.E. Picture," Delivered at the GE President's Annual Review Meeting, September 27, 1945（Box 1, Folder 7）.
　　Herod, William R., "Camp Wilson, Association Island," August 2-4, 1948（Box 1, Folder 10）.
　　Herod, William R., "IGE and the International Outlook with Particular Reference to Marshall Plan," Address delivered to Ft. Wayne Chapter Elfun Society, March 19, 1948（Box 1, Folder 10）.
　Swope, Jr., Gerard, "Historical Review of GE's Foreign Business as Affected by U.S. Antitrust Laws," October 31, 1972.
St. Lawrence University
　Owen D. Young Papers:
　　Box 59, Folder 202.
　　Box 59, Folder 202A（General Electric Company, Executive File, "Report upon Foreign Business," November 22, 1918）.
Hagley Museum & Library
　P. D. Reed Papers:
　　International General Electric Company, Minutes of the Three Hundred Twenty-First Meeting of the Board of Directors, Thursday, June 28, 1951（Box 8, File: General Electric, Misc., April 1964-66）.
　　International General Electric Company, Minutes of the Three Hundred Twenty-Second Meeting of the Board of Directors, Thursday, September 6, 1951（Box 8, File: General Electric, Misc., April 1964-66）.
　　Reed, Philip D., "Notes for Talks at General Electric Camp, I to X, Association Island," July 1950（Box 36, File: Speech Notes, 1950-52）.
　　Reed, Philip D., "Camps General Electric," 1948（Box 36, File: Speech Notes, 1950-52）.
The U.S. National Archives and Records Administration
　GHQ/SCAP, Civil Property Custodian, RG 331, Box 3801, 3822.

U.S. Department of State, RG 59, Box 2, 5.

国立国会図書館憲政資料室
　GHQ/SCAP 資料，CPC-4506,-4507,-4508,-4509,-4510,-4511,-4512。
　極東委員会資料，FEC(B)-0013,-0014。

国立公文書館デジタルアーカイブ（http://www.digital.archives.go.jp/）
　「連合国人工業所有権戦後措置令」。

京都大学附属図書館
　渡邊二郎編（1920）『「タングステン」電球特許問題』。

三井文庫
　東芝社史編纂資料：
　　「西暦 1919 年（大正 8 年）6 月 3 日　インターナショナル，ゼネラル，エレクトリツク会社ト東京電気株式会社間ノ契約書」。
　　「芝浦製作所六十五年史資料　第五冊　名簿」。

2　ヒアリング等

ヒアリング
　関晴雄氏（元東芝常務取締役）・小津厚二郎氏（元同社特許部長）・高橋甫氏（元同社特許部（知的財産部）技監），2001 年 5 月 23 日，東京。
高橋甫氏からの書簡，2002 年 11 月 18 日。

3　特許関連文献

United States Patent Office, *Index of Patents Issued from the United States Patent Office*, Washington, D.C.: United States Government Printing Office, 1892-1945.
United States Patent Office, *Official Gazette*, Washington, D.C.: United States Government Printing Office, Vol. 301-401, May 1923-Dec 30.
特許局『特許発明分類総目録』（明治 18 年 7 月-41 年 10 月），1909 年 3 月 18 日。
特許局『続特許発明分類総目録』（明治 41 年 11 月-大正元年 12 月），1924 年 11 月 3 日。
特許局『特許発明分類総目録（第三編）』（大正 2 年 1 月-3 年 12 月），1925 年 11 月。
特許局『特許意匠審決録』（明治 32-36 年），1904 年 8 月。
特許局『特許意匠商標審決録』（明治 39 年），1906 年 3 月。
特許局『特許局審決録　附大審院判決録』（明治 38 年 7 月-40 年 12 月），1908 年 6 月。
特許局『特許局審決録　附大審院判決録』（明治 41 年），1909 年 3 月。
特許局『特許局審決録　附大審院判決録』（明治 42 年），1911 年 1 月。
特許局『特許局審決録　附大審院判決録』（明治 43 年），1912 年 3 月。
特許局『特許局審決録　附大審院判決録』（明治 44 年），1913 年 2 月。
特許局『特許局審決録　附大審院判決録』（明治 45 年 1 月-大正元年 12 月），1911 年 1 月。
特許局『特許局審決録　附大審院判決録』（大正 2 年），1915 年 6 月。
特許局（技術院）『特許公報』（昭和第 2170 号，1943 年 10 月 25 日まで）。
特許局（技術院／特許庁）『特許発明明細書』（特許第 27077-185600 号）。
特許局（技術院）『審決公報』（第 1-88 号），1938-44 年。

特許庁『特許発明明細書（秘密特許）』（特第 1-31 号），1948 年 10 月-55 年 3 月。
特許局『実用新案分類総目録（上）』（明治 38-43 年），1912 年 2 月。
特許局『実用新案分類総目録（下）』（明治 38-43 年），1912 年 2 月。
特許局『実用新案分類総目録 2（上）』（明治 44-大正 3 年），1917 年 2 月。
特許局『実用新案分類総目録 2（下）』（明治 44-大正 3 年），1917 年 2 月。
特許局（技術院）『実用新案公報』（大正第 863-昭和第 3312 号），1922 年 11 月 2 日-44 年 7 月 29 日。
特許標準局『登録実用新案目録（実用新案公報第 3363 号付録 1），1946 年 8 月。
特許標準局『登録実用新案目録（実用新案公報第 3363 号付録 2），1946 年 9 月。
特許標準局『登録実用新案目録（実用新案公報第 3363 号付録 3），1946 年 9 月。
特許標準局『登録実用新案目録（実用新案公報第 3363 号付録 4），1946 年 9 月。
特許標準局『登録実用新案目録』（昭和第 3364-3438 号）。
特許標準局『登録実用新案目録』（実公昭和 22 の第 1-27 号）。
特許庁『特許庁年報』各巻。
特許庁『特許行政年次報告書』各版。
日本科学技術情報センター『日本特許出願人総索引』各号。
日本科学技術情報センター『日本特許索引』各号。

4　新聞・雑誌・定期刊行物

General Electric Company, *Annual Report*.
General Electric Company, *The Monogram*.
Westinghouse Electric and Manufacturing Company, *Annual Report*.
Electrical World.
Moody's Industrial Manual.
The New York Times.
東京電気『営業報告』。
『神戸又新日報』。
『實業之日本』。
『中外商業新報』。
『ラヂオの日本』。

5　二次資料

Backman, Jules（1962）*The Economics of the Electrical Machinery Industry*, New York: New York University Press.
Bottomley, Sean（2014）*The British Patent System during the Industrial Revolution 1700-1852: From Privilege to Property*, Cambridge: Cambridge University Press.
Bright, Jr., Arthur A.（1949）*The Electric-Lamp Industry: Technological Change and Economic Development from 1800 to 1947*, New York: The Macmillan Company.
Cantwel, John（1995）"The Globalisation of Technology: What Remains of the Product Cycle Model?" *Cambridge Journal of Economics*, 19, pp. 155-174.

Chandler, Jr., Alfred D. (1962) *Strategy and Structure: Chapters in the History of the American Industrial Enterprise*, Cambridge, MA: MIT Press（三菱経済研究所訳『経営戦略と組織──米国企業の事業部制成立史』実業之日本社，1967年）．

Chandler, Jr., Alfred D. (1977) *The Visible Hand: The Managerial Revolution in American Business*, Cambridge, MA: Harvard University Press（鳥羽欽一郎・小林袈裟治訳『経営者の時代──アメリカ産業における近代企業の成立』上・下，東洋経済新報社，1979年）．

Chandler, Jr., Alfred D. (1978) "The United States: Evolution and Enterprise," in Peter Mathias and M. M. Postan (eds.), *The Cambridge Economic History of Europe, Volume VII: The Industrial Economies Capital, Labour, and Enterprise*, Cambridge: Cambridge University Press, Part 2, pp. 70-133（丸山恵也訳『アメリカ経営史』亜紀書房，1986年）．

Chandler, Jr., Alfred D. (1990) *Scale and Scope: The Dynamics of Industrial Capitalism*, Cambridge, MA: Harvard University Press（安部悦生・川辺信雄・工藤章・西牟田祐二・日高千景・山口一臣訳『スケール・アンド・スコープ──経営力発展の国際比較』有斐閣，1993年）．

Cordiner, Ralph J. (1956) *New Frontiers for Professional Managers*, New York; Tront; London: McGraw-Hill（川村欣也訳『これからの経営者』東洋経済新報社，1958年）．

Donzé, Pierre-Yves and Shigehiro Nishimura (eds.) (2014) *Organizing Global Technology Flows: Institutions, Actors, and Processes*, London and New York: Routledge.

Dunning, John H. (1998) *American Investment in British Manufacturing Industry, Revised and Update Edition*, London and New York: Routledge.

Dutton, H. I. (1984) *The Patent System and Inventive Activity during the Industrial Revolution*, Manchester: Manchester University Press.

Fisk, Catherine L. (2009) *Working Knowledge: Employee Innovation and the Rise of Corporate Intellectual Property, 1800-1930*, Chapel Hill: The University of North Carolina Press.

General Electric Company (1953) *Professional Management in General Electric, Book One: General Electric's Growth*, General Electric Company.

Granstrand, Ove (1999) *The Economics and Management of Intellectual Property: Towards Intellectual Capitalism*, Cheltenham: Edward Elger.

Hall of History Foundation (1989) *The General Electric Story, 1876-1986: A Photo History*, Schenectady: Hall of History.

Hammond, John W. (1941) *Men and Volts: The Story of General Electric*, Philadelphia and London: J. B. Lippincott Company.

Hasegawa, Shin (1992) "Competition and Cooperation in the Japanese Electrical Machinery Industry," in Akira Kudo and Terushi Hara (eds.), *International Cartels in Business History*, Tokyo: University of Tokyo Press, pp. 165-186.

Hasegawa, Shin (1995) "International Cartel and the Japanese Electrical Machinery Industry until Second World War: A Case Study of the Vacuum Tube Manufacturers," *Aoyama Business Review*, 20, pp. 29-45.

Hausman, William J., Peter Hertner and Mira Wilkins (2008) *Global Electrification: Multinational Enterprise and International Finance in the History of Light and Power, 1878-2007*, Cambridge: Cambridge University Press.

Jones, Geoffrey (1996) *The Evolution of International Business: An Introduction*, London and New York: Routledge(桑原哲也・安室憲一・川辺信雄・榎本悟・梅野巨利訳『国際ビジネスの進化』有斐閣,1998年).

Jones, Geoffrey (2005) *Multinationals and Global Capitalism: From the Nineteenth to the Twenty First Century*, Oxford: Oxford University Press(安室憲一・梅野巨利訳『国際経営講義――多国籍企業とグローバル資本主義』有斐閣,2007年).

Khan, B. Zorina (2009) *The Democratization of Invention: Patents and Copyrights in American Economic Development, 1790-1920*, Cambridge: Cambridge University Press.

Loth, David (1958) *Swope of GE: The Story of Gerard Swope and General Electric in American Business*, New York: Simon and Schuster.

MacLaurin, William R. and R. Joyce Harman (1949) *Invention and Innovation in the Radio Industry*, New York: Macmillan(山崎俊雄・大河内正陽訳『電子工業史――無線の発明と技術革新』白揚社,1962年).

MacLeod, Christine (1988) *Inventing the Industrial Revolution: The English Patent System, 1660-1800*, Cambridge: Cambridge University Press.

Nishimura, Shigehiro (2004) "General Electric's International Patent Management before World War II: The 'Proxy Application' Contract and the Organizational Capability of Tokyo Electric," *Japanese Research in Business History*, 21, pp. 101-125.

Nishimura, Shigehiro (2009) "Foreign Business and Patent Management before WWI: A Case Study of the General Electric Company," *Kansai University Review of Business and Commerce*, 11, pp. 77-97.

Nishimura, Shigehiro (2010) "Diffusion of Intellectual Property (IP) Management after World War II: Role of the Japan Patent Association," *Kansai University Review of Business and Commerce*, 12, pp. 19-39.

Nishimura, Shigehiro (2014) "International Knowledge Transfer in a Multinational Enterprise: General Electric's Patent System in Japan until the 1950s," *Entreprises et Histoire*, 75, pp. 73-90.

Nishimura, Shigehiro (2015) "The Making of Japanese Patent Culture: The Impact of Westinghouse's International Patent Management," *Kansai University Review of Business and Commerce*, 16, pp. 23-47.

Okochi, Akio and Tadakatsu Inoue (eds.) (1984) *Overseas Business Activities* (International Conference on Business History 9) Tokyo: University of Tokyo Press.

Pacey, Arnold (1990) *Technology in World Civilization: A Thousand-Year History*, Oxford: Basil Blackwell(林武監訳,東玲子訳『世界文明における技術の千年史――「生存の技術」との対話に向けて』新評論,2001年).

Passer, Harold C. (1953) *The Electrical Manufacturers, 1875-1900: A Study in Competition, Entrepreneurship, Technical Change, and Economic Growth*, Cambridge, MA:

Harvard University Press.
Pavitt, K. (1985) "Patent Statistics as Indicators of Innovative Activities: Possibilities and Problems," *Scientometrics*, 7, pp. 77-99.
Penrose, Edith Tilton (1951) *The Economics of the International Patent System*, Baltimore: The Johns Hopkins Press (黒田龍久・中柴武雄・吉村孝訳『国際特許制度経済論』英文法令社, 1957 年).
Reich, Leonard S. (1985) *The Making of American Industrial Research: Science and Business at GE and Bell, 1876-1926*, Cambridge: Cambridge University Press.
Reich, Leonard S. (1992) "General Electric and the World Cartelization of Electric Lamps," in Akira Kudo and Terushi Hara (eds.), *International Cartels in Business History*, Tokyo: University of Tokyo Press, pp. 213-228.
Schmookler, Jacob (1966) *Invention and Economic Growth*, Cambridge, MA: Harvard University Press.
Schonberger, Howard B. (1989) *Aftermath of War: Americans and the Remaking of Japan, 1945-1952*, Kent: The Kent State University Press (宮崎章訳『占領 1945〜1952――戦後日本をつくりあげた 8 人のアメリカ人』時事通信社, 1994 年).
Southard, Jr., Frank A. (1931) *American Industry in Europe*, New York: Houghton Mifflin (Reprinted New York: Arno Press, 1976).
Stocking, George W. and Myron W. Watkins (1946) *Cartels in Action: Case Studies in International Business Diplomacy*, New York: The Twentieth Century Fund.
Taylor, C. T. and Z. A. Silberston (1973) *The Economic Impact of the Patent System: A Study of the British Experience*, London: Cambridge University Press.
Uchida, Hoshimi (1980) "Western Big Business and the Adoption of New Technology in Japan: The Electrical Equipment and Chemical Industries 1890-1920," in Akio Okochi and Hoshimi Uchida (eds.), *Development and Diffusion of Technology: Electrical and Chemical Industries*, Tokyo: University of Tokyo Press, pp. 145-172.
United States Senate 89th Congress, Hearings before the Subcommittee on Antitrust and Monopoly (1949) *International Aspects of Antitrust,* Appendix Part 2, "U.S. v. G.E.," 82 F. Supp. 753.
U.S. Federal Trade Commission (1928) *Electric-Power Industry: Supply of Electrical Equipment and Competitive Conditions*, Washington, D.C.: United States Government Printing Office.
U.S. Federal Trade Commission (1948) *International Electrical Equipment Cartels*, Washington, DC: United States Government Printing Office.
Wilkins, Mira (1970) *The Emergence of Multinational Enterprise: American Business Abroad from the Colonial Era to 1914*, Cambridge, MA: Harvard University Press (江夏健一・米倉昭夫訳『多国籍企業の史的展開――植民地時代から 1914 年まで』ミネルヴァ書房, 1973 年).
Wilkins, Mira (1974) *The Maturing of Multinational Enterprise: American Business Abroad from 1914 to 1970*, Cambridge, MA: Harvard University Press (江夏健一・米倉昭夫

訳『多国籍企業の成熟』上・下，ミネルヴァ書房，1978年).
Wise, George (1985) *Willis R. Whitney, General Electric, and the Origins of U.S. Industrial Research*, New York: Columbia University Press.
Yuzawa, Takeshi and Masaru Udagawa (eds.) (1990) *Foreign Business in Japan before World War II* (The International Conference on Business History 16), Tokyo: University of Tokyo Press.
秋田茂編著 (2013)『アジアからみたグローバルヒストリー――「長期の18世紀」から「東アジアの経済的再興」へ』ミネルヴァ書房。
安保哲夫 (1984)『戦間期アメリカの対外投資――金融・産業の国際化過程』東京大学出版会。
飯田幸郷 (1998)『外国特許出願の実務』発明協会。
池谷理 (1975a)「受信管物語 (1) 誕生の頃」,『電子』第15巻第11号，30-33頁。
池谷理 (1975b)「受信管物語 (2) メーカーの芽生え」,『電子』第15巻第12号，36-39頁。
池谷理 (1976a)「受信管物語 (4) 放送開始の頃」,『電子』第16巻第2号，38-41頁。
池谷理 (1976b)「受信管物語 (5) 大正から昭和」,『電子』第16巻第3号，25-29頁。
池谷理 (1976c)「受信管物語 (6) 電池の追放」,『電子』第16巻第4号，30-33頁。
池谷理 (1976d)「受信管物語 (8) 酸化物塗布フィラメントの出現」,『電子』第16巻第6号，46-49頁。
池谷理 (1976e)「受信管物語 (9) 4極管の誕生」,『電子』第16巻第7号，30-33頁。
池谷理 (1976f)「受信管物語 (11) 5極管の誕生」,『電子』第16巻第9号，36-39頁。
池谷理 (1976g)「受信管物語 (12) 外国メーカーの進出」,『電子』第16巻第11号，42-45頁。
池谷理 (1977a)「受信管物語 (14) ST管誕生の頃」,『電子』第17巻第2号，42-45頁。
池谷理 (1977b)「受信管物語 (17) 大手メーカー参入の頃」,『電子』第17巻第5号，24-27頁。
池谷理 (1977c)「受信管物語 (20) 本格的トランスレス管の出現」,『電子』第17巻第8号，34-37頁。
池谷理 (1977d)「受信管物語 (22) 紀元2600年」,『電子』第17巻第10号，26-29頁。
池谷理 (1978)「受信管物語 (29) 後で分ったことごと」,『電子』第18巻第7号，42-45頁。
池谷理 (1979)「受信管物語 (31) 宮田エレバム社長の話」,『電子』第19巻第4号，49-52頁。
石井正 (2005)『知的財産の歴史と現代――経済・技術・特許の交差する領域へ歴史からのアプローチ』発明協会。
板垣博 (1977)「1920年代アメリカ電機産業の海外進出――GEの海外進出と世界市場」,『国民経済』第136号，49-64頁。
井上一男編 (1966)『特許管理』(工業所有権実務双書) 有斐閣。
井堀邦雄編 (1980)『特許戦略と管理事例集』企業研究会。
上山明博 (2000a)『プロパテント・ウォーズ――国際特許戦争の裏舞台』(文春新書) 文藝春秋。
上山明博 (2000b)「日本のオリジナリティ探訪 多極真空管のパイオニア――安藤博『東洋のマルコニ』と称された発明家」,『Fujitsu 飛翔』第40号，28-31頁。
宇田川勝 (1987a)「戦前日本の企業経営と外資系企業 (上)」,『経営志林』第24巻第1号，15-31頁。
宇田川勝 (1987b)「戦前日本の企業経営と外資系企業 (下)」,『経営志林』第24巻第2号，

29-40頁。
内田星美（1989）「電気技術の導入と定着」，日本科学技術振興財団『昭和63年度 産業技術の発展と社会的受容方策に関する調査研究』日本科学技術振興財団，所収，151-174頁。
内田星美（1990）「技術移転」，西川俊作・阿部武司編『産業化の時代（上）』（日本経済史4）岩波書店，所収，255-302頁。
大蔵省（1965a）『第二次世界大戦における連合国財産処理（戦時篇）』大蔵省印刷局。
大蔵省（1965b）『第二次世界大戦における連合国財産処理（戦後篇）』大蔵省印刷局。
大蔵省財政史室編（1981）『独占禁止』（昭和財政史——終戦から講和まで第2巻）東洋経済新報社。
大河内暁男（1992）『発明行為と技術構想——技術と特許の経営史的位相』東京大学出版会。
大田黒重五郎（1910）「芝浦製作所と米国ゼネラル電気会社と合同の真相」，『実業之日本』第13巻第2号，13-15頁。
大竹武吉編（1931）『工学博士岸敬二郎伝』岸敬二郎君伝記編纂会。
岡崎栄助（1963a）「電気機器の技術導入について（その1）」，『電機』第180号，12-19頁。
岡崎栄助（1963b）「電気機器の技術導入について（その2）」，『電機』第181号，39-46頁。
岡崎栄助（1963c）「電気機器の技術導入について（その3）」，『電機』第183号，67-76頁。
小津厚二郎（1980）「東芝における特許戦略」，井堀邦雄編『特許戦略と管理事例集』企業研究会，所収，151-168頁。
柏木秀一（1950）『電球の製造技術』技術書院。
唐津一・北村泰一・堂本暁子・原田明・本田勝一・山田二郎（1991）『人生は探検なり——西堀榮三郎自伝』（西堀榮三郎選集1巻）悠々社。
菊池慶彦（2007）「日本における電球産業の形成」，『経営史学』第42巻第1号，27-57頁。
菊池慶彦（2012）「日露戦後の電球産業の成長」，『経営史学』第47巻第2号，3-29頁。
菊池慶彦（2013）「タングステン電球の普及と東京電気の製品戦略」，『経営史学』第48巻第2号，27-52頁。
岸同門会編（1939）『岸清一伝』岸同門会。
北地鎌次郎（1943）『日本電球工業組合連合会沿革史』日本電球工業組合連合会。
橘川武郎（2012）『日本石油産業の競争力構築』名古屋大学出版会。
木村安一編（1940）『芝浦製作所六十五年史』東京芝浦電気。
木元富夫（1986）『近代ドイツ経営史の研究——技術志向の企業者活動をめぐって』泉文堂。
木元富夫（2002）『近代ドイツの特許と企業者活動——鉄鋼・電機・ビール経営史研究』泉文堂。
清川雪彦（1989）「繊維産業における在来技術と輸入技術の発展——その開発・改良促進者の問題を中心に」，日本科学技術振興財団『昭和63年度 産業技術の発展と社会的受容方策に関する調査研究』日本科学技術振興財団，所収，115-140頁。
工藤章（1992a）『イー・ゲー・ファルベンの対日戦略——戦間期日独企業関係史』東京大学出版会。
工藤章（1992b）『日独企業関係史』有斐閣。
経済企画庁総合計画局編（1987）『知的所有権——新たな技術革新と世界的な技術移転の時代における知的所有権制度のあり方』大蔵省印刷局。

工業之日本社編（1921）『日本工業要鑑 大正 11 年度用』工業之日本社．
後藤晃・長岡貞男編（2003）『知的財産制度とイノベーション』東京大学出版会．
小林袈裟治（1970）『GE——典型的世界企業の形成と発展』（世界企業 4）東洋経済新報社．
五月女正三（1964）『企業経営と特許管理——ライセンス業務の実際』日本発明新聞社．
五月女正三（1982）『企業を支える特許管理』日刊工業新聞社．
坂井昭夫（1994）『日米ハイテク摩擦と知的所有権』有斐閣．
坂本和一（1989）『GE の組織革新——リストラクチュアリングへの挑戦』法律文化社．
坂本和一（1997）『新版 GE の組織革新——21 世紀型組織への挑戦』法律文化社．
向坂正男編（1960）『機械工業（2）』（有沢広巳編集，現代日本産業講座 6 各論 5）岩波書店．
佐竹康扶（2015）「太平洋戦争期における技術の『公開』・『交流』と工業所有権統制」，『技術と文明』第 37 冊（第 19 巻第 2 号），1-16 頁．
塩見治人・堀一郎編（1998）『日米関係経営史——高度成長から現在まで』名古屋大学出版会．
人事興信所編（1925）『人事興信録 第 7 版』人事興信所．
人事興信所編（1941）『人事興信録 第 13 版』上・下，人事興信所．
杉山伸也（2014）『グローバル経済史入門』（岩波新書）岩波書店．
隅藏康一（2008）『知的財産政策とマネジメント——公共性と知的財産権の最適バランスをめぐって』白桃書房．
高石末吉（1974a）『戦時における敵産の管理と外貨債の処理』（敵産・外貨債始末 上巻）財務出版．
高石末吉（1974b）『戦後における連合国財産の保全措置と返還』（敵産・外貨債始末 下巻）財務出版．
高橋明夫（1983）『日立の特許管理——企業の未来を拓く特許とその戦略的活用 経営戦略と特許』発明協会．
高橋伸夫・中野剛治編著（2007）『ライセンシング戦略——日本企業の知財ビジネス』（東京大学ものづくり経営研究シリーズ）有斐閣．
竹内宏（1966）『電気機械工業』（向坂正男ほか編，現代の産業）東洋経済新報社．
竹内宏（1973）『電気機械工業 新訂版』（向坂正男ほか編，現代の産業）東洋経済新報社．
竹田和彦（1999）『特許の知識 第 6 版』ダイヤモンド社．
竹中亨（1991）『ジーメンスと明治日本』東海大学出版会．
谷口明丈（2015）「ゼネラル・エレクトリック社の経営者群像——1892-1913」，『商学論纂』第 57 巻第 1・2 号，171-281 頁．
谷口豊（1985）「戦間期における日本紡織機械工業の展開——綿紡織機械工業の研究開発」，『産業経済研究』第 26 巻第 1 号，35-70 頁．
知的財産研究所編（2007）『特許の経営・経済分析』（IIP 研究論集 11）雄松堂出版．
重陽会十五周年記念事業委員会編（1953）『重陽会十五年史』重陽会．
一寸木俊昭（1992）『日本の企業経営——歴史的考察』法政大学出版局．
帝国発明協会編纂（1944）『真空管特許総覧』帝国発明協会．
東京高等商業学校（1916）『東京高等商業学校一覧 大正 5 年-大正 6 年』東京高等商業学校．
東京芝浦電気株式会社編（1977）『東芝百年史』東京芝浦電気．
東京芝浦電気株式会社総合企画部社史編纂室編（1963）『東京芝浦電気株式会社八十五年史』

東京芝浦電気.
東京芝浦電気株式会社鶴見研究所 (1961)『研究 55 年の歩み』東京芝浦電気鶴見研究所.
東京電気株式会社 (1934)『我社の最近二十年史——マツダ新報二十周年記念』東京電気.
特許庁編 (1984)『工業所有権制度百年史 (上巻)』発明協会.
特許庁編 (1985a)『工業所有権制度百年史 (下巻)』発明協会.
特許庁編 (1985b)『工業所有権制度百年史 (別巻)』発明協会.
特許庁編 (2014)『世界最速かつ最高品質の知的財産システムの実現に向けて』(特許行政年次報告書 2014 年版〈統計・資料編〉) 特許庁.
富田徹男 (1993)『市場競争から見た知的所有権』ダイヤモンド社.
富田徹男 (1998)「特許による技術移転の功罪 (技術・文化・知的所有権 28)」,『特許ニュース』(通商産業調査会) 1998 年 6 月 5 日.
富田徹男 (2001)「知的所有権」, 中岡哲郎・鈴木淳・堤一郎・宮地正人編『産業技術史』(新体系日本史 11) 山川出版社, 所収, 449-461 頁.
豊田裕貴・菰田文男 (2011)『特許情報のテキストマイニング——技術経営のパラダイム転換』ミネルヴァ書房.
中川敬一郎 (1963)「比較経済史学と国際関係」,『社会経済史学』第 29 巻第 1 号, 76-87 頁.
中川敬一郎 (1981)『比較経営史序説』(比較経営史研究 1) 東京大学出版会.
永田晃也編著 (2004)『知的財産マネジメント——戦略と組織構造』中央経済社.
永田大二郎・松尾和子・紋谷暢男・古瀬村邦夫 (1966)『特許等管理』(石井照久・有泉亨・金沢良雄編, 経営法学全集 7) ダイヤモンド社.
奈倉文二 (1998)『兵器鉄鋼会社の日英関係史——日本製鋼所と英国側株主 1907~52』日本経済評論社.
西村成弘 (2000)「IGEC の事業部化と国際戦略の転換」,『経営史学』第 35 巻第 3 号, 52-79 頁.
西村成弘 (2002a)「外国技術の導入と特許部門の役割——芝浦製作所における特許部門の設立と展開」,『国民経済雑誌』第 186 巻第 4 号, 1-18 頁.
西村成弘 (2002b)「第一次大戦以前における東京電気の技術開発と特許管理」,『経済論叢』(京都大学) 第 170 巻第 4 号, 52-71 頁.
西村成弘 (2002c)「戦前における GE の国際特許管理——『代理出願』契約と東京電気の組織能力」,『経営史学』第 37 巻第 3 号, 28-56 頁.
西村成弘 (2003)「戦間期における東京電気の技術導入と技術開発」,『経済論叢』(京都大学) 第 172 巻第 4 号, 20-42 頁.
西村成弘 (2004)「日本における知的財産管理の形成——重電機器をめぐる特許係争事件を中心に」,『経済論叢』(京都大学) 第 174 巻第 3 号, 68-84 頁.
西村成弘 (2005)「特許プールと電球産業統制——東京電気による知的財産管理の展開」,『経済論叢』(京都大学) 第 175 巻第 1 号, 36-53 頁.
西村成弘 (2007)「ドミナント企業の基本特許とベンチャービジネス——真空管産業における特許マネジメントの事例分析」,『経済論叢』(京都大学) 第 180 巻第 2 号, 189-210 頁.
西村成弘 (2009)「近代企業の形成と特許管理——トムソン=ヒューストン社の事例」,『関西

大学商学論集』第 54 巻第 3 号，53-71 頁．
西村成弘（2010a）「国際特許管理契約と日米開戦——GE の対日事業と敵産処分」，『関西大学商学論集』第 54 巻第 6 号，39-56 頁．
西村成弘（2010b）「日米企業間関係と占領政策——工業所有権回復過程における GE 特許の位置」，『関西大学商学論集』第 55 巻第 5 号，31-50 頁．
西村成弘（2011a）「第二次大戦後における国際特許管理の展開——代理契約の終焉とグローバル経営の進化」，『関西大学商学論集』第 55 巻第 6 号，1-20 頁．
西村成弘（2011b）「経営史研究と特許探索」，『エネルギー史研究』（九州大学記録資料館産業経済資料部門）第 26 号，95-113 頁．
日本生産性本部（1958）『特許管理——特許管理専門視察団報告書』（Productivity Report 44）日本生産性本部．
日本電気社史編纂室編（2001）『日本電気株式会社百年史』日本電気．
日本電球工業会編（1963）『日本電球工業史』日本電球工業会．
日本無線株式会社（1971）『日本無線 55 年の歩み』ダイヤモンド社．
長谷川信（1983）「重電機寡占体制の成立と展開」，『静岡大学法経研究』第 32 巻第 1 号，89-132 頁．
長谷川信（1985）「さつき会（重電機カルテル）」，橋本寿朗・武田晴人編著『両大戦間期日本のカルテル』御茶の水書房，所収，273-322 頁．
長谷川信（1995a）「大倉組の電気機械ビジネスと AEG の対日戦略——第一次世界大戦以前における GE の特許戦略との関係で」，『青山経営論集』第 30 巻第 1 号，1-26 頁．
長谷川信（1995b）「技術導入から開発へ」，由井常彦・大東英祐編『大企業時代の到来』（日本経営史 3）岩波書店，所収，117-145 頁．
長谷川信（1995c）「外資系企業の経営発展と組織能力——東京電気の事例分析」，『青山経営論集』第 30 巻第 3 号，13-30 頁．
長谷川信（1996）「芝浦製作所・IGE の技術提携契約の変化——1934 年契約を中心に」，『青山経営論集』第 31 巻第 3 号，7-24 頁．
林倬史（1989）『多国籍企業と知的所有権——特許と技術支配の経済学』森山書店．
林義勝（1984）「電気産業におけるアメリカの技術導入——世紀転換期のもう一つの日米関係」，『駿台史学』第 61 号，31-73 頁．
林義勝（1987）「GE と日本の電気機械産業——GE と芝浦製作所の提携を中心に」，『駿台史学』第 69 号，169-195 頁．
日立製作所知的所有権本部編（1995）『日立の知的所有権管理——企業の将来を築く知的所有権とその戦略的活用』発明協会．
平沢照雄（2001）『大恐慌期日本の経済統制』日本経済評論社．
平本厚（2000）「日本におけるラジオ工業の形成」，『社会経済史学』第 66 巻第 1 号，3-22 頁．
平本厚（2003）「日本版 RCA 構想の挫折——形成期無線機器産業の特質」，『経営史学』第 34 巻第 4 号，56-79 頁．
平本厚（2007）「日本における真空管産業の形成」，『研究年報経済学』第 68 巻第 2 号，1-16 頁．
平本厚（2010）『戦前日本のエレクトロニクス——ラジオ産業のダイナミクス』ミネルヴァ書

房.
平本厚 (2012)「真空管産業における独占体制の形成」、『研究年報経済学』第 72 巻第 3・4 号, 1-22 頁.
平本厚 (2014)「真空管技術と共同研究開発の生成——戦前から戦中における共同研究開発の開始と広がり」, 平本厚編著『日本におけるイノベーション・システムとしての共同研究はいかに生まれたか——組織間連携の歴史分析』ミネルヴァ書房, 所収, 82-108 頁.
藤原貞雄 (1972)「わが国電機産業に対する直接投資——第 1 次大戦前の場合」、『経済論叢』(京都大学) 第 110 巻第 1・2 号, 45-64 頁.
藤原貞雄 (1973)「わが国電機産業に対する直接投資——1920 年代初頭の場合」、『経済論叢』(京都大学) 第 111 巻第 3 号, 24-42 頁.
弁理士会史編纂委員会編 (1982)『弁理士制度八十年史』弁理士会.
弁理士制度 100 周年記念事業実行委員会会史編さん部会編 (2000)『弁理士制度 100 年史』弁理士会.
丸島儀一 (2002)『キヤノン特許部隊』(光文社新書) 光文社.
丸島儀一 (2008)『知財, この人にきく (Vol. 1)』発明協会.
丸島儀一 (2011)『知的財産戦略——技術で事業を強くするために』ダイヤモンド社.
水島司 (2010)『グローバル・ヒストリー入門』(世界史リブレット 127) 山川出版社.
三菱電機株式会社社史編纂室編集 (1982)『三菱電機社史——創立 60 周年』三菱電機.
村上蕃 (1932)『阪神職業別電話名簿』大阪廣文館.
安井正太郎編 (1940)『東京電気株式会社五十年史』東京芝浦電気.
山内昌斗 (2010)『日英関係経営史——英国企業の現地経営とネットワーク形成』渓水社.
山口喜三郎傳編纂委員会編 (1950)『山口喜三郎傳』東京芝浦電気.
山崎俊雄・木本忠昭 (1992)『新版 電気の技術史』オーム社.
吉田秀明 (1990)「通信機器企業の無線兵器部門進出——日本電気を中心に」, 下谷政弘編『戦時経済と日本企業』昭和堂, 所収, 95-124 頁.
吉田正樹 (1987a)「1880 年代から 1920 年代におけるアメリカ電機産業の海外進出」、『三田商学研究』第 30 巻第 2 号, 73-91 頁.
吉田正樹 (1987b)「アメリカおよびドイツ電機産業におけるカルテル形成とその国際化について——戦前の GE を中心に見た特許支配とカルテルによる市場統制」、『三田商学研究』第 30 巻第 4 号, 51-75 頁.
米川伸一 (1978)「比較経営史への道程」、『一橋論叢』第 79 巻第 4 号, 418-435 頁.
連合国最高司令部編 (特許庁総務部総務課編訳) (1951)『工業所有権関係連合国最高司令部覚書集』特許庁総務部総務課.
渡辺尚 (1981)「富士電機成立過程の試論的分析」, 土屋守章・森川英正編『企業者活動の史的研究』日本経済新聞社, 所収, 213-232 頁.

索　引

事項索引

あ　行

アウトサイダー　204
　——との係争　186
アメリカ（電機）市場　101, 102, 109, 110
安藤特許　199, 203, 204
意匠管理　122
イノベーション　6
　——の指標　9
インターナショナル・ゼネラル・エレクトリック社が保有する日本における特許財産の回復　264
インターナショナル・ゼネラル・エレクトリック社と東京芝浦電気株式会社との間の特許ライセンス協定　253
インターナショナル・ゼネラル・エレクトリック社の日本における財産　252
オージオン・バルブ　192

か　行

海外協定訴訟　271, 272, 280
海外直接投資　10, 19, 113, 300, 301
外国企業との協定　→国際協定
外国事業の規模　241
外国人の特許権等の出願受理に関する件　284
外国人発明の特許　14, 120, 155, 160, 221, 229, 230
改良発明　159, 162, 164
価格競争力　104
ガス入り電球特許　→ラングミュア特許
合併（案）〔吸収合併〕　88, 177, 228
過度経済力集中排除法　260
カナダ市場　109, 110
カナリヤ電球　159
カーボン・フィラメント　49

間接管理〔間接的な（特許）管理〕　5, 17, 18, 288, 302
企業経営の進化　1
企業再建整備計画法　262
企業成長　→経営発展
企業分割　259
技　術
　——と知識のグローバル化　19, 300, 301
　——の企業化過程　8
　——の強制開示　241
　——の権利化　91
　——の社会的移転の促進　8
　外国——の獲得　108
　特許・——の相互フロー　109
技術移転　12, 14, 16, 17, 33, 73, 90, 146, 151
　国際（的な）——　13, 153, 300, 301
技術経営　167
技術交流　33, 146, 158
　国際的な——ネットワーク　153
　全面的な——　32
技術サービス料　108
技術者
　——の育成　87
　——の相互交流　164
　——の（海外）派遣　75, 90, 91, 165
　特許課員から——への組織的な情報提供　166
技術情報　2, 165
　——の交換　2
　無制限なノウハウ・——の交換　283
技術水準　86, 95, 151
技術戦略　37
技術的対話　300, 301
　——のメカニズム　298
　国際的な——　18
技術的リーダーシップ　104, 108

索 引

技術導入　17, 72, 78, 90, 92, 95, 141, 149, 153, 155, 158, 160, 162, 164, 165, 169, 299
　――チャネル　75
　技術書類による――　165
技術独占〔技術支配〕　109
技術取引　30
技術報償費　227, 237
基本特許　51, 176, 178, 184, 186, 191, 197, 199, 207, 217
　――の延長　200
　――の失効　205, 208
　――の独占　188
逆コース　265
吸収合併　→合併
業界団体　211
強制ライセンス規定　256, 257
競争と協調の関係　216
協調体制　220
近代企業　→大企業
クーリッジ特許　54, 58, 116, 176, 177
クロス・ライセンス協定　202, 205
グローバル化　6, 12, 300
　技術と知識の――　19, 300, 301
　資本の――　19, 300, 301
グローバル経営の進化　12, 295, 300
グローバル・ヒストリー　13, 301
軍需（生産）　239, 275
経営管理　1
経営の国際性　10
経営の独自性　290
経営発展〔企業成長〕　7, 149
　――の国際的な契機　11
経済成長　6, 241
研究開発　17, 32, 37, 71, 78, 80, 86, 91-93, 95, 146, 149, 155, 158, 161, 162, 164, 165, 169, 207, 228, 275, 290, 299
　――組織〔部門〕　34, 146, 150, 151, 299
　――体制　147, 276
　――の促進メカニズム　166
　政府資金を導入した――　277
原子力産業　275
現地生産　25, 28, 29, 65, 113, 114, 119
権利行使　173, 208, 217, 221
権利調整　198, 211, 215, 217
　――システム　219-221

権利の交換　2
権利範囲　120
権利範囲確認審判請求　173
工業組合法　173, 182
工業所有権　1, 233, 244, 253, 255, 257, 258, 261, 265
　――制度　255
工業所有権戦後措置法に依る優先権主張　285
工業所有権戦時法　233, 235, 241
工業所有権保護同盟条約　→パリ条約
抗告審判請求　173
国際カルテル　101, 110, 112, 114, 271, 300
国際関係経営史　10, 295
国際関係の規定性　10
国際（的な）技術移転　13, 153, 300, 301
国際（企業間）協定〔外国企業との協定〕　30, 109, 116, 221, 269
　――の見直し　103
国際経営（戦略）　13, 24, 100, 103, 104, 109, 114, 140, 225, 241, 243, 244, 266, 269, 272, 273, 283, 291, 296, 297
国際通知・補償協定　110, 111, 271
国際的協定又は国際的契約の禁止等に関する件　280
国際特許管理　1, 5, 14, 16, 224, 232, 244, 266, 269, 270, 284, 291, 295-298, 300, 302
　――体制〔システム〕　34, 125
　大企業による――　301
国際特許管理契約　17, 32, 100, 118, 119, 140, 141, 146, 153, 165, 172, 226, 229, 237, 241, 243, 250, 296, 298, 303
国際特許管理（契約）ネットワーク　122, 141
国際特許出願　14
国際比較経営史　10
国産化　82, 158
国産電球運動　149, 178
国民経済の特性　10
個別協定〔個別技術ごとの特許・技術協定〕　283, 288, 291

さ　行

在外人申請の各種特許権の登録許可に関する件　284
財閥解体　256

事項索引　325

材料の国産化〔自給自足〕　80, 158
さつき会　213
サブマリン特許　183
サブ・ライセンス　261
産業集中　57
産業政策　211
産業統制　188, 220
　――組織　173
事業再編計画　262
市場参入　205
市場制限　207
市場分割　30, 103, 109, 198, 205, 279, 283
実用新案権　1, 253, 255
資本関係　239
資本系列　205
資本参加　224, 225
資本のグローバル化　19, 300, 301
集中排除政策　255-257, 259, 265
重電機器　111
　――産業〔分野〕　84, 110, 211, 212, 274
出願業務〔出願処理〕　→特許出願業務
ジュメット線　176
嫦娥ガラス　159
少数株式投資　114
商標管理　122
職務発明　41
　――規定　128, 218
　――の制度化　8
真空管　192, 240
　――関連特許　194
　――産業　191, 197, 207
　――の多様化　201
審判事件　→特許係争
制限会社　259
生産システム　75, 78
製造機械　75
製造技術　77
製品多角化　147
石英ガラス　159
先願主義　51
戦後措置　243, 244, 265
戦時経営　239
先発明主義　51
全米貿易会議（第3回）　104
専用免許　236

戦略的提携　283
占領政策　249, 255, 260, 265

た　行

大企業〔近代企業〕　301
　――による国際特許管理　301
　――による特許管理　8
　――発展史　6
代用品　240
大量生産（体制）　75, 200
多極管　202
　――特許　203
多国籍企業　224, 241
　――史　9, 300
タングステン電球　62
タングステン電球特許
　――裁判　63, 125, 296
　――の協定関係　57
タングステン・フィラメント　49, 75
　引線〔延性〕――　50, 54
　押出〔非延性〕――　50, 54
ダンナー・マシン　158
知的財産権　2
中小メーカー　207
　――の簇生　194
超過需要　194, 207
直接管理〔直接的な（国際特許）管理〕　5, 17, 18, 138, 288
敵産管理法　233, 250
敵産処分　241
電気機械〔電機〕　84, 91
　――企業　150
　――産業　15, 101
　――の大容量化　151
　総合――企業　88
電気機械輸出組合訴訟　271
電球　46
　――輸出の規制　111
電球カルテル　172, 270
電球工業組合　182
電球産業〔分野〕　16, 43, 110, 172, 188, 296
　――統制　182, 184
　――の集中　175, 177, 188
電球訴訟　270, 280
電球特許管理　57

索　引

電球特許係争　172
同時代国際比較　10
特定の外国国籍者の名義で登録した工業所有権
　に関する件　245
特　許　2
　── ・技術の相互フロー　109
　── ・実用新案の保有件数の拡大　83
　──の移転　131
　──の価値の棄損　241
　外国人発明の──　14, 120, 155, 160, 221,
　　229, 230
　自社発明──の管理　83
　他者──の買収・管理　83
　日本人発明の──　155, 158, 160, 229, 230
特許管理　1, 4, 37, 57, 71, 78, 92, 93, 95, 100,
　116, 119, 140, 141, 173, 175, 186, 188, 197,
　200, 202, 205, 207, 211, 217-222, 224, 230,
　240, 243, 290, 295, 298-300
　──活動　65
　──業務　3
　──契約　40, 65
　──組織　34, 92
　──にかかわる組織の展開　3
　──（の組織）能力　122, 123, 128, 141,
　　292, 298, 299, 301
　──の確立　3
　──の組織的展開　169
　──の発生　95
　──費　161
　大企業による──　8
　日本企業における──の形成と展開　6
　日本企業における──の発生　17, 68
　日本における──　43
特許（・技術）協定〔特許ライセンス協定〕
　36, 57, 62, 72, 91, 92, 104, 109, 110, 112, 113,
　117, 175, 212, 224, 244, 270-272, 277, 278,
　282, 283, 302
特許係争〔（特許）審判事件〕　172, 173, 183,
　186, 188, 199, 206, 211, 213, 217, 219
　アウトサイダーとの──　186
特許権　1, 25, 33, 128, 237, 240, 253, 255
　──の回復　262
　──の合同　228
　──の買収　157
　──の防禦　119

特許交換　34
　長期的な──　31
特許裁判　36, 175
特許実用新案，意匠及び商標に関する件
　245
特許支配　208
特許出願　71, 86, 92, 284, 291
　──業務〔出願業務，出願処理〕　83, 122,
　　123, 128, 131, 165, 167, 230, 286, 291
　──権　118
　──件数　9, 39
　──の経費　120
　外国人の──　1, 43
　外国人発明の──件数　120
　国際──　13
　法人名義による──　79
特許侵害　119
　──の警告　198
特許審判事件　→特許係争
特許制度　6, 221, 240, 255, 256, 265, 301
　国際的な──　12
　日本の──　43
特許戦略　184
特許担当者　93
　──の設置　91
特許登録　71
特許独立の原則　45
特許取引　30, 213, 217
特許部（門）　3, 17, 36, 83, 95, 122, 128, 141,
　146, 164, 165, 218, 230, 240, 298, 299
　──員〔特許課員〕から技術者への組織的な
　　情報提供　166
　──の確立　169
　トップ・マネジメントに直結した──　3
特許プール　58, 59, 173, 185-188
特許法　1, 12, 45, 256-258
　──改正　128
　大正10年──　218
特許ポートフォリオ　202
特許ライセンス　73, 90, 185, 199, 208, 213,
　225, 226
特許ライセンス協定　→特許協定
ドル信用　274

事項索引　327

な　行

内外人平等の原則　44
内面艶消電球　159, 180
日米開戦　230, 233
日米企業間関係　15
日本人発明の特許　155, 158, 160, 229, 230
日本における特許，実用新案，および意匠に対する政策　257
日本の過度経済力集中に関する米国の政策　257
ネルンスト電球　37, 49
ノウハウ
　　──の交換　108
　　包括的かつ無制限な──の流出　277
　　無制限な──・技術情報の交換　283

は　行

排他的市場　30, 109
排他的使用権　2
排他的ライセンス　277, 278
　　──の相互供与　108
ハイテク家電　275
配当　227
発明者への報奨制度　166
発明の帰属　38
発明の法人化　79, 92
パリ条約〔工業所有権保護同盟条約〕　1, 12, 44, 301
反トラスト法裁判　269, 270, 272, 279
販売カルテル〔協定〕　213, 217, 221
販売テリトリーの割り当て　109
非排他的ライセンス　279, 282, 283, 291
ピブキン特許　180, 182
フィラメント　47, 48
　　過渡期の──　49
フィラメント・トラスト　59, 60
フェバス協定　110, 270, 300
不垂下タングステン特許　183, 185
プロフィット・センター　116
不破特許　180, 181
弁理士　122, 128
　　──の企業雇用　219, 298

包括協定　108, 288, 291
法人財産　68, 128
法人特許　4
法務部（門）　34, 36

ま　行

マーシャル・プラン　274
民需生産　239
無効審判請求　173
持株　250
持株会社　259
もとインターナショナル・ゼネラル・エレクトリック社の特許で東京芝浦電気所有の特許　262

や　行

役員派遣　225, 239
優先権　285
　　──の原則　44
輸出　273, 277, 283
　　──市場（電機）　101
　　──製品の多様化　274, 277
ユスト＝ハナマン特許　49, 51, 57
輸入販売禁止訴訟　201

ら　行

ラジオ関連特許　134
ラングミュア特許〔ガス入り電球特許〕　177, 178, 197, 199, 200, 204, 207
連合国及び枢軸国財産の保全に関する覚書　245
連合国最高司令官指令〔SCAPIN〕　245
連合国人工業所有権戦後措置令　244, 248, 257
連合国人商標戦後措置令　244
連合国人の特許権及び著作権の使用料に基づく銀行預金に関する件　248
連合国人の特許権，実用新案権，意匠権，商標権及び著作権に関する件　248
連合国人の特許，実用新案，意匠の返還手続きに関する件　248, 257, 264
ロイヤリティ　108, 250

328　索引

―――― 企業・団体名索引 ――――

アルファベット

ABB　114
AEG　27, 29, 33, 34, 40, 41, 59-61, 107, 109, 116, 117, 140, 153, 212, 271, 278, 279, 283, 296, 303
AEI　271, 278, 279, 282, 283
ASEA　114
BTH〔ブリティッシュ・トムソン＝ヒュースト
　ン〕　29-34, 40, 41, 58, 107, 109, 116, 117, 140, 153, 296, 303
CFTH〔フランス・トムソン＝ヒューストン〕
　29, 32, 33, 40, 41, 107, 271, 278, 279, 283, 296
CGE　271, 278, 279, 283
CLO〔終戦連絡中央事務局〕　253
EEL〔エジソン・エレクトリック・ライト〕
　25, 26, 34
EGE〔エジソン・ゼネラル・エレクトリック〕
　24, 25, 28, 29, 34, 35, 40
GE〔ゼネラル・エレクトリック〕　1, 5, 6, 12-20, 24, 28-41, 43, 46, 49, 51, 52, 54-65, 68, 71-78, 80-84, 86, 88-93, 95, 100, 103-106, 108-114, 116-120, 122-125, 128, 131, 132, 134-137, 140, 141, 146, 149, 151-153, 155-159, 161, 162, 165-169, 172, 175, 176, 180, 183, 188, 191, 192, 195-197, 200, 206, 211, 212, 215, 217, 221, 224-230, 233-235, 237-241, 243, 244, 249-252, 254-256, 258-263, 265, 266, 269-275, 277, 280, 282-292, 295-303
　――研究所　37-39, 41, 50, 54, 104, 275, 276
　――ノールズ研究所　275
GEC　58, 114
GHQ/SCAP〔連合国最高司令官総司令部〕
　19, 20, 224, 243-245, 248, 253, 255-257, 259, 260, 264, 279, 280, 284
　――経済科学局〔ESS〕　251
　――法務局　264
　――民間財産管理局〔CPC〕　19, 20, 245, 248, 252, 253, 256, 262-264, 270, 284
Hagley Museum & Library　19
IGEC〔インターナショナル・ゼネラル・エレ
　クトリック〕　104-106, 108-110, 112-114, 116-120, 122, 123, 131-133, 135, 136, 140, 153, 159, 169, 225, 228, 229, 232-234, 237, 239, 249-256, 258-265, 269-274, 278-280, 282, 284-286, 291, 296, 297
IG ファルベン　11
ISE〔インターナショナル・スタンダード・エ
　レクトリック〕　205, 234
ITT〔インターナショナル・テレフォン・アン
　ド・テレグラフ〕　258
NFTC〔全米外国貿易評議会〕　258
　――特許小委員会　258
RCA　134, 135, 137-141, 192, 228
Schenectady Museum & Archives　19
SEM　271, 278, 279, 283
St. Lawrence University　19
TH〔トムソン＝ヒューストン・エレクトリッ
　ク〕　24, 25, 27-29, 34, 35, 40
THIE〔トムソン＝ヒューストン・インターナ
　ショナル・エレクトリック〕　24, 28-30, 32, 33, 40
UEG　29, 33
VVG〔ベルリン電球工場連盟〕　59, 60

あ 行

愛国電気　178, 180, 181
アウエルゲゼルシャフト（ドイッチェン・ガス
　グリューリヒト）　59-61
旭電気　178, 180-182
アメリカン・エレクトリック　27
アメリカン・エレクトリック・マニュファクチ
　ュアリング　28
アメリカン・マルコーニ　134
アンダーウッド　258
イギリス代表団　257
石川島芝浦タービン　261, 262
岩崎電気　288
イングリッシュ・エレクトリック　112
インターナショナル・スタンダード・エレクト
　リック　→ISE
インターナショナル・ゼネラル・エレクトリッ
　ク　→IGEC

企業・団体名索引　329

インターナショナル・テレフォン・アンド・テレグラフ　→ITT
インディペンデント・ランプ・エンド・ワイヤ　58
ヴァン・デポール　28, 34
ウィーン工科大学　49
ウェスタン・エレクトリック　106, 196, 205, 302, 303
ウェスチングハウス　36, 37, 111, 134, 135, 212, 216, 217, 221, 234, 271, 302, 303
ウェスチングハウス（イギリス）　55, 62, 63
ウェスチングハウス・エレクトリック・インターナショナル　271
ウエスト電気　288
ウェストレーク　131, 158
内村特許事務所　286
エジソン・エレクトリック・ライト　→EEL
エジソン・エレクトリック・ライト（イギリス）　26
エジソン工業製造会社　26
エジソン・シャフティング　25
エジソン＝スワン・ユナイテッド・エレクトリック　26, 29, 58
エジソン・ゼネラル・エレクトリック　→EGE
エジソン・チューブ　25
エジソン電機会社　26, 27
エジソン・マシン・ワークス　25, 38
エジソン・ユナイテッド・マニュファクチュアリング　25
エジソン・ランプ　25
エドワーズ調査団　256
エビス電球　178, 181, 182
鴨緑江水力発電　151
大倉組　60
大蔵省　237, 250, 252, 253
　──外資局　238
大倉商事　198
大阪地方裁判所検事局　63
大阪電気　62, 183, 184, 186
大阪輸出電球工業組合　182, 187
太田真空管製作所　200
沖電気　192, 198
オーストリア・ヴェルスバッハ　50, 59
オスラム　110, 122

オーチス・エレベータ　258
恩田商会　62

か 行

海軍省　84, 192, 196
貝塚真空管製作所　200
外務省　182
合衆国賠償・補償代表団　255
カナダGE　110
神岡水電　151
川西機械製作所　186, 187, 205-208, 240
韓国統監府　54
関西電球　62-65, 175
関西標準電球工業組合　182
関東電気　175-177, 199
関東ランプ　175-177
カンパニー・トムソン＝ヒューストン　28
岸清一事務所　167, 168
協和特許法律事務所　230, 286, 287
極東委員会　248, 256-259
極東真空管製作所　200
ケーオー真空管製作所〔品川電機〕　202, 203
ゲッティンゲン大学　49
国産電球連合会　178
国務省（アメリカ）　252, 255, 256, 258, 259
国立公文書館（アメリカ）　20
国立国家図書憲政資料室　20
コンソリデイテッド・エレクトリック・ライト　27
コンチネンタル・エジソン　26, 27, 33

さ 行

財務省（アメリカ）　270
芝浦製作所　1, 5, 14, 15, 17-20, 68, 74, 84, 86-92, 95, 100, 107, 116-119, 126, 128, 129, 131-137, 140, 141, 146, 149-153, 160-162, 164-169, 172, 195, 203, 211-213, 215-219, 221, 224-232, 234, 243, 251, 261, 285, 286, 288, 290, 295-298, 300
　──工務部発達係　93
　──特許委員会　165, 167
　──特許係　128, 129, 230, 231
司法省（アメリカ）　256, 270, 271
資本系列　200
ジーメンス　11, 104, 212, 213, 215, 217, 221

330　索　引

ジーメンス・シュッケルトヴェルケ　112,
　212
ジーメンス・ハルスケ　58, 59
ジーメンス・ブラザース　58
シュイラー・エレクトリック　28
終戦連絡中央事務局　→CLO
重電機器　84
商工省　182, 184
商工中央銀行　26
昭和電線電機　205
杉村萬國特許事務所　128, 167
スパイヤー・ブラザース　26
住友合資　205
住友通信工業　196, 240
住友電線　205
ゼネラル・エレクトリック　→GE
セリグマン兄弟商会　26
全米外国貿易評議会　→NFTC
ソーヤー＝マン・エレクトリック　28

た　行

大正電氣　62-64, 175
大審院　176, 180, 182, 186, 187, 204, 206
大同電気　175, 177, 188, 199
大日本電球　62-64, 175
高岡電球製作所　62, 122
田中製造所　84
タングステン電球協会　58
地中海トムソン＝ヒューストン　29
重陽会　211, 218, 220, 221, 298, 299
帝国電気　178, 180-182
帝国電球　62
通信省　84, 192, 196
通信省電気試験所　192
ディロン・リード　260
敵産管理委員会　233, 237
電気機械輸出組合　271
電元社　288
電光舎　62
ドイツ・エジソン　27
東亜冶金　187
東京石川島造船所　91
東京芝浦電気〔東芝〕　1, 4, 12, 15, 18-20, 88,
　100, 118, 140, 146, 149, 153, 187, 195, 204,
　206, 224, 225, 227-233, 235, 237-241, 243,
　249-255, 259-266, 269-271, 278-280, 282-
　288, 290-292, 295, 297-301
―― 特許協約部　232
―― 特許部　286-288, 291
東京真空管　261
東京地方裁判所　63
東京電気　1, 5, 14, 15, 17-20, 43, 49, 60-62,
　64, 65, 68-81, 83, 84, 88-90, 92, 95, 100, 107,
　116-120, 122-126, 129, 131-133, 135-138,
　140, 141, 146-153, 155-159, 162, 164, 165,
　167, 172, 173, 175-178, 180-188, 191-207,
　218, 219, 221, 224-232, 234, 243, 249, 251,
　285, 288, 290, 295-300
―― 技術課　80, 81
―― 実験室　80, 81
―― 特許課　123-126, 140, 141, 165, 166,
　230, 231
―― マツダ研究所　80
東京電気無線　147, 148
東京電球工業組合　182
東京電球製作所　61, 62, 65
東京電波工業所　200
東京電力　169
東京特許代理局　129, 167
東京白熱電燈球製造　69, 71
東京放送局　194, 227
東京輸出電球工業組合　182
東電電氣　182
東洋電球　175
特許局　17, 54, 55, 63, 119, 120, 123-125, 128,
　141, 165, 173, 176-178, 180, 181, 183, 186,
　187, 197, 198, 203, 204, 206, 298
特許商標庁（アメリカ）　14, 20, 54, 159
特許庁　14, 173
特許標準局　245, 262-264, 284
ド・フォレスト・ラジオ　58
トムソン＝ヒューストン・インターナショナ
　ル・エレクトリック　→THIE
トムソン＝ヒューストン・エレクトリック　→
　TH
ドレクセル, ハージェス商会　26
ドン真空管製作所　200, 261

な　行

日本音響　138, 139

企業・団体名索引　331

日本真空管工業組合　208
日本真空管製作所　192, 197-199
日本生産性本部　4
日本繊條工業組合　186
日本知的財産協会　218
日本電気　135, 196-198, 202, 205, 207, 208, 221, 234, 240, 302, 303
日本電球　62
日本電球工業組合　187
日本電球工業組合連合会　173, 183-188
日本電興　262
日本陶器会社　87
日本ビクター〔日本ビクター蓄音器〕　138-140, 262
日本無線　198, 207, 240
日本無線通信　204
日本無線電信電話〔日本無線電信機製造所〕　192, 200, 205, 220, 221
ニューヨーク市立大学　134

　は　行

爆撃調査団　249, 265
白熱舎　68, 71
バーグマン　25
早川電力　151
パリ割引銀行　26
ハンフォード研究所　275
ビクター・トーキング・マシン　138
日立製作所　212, 213, 216-219, 260, 282, 288
フィリップス　57, 110, 122, 158, 172, 201
フィリップス日本ラヂオ　201
フェバス　110
フォート・ウェイン・エレクトリック　28
富士通信機　207
富士電機製造　11, 205, 212, 213, 215-219, 221
フュアイニヒト　110
ブラウン・ボヴェリ　112
ブラッシュ・エレクトリック　28
フランス・トムソン＝ヒューストン　→CFTH
ブリティッシュ・トムソン＝ヒューストン　→BTH　29

古河財閥　11, 212
ベルリン電球工場連盟　→VVG
ベントレー＝ナイト・エレクトリック・レイルウェイ　28
弁理士会　219, 220
堀川製作所　200

　ま　行

三井（合名会社）　84, 86, 88
三井銀行　84
三井信託　253
三井物産　88, 198
三井文庫　19
三菱化成工業　4
三菱造船　212
三菱電機　212, 213, 216-218, 221, 255, 260, 288, 302
宮田製作所　192, 196, 199, 202, 203, 261
明電舎　213
メトロ電球　178, 180-182
持株会社整理委員会　259-262

　や　行

安川電機製作所　213
安田真空管製作所　200
安中電機製作所　192
横須賀造船所　84
横浜正金銀行　233, 237, 239, 250, 251
ヨーロッパ・エジソン・エレクトリック・ライト　26

　ら　行

ラコ＝フィリップス　57
ラング，ウォートン＆ダウン　28, 29
陸軍省　192, 196
陸軍省（アメリカ）　256
リッペイ　131, 158
連合国最高司令官総司令部　→GHQ/SCAP
連合国資産管理局（アメリカ）　278
連合電球製作所　178
ロベレン・ピアノ　58

人名索引

アルファベット

Bottomley, S.　7
Cantwel, J.　14
Dunning, J. H.　10
Dutton, H. I.　7
Fisk, C. L.　8
Granstrand, O.　7
Jones, G.　→ジョーンズ, G.
Khan, B. Z.　7
MacLeod, C.　7
Pacey, A.　12
Pavitt, K.　9
Schmookler, J.　9
Silberston, Z. A.　7
Southard, Jr., F. A.　10
Taylor, C. T.　7
Wilkins, M.　→ウィルキンス, M.

あ 行

飛鳥井孝太郎　86
安達世殷　287, 288
アプトン, F. R.　25
安保哲夫　13
綾井忠彦　89
安藤博　197, 199, 203, 204, 208, 220
飯田治彦　137
飯田治躬　287, 288
石川久羅四郎　75, 82
石丸栄吉　93
板垣博　13
板橋盛俊　159
市川一男　230, 286, 287
伊藤文寿　218, 219
井上一男　4, 220, 230, 286
猪股清　230
岩原謙三　89, 124
ウィルキンス, M.　9, 13, 19, 300, 301
ヴェーバー, H. C.　83
上山明博　172
ヴェルスバッハ, C. A. von　50, 51
ヴォルカー, W. L.　49

ウダン, M. A.　88, 103-106
内田星美　15
内村達次郎　129, 286
エジソン, T. A.　25-27, 34, 37, 49
エベレス・ジュニア, G. V.　278
エール, F. H.　260-264
遠藤新實　82
大久保増蔵　82
大河内暁男　8
大田黒重五郎　84, 86, 88-91
岡木起　77
岡本宣美　62, 63
小津厚二郎　20

か 行

川勝ツネ　83
川崎芳之助　72
岸敬二郎　84, 86, 87, 90, 91, 93
岸清一　16, 60, 61, 63, 64, 83, 116, 120, 123, 125, 129, 295
橘川武郎　11
木村駿吉　63
木元富夫　8
清川雪ং　9
クツエル, H.　5-52, 60
工藤章　11
久保正吉　90, 93, 230
グミュール, G.　55, 62
グライナー, A.　285
クラーク, W. G.　49
クラップ, R. P.　35
クーリッジ, W. D.　39, 50, 54, 55, 61, 63, 64, 75, 77, 116, 175, 176, 184
クリューゲル, E. A.　63
グリンネル, C. C.　239, 251
クルップ, A.　8
黒坂泰輔　181, 182
黒坂矩雄　181, 182
黒澤四郎　82
ゲアリー, J. R.　62, 63, 72, 89, 122, 124
黄金井晴正　86, 93
後藤晃　6

人名索引

小林袈裟治　13
小林作太郎　84, 90, 91
コフィン, C. A.　38, 88
小松茂八　82, 83, 122-125
菰田文男　9
ゴールドスミス, A. N.　134

さ　行

佐伯美津留　192
五月女正三　4
酒井安治郎　137
坂本和一　13
更田信四郎　90, 91
シー・デグロー　139, 140
ジェフリーズ, Z.　269, 270
塩見治人　11
志田文雄　205
芝山岩尾　123-125
清水與七郎　184
ジーメンス, E. W. von　8
ジョーンズ, G.　10, 12, 19, 300, 301
ジョンストン, T. J.　36
ジョンソン, E. H.　25
シリー, E.　29, 32
白松千歳　180
新開廣作　253
新荘吉生　71, 75, 80-83
スウォープ, G.　106
杉村信近　128, 129, 218, 230
鈴木顕三　93
スタインメッツ, C. P.　38
スーツ, C. G.　275
隅藏康一　7
スワン, J. W.　26
関晴雄　20
瀬戸口一夫　206
薗川武　129

た　行

高岡久司郎　122
高野穂積　75
高橋甫　20
高橋松次　219
高村甚平　93, 164
瀧澤斌　82

竹中亨　11
立川勇次郎　72
田中龍夫　86, 87, 90, 93
田中久重　84
ダニエルソン, E.　37
谷口豊　9
田村英二　72
團琢磨　89, 135
タンゼン, P. H.　256
チャーチル, F. H.　27
塚本純　82
津守豊治　184
露木恵次　166
デイビス, A. G.　36-38
テスラ, N.　37
徳久正元　218, 219
ド・フォレ, L.　192
富田徹男　14, 172
トムソン, E.　27, 38, 40
豊田裕貴　9
鳥潟右一　192
ドレーパー・ジュニア, W. H.　260

な　行

長岡貞男　6
中川敬一郎　10, 11
長島鷲太郎　61
永田晃也　7
長富直三　72
中松潤之助　287, 288
長峰文夫　180, 181
中村繁太郎　75
奈倉文二　11
ニーヴ, C.　106
西崎傳一郎　84
ネルンスト, W. H.　49
納富磐一　91

は　行

パーカー, H. C.　49
萩原長谷雄　140
パクツ, A.　183
バグナル, A. L.　72
パース, H. B.　255, 256, 260
長谷川信　15

索　引

パーソンズ, H.　35, 36
パターソン, C. E.　103
バチェラー, C.　25, 26
八捲升次　75
ハナマン, F.　49-51, 53, 54, 59, 60
林倬史　14
ハル, A. W.　206
ピアース, H. U.　124, 225, 226, 231, 239, 251
ピプキン, M.　180
ヒューストン, E. J.　27, 40
平尾亮吾　197-199
平沢照雄　172
平野三千三　128, 129, 141, 218, 219, 230, 298
廣瀬新　47, 48
ファウラー, W. K.　226, 249-251, 265
フィッシュ, F. P.　35, 36
フィニー, E. D.　258
フィンク, C. G.　176
フォーグト, K.　61
福原信三　83
藤井隣次　125, 126, 140, 141, 184, 186, 218-220, 230, 232, 298
藤岡市助　68, 71, 72
藤田實雄　129, 230
藤山雷太　84
藤原貞雄　15
布施静　140
ブラウ, F.　50, 52, 55, 61
ブラウン, A. T.　251, 252, 258
ブラッドリー, C.　37
ブラッドリー, W. E. F.　258
ブルスマン, O.　124, 225, 226, 239
プロジェット, G. R.　36
不破橘三　159, 166, 180, 184
ベル, L.　37
ヘロッド, W. R.　259, 270, 272-274, 277, 279, 282
ホイットニー, W. R.　39
堀一郎　11
ホルトン, J. A.　258

ま　行

前田直行　89
マクチェスニー, W. T.　76, 77
益田孝　88

益田元亮　183, 184
松尾鶴太郎　89
マッカイボア, N. W.　72
松下幸之助　204
松本烝治　184
丸山種一郎　77
丸山彦門　86, 90, 93
三浦順一　158
三澤為麿　90
三井守之助　89
宮内忠二　206
宮川利一　86, 87, 90, 93
宮田繁太郎　196, 197, 199
三吉正一　68
宗正路　82
元吉常雄　178, 180, 181
百田貞次　90, 93, 162, 164
森武次郎　181
森田末五郎　180
モルガン, J. P.　25, 40

や　行

安井正太郎　184
柳井禎蔵　83
山内昌斗　11
山口喜三郎　124, 149, 184, 226, 228
ヤング, O. D.　135
ユスト, A.　49-51, 53, 54, 59, 60
吉田正樹　13
吉成誠一郎　230
米川伸一　10, 11

ら　行

ライス・ジュニア, E. W.　37, 38
ラーテナウ, E.　27
ラングミュア, I.　82, 177, 178, 180, 184, 197, 199-201
リード, P. D.　273, 274
レイビス, H. C.　37
レデラー, A.　55
レナード, G.　29, 32

わ　行

渡辺尚　11
渡邊牧三　181

【著者紹介】

西村　成弘（にしむら・しげひろ）

神戸大学大学院経営学研究科教授

1973年，滋賀県日野町生まれ。1995年，立命館大学経済学部卒業。2005年，京都大学大学院経済学研究科博士後期課程修了。同年より，日本学術振興会特別研究員（PD）。2008年より，関西大学商学部准教授。ロンドン・スクール・オブ・エコノミクス（LSE）客員研究員を経て，2015年より関西大学商学部教授。2024年より現職。

京都大学博士（経済学）

主な著作

『グローバル経営史——国境を越える産業ダイナミズム』（共編，名古屋大学出版会，2016年）。

『ビジネス・ヒストリー——グローバル企業誕生への道程』（F. アマトーリ＝A. コリー著，共訳，ミネルヴァ書房，2014年）。

Organizing Global Technology Flows: Institutions, Actors, and Processes（共編著，Routledge，2014年）。

国際特許管理の日本的展開
―― GEと東芝の提携による生成と発展

International Patent Management in Japan:
The Formation and Development of Local Patent Management via Cooperation between GE and Toshiba

2016年12月25日　初版第1刷発行
2024年 5 月30日　初版第4刷発行

著　者	西　村　成　弘	
発行者	江　草　貞　治	
発行所	株式会社　有　斐　閣	

〒101-0051
東京都千代田区神田神保町 2-17
https://www.yuhikaku.co.jp/

印　刷　株式会社三陽社
製　本　大口製本印刷株式会社

Ⓒ 2016, Shigehiro NISHIMURA.
Printed in Japan

★定価はカバーに表示してあります。
落丁・乱丁本はお取替えいたします。

ISBN 978-4-641-16481-9

JCOPY　本書の無断複写（コピー）は，著作権法上での例外を除き，禁じられています。複写される場合は，そのつど事前に（一社）出版者著作権管理機構（電話03-5244-5088, FAX03-5244-5089, e-mail: info@jcopy.or.jp）の許諾を得てください。